Die Reichsversicherungsordnung

Handausgabe

mit

gemeinverständlichen Erläuterungen

von

Dr. Manes
Professor
Dozent der
Handelshochschule Berlin

Dr. Mentzel
Regierungs-Rat
Mitglied des
Reichsversicherungsamts

Dr. Schulz
Regierungs-Rat
Mitglied des
Reichsversicherungsamts

Dritter Band

Die Unfallversicherung

Leipzig
G. J. Göschen'sche Verlagshandlung
1912

Die

Unfallversicherung

Erläutert

von

Regierungsrat Dr. Schulz

Ständigem Mitglied des Reichsversicherungsamts

Leipzig

G. J. Göschen'sche Verlagshandlung

1912

Inhalt

Zweiter Teil.

Landwirtschaftliche Unfallversicherung.

Dritter Teil.

See-Unfallversicherung.

Abkürzungen:

a. a. O.	= am angeführten Ort.
Abs.	= Absatz.
a. E.	= am Ende.
A. N.	= Amtliche Nachrichten des Reichsversicherungsamts.
Anl.	= Anleitung der RVA. betreffend den Kreis der versicherten Personen.
Anm.	= Anmerkung.
Art.	= Artikel.
AV.	= Altersversicherung.
Ausf.-Ges.	= Ausführungsgesetz.
Bd.	= Band.
Begr.	= Begründung des Entwurfs der Reichsversicherungsordnung.
Bek.	= Bekanntmachung.
Besch.	= Bescheid oder Beschluß (in A. N.).
BRB.	= Bundesratsbeschluß.
betr.	= betreffend.
BG. (n)	= Berufsgenossenschaft (en).
BGB.	= Bürgerliches Gesetzbuch.
BUVG.	= Bau-Unfallversicherungsgesetz v. 30. 6. 1900.
Einf.-Ges.	= Einführungsgesetz zur Reichsversicherungsordnung.
Entsch.	= Entscheidung.
forstw.	= forstwirtschaftlich.
G. oder Ges.	= Gesetz.
Gen.	= Genossenschaft.
Gew. O.	= Gewerbe-Ordnung.
GVG.	= Gerichtsverfassungsgesetz.
GUVG.	= Gewerbeunfallversicherungsgestz v. . . .
HG.	= Hauptgesetz, d. i. Gesetz betr. die Abänderung der Unfallversicherungsgesetze v. 30. 6. 1900.
HGB.	= Handelsgesetzbuch.
Handbuch	= Handbuch der Unfallversicherung. III. Aufl.
HKG.	= Hilfskassengesetz.
HV.	= Hinterbliebenenversicherung.
I. u. AV.	= Invaliden- und Altersversicherung.
I. u. HV.	= Invaliden- u. Hinterbliebenenversicherung.
KK.	= Krankenkasse.
IV.	= Invalidenversicherung.
IVG.	= Invalidenversicherungsgesetz.

Kom.-Ber.	= Bericht der 16. Kommission über den Entwurf einer Reichsversicherungsordnung.
KVG.	= Krankenversicherungsgesetz v. 15. 6. 1883, 10. 4. 1892, 30. 6. 1900, 25. 5. 1903.
KV.	= Krankenversicherung.
landw.	= landwirtschaftlich.
LUVG.	= landwirtschaftliches Unfallversicherungsgesetz v. 30. 6. 1900.
LV. Amt (er)	= Landesversicherungsamt (-ämter).
LV. Anst.	= Landesversicherungsanstalt.
Nr.	= Nummer.
OVA.	= Oberversicherungsamt.
R. Anz.	= Reichsanzeiger.
Rek. Entsch.	= Rekursentscheidung.
Rev. Entsch.	= Revisionsentscheidung.
RG.	= Reichsgericht.
RGBl.	= Reichsgesetzblatt.
RVA.	= Reichsversicherungsamt.
RVO.	= Reichsversicherungsordnung.
S.	= Seite.
Sch. V.	= Verordnung betr. Verfahren vor d. Schiedsgerichten für Arbeiterversicherung vom 22. 11. 1900.
SUVG.	= See-Unfallversicherungsgesetz v. 30. 6. 1900.
Sten. Ber.	= Stenographischer Bericht über die Verhandlungen des Reichstags 12. Legislatur-Periode II. Session 1909/1911.
StGB.	= Strafgesetzbuch.
u.	= und.
usw.	= und so weiter.
UVBeh.	= Untere Verwaltungs-Behörde.
U. Verh.	= Unfallverhütung.
U. V.	= Unfallversicherung.
UVG.	= Unfallversicherungsgesetz vom 6. 7. 1884.
v.	= vom.
V. v. 19. 10. 00.	= Verordnung betr. den Geschäftsgang und das Verfahren des RVA. v. 19. 10. 1900.
V. Amt	= Versicherungsamt.
V. Anst.	= Versicherungsanstalt.
vgl.	= vergleiche.
Z.	= Ziffer.
z. B.	= Zum Beispiel.
Z. B.	= Zentralblatt für das Deutsche Reich.
ZPO.	= Zivilprozeßordnung.

Die Anordnung dieser Ausgabe, deren Bände I bis IV vorliegen und einzeln käuflich sind, ist folgende:

Band I: Die für alle Versicherungszweige geltenden Vorschriften der Reichsversicherungsordnung (1., 5. und 6. Buch) nebst Einleitung und Einführungsgesetz.

Band II: Die Krankenversicherung.

Band III: Die Unfallversicherung.

Band IV: Die Invaliden- und Hinterbliebenenversicherung.

Ergänzungsband: Die zur Reichsversicherungsordnung ergangenen Gesetze, Verordnungen und sonstigen offiziellen Bekanntmachungen (erscheint Mitte 1912).

Vorwort.

Diese Ausgabe der Reichsversicherungsordnung (RVO.) einschließlich ihres Einführungsgesetzes (Einf.-Ges.) und aller zu ihr ergehenden Gesetze, Verordnungen und sonstigen offiziellen Bekanntmachungen, will in bequemer und praktischer Form eine für das Studium und die Handhabung der neuen Kodifikation geeignete Grundlage bieten. Sie möchte zwischen Textausgabe und Kommentar eine Mittelstellung einnehmen: dem Juristen will sie das wichtigste der Gesetzesmaterialien und der bisher ergangenen aber auch noch künftig geltenden Rechtsprechung bieten, dem Nichtjuristen durch gemeinverständliche Erläuterungen die Tragweite und den Zusammenhang der gesetzlichen Bestimmungen klarmachen, beide aber auch auf die wirtschaftliche Bedeutung der Reichsversicherungsgesetzgebung hinweisen.

In die Bearbeitung des ganzen Stoffes haben sich die Verfasser in folgender Weise geteilt:

1. Buch . . . . Manes
2. Buch . . . . Manes
3. Buch . . . . Schulz
4. Buch . . . . Mentzel
5. Buch . . . . Mentzel
6. Buch . . . . Schulz

Jeder Verfasser hat auch die einschlägigen Teile des Einführungsgesetzes erläutert. Bei Bearbeitung des 1. und 2. Buches hat sich Herr Regierungsassessor Dr. Sitzler umfassend beteiligt.

Der Wunsch der Verfasser ist es, daß diese Ausgabe sich insbesondere brauchbar erweisen möge einerseits für den Studenten der Universitäten wie der Handelshochschulen, andrerseits für den Industriellen und den Kaufmann.

Berlin, im September 1911.

Die Verfasser.

Drittes Buch.

Unfallversicherung.

Einleitung.

Ein Schadenersatz aus Anlaß von Unfällen war — abgesehen von den allgemeinen Vorschriften des bürgerlichen Rechts über die Haftung bei Vorsatz und Fahrlässigkeit und abgesehen von privater Versicherung — vor dem Jahre 1885 im deutschen Reich nur in dem sog. Haftpflichtgesetz v. 7. Juni 1871 gegeben. Dieses Gesetz erfaßte Unfälle beim Betriebe von Eisenbahnen, Bergwerken, Steinbrüchen, Gräbereien und Fabriken. Der durch das Haftpflichtgesetz dem Arbeiter gewährte Schutz war unzureichend, einmal weil der Kreis der Betriebe, für die es Geltung hat, ein verhältnismäßig kleiner ist, dann aber auch, weil das Gesetz eine Fürsorge für die durch Zufall oder Selbstverschulden des Arbeiters verursachten Unfälle nicht enthält. Ferner war der Weg des Zivilprozesses, in dem Ansprüche aus dem Haftpflichtgesetz zu verfolgen sind, mit Rücksicht auf seine Langwierigkeit und die für ihn maßgebende Verteilung der Beweislast ungeeignet. Endlich konnte die Verwirklichung des Anspruchs des Arbeiters nicht von der Zahlungsfähigkeit des Unternehmers abhängig gemacht werden. Hiernach ergab sich die Notwendigkeit, die zivilrechtlichen Schadensersatzansprüche in eine öffentlichrechtliche Fürsorgepflicht umzuwandeln.

Demgemäß erging das Unfallversicherungsgesetz v. 6. Juli 1884, das am 1. Okt. 1885 in Kraft getreten ist. Am 28. Mai 1885 wurde das Gesetz über die Ausdehnung der Unfall- und Krankenversicherung (sog. Ausdehnungsgesetz) erlassen, das vornehmlich die Arbeiter der Reichs- und Staatsbetriebe, sowie des Transportgewerbes der Unfallversicherung unterstellte. Am. 5. Mai 1886 folgte das Gesetz betr. die Unfall- und Krankenversicherung der in land- und forstwirtschaftlichen Betrieben beschäftigten Personen, am 11. Juli 1887 das Gesetz betr. die Unfallversicherung der bei Bauten beschäftigten Personen, und am 13. Juli 1887 das Gesetz betr. die Unfallversicherung der Seeleute und anderer bei der Seeschiffahrt beteiligten Personen.

Diese Gesetze sind dann durch das Gesetz v. 30. Juni 1900, betr. die Abänderung der Unfallversicherungsgesetze (sog. Mantelgesetz) weiter ausgebaut worden. Die Benennung der bisherigen Gesetze wurde in GUVG., LUVG., BUVG., SUVG. umgewandelt; das Ausdehnungsgesetz wurde in das GUVG. eingearbeitet.

An die Stelle dieser für das Gebiet der U, Vers. bisher geltenden Gesetze (GUVG., BUVG., LUVG., SUVG. und HG., sämtlich vom 30. Juni 1900), tritt nach Art. 5 Einf.-Ges. die RVO. Ihr materieller Inhalt ist unter wesentlicher Änderung der äußeren Form in der Hauptsache in die RVO. aufgenommen worden. Die wichtigste formelle Änderung ist die vollständige Verschmelzung des BUVG. mit den Vorschriften über die Gewerbe-Unfallversicherung. Dieser gehören jetzt — übrigens neben noch anderen nicht gewerbsmäßigen Betrieben und Tätigkeiten — also auch die nicht gewerbsmäßig ausgeführten Bauarbeiten zu. Wenn trotzdem als Überschrift des ersten Teils des III. Buches Gewerbe-U. Vers. gewählt ist, so wird dies durch den hauptsächlichsten Inhalt der in diesem Teil enthaltenen Vorschriften gerechtfertigt. (Begr. S. 258.)

Die Unfallversicherung erfaßt nur die in bestimmten Betriebszweigen oder mit bestimmten Tätigkeiten beschäftigten Personen. Dies erklärt sich aus der historischen Entwickelung, die an das Haftpflichtgesetz anknüpft, und aus dem gesetzgeberischen Grundgedanken, den Personen eine besondere Unfallfürsorge zuzuwenden, die in hervorragendem Maße der Unfallgefahr ausgesetzt sind. Durch die RVO. sind weitere Betriebe und Tätigkeiten in die Unfallversicherung einbezogen worden (vgl. Vorbemerkung vor § 537). Hierdurch wird die Zahl der gegen Unfall Versicherten, die sich bisher auf fast 24 000 000 (rund 15 000 000 Männer und rund 9 000 000 Frauen) belaufen hat, nicht unbeträchtlich erhöht.

Die Unfallversicherung erfolgt durch das Reich, die Bundesstaaten, für leistungsfähig erklärte öffentliche Körperschaften, vornehmlich aber durch BG.en, die für die großen Gewerbs- und Industriezweige, für die Landwirtschaft nach örtlichen Bezirken und für die Seeschiffahrt und Seefischerei errichtet sind (vgl. §§ 623 bis 629, §§ 956, 957, §§ 1118 bis 1120). In den BG.en sind die Unternehmer der versicherten Betriebe vereinigt zu öffentlich-rechtlichen Verbänden mit ausgedehnter Selbstverwaltungsbefugnis, die ihre Schranke in der Aufsicht des RVA. oder der LV. Ämter findet. Die Kosten der Verwaltung und Versicherung tragen die Unternehmer, wofür ihre Haftung auf Grund der Vorschriften des allgemeinen Rechts wesentlich gemindert worden ist (vgl. Vorbem. vor §§ 898 und 903). — Den Berufsgenossenschaften werden für die Versicherung nicht gewerbsmäßiger Bauarbeiten sowie des Haltens von Reittieren und Fahrzeugen (§ 537 Nr. 3, 6, 7) Zweiganstalten angegliedert (Vorbemerkung vor § 783). Für die Versicherung des Haltens von Reittieren und Fahrzeugen können nach § 629 Abs. 2 auch besondere Versicherungsgenossenschaften gebildet werden, welche im Gegensatz zu den Zweiganstalten eigene Rechtspersönlichkeit besitzen.

Versichert sind Arbeiter, Gehilfen, Gesellen und Lehrlinge ohne Rücksicht auf die Höhe ihres Einkommens — Betriebsbeamte, Werkmeister und Techniker bis zu einem Jahresarbeitsverdienst von 5000 M., im Bereich der See-Unfallversicherung ohne diese Begrenzung (§ 1063) — sowie nach Gesetz (§ 1058) oder Satzung zwangsweise oder freiwillig versicherte Unternehmer, welche Unfälle bei versicherten Betrieben oder Tätigkeiten (vgl. §§ 544, 923, 1054) erlitten haben. Die Entschädigung setzt im Allgemeinen spätestens (§ 582) mit dem Beginn der 14. Woche nach dem Unfall ein. Sie besteht in der Gewährung von ärztlicher Behandlung, von Heil- und Hilfsmitteln mit dem Ziele tunlichster Beseitigung der Unfallfolgen; zwecks geeigneter Durchführung des Heilverfahrens haben die BG.en teilweise auch eigene Krankenhäuser errichtet. Ferner besteht die Entschädigung hauptsächlich in der Zahlung einer Rente für die Dauer der Erwerbsunfähigkeit. Bei völliger Erwerbsunfähigkeit erhält der Verletzte die Vollrente, die in ⅔ des Jahresarbeitsverdienstes besteht, bei teilweiser Erwerbsunfähigkeit einen entsprechenden Teil der Vollrente. Wird der Versicherte durch den Betriebsunfall getötet, so wird Sterbegeld und für die Hinterbliebenen eine Rente gewährt. — Zur Verhütung von Unfällen sind von den Versicherungsträgern Unfallverhütungsvorschriften (§ 848 flg.) zu erlassen, die für die Betriebe insbesondere die Anbringung von Schutzvorrichtungen an Maschinen anordnen und den in den Betrieben Beschäftigten ihr Verhalten vorschreiben.

Das Verfahren über die Feststellung der Entschädigungsansprüche der Verletzten ist im 6. Buch der RVO. geregelt.

Schließlich seien noch die Aufwendungen genannt, welche die Unfallversicherung seit ihrem Bestehen (1885) bis Ende 1909 den Versicherten zugewendet hat:

Heilverfahren	44,7	Millionen	Mark
Fürsorge in der Wartezeit . .	10,6	„	„
Heilanstalt	67,2	„	„
Angehörigenrente	18,3	„	„
Verletztenrente	1 304,2	„	„
Abfindung an Inländer . . .	12,4	„	„
Sterbegeld	10,4	„	„
Hinterbliebenenrente	324,4	„	„
Witwenabfindung	12,2	„	„
Ausländerabfindung	3,9	„	„
Insgesamt:	1 808,2	Millionen	Mark

Die Zuwendungen im Jahre 1909 betrugen insgesamt . . . . . . 162 266 000 Mark

Das Gesamtvermögen der Träger der Unfallversicherung betrug Ende 1909 . . . . 510 737 000 Mark

---

Erster Teil.

Gewerbe-Unfallversicherung.

Erster Abschnitt.

Umfang der Versicherung.

Vorbemerkung.

Im § 537 ist eine Anzahl weiterer Betriebe und Tätigkeiten der gewerblichen Unfallversicherung neu unterstellt worden. Es sind dies: Apotheken, Gerbereibetriebe, Gewerbebetriebe in denen Dekorateurarbeiten ausgeführt werden, Steinzerkleinerungsbetriebe, der Betrieb von Badeanstalten, die gewerbsmäßige oder von öffentlichen Körperschaften verwaltete Binnenfischerei, Fischzucht, Teichwirtschaft und Eisgewinnung, die gewerbsmäßigen Fahrbetriebe, Reittier- und Stallhaltungsbetriebe, das Halten von Fahrzeugen, das Halten von Reittieren, sowie die im § 537 unter Nr. 11 aufgeführten kaufmännischen Betriebe, soweit sie nicht bereits nach dem GUVG. versichert waren; endlich sind nunmehr Gewerbebetriebe, in denen Tiefbauarbeiten ausgeführt werden, nach ihrem ganzen Umfange in die Unfallversicherung einbezogen, auch wenn die Tiefbauarbeiten den kleineren Teil des Betriebes ausmachen.

Die für den Übergang notwendigen Vorschriften sind in den Art. 43 flg. des Einf.-Ges. zur RVO enthalten. Darnach bestimmt der Bundesrat, wieweit für Gewerbszweige, die der Unfallversicherung neu unterworfen sind, neue BG.en errichtet oder wieweit sie bestehenden BG.en zugeteilt werden (Art. 43 Einf.-Ges.). Über die Versicherung des nicht gewerbsmäßigen Haltens von Reittieren oder Fahrzeugen enthält § 629 Abs. 2 RVO. eine besondere Bestimmung. Art. 44 Einf.-Ges. hat dann dem Bundesrat für die Organisation der Genossenschaften solange freie Hand gewährt, bis die Gewerbszweige, die der Unfallversicherung neu unterstellt sind, genossenschaftlich eingegliedert sind. Die Errichtung neuer BG.en ist in den Art. 45 bis 47 Einf.-Ges. geregelt und Art. 48 Einf.-Ges. bestimmt, daß die bestehenden BG.en ihre Satzungen nach der RVO. abzuändern haben. Die Vorschriften über die Ermittelung der erst durch die RVO. versicherungspflichtig gewordenen Betriebe, insbesondere über die Anmeldepflicht der Unternehmer, sind in den Art. 49 bis 53 Einf.-Ges. enthalten. Ältere privatrechtliche Versicherungsverträge der Unternehmer neu versicherter Betriebe und Tätigkeiten gehen nach näherer Vorschrift der Art. 56 bis 59 auf die Genossenschaften über.

Versicherte Betriebe und Tätigkeiten.

§ 537. Der Versicherung unterliegen

1. Bergwerke, Salinen, Aufbereitungsanstalten, Steinbrüche, Gräbereien (Gruben),

2. Fabriken, Werften, Hüttenwerke, Apotheken, gewerbliche Brauereien und Gerbereibetriebe,
3. Bauhöfe, Gewerbebetriebe in denen Bau-, Dekorateur-, Steinhauer, Schlosser-, Schmiede- oder Brunnenarbeiten ausgeführt werden, ferner Steinzerkleinerungsbetriebe sowie Bauarbeiten außerhalb eines gewerbsmäßigen Baubetriebes,
4. das Schornsteinfeger-, das Fensterputzer-, das Fleischergewerbe und der Betrieb von Badeanstalten,
5. der gesamte Betrieb der Eisenbahnen und der Post- und Telegraphenverwaltungen sowie die Betriebe der Marine- und Heeresverwaltungen,
6. der Binnenschiffahrts-, der Flößerei-, der Prahm- und der Fährbetrieb, das Schiffziehen (Treidelei), die Binnenfischerei, die Fischzucht, die Teichwirtschaft und die Eisgewinnung, wenn sie gewerbsmäßig betrieben oder vom Reiche, einem Bundesstaat, einer Gemeinde, einem Gemeindeverband oder einer anderen öffentlichen Körperschaft verwaltet werden, der Baggereibetrieb sowie das Halten von Fahrzeugen auf Binnengewässern,
7. der Fuhrwerksbetrieb, der Speditionsbetrieb, der Fahrbetrieb, der Reittier-, und der Stallhaltungsbetrieb, wenn sie gewerbsmäßig betrieben werden, das Halten von anderen Fahrzeugen als Wasserfahrzeugen, wenn sie durch elementare oder tierische Kraft bewegt werden, sowie das Halten von Reittieren,
8. der Speicher-, der Lagerei- und der Kellereibetrieb, wenn sie gewerbsmäßig betrieben werden,
9. der Gewerbebetrieb der Güterpacker, Güterlader, Schaffer, Bracker, Wäger, Messer, Schauer, Stauer,
10. Betriebe zur Beförderung von Personen oder Gütern und Holzfällungsbetriebe, wenn sie mit einem kaufmännischen Unternehmen verbunden sind, das über den Umfang des Kleinbetriebs hinausgeht,

11. unter der gleichen Voraussetzung (Nr. 10) Betriebe zur Behandlung und Handhabung der Ware.

Das Reichsversicherungsamt bestimmt, welche kaufmännischen Unternehmen (Nr. 10 und 11) als Kleinbetriebe der Unfallversicherung nicht unterliegen.

Vgl. § 1 Abs. 1, GUVG.; § 1 Abs. 1 BUVG.

Über die Frage, welche Träger für die Versicherung der einzelnen der Versicherung unterstellten Betriebe in Betracht kommen, vgl. §§ 623 bis 629; über die Zuständigkeit der verschiedenen gewerbl. BG.en insbesondere die Anm. zu § 623.

Zu Nr. 1: Steinbrüche und Gräbereien sind Anstalten der Stein- und Mineraliengewinnung stets dann, wenn sie gewerbsmäßig und nach technischen Regeln betrieben werden. Wenn diese Eigenschaften nicht gegeben sind, so sind für die Beurteilung, ob ein Steinbruch oder eine Gräberei anzunehmen ist, die gesamten sonstigen Betriebs-, besonders die Gefahrverhältnisse maßgebend (Besch. 350, 287, A. N. 1887, S. 144 u. 31). Auch Torfstiche können als Gräbereien gelten.

Aufbereitungsanstalten sind Anstalten zur mechanischen Reinigung gewonnener Erze.

Zu Nr. 2: Fabriken vgl. § 561. — Werften sind Anstalten zur Erbauung von Schiffen. — Gewerbliche Brauereien sind solche, deren Erzeugnisse zur Veräußerung an Dritte bestimmt sind; versichert sind auch die handwerksmäßig betriebenen Brauereien.

Zu Nr. 3: Bauhöfe sind auf eine gewisse Dauer berechnete Anlagen zur Vorbereitung von Bauarbeiten.

Bauarbeiten jeder Art sind der Unfallversicherung unterstellt. Sie sind, soweit sie nicht Bestandteile oder Nebenbetriebe anderer Betriebe sind — abgesehen von den Ausführungsbehörden — teils bei den Baugewerks-BG.en, teils bei der Tiefbau-BG. und teils bei den Zweiganstalten versichert; die Aufbringung der Mittel findet teils nach dem Ausgabendeckungs-, teils nach dem Kapitaldeckungs-, teils nach dem Prämiensystem statt (Anm. zu § 731). Die notwendige Abgrenzung der hiernach verschieden zu behandelnden Bauarbeiten bewirkt § 630 Abs. 3, nach welchem die vorhandenen BG.en in ihrem Bestande erhalten bleiben. Für die Abgrenzung der bei den Baugewerks-BG.en einerseits und bei der Tiefbau-BG. andererseits versicherten Bauarbeiten, kommt es also — entsprechend der seitherigen Praxis des RVA. (Handbuch Bd. II, S. 434 Anm. 2) — weniger auf ihre Art, sondern vielmehr darauf an, ob die Arbeiten überwiegend über der Erdoberfläche oder unter dieser ausgeführt werden; so sind z. B. Maurer- und

Zimmererarbeiten nicht selten bei der Tiefbau-BG. versichert. Doch bleiben diejenigen Tiefbauarbeiten, welche im § 1 Abs. 1, Ziffer 2 GUVG. ausdrücklich aufgeführt waren oder den dort aufgeführten Arbeiten gleich zu achten sind, also namentlich die Brunnen-, Pflasterer-, Steinsetzer- und Asphaltiererarbeiten bei den Baugewerks-BG.en versichert. Führt ein Unternehmer in einem einheitlichen Betrieb sowohl Arbeiten aus, die in das Bereich der Tiefbau-BG., wie auch solche, die in das Gebiet der Baugewerks-BG.en fallen, so bestimmt sich die genossenschaftliche Zugehörigkeit des Gesamtbetriebes danach, welche Arten von Arbeiten überwiegen (vgl. Anm. zu § 539). — Bei den örtlichen Baugewerks-BG.en oder der Tiefbau-BG. sind die gewerbsmäßigen Baubetriebe, bei den Zweiganstalten dieser BG.en die Regie-(Eigen-)bauarbeiten versichert.

Als Bauarbeiten sind vom RVA. angesehen worden: Das Verlegen von Linoleum, das mit dem Gebäude fest verbunden wird; die Anlage von Gasöfen, Gaskochern, Klosetts und Badeeinrichtungen, die mit dem Mauerwerk in eine feste Verbindung gebracht werden und außerdem Rohrlegearbeiten erfordern; die Einrichtung elektrischer Anlagen und Haustelegraphen, wobei das Mauerwerk durchschlagen und feste Verbindungen mit dem Gebäude vorgenommen werden — Besch. 2111, A. N. 1905, S. 457 — nicht aber die Arbeiten beim Anbringen von Gas- oder elektrischen Kronen, das Anbringen nicht eingebauter Firmenschilder an Häusern (Besch. 2242 A. N. 1908, S. 513).

Das Dekorateurgewerbe umfaßt die Arbeiten beim Anbringen von Gardinen, Bildern, Vorhängen usw.

Zu den Steinhauerarbeiten gehören auch die Steinbildhauerarbeiten (Besch. 400, A. N. 1887, S. 212), sie sind stets bei den Baugewerks-BG.en versichert.

Über den Begriff der Schmiedebetriebe und ihre berufsgenossenschaftliche Zugehörigkeit hat sich das RVA. in dem Bescheid 1962, A. N. 1902, S. 650 ausgesprochen.

Gewerbebetriebe, in denen Bau-, also auch Tiefbau- usw. Arbeiten ausgeführt werden, sind versichert, wenn auch die Bau- usw. Arbeiten nur einen geringen Teil des Gesamtbetriebs ausmachen; doch muß es sich um einen einheitlichen Betrieb handeln. Solche Gewerbebetriebe gehören zu der BG., der der Hauptbetrieb seiner Natur nach angehört (Besch. 1945, A. N. 1902, S. 499).

Zu Nr. 4: Die hier aufgezählten Gewerbebetriebe unterliegen im Gegensatz zu Nr. 3 (vgl. letzten Absatz der Anm. zu Nr. 3) lediglich als solche der Versicherung. Der Begriff der Fleischerei erfordert, daß in dem Betrieb eine Schlachtung von Tieren oder eine Zerlegung von Fleisch stattfindet.

Zu Nr. 5: Den Begriff „Eisenbahn" hat das Reichsgericht in Bd. 1, S. 27 seiner Entsch. in Zivilsachen bestimmt. Zu den Eisenbahnen gehören auch die privaten Pferde- und elektrischen Bahnen, soweit sie auf Geleisen betrieben werden, auch Schwebebahnen. Eine besondere Bahnverwaltung braucht nicht vorhanden zu sein. — Nur die Reichs- und die Staatspostverwaltungen sind gemeint. Nicht nach Nr. 5 versichert sind die Angestellten eines mit der Post in einem Vertragsverhältnis stehenden Posthalters (vgl. aber Nr. 7 und 10 dieses Paragraphen). — Der gesamte Betrieb ist versichert, also z. B. auch die Bepflanzung der Eisenbahnböschungen durch Arbeiter der Eisenbahn und regelmäßig auch die Tätigkeit der Gepäckträger auf den Bahnhöfen. Nicht versichert sind die Personen, die nicht im Betriebe beschäftigt sind, also das Bureaupersonal.

Auf die Ausbildung der Soldaten erstreckt sich die Versicherung nicht.

Bauten, die von Verwaltungen der in Nr. 5 genannten Betriebe ausgeführt werden, unterliegen nach Nr. 3 der Versicherung.

Zu Nr. 6: Nicht versichert ist die Binnenfischerei zu Zwecken des Sports oder nur für den eigenen Bedarf. — Die Abgrenzung der Binnenschiffahrt gegen die Seeschiffahrt ergibt sich aus §§ 1047, 1048. Zum Schiffahrtsbetrieb sind die auf Flußdampfern befindlichen Gastwirtschaften zu rechnen (Besch. 1088 A. N. 1892, S. 278). Über die Versicherung von Schiffahrtsbetrieben, die sich auf mehrere Staaten erstrecken, sind teilweise Staatsverträge geschlossen (Handbuch Bd. I, S. 162). Ein inländischer Betrieb, der sich teilweise im Auslande vollzieht, kann in seinem gesamten Umfang versichert sein, wenn der sich im Auslande vollziehende Teil als unselbständige Ausstrahlung des inländischen Betriebs zu gelten hat. Dem entsprechend kann auch der sich im Inlande vollziehende Teil eines ausländischen Betriebs unversichert sein.

Auch das Halten von Ruderfahrzeugen ist der Versicherung unterstellt (Kom.-Ber. Bd. III, S. 16).

Zu Nr. 7: Ein gewerbsmäßiger Fuhrwerksbetrieb ist nur dann vorhanden, wenn der Fuhrbetrieb eine unmittelbare Erwerbsquelle bietet. Dies ist der Fall beim Betrieb eines Hotelwagens mit entgeltlicher Beförderung, nicht aber, wenn der Fuhrbetrieb nur einem anderen Betriebe desselben Unternehmers, z. B. eines Kohlenhändlers, dient (Besch. 97, 718, A. N. 1885, S. 372, 1889, S. 323). Zum Fuhrwerksbetrieb gehört die gesamte Wartung der Pferde und Instandhaltung der Wagen. — Fuhrwerksbetriebe sind nicht selten Nebenbetriebe anderer versicherter Betriebe, insbesondere der Landwirtschaft.

Für die Bestimmung des Begriffs Spediteur ist § 407 des Handelsgesetzbuchs maßgebend. Die Versicherung erstreckt sich nur auf den technischen Beförderungsbetrieb; sie ergreift das Auf- und Abladen, sowie das Verpacken der Güter. Die Unterscheidung der Speditionsbetriebe, die zur Lagerei-BG. gehören, und der zur Fuhrwerks-BG. oder zu den Binnenschiffahrts-BG.en gehörigen Frachtfuhrbetriebe hängt davon ab, ob Fuhren überwiegend auf Grund von Speditionsverträgen oder auf Grund von Frachtverträgen ausgeführt werden. Die praktische Durchführung dieser Unterscheidung stößt oft auf große Schwierigkeiten.

Fahrbetriebe bestehen im gewerbsmäßigen Einfahren fremder Pferde.

Zu den gewerbsmäßigen Reittier- und Stallhaltungsbetrieben gehören namentlich die Betriebe der Reit-, Renn- und Fahrbahnen, die Betriebe von Reit- und Fahrschulen, Tattersalls, Hippodromen, die Ausspannbetriebe der Gastwirtschaften, Gaststallungen (Kom. Ber. Bd. III, S. 13), sowie der Betrieb der Zirkusbesitzer, soweit es sich dabei um die Tätigkeit bei der Reittier- und Stallhaltung, insbesondere die Wartung und Pflege der Tiere handelt. Zu den Stallhaltungsbetrieben gehören auch die Pensionsstallungen für fremde Pferde, sowie die sog. Vieheinstellungsbetriebe.

Die Erstreckung der Versicherung auf das Halten (vgl. Anm. zu § 633 Abs. 2, Nr. 2) von Reittieren und der bezeichneten Fahrzeuge ist vor allem mit Rücksicht auf die Änderung erfolgt, die § 833 des Bürgerlichen Gesetzbuchs durch das Gesetz vom 30. Mai 1908 (RGBl. S. 313) erfahren hat. Sie bringt wesentliche Veränderungen in der Haftung des Tierhalters gemäß §§ 896 bis 905 RVO. mit sich. Fahrzeuge aller Art (Wasserfahrzeuge vgl. Nr. 6) sind gemeint, so besonders Automobile, ferner Luftschiffe einschließlich der sog. Freiballons, nicht aber durch Treten fortbewegte Fahrräder.

Zu Nr. 8: Ein gewerbsmäßiger Speicher-, Kellerei- oder Lagerbetrieb ist gegeben, wenn ein selbständiges Gewerbe daraus gemacht wird, daß fremde Waren unter Benutzung von Speichern oder Kellern oder unter freiem Himmel für einige Dauer aufbewahrt werden. Für die Versicherung der mit Handelsgeschäften verbundenen Lagerungsbetriebe ist Nr. 11 maßgebend.

Zu Nr. 9: Sämtliche Betriebe, die sich in der Richtung der aufgeführten Gewerbszweige bewegen, sind versichert, auch wenn sie mit einer hier nicht genannten Bezeichnung belegt sind.

Zu Nr. 10 u. 11: Die früheren Vorschriften des § 1 Abs. 1, Nr. 7 GUVG., deren Anwendung in der Praxis S. 279 flg. der Begr. eingehende Erörterung gefunden hat, sind wesentlich abgeändert worden. — „Kaufmännisches Unternehmen" ist umfassender als Handelsgewerbe; darunter fallen die Genossenschaften des Gesetzes vom 1. Mai 1889 (§ 17 Abs. 2), die Gesellschaften mit beschränkter Haftung (§ 13 Abs. 3 des Gesetzes betr. diese Gesellschaften — RGBl. S. 846 — in Verbindung mit § 6 Abs. 1 Handelsgesetzbuchs), und die Aktiengesellschaften (§ 210 Abs. 2 u. § 6 Abs. 1 des Handesgesetzbuchs). Für das Kleingewerbe (z. B. Höker, Trödler, Hausierer, Inhaber kleiner Gasthäuser, Schenken, Destillationen) ist ein Versicherungsbedürfnis nach wie vor nicht anerkannt worden. Die Unterscheidungsmerkmale zwischen größeren und kleineren Betrieben sollen nach den für das Gebiet der Unfallversicherung maßgebenden Gesichtspunkten (z. B. im Verhältnis zum Gesamtumsatz recht bedeutender Lagerungs- und Beförderungsbetrieb, hohe Unfallgefahr) durch das RVA. (nicht die LV. Ämter) einheitlich für das Gebiet des deutschen Reichs festgesetzt werden; eine sachliche Erweiterung der Versicherung ist hierdurch nicht bezweckt. (Kom. Ber. Bd. III, S. 6.) Darauf, ob der Inhaber des Unternehmens im Handelsregister eingetragen ist, kommt es nicht mehr an. — Der Behandlung und Handhabung der Ware dienen die eigentlichen Lagerungsarbeiten (wie Auf- und Abladen der Ware in die Geschäftsräume, Aus-, Ein- und Umpacken, Umfüllen, Auffüllen des Handlagers, Sortieren, Vermessen und Auszeichnen der Ware, Handhabung der Ware bei der Bestandsaufnahme, Beförderung der Ware aus einem Geschäftsraum in den anderen, Behandlung der Ware zu dem Zweck, sie in verkaufsfähigen Zustand zu versetzen oder darin zu erhalten, sowie die Instandhaltung der Räume, die zur Aufbewahrung von Waren dienen) und ferner die Verrichtungen, die dem technischen Teil des Betriebs angehören, sich von der Lagerungstätigkeit äußerlich meist nicht wesentlich unterscheiden, aber zu der unversicherten Verkaufstätigkeit in näherer Beziehung stehen (wie das Herbeiholen der Ware aus dem Hand- oder sonstigen Lager, das Vorlegen und Vorzeigen der Ware zum Zwecke des Verkaufs, das Hantieren mit der Ware während der Verkaufsverhandlungen, das Abmessen, Abwägen, Verpacken oder Bereitstellen der Ware zum Zwecke des Verpackens, die Übergabe der Ware an den Käufer und die Zurücklegung der unverkauften oder nicht passenden Ware in das Lager usw.). Die meisten Ladengeschäfte sind nunmehr der Versicherung unterstellt, da auf beide Arten von Arbeiten regelmäßig mehr als 100 Arbeitstage entfallen werden und damit die aus der Rechtsübung des RVA. zu entnehmende Bedingung für die Annahme eines der Behandlung und Handhabung der Ware dienenden Betriebs gegeben ist. Die kaufmännischen Angestellten solcher Geschäfte sind gemäß § 546, da sie meistens hauptsächlich mit versicherten Arbeiten beschäftigt werden, auch wegen Unfällen bei einer unversicherten kaufmännischen Tätigkeit versichert (Begr. S. 284 flg.), vgl. auch Kom. Ber. Bd. III, S. 20).

Ein großer Teil des Handelsgewerbes bleibt unversichert, namentlich die Tätigkeit in Kontor und Kasse, sowie die Reisetätigkeit selbst bei Mitführung von Warenproben. Warenmuster dagegen gelten als Ware im Sinne der Nr. 11 (Begr. S. 285).

Dem mehrfach ausgesprochenen Wunsch, die Versicherung auf den Gast- und Schankwirtschaftsbetrieb auszudehnen, ist nicht entsprochen worden. Ebensowenig ist die Versicherung auf Betriebe ausgedehnt worden, die gewerbsmäßig theatralische Vorstellungen, musikalische oder deklamatorische Vorträge, Schaustellungen und andere Belustigungen darbieten. Doch sind die in diesen Betrieben Beschäftigten in gewissem Umfang auf Grund der Vorschriften des § 537 versichert. So unterliegt der technische Bühnenbetrieb in seiner Gesamtheit der Versicherung, wenn ein erheblicher Teil der Bühnenarbeiten an sich versicherungspflichtig ist und ein untrennbares Zusammenwirken der verschiedenen technischen Anlagen und der bei ihnen beschäftigten Personen stattfindet (Besch. 2023, A. N. 1903, S. 570). Ferner ist der Betrieb der durch elementare oder tierische Kraft bewegten Karussels bei der Fuhrwerks-BG. versichert (Rundschr. d. RVA. v. 20. Juli 1907, A. N. 1907, S. 236). — Dagegen unterliegt das Chorpersonal der Theater der Unfallversicherung nicht. Die Möglichkeit seiner Versicherung ist nur auf Grund der Satzung gemäß § 552 Nr. 2 gegeben (Begr. S. 285).

Es besteht die Absicht, die Versicherung der Feuer- und Wasserwehren in einem besonderen Gesetz zu regeln.

Fabriken.

§ 538. Als Fabriken im Sinne des § 537 Nr. 2 gelten Betriebe, die

1. gewerbsmäßig Gegenstände bearbeiten oder verarbeiten und hierzu mindestens zehn Arbeiter regelmäßig beschäftigen,
2. gewerbsmäßig Sprengstoffe oder explodierende Gegenstände erzeugen oder verarbeiten oder elektrische Kraft erzeugen oder weitergeben,
3. nicht bloß vorübergehend Dampfkessel oder von elementarer oder tierischer Kraft bewegte Triebwerke verwenden,

4. vom Reichsversicherungsamte den Fabriken gleichgestellt werden.

Vgl. § 2 Abs. 2 bis 4 GUVG.

§ 538 enthält keine erschöpfende Regelung des Fabrikbegriffs. Es ist zunächst der allgemeine Sprachgebrauch entscheidend.

Nach diesem gelten als Fabriken gewerbliche, stehende Betriebe von größerem Umfang, die vorwiegend Rohprodukte oder Halbfabrikate be- oder verarbeiten. Vom kleingewerblichen Betrieb unterscheidet sie der größere Umfang, der zu bemessen ist nach Größe der Betriebsanlagen, Zahl und Art der Arbeitsmaschinen und der Arbeiter (wobei auch die Hausgewerbetreibenden mit zu berücksichtigen sind, Besch. 156, A. N. 1886, S. 77), Grad der Arbeitsteilung, Masse, Art und Wert der verarbeiteten Produkte und Fabrikate (Massenabsatz), sowie auch darnach, ob der Unternehmer selbst im Betrieb mit Hand anlegt oder nicht. Im Einzelfalle wird im Verfahren gemäß § 660, oder, wenn ein Unfall eingetreten ist, im instanziellen Entschädigungsverfahren entschieden.

Die in den Nummern 1 bis 3 bezeichneten Betriebe sind stets als Fabriken im Sinne der sozialen Unfallversicherung anzusehn. Hierzu ist folgendes zu bemerken:

Zu Nr. 1: Gewerbsmäßigkeit liegt vor, wenn ein Betrieb zu Zwecken des Erwerbs als unmittelbare Einnahmequelle für einige Dauer unterhalten wird. Nicht unter Nr. 1 fallen rein wissenschaftliche und künstlerische, sowie solche Tätigkeiten, die ohne Erwerbszweck lediglich Unterrichts-, Besserungs- sowie ähnlichen Zwecken zu dienen bestimmt sind. „Be- und Verarbeitung von Gegenständen" ist z. B. für Küchenbetriebe der Restaurants und Hotels, für Blumenbindereien, beim Mischen, Zuschneiden, Verpacken von Waren anerkannt worden. — Die regelmäßige Zahl der Arbeiter während des vollen Betriebs (der Saison) entscheidet. Nicht erforderlich ist, daß mindestens 10 Arbeiter sämtlich unmittelbar bei der Be- oder Verarbeitung von Gegenständen tätig sind. Mitgezählt werden also z. B. Austrägerinnen in Bäckereibetrieben, die der festen Kundschaft die Backwaren ins Haus bringen. — Nicht mitgezählt werden Hausgewerbetreibende. (Vgl. Anm. zu Nr. 4.)

Zu Nr. 3: Wenn nicht wie früher gesagt ist „Betriebe, für welche ... zur Anwendung kommen" sondern „Betriebe, die verwenden", so sollen dadurch Fälle der Versicherung entzogen werden, in denen im regelmäßigen Geschäftsbetrieb gewisse Maschinenarbeiten an selbständige Unternehmer abgegeben, sonst aber keine Maschinen verwendet werden (Kom. Ber. Bd. III, S. 19).

Bei Verwendung von Motoren in nur einem Teile des Betriebes kommt es auf die Bedeutung und Ausdehnung des Motorbetriebs im Vergleich zum ganzen Betrieb an; je nachdem unterliegen alle, oder nur die mit dem Motor im Zusammenhang stehenden Betriebshandlungen der Versicherung. Die Verwendung von Dampfkesseln (d. s. Kessel mit gespannten Dämpfen) und Triebwerken muß eine regelmäßige oder dauernde sein; Gewerbsmäßigkeit des Betriebs wird nicht gefordert. Handelt es sich nicht um Betriebe, sondern nur um Einrichtungen (z. B. Wasserleitungen, Luftheizungsanlagen in Einfamilienhäusern, ärztliche Vibrationsapparate), so greift die Versicherung nicht Platz.

Zu Nr. 4: Hiernach kann das RVA. allgemeine Bestimmungen erlassen. Dies hat es bisher nicht getan, sondern durch grundsätzliche Entscheidungen in Einzelfällen dem Fabrikbegriff eine ziemliche Ausdehnung gegeben. Eine alphabetisch nach Betrieben geordnete Zusammenstellung solcher Entscheidungen befindet sich im Handbuch Bd. I, S. 199 flg.

Bestandteile und Nebenbetriebe versicherter Betriebe und Tätigkeiten (§ 539 bis 541).

§ 539. Der Versicherung unterliegen auch andere Betriebe, wenn sie wesentliche Bestandteile oder Nebenbetriebe der in den §§ 537, 538 bezeichneten Betriebe sind.

Vgl. § 2 Abs. 5 GUVG.; § 12 Abs. 2 BUVG.

Die wesentlichen Bestandteile oder Nebenbetriebe der in den §§ 537, 538 bezeichneten Betriebe unterliegen ebenfalls der gewerblichen Unfallversicherung (vgl. jedoch §§ 540, 541, 1051). Sie folgen auch hinsichtlich der berufsgenossenschaftlichen Zugehörigkeit (§ 631) in der Regel dem Hauptbetrieb. Ein wesentlicher Bestandteil oder Nebenbetrieb eines andern, des Hauptbetriebs, liegt nicht schon dann vor, wenn die Person des Unternehmers die gleiche ist. Es muß hinzutreten, daß die verschiedenen Gewerbszweigen angehörenden Betriebsteile zu einander in einem solchen Verhältnis stehen, daß der eine dem anderen dient (z. B. handwerksmäßige mit einer Fabrik verbundene Betriebe, Ziegeleien für Baugeschäfte, Gespannhaltung für Ziegeleien, Eisgewinnung für Brauereien, ferner die laufenden Reparaturen an Betriebsgebäuden, sowie die sonstigen zum laufenden Betriebe gehörigen Bauarbeiten; oder daß die mehreren, verschiedenen Gewerbszweigen angehörenden Betriebe sich aus sonstigen Gründen (Einheitlichkeit der Oberleitung, der Kassenführung, benachbarte Lage, Verwendung

derselben Betriebskraft, Verarbeitung oder Weiterverarbeitung derselben Stoffe, Wechsel der Arbeiter usw.) als einheitlicher Gesamtbetrieb darstellen.

§ 540. Der § 539 gilt nicht

1. für landwirtschaftliche Betriebe, die Nebenbetriebe sind.

   Die Satzung (§ 675) kann auch Nebenbetriebe dieser Art der gewerblichen Unfallversicherung unterstellen, wenn in ihnen überwiegend Personen aus dem Hauptbetriebe tätig sind. Die Nebenbetriebe scheiden dann mit dem Inkrafttreten einer solchen Bestimmung aus der Versicherung bei der landwirtschaftlichen Berufsgenossenschaft aus. Die Bestimmung kann nur zum Schlusse eines Geschäftsjahrs aufgehoben werden. Bevor eine Bestimmung der Satzung über die Zugehörigkeit landwirtschaftlicher Nebenbetriebe genehmigt wird, sind die beteiligten landwirtschaftlichen Berufsgenossenschaften zu hören. Einigen sich die beteiligten Berufsgenossenschaften nicht, so entscheidet auf Antrag der Bundesrat. Es bedarf jedenfalls der Zustimmung der landwirtschaftlichen Berufsgenossenschaft, wenn die Bestimmung noch nicht mehr als drei Jahre gegolten hat;

2. für Seeschiffahrts- und andere unter die §§ 1046, 1049 fallende Betriebe, die wesentliche Bestandteile der in den §§ 537, 538 bezeichneten Betriebe sind und über den örtlichen Verkehr hinausgreifen, oder die Nebenbetriebe sind.

Vgl. § 28 Abs. 2 GUVG.; § 1 Abs. 2 SUVG.

Zu Nr. 1: Den landwirtschaftlichen stehen nach § 161 die forstwirtschaftlichen Betriebe gleich. Sind landwirtschaftliche Nebenbetriebe der gewerblichen Unfallversicherung unterstellt, so ergibt sich ihre berufsgenossenschaftliche Zugehörigkeit aus § 631. Der Ausdruck „tätig sind" ist in Abs. 2 Satz 1 gewählt, um auch kleine landwirtschaftliche Be-

triebe zu treffen, in denen die Unternehmer und die Ehefrau hauptsächlich die Arbeit leisten (Begr. S. 286).

Die Einbeziehung landwirtschaftlicher Nebenbetriebe in die gewerbliche Versicherung, die auch durch Ausführungsbestimmungen (§ 895) erfolgen kann, erstreckt sich auch auf solche Nebenbetriebe, in denen der in dem Hauptbetriebe tätige Unternehmer und seine Ehefrau selbst den Hauptanteil der landwirtschaftlichen Arbeiten verrichten. Der Umstand, daß die bei der landwirtschaftlichen BG. etwa begründet gewesene Zwangsversicherung der Unternehmer-Eheleute mit der Versicherung des Betriebs bei der gewerblichen BG. endigt, steht dem nicht entgegen (Besch. 2065, A. N. 1904, S. 545).

Zu Nr. 2: Vgl. Anm. zu § 1051. Die Gleichartigkeit der Seeschiffahrt, mag sie für sich oder als wesentlicher Bestandteil eines andersartigen Unternehmens betrieben werden, macht die Einheitlichkeit der Versicherung, insbesondere der Unfallverhütungsvorschriften und der Kontrolle notwendig. Zum örtlichen Verkehr gehört z. B. noch der von Bremen nach Bremerhaven (Kom. Ber. Bd. III, S. 22). — Vgl. Anm. zu § 631 Abs. 2, durch den die über den örtlichen Verkehr hinausgreifenden Binnenschiffahrts- und Flößereibetriebe oder -Tätigkeiten sämtlich den zuständigen Schiffahrts-BG.en zugewiesen sind.

§ 541. Für welche Betriebe und Tätigkeiten der in den §§ 537, 538 bezeichneten Art als Teile oder Nebenbetriebe eines landwirtschaftlichen Betriebs an Stelle der gewerblichen die landwirtschaftliche Unfallversicherung tritt, regeln die §§ 916, 918 bis 921.

Vgl. § 1 Abs. 2 GUVG.; § 1 Abs. 1 BUVG.

Die angezogenen Paragraphen und die zugehörigen Anmerkungen sind zu vergleichen.

Zuteilung mehrerer Betriebe eines Unternehmers an eine Genossenschaft.

§ 542. Unterliegen von mehreren Betrieben, die ein Unternehmer in dem Bezirke desselben Oberversicherungsamts hat, ihrer Art nach die einen der gewerblichen und andere der landwirtschaftlichen Unfallversicherung und gehören sie nicht schon nach den vorstehenden Vorschriften derselben Genossenschaft an, so sind sie auf Antrag des Unternehmers einer Genossenschaft zuzuteilen, wenn in den Betrieben zusammen regelmäßig nicht mehr als zehn Versicherungspflichtige beschäftigt werden.

Der Antrag ist an das Oberversicherungsamt zu richten, welches nach Anhörung der beteiligten Genossenschaften über die Zuteilung entscheidet.

Die Beschwerde gegen die Entscheidung des Oberversicherungsamts steht dem Unternehmer und den beteiligten Genossenschaften zu.

Bis zur Endgültigkeit der Entscheidung kann der Unternehmer den Antrag zurücknehmen.

Die Zuteilung kann nur zum Schluß eines Geschäftsjahres und, solange die Voraussetzungen des Abs. 1 zutreffen, nur auf Antrag des Unternehmers aufgehoben werden. Hat sie noch nicht mehr als drei Jahre seit der Endgültigkeit der Entscheidung gegolten, so bedarf die Aufhebung auch der Zustimmung der beteiligten Genossenschaften.

Die Bestimmung beruht auf einem Beschluß der Reichstagskommission.

Zu Abs. 1: Die mehreren Betriebe brauchen nicht selbständige zu sein, es kann sich vielmehr auch um landwirtschaftliche Betriebe handeln, die Nebenbetriebe gewerblicher Betriebe sind, jedoch nicht durch Satzungsbestimmung (§ 540 Nr. 1 Abs. 2) der gewerblichen Unfallversicherung unterstellt sind (Kom. Ber. Bd. III, S. 24). — Die mehreren Betriebe desselben Unternehmers können sowohl einer gewerblichen, als auch (§ 922) einer landw. BG. zugeteilt werden. Die Zuweisung der mehreren Betriebe an eine landw. BG. benachteiligt die gewerblichen Arbeiter nicht, da sie nach § 923 Abs. 2, Satz 3 als Facharbeiter gelten. Für die Unfallverhütungsvorschriften bestimmt § 849 das Nähere.

Das OVA. hat nach freiem Ermessen die Genossenschaft zu bezeichnen, der die mehreren Betriebe zuzuteilen sind. Da die Kosten der Versicherung bei den einzelnen Genossenschaften verschieden sind, so hat das OVA. hierbei insbesondere zu berücksichtigen, daß dem Unternehmer der mehreren Betriebe durch die Zuteilung kein wesentlicher Vorteil vor der Konkurrenz erwächst. Das RVA. ist nach ausdrücklich erklärtem Einverständnis in der Reichstagskommission berechtigt, für die Zuteilung der mehreren Betriebe einheitliche die OV. Ämter bindende Grundsätze aufzustellen (Kom. Ber. Bd. III, S. 108). — Verlangt der Betriebsunternehmer die Zuweisung seiner mehreren Betriebe an eine bestimmte BG. und hält das OVA. diese Zuteilung nicht für angängig, so muß sein Antrag abgelehnt werden; nicht aber können die mehreren Betriebe der BG. zugewiesen werden, welche nach der Ansicht des OVA. in Betracht kommt, da § 542 zu Gunsten des Unternehmers geschaffen ist (Kom. Ber. Bd. III, S. 24).

Beschwerde vgl. 1791, 1784; die weitere Beschwerde geht an das RVA. oder das LVA. (§ 1797, 724).

Durch Abs. 5 soll das Interesse der beteiligten Genossenschaften an einer gewissen Beständigkeit der Mitglieder gewahrt werden (Kom. Ber. Bd. III, S. 24).

Versicherungsfreie Betriebe.

§ 543. Betriebe ohne besondere Unfallgefahr kann der Bundesrat für versicherungsfrei erklären.

Das Reichsversicherungsamt bereitet die Entscheidung des Bundesrats vor; dabei hat sich der Beschlußsenat zu äußern.

Vgl. § 1 Abs. 3 GUVG.; § 18 Nr. 1 HG.

Zu Abs. 1: Dies hat der Bundesrat bisher nicht getan. Der Bundesrat ist nur befugt, ganze Betriebsgruppen, nicht aber einzelne Betriebe für versicherungsfrei zu erklären.

Zu Abs. 2: Das RVA. ist zuständig (nicht aber die LV.-Ämter).

Unfälle bei versicherten Betrieben und Tätigkeiten.

§ 544. Gegen Unfälle bei Betrieben oder Tätigkeiten, die nach den §§ 537 bis 542 der Versicherung unterliegen (Betriebsunfälle), sind versichert

1. Arbeiter, Gehilfen, Gesellen, Lehrlinge,
2. Betriebsbeamte, deren Jahresarbeitsverdienst nicht fünftausend Mark an Entgelt übersteigt,

wenn sie in diesen Betrieben oder Tätigkeiten beschäftigt sind.

Verbotwidriges Handeln schließt die Annahme eines Betriebsunfalls nicht aus.

Vgl. § 1 Abs. 1 GUVG.; § 1 Abs. 1 u. 2 BUVG.

Der Entschädigungsanspruch setzt voraus:

I. Daß der Verletzte zu den in Nr. 1 und 2 bezeichneten Personen gehört. Diese Personen müssen zu demjenigen, für dessen Rechnung der Betrieb geht, dem Unternehmer (§ 633), in einem tatsächlichen Arbeitsverhältnis stehen, wobei die Zahlung eines Entgelts nicht von maßgebender Bedeutung ist. Auf die zivilrechtliche Gestaltung des Verhältnisses kommt es nicht entscheidend an. Über die oft schwierige Unterscheidung der Arbeiter von den Unternehmern vgl. Anm. zu § 633. Ausgeschlossen ist nach § 159 im Hinblick auf das Wesen der Ehe das Bestehen eines Arbeitsverhältnisses zwischen Ehegatten, bei denen nur Mitunternehmerschaft (§ 551) in Frage kommen kann. Dagegen steht die Verwandtschaft mit dem Unternehmer der Annahme eines Arbeiter- oder Betriebsbeamtenverhältnisses nicht entgegen. Doch muß es sich um eine ernstliche Arbeitsleistung handeln. Unter der gleichen Voraussetzung sind auch Kinder besonders in landwirtschaftlichen Betrieben, versichert (Rek. Entsch. 1005, 1790, A. N. 1891, S. 232, 1899, S. 774). Noch arbeitsfähige Geistesschwache, Taubstumme oder Blinde sind bei Beschäftigung außerhalb von Anstalten, regelmäßig versichert, bei Beschäftigung in solchen, die meist im Interesse der Heilung und ohne Schaffung irgendwie in Betracht kommender wirtschaftlicher Werte erfolgt, regelmäßig nicht versichert (Besch. 2515, A. N. 1911, S. 515). Soldaten sowie Staats- und Gemeindebeamte fallen unter die Versicherung, wenn sie außerhalb ihres militärischen Dienstverhältnisses oder ihres amtlichen Wirkungskreises tätig sind.

Zu Nr. 1: Neben den früher allein aufgeführten Arbeitern sind die Gehilfen, Gesellen, Lehrlinge genannt, um die Vorschrift mit den §§ 165, 1226 in Einklang zu bringen, nicht aber um eine Änderung des bisherigen Rechtszustandes herbeizuführen (Begr. S. 287). Als Arbeiter gelten nur freie Personen, während die Unfallfürsorge für Gefangene usw. in dem Gesetz v. 30. Juni 1900 — RGBl. S. 536 — geregelt ist. Fürsorgezöglinge (vgl. aber § 615 Abs. 1, Nr. 1) sind in der Regel als Arbeiter anzusehen (Besch. 2222, A. N. 1908, S. 438). Ebenso gelten als Arbeiter die in Arbeiterkolonien, in Herbergen zur Heimat und in sonstigen gemeinnützigen Wohltätigkeitsanstalten Beschäftigten. Auch vorübergehende ohne Wissen des Unternehmers oder seines Vertreters geleistete Tätigkeiten machen den Leistenden zu einem Arbeiter des Betriebs, wenn er damit den Betrieb in einer dem mutmaßlichen Willen des Unternehmers entsprechenden Weise fördert, es sei denn, daß er seiner ganzen Stellung nach nicht als Arbeiter gelten kann. Hausgewerbetreibende (§ 162) sind nicht Arbeiter im Sinne des § 544, wohl aber unselbständige Heimarbeiter (vgl. aber § 548 Nr. 2).

Zu Nr. 2: Da Betriebsbeamte nur bis zu einer Verdienstgrenze von 5000 (früher 3000) M. (vgl. aber § 548 Nr. 3) versichert sind, ist ihre Abgrenzung gegen die Arbeiter notwendig. Der Begriff des Betriebsbeamten erfordert eine gewisse Beteiligung an der Betriebsleitung und eine gewisse Aufsichtsstellung gegenüber den Arbeitern, während die Handarbeitstätigkeit zurücktritt. Nicht Betriebsbeamte sind die Aufsichtsratsmitglieder bei einer Aktiengesellschaft und die persönlich haftenden Mitglieder einer Kommanditgesellschaft sowie einer Kommanditgesellschaft auf Aktien (letztere weil Unternehmer). Dagegen sind die Vorstandsmitglieder von Aktiengesellschaften Beamte. Bei schwankenden Bezügen ist die Höhe des Entgelts (§ 160) nach dem Durchschnitt mehrerer Jahre zu bemessen.

II. Die zu I bezeichneten Personen müssen in versicherten Betrieben oder mit versicherten Tätigkeiten (§§ 537, 538) beschäftigt sein. Unter „Betrieb" ist ein Inbegriff fortdauernder wirtschaftlicher Tätigkeiten zu verstehen; er umfaßt die der Vorbereitung, der Durchführung und dem Abschluß eines versicherten Unternehmens dienenden Tätigkeiten. Der Betrieb bildet mit seinen wesentlichen Bestandteilen und Nebenbetrieben (§§ 539, 631) versicherungstechnisch regelmäßig (Ausnahmen in den §§ 540, 541) eine Einheit. Zum Betriebe gehören also z. B. auch eigene Feuerwehren großer Werke, die den Zwecken des Hauptbetriebs nur mittelbar dienen, sowie auch Einrichtungen, die zwar auch dem Wohle der Arbeiter dienen, aber auch die Interessen des Betriebs wesentlich fördern (z. B. die Arbeitermenagen — nicht aber die Krankenhäuser von Hüttenwerken, vgl. Rek. Entsch. 2453, 2454, A. N. 1911, S. 386 — die Baracken und Kantinen einsam gelegener Ziegeleien. Die in solchen Einrichtungen beschäftigten Arbeiter und Beamten (nicht aber die sie zu eigenwirtschaftlichen Zwecken benutzenden Arbeiter) sind ebenso wie die im Hauptbetriebe Beschäftigten versichert. Nicht im „Betriebe" beschäftigt sind Arbeiter und Beamte, die im Bureau tätig und nur mit Buchführung, Rechnungswesen, Briefwechsel usw. betraut sind (vgl. auch Anm. zu Nr. 11 des §§ 537). Die Beschäftigung kann eine nur vorübergehende sein (vgl. S. 32 a. E.).

III. Es muß ein Unfall vorliegen, d. h. der Betroffene muß durch ein plötzliches, d. h. in einem verhältnismäßig kurzen Zeitraum (im allgemeinen höchstens eine Arbeitsschicht) eingeschlossenes, Ereignis eine Schädigung seiner körperlichen oder geistigen Gesundheit erfahren haben. Sog. Gewerbekrankheiten, die längere Zeit dauernde Beschäftigung in gewissen der Gesundheit schädlichen Betriebszweigen hervorbringt, stehen den Unfällen nicht gleich (§ 547). Ebenso auch nicht sich nicht plötzlich geltend machende Einflüsse ungesunder

Betriebsstätten (Zugluft, Hitze und Kälte), sowie allmählich bei der Betriebsarbeit und auch durch dieselbe entstehende Schädigungen.

Ein Unfall setzt nicht notwendig ein besonderes betriebswidriges Ereignis voraus, auch die gewöhnliche Betriebsarbeit kann einen Unfall darstellen, wenn sie eine gesundheitliche Schädigung verursacht. Ob die gewöhnliche Betriebsarbeit einen Schaden hervorgerufen hat, oder ob die Schädigung nur gelegentlich der Betriebsarbeit eingetreten ist, ist oft außerordentlich zweifelhaft, insbesondere wenn die Arbeiter an Krankheitsanlagen gelitten haben, die erfahrungsgemäß zur Verschlimmerung neigen. Regelmäßig wird der ursächliche Zusammenhang zwischen Leisten- und anderen Brüchen und der gewöhnlichen Betriebsarbeit verneint, da nach den Erfahrungen der ärztlichen Wissenschaft die augenblickliche Beschäftigung nur den äußeren Anlaß, nicht aber die Ursache des Bruchaustritts zu bilden pflegt (vgl. ärztliche Gutachten in A. N. 1900, S. 728, A. N. 1897, S. 356, 358, 360).

IV. Der Unfall muß sich bei versicherten Betrieben oder Tätigkeiten ereignen.

Die Versicherung erstreckt sich auf alle Gefahren, die durch den Betrieb und sei es auch nur als mitwirkende Ursache geboten werden. Nicht einheitlich beantwortet die Rechtsprechung des RVA. die Frage, ob Unfälle, die dem Arbeiter auch außerhalb des Betriebs zustoßen können und denen auch andere im Betriebe nicht tätige Personen gleichfalls ausgesetzt sind (sog. Unfälle des täglichen Lebens, wie Blitzschläge, Insektenstiche, Verletzungen durch verirrte Kugeln) durch die Versicherung gedeckt sind. Die Frage ist zu bejahen. Denn einmal ist eine scharfe und konsequente Scheidung dieser Gefahren von den besonderen Betriebsgefahren und den durch den Betrieb gebotenen Gefahren des täglichen Lebens nicht möglich, auf welche die Rechtsprechung den Schutz der Versicherung stets erstreckt hat. Und dann ist der Kausalzusammenhang mit dem Betriebe dadurch gegeben, daß der Arbeiter ohne seine Betriebstätigkeit sich nicht gerade an der Unglücksstelle befunden haben und deshalb von dem Unfall verschont geblieben sein würde. Diese in der neueren Rechtsprechung des RVA. zur Geltung gekommene Auffassung hat ein Mitglied der Reichstagskommission, ohne Widerspruch zu finden, ausdrücklich gebilligt (Kom. Ber. Bd. III, S. 28. Vgl. auch Rek. Entsch. 2305, A. N. 1909, S. 443). — Körperliche Schädigungen, die den Arbeiter auch außerhalb des Betriebes getroffen haben würden, bleiben unversichert.

Verschulden des Verletzten, selbst grober Art, schließt die Annahme eines Betriebsunfalls nicht aus. Das gleiche hatte bereits unter der Geltung des früheren Rechts die Rechtsprechung bei verbotswidrigem Handeln angenommen, z. B. bei der Benutzung eines Förderseiles zur Ausfahrt aus einem Bergwerk; es sei denn, daß es sich um Tätigkeiten handelte, die ihrer Art und Zweckbestimmung nach nichts mit dem Betriebe zu tun hatte (vgl. Rek. Entsch. 2017, A. N. 1903, S. 565). Daß die ausdrückliche Vorschrift des Abs. 2 wesentlich über den Rahmen dieser Rechtsprechung hinausgehen will, kann nicht angenommen werden. — Durch Spielereien verursachte Unfälle sind dem Betriebe für gewöhnlich nicht zuzurechnen, wenn es sich nicht um Beschäftigung von ihrem Alter nach zu Spielereien neigenden Kindern handelt (vgl. auch I der Anm. zu diesem Paragraphen).

Auch Gefahren, die dem Arbeiter oder Betriebsbeamten durch fahrlässige oder vorsätzliche Schädigungen seitens seiner Mitarbeiter drohen, sind durch die Versicherung gedeckt, wenn solche Verletzungen durch die Betriebstätigkeit, insbesondere durch das Zusammenarbeiten zahlreicher Personen an der Betriebsstätte oder durch die dienstlichen Obliegenheiten (z. B. durch das Rüge- und Aufsichtsrecht, aber auch durch Mißbrauch desselben) wesentlich mitverursacht worden sind. Wer sich lediglich aus Rauflust prügelt oder aus rein persönlichen außer unmittelbarem Zusammenhang mit dem Betriebe entstandenen Zwistigkeiten verletzt wird, ist nicht zu entschädigen, es sei denn, daß Betriebseinrichtungen bei der Entstehung oder der Schwere der Verletzung wesentlich mitgewirkt haben (vgl. Rek. Entsch. 478, 561, 562, A. N. 1488, S. 176, S. 288).

Bei einem versicherten Betriebe oder bei einer versicherten Tätigkeit hat sich ein Unfall ereignet, wenn die Verrichtung, bei deren Vornahme der Unfall den Versicherten betroffen oder die zur Herbeiführung des Unfalls wesentlich mitgewirkt hat, den Zwecken des Betriebs oder der versicherten Tätigkeit zu dienen bestimmt ist. Das RVA. hat stets angenommen, daß der ganze nach den Verhältnissen des Betriebs unter Berücksichtigung bestehender Gewohnheiten angemessene Aufenthalt des Versicherten an der Betriebsstätte (d. h. der Gesamtheit der Räume, über die der Betriebsunternehmer zu Betriebszwecken verfügt) die Zwecke des Betriebes fördern soll, und demgemäß Unfälle, die aus diesem Aufenthalt erwachsen, entschädigt, z. B. Unfälle auf Wegen zu und von der Arbeit, soweit sie über die Betriebsstätte führen. Über sog. Unfälle des täglichen Lebens vgl. die vorstehenden und über Unfälle bei eigenwirtschaftlichen Verrichtungen die ferneren Ausführungen. Die Grenzen der Betriebsstätte hat das RVA. möglichst umfassend gezogen (z. B. ist für einen Chausseearbeiter die ganze Chausseestrecke, für einen Forstarbeiter die ganze Forst als Betriebsstätte angesehen worden — vgl. Rek. Entsch. 1266, 1439, A. N. 1893, S. 428, 1895, S. 235). — Auch dann steht eine versicherte Person noch unter dem Schutz der Versicherung, wenn sie sich von dem ihr zugewiesenen Arbeitsplatze entfernt und sich in andere Räume der Betriebsstätte begibt, soweit sie sich hierdurch nicht willkürlich Gefahren aussetzt, die der Betrieb für sie nicht bietet oder soweit sie nicht an entlegene Gegenden der Betriebsstätte lediglich zu eigenwirtschaftlichen Zwecken gegangen ist. Wirkt der Gefahrenkreis des Betriebs noch über die Grenzen der Betriebsstätte hinaus, so liegt auch dann noch ein Betriebsunfall vor, wenn sich der Unfall nur innerhalb des Gefahrenkreises und durch ihn bedingt ereignet.

Dagegen sind die Wege der Arbeiter und Betriebsbeamten von und zu der Betriebsstätte im allgemeinen unversichert, da bei ihnen das eigenwirtschaftliche Interesse, nicht aber das Betriebsinteresse im Vordergrunde steht (vgl. Kom. Ber. Bd. III, S. 25). Steht aber der Unfall mit dem Betriebe in ursächlicher Verbindung (z. B. wenn bei der Entstehung oder Schwere der Verletzung ein im Interesse des Betriebs mitgeführtes Werkzeug mitgewirkt hat), so greift die Entschädigungspflicht Platz. Dadurch, daß die versicherte Person ein ihr vom Arbeitgeber zur Verfügung gestelltes Beförderungsmittel benutzt oder zur Betriebsstätte durch abgelegene Gegenden oder zur Nachtzeit gehen muß, wird der Weg noch nicht in den Betrieb einbezogen. — Zu den versicherten Betriebstätigkeiten sind die Wege zu zählen, die ein Versicherter für den Betrieb unternimmt, insbesondere diejenigen, die er im Auftrage seines Arbeitgebers oder sonst im Betriebsinteresse z. B. zu Aufsichtszwecken) von einer Arbeitsstätte (z. B. der Werkstatt) zu einer anderen Arbeitsstätte desselben Betriebs zurückzulegen hat. Hierunter fallen die Reisen der Monteure von und zu auswärtigen Montagen (Rek. Entsch. 1047, A. N. 1891, S. 253), die Wege von Heimarbeitern zwecks Zurückschaffung der von ihnen bearbeiteten Gegenstände zur Fabrik. Die bloße Möglichkeit, daß der Versicherte auf dem Wege für den Betrieb tätig werden könnte, bezieht den Weg nicht in die Versicherung ein. Die Versicherung erstreckt sich auf alle Gefahren, die ein solcher Weg oder eine solche Reise ihrer Natur nach mit sich bringen (Rek. Entsch. 2068, A. N. 1904, S. 617). Eigenwirtschaftliche Betätigungen auf den an sich versicherten Wegen und Reisen zu Zwecken der Ruhe, Ernährung und Erholung fallen nicht unter die Versicherung, ebensowenig die Benutzung ungeeigneter oder unangemessen angewendeter Beförderungsmittel (Chausseewalzen, Wettfahrten auf Zweirädern), sowie selbstgeschaffene Gefahren. — Wenn sich an einen Betriebsgang eine Tätigkeit in eigener Angelegenheit von längerer Dauer anschließt, so ist der Rückweg der versicherten Betriebstätigkeit nicht zuzurechnen (Rek. Entsch. 2191, A. N. 1907, S. 481).

Die Empfangnahme des Lohnes gehört ihrem Wesen nach noch zum Betriebe oder zur versicherten Tätigkeit; sie wird ja durch die hierfür geleistete Arbeit unmittelbar veranlaßt; die Wege zur Abholung des Lohnes sind aber nicht anders als die Wege zur Arbeit selbst zu behandeln. Dagegen steht nach der Rechtsprechung die eigenwirtschaftliche Betätigung des Arbeiters im Vordergrund bei der Herrichtung des ihm selbst gehörigen zur Betriebsarbeit notwendigen Werkzeugs, es sei denn, daß zur Herrichtung eine hierzu bestimmte Betriebseinrichtung benutzt wird oder daß sonst ein näherer Zusammenhang mit dem Betriebe gegeben ist. — Ebenso wenig schützt die Versicherung die Arbeiter bei Unfällen gelegentlich von Verrichtungen, die der Befriedigung ihrer leiblichen Bedürfnisse an Speise, Trank und Ruhe oder auch der körperlichen Reinigung oder der Reinigung und Instandsetzung der Kleider dienen, sei es daß sich diese Unfälle auf der Betriebsstätte oder auf Wegen ereignen, die im Interesse des Betriebs vorgenommen werden (Rek. Entsch. 1143, A. N. 1892, S. 309). Hat aber beim Zustandekommen eines solchen Unfalls der Betrieb wesentlich mitgewirkt, so sind die Unfallsfolgen zu entschädigen. Dies ist bei einem Arbeiter, der sich angeblich infolge der durch den Betrieb gebotenen Eile beim Entkorken einer Bierflasche geschnitten hatte, abgelehnt, dagegen anerkannt worden bei einem Arbeiter, der in einem mangelhaften Fabrikabort verunglückt ist, — der an einem fremden Ort, wo er auf Anordnung seines Arbeitgebers übernachtete, auf einer Treppe, die er Nachts zur Befriedigung seiner Notdurft herabstieg, gestürzt ist (vgl. Handbuch Bd. I, S. 111, Anm. 52).

Wenn die Verrichtung, bei der sich der Unfall ereignet hat, wesentlich dem versicherten Betriebe oder der versicherten Tätigkeit dient, so fällt sie nicht dadurch aus dem Rahmen der Versicherung, daß sie zugleich anderen Interessen dient, z. B. denen der Eigenwirtschaft des Unternehmers, des Verletzten oder seiner Mitarbeiter oder dritter, betriebsfremder Personen (z. B. betriebsübliche Gelegenheits- und Gefälligkeitsverrichtungen, Feuerlöschhülfe durch die Werksfeuerwehr).

Darüber, inwieweit Tätigkeiten versichert sind, die ein in einem Betriebe beschäftigter Arbeiter in einem anderen Betriebe vornimmt vgl. Anm. zu § 634.

Werkmeister und Techniker.

§ 545. Als Betriebsbeamte gelten auch Werkmeister und Techniker.

Vgl. § 2 Abs. 1 GUVG.; § 1 Abs. 1, 2 BUVG.

Werkmeister und Techniker sollen innerhalb der Verdienstgrenze von 5000 M. versichert sein. Zu den Technikern können auch Diplomingenieure und Chemiker mit abgeschlossener Hochschulbildung gehören.

Unfälle bei häuslichen und anderen Diensten.

§ 546. Die Versicherung erstreckt sich auf häusliche und andere Dienste, zu denen Versicherte, die hauptsächlich im Betriebe oder bei versicherten Tätigkeiten beschäftigt sind, von dem Unternehmer oder dessen Beauftragten herangezogen werden.

Vgl. § 3 GUVG.; § 2 BUVG.

Die Vorschrift ist nunmehr der entsprechenden Bestimmung für die landwirtschaftliche Unfallversicherung (§ 924) angepaßt; ihr Wortlaut billigt nur die bisherige Rechtsübung.

Die Vorschrift ist auf Unternehmer und auch auf gemäß § 552 versicherte Personen nicht anwendbar. Sie erstreckt sich nur auf anderweitig nicht versicherte Dienste.

Es kommt nur auf die Tätigkeit des Verletzten bei demjenigen Arbeitgeber an, der ihn zu den anderen Diensten herangezogen hat. Die Vorschrift erfaßt aber nicht Dienste, die auf Grund besonderer Abmachungen geleistet werden.

Als andere Dienste sind auch solche aufzufassen, die auf einer dem Arbeitgeber obliegenden öffentlichrechtlichen Verpflichtung beruhen.

Die häuslichen und anderen Dienste brauchen auch nur im Interesse eines Beauftragten (Beamten) des Unternehmers geleistet zu sein. In den Rahmen der Versicherung fallen nur solche Gefahren, welche die häuslichen und anderen Dienste ihrer Natur nach mit sich bringen, nicht auch Gefahren, die sich aus einer Überschreitung des erteilten Auftrags ergeben.

Gewerbekrankheiten.

§ 547. Durch Beschluß des Bundesrats kann die Unfallversicherung auf bestimmte gewerbliche Berufskrankheiten ausgedehnt werden. Der Bundesrat ist berechtigt, für die Durchführung besondere Vorschriften zu erlassen.

Gewerbekrankheiten sind Erkrankungen, die durch allmähliche Einwirkung gewerblicher Gifte oder bestimmter gewerblicher Betriebsweisen zu entstehen pflegen. Ihnen gehören auch die klimatischen Erkrankungen der Seeleute zu.

Ausdehnung der Versicherungspflicht durch die Satzung.

§ 548. Die Satzung kann die Versicherungspflicht erstrecken

1. auf Betriebsunternehmer, deren Jahresarbeitsverdienst nicht dreitausend Mark übersteigt oder die regelmäßig keine oder höchstens zwei Versicherungspflichtige gegen Entgelt beschäftigen,
2. ohne Rücksicht auf die Zahl der beschäftigten Versicherungspflichtigen auf Hausgewerbetreibende (§ 162), die Unternehmer eines in den §§ 537, 538 bezeichneten Betriebs sind,
3. auf Betriebsbeamte, deren Jahresarbeitsverdienst fünftausend Mark an Entgelt übersteigt.

Vgl. § 5 Abs. 1 GUVG.; § 4 Abs. 1, 2 BUVG.

Zu Nr. 1: Damit ist die Möglichkeit gegeben, kleine Handwerksmeister (und kleine landwirtschaftliche Unternehmer, § 925 Nr. 1) in die Pflichtversicherung einzubeziehen. Von dieser — schon vordem gegebenen Möglichkeit — haben 17 BG.en Gebrauch gemacht. Gleichgültig ist die Staatsangehörigkeit des Unternehmers, wenn nur das Gewerbe im Inland betrieben wird. — Nur eine der Voraussetzungen der Nr. 1 braucht vorzuliegen. — Der Maßstab für die Ermittelung des Jahresarbeitsverdienstes ist in der Satzung zu regeln. — „Entgelt" vgl. § 160.

Maßgebend für die Beurteilung der Versicherungspflicht ist die Satzung derjenigen Genossenschaft, der die kleinen Unternehmer als Mitglieder angehören oder bei Beschäftigung eines Arbeiters angehören würden. Die etwa in der Satzung vorgeschriebene Anmeldung ist nur eine Ordnungsvorschrift, während die Versicherung, die auch von sonstigen Bedingungen freizuhalten ist, beim Vorliegen ihrer Voraussetzungen unmittelbar kraft Gesetzes wirksam wird. Die Wirksamkeit der Versicherung kann insbesondere auch nicht von der Zahlung von Beiträgen abhängig gemacht werden. — Das Versicherungsverhältnis kann auch auf formellrechtlicher Grundlage entstehen (vgl. Anm. zu § 658). Die Beendigung der Versicherung setzt neben dem Wegfall ihrer Voraussetzungen eine förmliche Aufhebung durch Erklärung der BG. oder durch Antrag des Versicherten voraus (vgl. Anm. zu § 658).

Die Versicherung umfaßt diejenigen Betriebstätigkeiten, die bei der Beschäftigung eines Arbeiters hinsichtlich dessen Person in die Versicherung einbezogen waren. Wie die Wege und Reisen der Arbeiter, so sind auch die der versicherten Unternehmer, soweit sie für den fachlichen (technischen) — nicht aber für den unversicherten kaufmännischen, geschäftlichen — Teil des Betriebs unternommen und in angemessener Weise ausgeführt werden, versichert. In weiterer Durchführung dieses Gedankens hat das RVA. bei versicherten Unternehmern, insbesondere bei kleinen Baugewerbetreibenden die ganze Ausführung der ihnen erteilten Aufträge einschließlich der dazu notwendigen Wege als eine einheitliche und demnach versicherte Betriebshandlung angesehen. Solche Unternehmer haben keine räumlich festumgrenzte Betriebsstätte, die sich bei ihnen vielmehr nach der Art ihres Gewerbes aus einer Reihe an verschiedenen Orten gelegenen Arbeitsstellen zusammensetzt. — Das Zurechtmachen des Arbeitsgeräts durch den Unternehmer dient unmittelbar dem Betriebe und ist daher mit diesem versichert (vgl. Handbuch Bd. I, S. 235). — § 546 ist nicht anwendbar.

Das instanzmäßige Verfahren bei der Heranziehung zur Selbstversicherung regelt sich nach der Satzung (Handbuch Bd. I, S. 255).

Zu Nr. 3: Die Besonderheiten, die für die Berechnung der Rente und der Beiträge gelten, finden sich in den § 563 Abs. 2, §§ 732, 733 Abs. 2, § 750.

Versicherungsfreie Unternehmer.

§ 549. Betriebsunternehmer, die nach der Satzung der Versicherungspflicht unterliegen (§ 548 Nr. 1), aber keiner besonderen Unfallgefahr ausgesetzt sind, kann der Vorstand der Berufsgenossenschaft für versicherungsfrei erklären. Er widerruft die Befreiung, sobald ihre Voraussetzung nicht mehr vorliegt.

Auf Beschwerde entscheidet das Oberversicherungsamt endgültig.

Diese Vorschrift, die auf einem Beschluß der Reichstagskommission beruht, ist insbesondere mit Rücksicht auf ältere bei den Baugewerks-BG.en versicherten Handwerker getroffen, welche die in ihrem Betriebe vorkommenden Bauarbeiten Gesellen überlassen und den Bau höchstens einmal zum Nachsehen und Anleiten betreten.

Beschwerde vgl. §§ 1791, 1784.

Freiwillige Selbstversicherung von Unternehmern und Lotsen. (Satzung).

§ 550. Unternehmer (§ 633) sowie Binnenlotsen, die ihr Gewerbe für eigene Rechnung betreiben, können sich gegen die Folgen von Betriebsunfällen selbst versichern, wenn sie nicht mehr als dreitausend Mark Jahresarbeitsverdienst haben, oder wenn sie regelmäßig keine oder höchstens zwei Versicherungspflichtige gegen Entgelt beschäftigen.

Die Satzung kann sie zur Selbstversicherung auch dann zulassen, wenn sie mehr als dreitausend Mark Jahresarbeitsverdienst haben oder regelmäßig wenigstens drei Versicherungspflichtige gegen Entgelt beschäftigen.

Vgl. § 5 Abs. 2 GUVG.; § 4 Abs. 3 BUVG.

Zu Abs. 1: Binnenlotsen, auch Schiffshäupter, Warschauer, Rittmänner, Rettleute genannt. Solche Lotsen, die kein selbständiges Gewerbe betreiben, sondern als Arbeiter oder Betriebsbeamte im Dienste eines Schiffsunternehmers stehen, sind gemäß § 537 Nr. 6, § 544 versichert. — Die zu § 548 hinsichtlich der Zwangsversicherung der Unternehmer erläuterten Grundsätze gelten hier sinngemäß (vgl. jedoch § 553). Beim Vorliegen der Voraussetzungen der freiwilligen Selbstversicherung darf der Antrag auf Selbstversicherung nicht zurückgewiesen werden.

Zu Abs. 2: Die Satzung kann also auch Personen mit einem Jahresarbeitsverdienst von mehr als 3000 M. das Recht auf Selbstversicherung auch dann gewähren, wenn sie regelmäßig mehr als zwei Versicherungspflichtige gegen Entgelt (§ 160) regelmäßig beschäftigen (Begr. S. 289).

Ehegatte des Unternehmers.

§ 551. Die Vorschriften des § 548 Nr. 1, 2 und des § 550 über die Versicherung des Unternehmers gelten auch für seinen im Betriebe tätigen Ehegatten.

Ein Ehegatte, der im Hinblick auf das Wesen der Ehe des andern Arbeiter oder Betriebsbeamter niemals sein kann (§ 159), gilt also in Ansehung der Versicherungspflicht und der Versicherungsberechtigung als Mitunternehmer. Aber nur, wenn er im Betriebe tätig ist (vgl. die entsprechenden Bestimmungen der §§ 928, 1062).

Versicherung nicht versicherter im Betriebe Beschäftigter und Betriebsfremder.

§ 552. Die Satzung kann bestimmen, unter welchen Bedingungen gegen Unfälle der in den §§ 544, 546 bezeichneten Art versichert werden können

1. durch den Betriebsunternehmer Personen, die im Betriebe beschäftigt, aber nicht nach den §§ 544, 545, 548 Nr. 3 versichert sind,
2. durch den Betriebsunternehmer oder den Vorstand der Berufsgenossenschaft Personen, die nicht im Betriebe beschäftigt sind, aber die Betriebsstätte besuchen oder auf ihr verkehren,
3. durch den Vorstand der Genossenschaft die Mitglieder ihrer Organe und ihre Beamten.

Vgl. § 5 Abs. 3 GUVG; § 4 Abs. 4 BUVG.

Die früheren Bestimmungen sind nur sprachlich, nicht sachlich geändert (Begr. S. 289). Die Versicherung kann nur insoweit erstreckt werden, als es sich um die Folgen von Betriebsunfällen handelt, d. h. um Unfälle, die für im Betrieb beschäftigte Arbeiter Betriebsunfälle wären. Sind die unter Nr. 1 bis 3 genannten Personen versichert, so ist auch § 898 auf sie anwendbar.

Zu Nr. 1: Hierunter fallen insbesondere kaufmännische Angestellte und Bureaubeamte.

Zu Nr. 2: Hierzu gehören z. B. Hausgesinde, Hauskinder und sonstige Angehörige des Unternehmers, seiner Arbeiter und seiner Betriebsbeamten, Handwerker, Fuhrleute, Zollbeamte und Postboten. Für alle in den Fabrikräumen usw. verkehrenden Personen ohne nähere Bezeichnung kann die Versicherung nicht genommen werden. (Handbuch Bd. I, S. 238).

Nichtzahlung der Beiträge bei freiwilliger Selbstversicherung.

§ 553. Die Satzung kann bestimmen, daß die freiwillige Versicherung außer Kraft tritt, wenn der Beitrag trotz Mahnung nicht bezahlt worden ist, und daß eine Neuanmeldung so lange unwirksam bleibt, bis der rückständige Beitrag entrichtet worden ist.

Die Vorschrift ist in das Gesetz aufgenommen worden, um die Genossenschaften gegen ungerechtfertigte Belastung aus der freiwilligen Versicherung der Kleinunternehmer zu schützen, die meist sehr ungünstige Risiken bieten und dabei oft noch schlechte Zahler sind (Kom. Ber. Bd. III, S. 34).

In der Übersendung des Auszugs aus der Heberolle (§ 754 Abs. 1), durch den der selbstversicherte Unternehmer erst den geschuldeten Betrag erfährt, ist eine Mahnung noch nicht zu erblicken.

Wiederholte Mahnung ist nicht erforderlich (Stenographische Ber. S. 6816).

Versicherungsfreie Personen.

§ 554. Versicherungsfrei sind

1. Offiziere und Sanitätsoffiziere, für die das Offizier-Pensionsgestz (Reichs-Gesetzbl. 1906 S. 565) gilt,
2. Militärpersonen der Unterklassen, für die das Mannschafts-Versorgungsgesetz (Reichs-Gesetzbl. 1906 S. 593) gilt,
3. die anderen Personen, die § 1 des Unfallfürsorgegesetzes für Beamte usw. vom 18. Juni 1901 (Reichs-Gesetzbl. S. 211) bezeichnet,
4. Beamte, die mit festem Gehalt und Anspruch auf Ruhegeld in Betriebsverwaltungen eines Bundesstaats, eines Gemeindeverbandes oder einer Gemeinde angestellt sind,
5. andere Beamte eines Bundesstaats, eines Gemeindeverbandes oder einer Gemeinde, wenn für sie Fürsorge nach § 14 des vorbezeichneten Unfallfürsorgegesetzes getroffen ist.

Bauarbeiten außerhalb eines gewerbsmäßigen Baubetriebs sowie das nicht gewerbsmäßige Halten von Reittieren oder Fahrzeugen (§ 537 Nr. 6, 7) gelten als Betrieb im Sinne des Unfallfürsorgegesetzes.

Vgl. § 7 GUVG.; § 1 Abs. 3 BUVG.

Zu Abs. 1: Die früheren Bestimmungen haben eine materielle Änderung nicht erfahren; es ist nur den inzwischen ererlassenen gesetzlichen Bestimmungen Rechnung getragen worden.

Die Beamteneigenschaft einer Person bestimmt sich in erster Linie nach dem öffentlichen Recht des anstellenden Staates und in zweiter Reihe nach den von den zuständigen

Stellen für die einzelnen Zweige der Staatsverwaltung aufgestellten Grundsätzen (den sog. Dienstvorschriften). — Wenn die in Abs. 1 bezeichneten Personen außerhalb ihres amtlichen oder dienstlichen Wirkungskreises einen Unfall erleiden (z. B. Soldaten bei der Erntearbeit), so ist Abs. 1 nicht anwendbar.

Nr. 4: Erfaßt sind nur Beamte, deren Ruhegehaltsverhältnisse bei Betriebsunfällen die gesetzliche Unfallfürsorge entbehrlich machen, also nicht Beamte ohne bereits tatsächlich erworbenes Recht auf Ruhegehalt.

Nr. 5: D. h. andere Beamte, wenn für sie entsprechend den Vorschriften des Unfallfürsorgegesetzes für Beamte (Nr. 3) gesorgt ist.

Zweiter Abschnitt.

Gegenstand der Versicherung.

Der Anspruch im Allgemeinen.

§ 555. Gegenstand der Versicherung ist der in den folgenden Vorschriften bestimmte Ersatz des Schadens, der durch Körperverletzung oder Tötung entsteht.

Vgl. § 8 Abs. 1 GUVG. und § 9 BUVG.

Der Begriff der Körperverletzung umfaßt auch geistige und seelische Störungen (Wahnsinn, Hysterie, Hypochondrie).

Die BG. ist entschädigungspflichtig, auch wenn der Unfall nur eine der mehreren mitwirkenden Ursachen für die Erwerbsunfähigkeit oder der Tod ist, so z. B. wenn ein an Lungentuberkulose leidender Arbeiter sich am Knie verletzt und infolgedessen Knietuberkulose entsteht. Wird ein fernerer außerhalb des Betriebes erlittener Unfall (z. B. ein Sturz) durch einen vorangegangenen Betriebsunfall (z. B. einen Beinbruch) wesentlich mitbedingt, so ist die Entschädigungspflicht der für den Betriebsunfall in Betracht kommenden BG. gegeben. — Der Umstand, daß sich ein Unfall des gewöhnlichen Lebens auf Reisen zu Heilungs- und Untersuchungszwecken ereignet, ist nicht geeignet, die Entschädigungspflicht der BG. zu begründen.

Die Entschädigung des Versicherungsträgers entfällt, wenn das eigene Verhalten des Verletzten nach dem Unfall den Tod oder Gesundheitsbeschädigungen zur Folge hat, ohne daß der Unfall selbst noch als eine wesentlich mitwirkende Ursache in Betracht kommt. — Soweit sich der Verletzte ein

Nervenleiden dadurch zugezogen oder wesentlich verschlimmert hat, daß er bewußter Weise oder unter Verletzung des ihm zuzumutenden Grades von Sorgfalt weit übertriebene Entschädigungsansprüche gegenüber dem Versicherungsträger geltend gemacht hat, ist ein ursächlicher Zusammenhang mit dem Unfall und damit auch die Entschädigungspflicht des Versicherungsträgers nicht gegeben (Entsch. des Reichsgerichts v. 14. November 1910, A. N. 1911, S. 482).

Die völlige oder teilweise Versagung des Schadensersatzes bei Nichtbefolgung von Anordnungen, welche das Heilverfahren betreffen, ist im § 606 geregelt.

Verweigert der Verletzte trotz Belehrung grundlos die ärztliche Untersuchung oder die Beobachtung in einem Krankenhaus, so rechtfertigt dies den nach Lage der Verhältnisse zulässigen, für den Verletzten ungünstigsten Schluß bezüglich des Standes der Verletzungsfolgen. Die Chloroformnarkose zu Zwecken der Untersuchung ist der Verletzte zu dulden nicht verpflichtet.

Die Unfalluntersuchung erfolgt gemäß §§ 1559 flg. von Amts wegen.

Ausschließung des Anspruchs.

§ 556. Dem Verletzten und seinen Hinterbliebenen steht kein Anspruch zu, wenn sie den Unfall vorsätzlich herbeigeführt haben.

Vgl. § 8 Abs. 2, Satz 1 GUVG.; § 9 BUVG.

Nur Vorsatz — also das Wollen des Unfalls — nicht Leichtsinn selbst hohen Grades schließt den Anspruch aus und zwar auch dann, wenn der schließliche Erfolg von dem Verletzten nicht gewollt war. Da es sich um eine Ausnahmebestimmung handelt, muß der Nachweis des Vorsatzes derart geführt sein, daß der unbeabsichtigte Eintritt des Unfalls nach Lage der Sache auszuschließen ist. Eine vorsätzliche Herbeiführung des Unfalls liegt nicht vor, wenn ein Versicherter im Zustande geistiger Unzurechnungsfähigkeit Selbstmord begangen hat; ist die Geisteskrankheit durch einen Betriebsunfall verursacht, so haben auch die Hinterbliebenen einen Anspruch auf Entschädigung, da der Tod dann als eine mittelbare Unfallfolge gelten muß. — Verunglückt der Arbeiter, während er gegen ein Verbot des Unternehmers handelt, so wird der Entschädigungsanspruch nicht ausgeschlossen; es sei denn, daß sich der Arbeiter hierdurch außerhalb des Betriebes gesetzt hat. (Anm. zu § 544.)

Hat von mehreren Hinterbliebenen nur einer den Unfall vorsätzlich herbeigeführt, so gereicht dies den übrigen nicht zum Nachteil.

Versagung des Schadenersatzes.

§ 557. Hat der Verletzte sich den Unfall beim Begehen einer Handlung, die nach strafgerichtlichem Urteil ein Verbrechen oder vorsätzliches Vergehen ist, zugezogen, so kann der Schadenersatz ganz oder teilweise versagt werden.

Die Verletzung bergpolizeilicher Verordnungen gilt nicht als Vergehen im Sinne des vorstehenden Absatzes.

Die Rente kann den im Inland wohnenden Angehörigen des Verletzten ganz oder teilweise überwiesen werden, wenn sie im Falle seines Todes Anspruch auf Rente haben würden. Deutsche Schutzgebiete gelten im Sinne dieser Vorschrift als Inland.

Der Schadenersatz kann auch versagt werden, wenn wegen des Todes, der Abwesenheit oder eines anderen in der Person des Verletzten liegenden Grundes kein strafgerichtliches Urteil ergeht.

Vgl. § 8 Abs. 2, Satz 2 u. 3, Abs. 3 GUVG.; § 9 BUVG.

Zu Abs. 1: Als strafgerichtliches Urteil hat auch ein amtsgerichtlicher Strafbefehl zu gelten. Für die Begriffsbestimmung des Verbrechens und Vergehens ist — abgesehen von Absatz 2 — das Strafgesetzbuch maßgebend. Bei Vergehen muß aus dem Urteil mit Sicherheit erhellen, daß der Strafrichter ein vorsätzliches Handeln als nachgewiesen angesehen hat. Ob und inwieweit die Rente vollständig oder teilweise zu versagen ist, ist nach Erwägungen der Billigkeit entsprechend der Lage des Falles, zu entscheiden, wobei insbesondere auch der Zweck der verbotswidrigen Handlung mitzuberücksichtigen ist. Die Rechtsmittelinstanzen haben das Recht der Nachprüfung, ob und inwieweit die Versagung der Entschädigung gerechtfertigt ist.

Zu Abs. 4: Eine Strafrechtsnorm darf auf einen von ihr nicht ausdrücklich geregelten Tatbestand im Wege ausdehnender Auslegung nicht angewendet werden.

Gewährnisse bei Verletzungen im Allgemeinen.

§ 558. Bei Verletzung sind vom Beginne der vierzehnten Woche nach dem Unfall zu gewähren

1. Krankenbehandlung; sie umfaßt ärztliche Behandlung und Versorgung mit Arznei, anderen Heilmitteln sowie mit den Hilfsmitteln, die erforderlich sind, um den Erfolg des Heilverfahrens zu sichern oder die Folgen der Verletzung zu erleichtern (Krücken, Stützvorrichtungen und dergleichen),
2. eine Rente für die Dauer der Erwerbsunfähigkeit.

Vgl. § 9 Abs. 1 GUVG. und § 9 BUVG.

Vor Beginn der 14. Woche (während der Wartezeit) ist die BG. — abgesehen vom Unfallzuschuß, § 573 flg. — und vom Fall des § 582 durch das Gesetz zu keinerlei Schadenersatz verpflichtet. Bei Berechnung des Beginns der 14. Woche wird der Tag des Unfalls nicht mitgerechnet. Bei der Berechnung kommt es allein auf den Tag des Unfalls an, nicht etwa auf den Zeitpunkt, in dem sich zuerst Unfallfolgen zeigen. Die Pflicht der BG., vom Beginn der 14. Woche, also einschließlich des ersten Tages der 14. Woche, Rente zu zahlen, hat zur Voraussetzung, daß dann noch eine Beeinträchtigung der Erwerbsfähigkeit vorliegt.

Zu Nr. 1: Was unter ärztlicher Behandlung zu verstehen ist, bestimmen die §§ 122, 123. An die Voraussetzung, daß die ärztliche Behandlung eine Erhöhung der Erwerbsfähigkeit herbeizuführen geeignet ist, hat das Gesetz die Verpflichtung des Versicherungsträgers nicht geknüpft. Sie besteht solange, als durch die Behandlung noch Unfallfolgen beseitigt, insbesondere auch Schmerzen behoben werden können. Sie tritt wieder ein, wenn diese Voraussetzungen von neuem gegeben sind. Die Durchführung eines solchen neuen Heilverfahrens können neben dem Verletzten auch die im § 604 bezeichneten Kassen betreiben. Der Verletzte hat die Pflicht, sich einem von der BG. angeordneten Heilverfahren zu unterziehen (§ 606). Ist das Heilverfahren einmal abgeschlossen, so ist der Versicherungsträger zur Einleitung eines neuen nur unter der Voraussetzung des § 603 befugt. — Zu den „Heilmitteln" gehören nicht Badereisen, sowie Milch- oder Traubenkuren; doch ist die Gewährung solcher Mittel zur Gesundheitskräftigung seitens der Versicherungsträger nicht unzulässig. — Aus Anlaß ärztlicher Behandlung entstandene notwendige Reisekosten sind dem Verletzten zu erstatten. Ebenso die Kosten etwaiger besonderer Krankenpflege, soweit sie nicht von die Wohnung teilenden Familienangehörigen gewährt wird.

Hilfsmittel im Sinne von Nr. 1 sind auch besonders gearbeitete Stiefel, künstliche Gliedmaßen, Bruchbänder, Fahrstühle, sowie sonstige orthopädische Hilfsmittel und Instrumente zur Linderung der Unfallfolgen, unter Umständen auch Perücken und Glasaugen (Komm. Ber. Bd. III, S. 42). Die Erstattung der Kosten einer von dem Verletzten selbstgewählten ärztlichen Behandlung sowie Versorgung mit Arznei- und Hilfsmitteln ist nicht ausgeschlossen. In einem solchen Falle beschränkt sich aber der Kostenerstattungsanspruch des Verletzten auf dasjenige, was die BG. selbst nach Lage der Umstände zum Zwecke des Heilverfahrens hätte aufwenden müssen und wahrscheinlich nur aufgewendet haben würde, wenn sie der Verletzte rechtzeitig von der Notwendigkeit des Heilverfahrens in Kenntnis gesetzt haben würde (Rek. Entsch. 1706, A. N. 1898, S. 261).

Zu Nr. 2: Die Rente ist solange zu zahlen, wie der die Beeinträchtigung der Erwerbsfähigkeit verursachende Zustand infolge des Unfalls fortbesteht, wenn auch zu einem späteren Zeitpunkt anzunehmen ist, daß der Verunglückte auch ohne den Unfall infolge Steigerung der Altersbeschwerden oder eines organischen Leidens im gleichen Grade in der Erwerbsfähigkeit beeinträchtigt wäre. Die Beschränkung der Rente auf eine im voraus bestimmte Zeit ist nicht zugelassen. — Rentenbeträge, welche der Verletzte bei Lebzeiten nicht erhoben hat, haben nach seinem Tode die im § 614 bezeichneten Bezugsberechtigten zu beanspruchen.

Weiterer Schadenersatz, insbesondere für den bei dem Unfall erlittenen Sachschaden, ist nach der RVO. nicht zu gewähren.

Betrag der Rente.

§ 559. Die Rente beträgt, solange der Verletzte infolge des Unfalls

1. völlig erwerbsunfähig ist, zwei Drittel des nach den §§ 563—570 berechneten Jahresarbeitsverdienstes (Vollrente),
2. teilweise erwerbsunfähig ist, den Teil der Vollrente, der dem Maße der Einbuße an Erwerbsfähigkeit entspricht (Teilrente).

Vgl. § 9 Abs. 2 GUVG. und § 9 BUVG.

Der Begriff Erwerbsfähigkeit setzt voraus die Arbeitsfähigkeit, d. h. die Fähigkeit zur Aufwendung von

Mühe, um einen vernünftigen und erlaubten Zweck zu erreichen, und die Fähigkeit, die nach dem Stande der Arbeitsfähigkeit ausführbare Arbeit zum Erwerbe zu verwerten. Die Fähigkeit zum Erwerbe durch Unternehmer-(Spekulations-)tätigkeit bleibt für das Gebiet der Arbeiterversicherung außer Betracht. Arbeitsfähigkeit und Erwerbsfähigkeit fallen insbesondere auseinander bei Fallsucht und ähnlichen Zuständen, bei Geisteskrankheiten, bei abstoßenden oder ekelerregenden körperlichen Verunstaltungen. Bei Beurteilung der Erwerbsfähigkeit ist der allgemeine Arbeitsmarkt und die für den Verletzten noch vorhandene Möglichkeit maßgebend, auf ihm nach seinen gesamten Kenntnissen und körperlichen wie geistigen Fähigkeiten Verdienst zu erlangen. Doch ist die Frage, ob dem Verletzten ein Berufswechsel zuzumuten ist, nach Erwägungen der Billigkeit zu entscheiden. (Rek. Entsch. 1905, A. N. 1903, S. 382). Auch kann der Arbeiter nicht auf ganz entfernt liegende Erwerbsmöglichkeiten verwiesen werden. Eigenschaften und Fähigkeiten, die der Verletzte erworben, aber seit langem nicht betätigt hat, bleiben unberücksichtigt (Rek. Entsch. 1061, A. N. 1891, S. 277). Der Grad der Beeinträchtigung der Erwerbsfähigkeit ist nicht lediglich durch eine Vergleichung des Verdienstes vor und nach dem Unfall zu bestimmen.

Zu Nr. 1: Die Vollrente ist auch dann zu gewähren, wenn der Verletzte vor dem Unfall schon in seiner Erwerbsfähigkeit beschränkt war. Denn die Erwerbsfähigkeit, deren Verlust völlige Erwerbsunfähigkeit herbeiführt, ist nicht die Erwerbsfähigkeit eines normalen Arbeiters, sondern die jeweilige immer mit 100 Prozent einzusetzende tatsächliche Erwerbsfähigkeit des Verletzten. Der Gesetzgeber ist davon ausgegangen, daß eine Minderung der Erwerbsfähigkeit vor dem Unfall in einer Minderung des der Rentenberechnung zu Grunde zu legenden Jahresarbeitsverdienstes ihren Ausdruck findet. Erhält also ein Arbeiter 50 % Rente wegen eines früheren Betriebsunfalls und verliert er durch einen ferneren Betriebsunfall den Rest seiner Erwerbsfähigkeit, so bezieht er zwar 50 % + 100 % Rente; die Gesamthöhe der Rente ist aber nicht höher, als wenn er durch einen Betriebsunfall seine gesamte Erwerbsfähigkeit eingebüßt hätte (vgl. § 571 u. 571 u. Anm. dazu). — Für den Fall, daß die Rente nach dem Ortslohn zu berechnen ist, vgl. § 571.

Zu Nr. 2: Ein allgemeiner Entschädigungstarif läßt sich nicht aufstellen, da die persönlichen Verhältnisse sehr verschieden sind. Renten unter 10 % werden nicht gewährt. Bei schwankenden Zuständen sind Durchschnittsrenten zu gewähren (Rek. Entsch. 2509, A. N. 1911, S. 511). — Der Verlust eines Auges bedingt nach der Rechtsprechung des RVA. stets eine Minderung der Erwerbsfähigkeit, die regelmäßig mit einer Teilrente von 25 %, mit einer Teilrente von 33⅓ % nur bei Arbeitern zu entschädigen ist, deren Beruf besonders genaues Sehen erfordert oder besondere Gefahren (sodaß der Arbeiter vernünftigerweise seinen Beruf wechseln müßte) mit sich bringt, vor denen sich der Verletzte infolge der Verringerung seines Gesichtsfeldes weniger leicht, als unverletzte Arbeiter schützen kann (Rek. Entsch. 2461, A. N. 1911, S. 391).

Hilflosenrente.

§ 560. Solange der Verletzte infolge des Unfalls so hilflos ist, daß er nicht ohne fremde Wartung und Pflege bestehen kann, ist die Rente entsprechend, jedoch höchstens bis zum vollen Jahresarbeitsverdienste, zu erhöhen.

Vgl. § 9 Abs. 3 GUVG.; § 9 BUVG.

Hilflos im Sinne dieser Bestimmung ist nur derjenige, der zu den notwendigen Verrichtungen des Lebens aus eigener Kraft nicht imstande ist und deshalb dauernd fremder Hilfe in erheblichem Umfange bedarf. Liegt Hilflosigkeit vor, so ist die erhöhte Rente auch bei teilweiser Erwerbsunfähigkeit zu gewähren. Die Rentenerhöhung ist nach dem Grade der Hilflosigkeit zu bemessen. Für die Gewährung der Hilflosenrente nach rechtskräftiger Rentenfeststellung sind die §§ 608 flg. maßgebend.

Da § 560 den Verletzten günstiger ist, als die Vorschriften des früheren Rechts, indem die Hilflosenrente auch bei teilweiser Erwerbsunfähigkeit gewährt wird, ist für die Übergangszeit Art. 60 Einf.-Ges. anzuwenden.

Völlige Erwerbsunfähigkeit vor dem Unfall.

§ 561. War der Verletzte schon zur Zeit des Unfalls dauernd völlig erwerbsunfähig, so ist nur Krankenbehandlung (§ 558 Nr. 1) zu gewähren.

Solange er infolge des Unfalls so hilflos ist, daß er nicht ohne fremde Wartung und Pflege bestehen kann, ist eine Rente bis zur Hälfte der Vollrente zu gewähren.

Vgl. § 9 Abs. 4 GUVG.; § 9 BUVG.

Daß der Verletzte unter besonders gearteten Verhältnissen noch eine gewisse Arbeitsfähigkeit besaß, steht der Annahme dauernder völliger Erwerbsunfähigkeit, d. h des dauernden Verlustes der Fähigkeit, auf dem allgemeinen Arbeitsmarkt noch einen irgendwie nennenswerten Verdienst zu er- erwerben, nicht entgegen. — War der durch einen Unfall Getötete zur Zeit des Unfalls bereits dauernd völlig erwerbsunfähig, so haben auch seine Hinterbliebenen keine Rentenansprüche.

Unverschuldete Arbeitslosigkeit.

§ 562. Solange der Verletzte infolge des Unfalls unverschuldet arbeitslos ist, kann die Genossenschaft auf Zeit die Teilrente bis zur Vollrente erhöhen.

Vgl. § 9 Abs. 5 GUVG.; § 9 BUVG.

Ein Rechtsanspruch des Verletzten auf die Erhöhung der Teilrente besteht nicht. Ist der Verletzte nach Ablauf der Zeit, für welche die Teilrente erhöht worden ist, noch unverschuldet arbeitslos, so kann die Genossenschaft die Rente weiter erhöhen.

Jahresarbeitsverdienst (§§ 563 bis 572).

§ 563. Die Rente wird nach dem Entgelt berechnet, den der Verletzte während des letzten Jahres im Betriebe bezogen hat (Jahresarbeitsverdienst).

Soweit der Jahresarbeitsverdienst eintausendachthundert Mark übersteigt, wird er nur mit einem Drittel angerechnet.

Vgl. § 10 Abs. 1 GUVG.; § 91 BUVG.

Die Vorschriften des GUVG. über die Berechnung des Jahresarbeitsverdienstes haben in den §§ 563 bis 572 entsprechend dem Bedürfnis der Praxis eine weitere Ausgestaltung erfahren.

Zum Entgelt gehören nach § 160 neben dem Gehalt (einschließlich des Lohnes für Überstunden) auch Gewinnanteile, Sachbezüge (deren Wert nach Ortspreisen berechnet wird, die das Versicherungsamt von Fall zu Fall nach Bedarf festsetzt — Besch. 1991, A. N. 1903, S. 357) und andere Bezüge, die der Versicherte gewohnheitsmäßig, statt des Gehalts oder Lohnes oder neben ihm von dem Arbeitgeber oder einem Dritten erhält. Zu den sonstigen Bezügen sind gewohnheitsmäßig gewährte Fahr- und Reisegelder, Zulagen für auswärtige Montagen u. dgl. insoweit zu rechnen, als sie für den Empfänger einen wirtschaftlichen Vorteil bedeuten (Rek.-Entsch. 2406, A. N. 1910, S. 545). Auch Trinkgelder gehören zu den sonstigen Bezügen, soweit sie gewohnheitsmäßig neben dem Gehalt oder Lohn von dem Arbeitgeber oder einem Dritten empfangen werden. Nicht erforderlich ist nach der Fassung des § 160, daß die Trinkgelder an die Stelle des Lohnes getreten sind, wie dies § 6 GUVG. erforderte; zur Anrechnung der Trinkgeldereinnahmen ist also nicht mehr erforderlich, daß sie bei der Bemessung des Gehalts oder Lohnes wenigstens stillschweigend mitberücksichtigt worden sind.

Der ungekürzt anzurechnende Jahresarbeitsverdienst ist von 1500 M. auf 1800 M. erhöht worden.

§ 564. Als Jahresarbeitsverdienst gilt, wenn der Verletzte ein volles Jahr vor dem Unfall im Betriebe beschäftigt war, das Dreihundertfache des durchschnittlichen Verdienstes für den vollen Arbeitstag, vorbehaltlich des § 569.

Ergibt die übliche Betriebsweise eine höhere oder niedrigere Zahl von Arbeitstagen, so wird mit dieser Zahl statt mit dreihundert vervielfältigt.

Vgl. § 10 Abs. 2 GUVG.; § 9 BUVG.

Dieser Paragraph regelt die Berechnung des Jahresarbeitsverdienstes für die Fälle, in denen der Verletzte während des vollen letzten Jahres vor dem Unfall in dem Betriebe, in dem er verunglückt ist, beschäftigt war, wenn er auch nicht volle Arbeitstage gearbeitet hat. Beschäftigung während des letzten Jahres ist auch dann anzunehmen, wenn der Verletzte sich während des Jahres nicht immer in der gleichen Stellung befunden hat (z. B. als Lehrling und Geselle), oder wenn er vorübergehend krank gewesen ist.

Die Einführung des Begriffs des „vollen Arbeitstages" bedeutet keine Änderung gegenüber der bisherigen Rechtsübung des RVA. (Kom. Ber. Bd. III, S. 47). Bei Feststellung des Jahresarbeitsverdienstes muß stets die volle Arbeitskraft des Verletzten maßgebend sein, wenn nicht der Verletzte eine unzureichende Entschädigung erhalten soll. Hierdurch wird auch eine Benachteiligung der entschädigungspflichtigen Genossenschaft nicht bewirkt; wenn ihr zur Beitragsberechnung auch nur der tatsächliche Verdienst des Verletzten im Betriebe nachgewiesen wird, so hat sie andererseits auch nur für die Dauer der Beschäftigung im Betriebe das Unfallrisiko zu tragen.

Bei stundenweisen beschäftigten Arbeitern ist ihr Verdienst für den vollen Arbeitstag rechnerisch zu ermitteln (vgl. § 568). Entsprechendes gilt, wenn sich der Jahresarbeitsverdienst (z. B. bei Reinemachefrauen) aus mindestens wochenweise bestimmten Beträgen zusammensetzt (§ 569). — Auf die Zahl der Arbeitsschichten, deren mehrere auf einen Tag fallen können, kommt es nicht an.

Die Annahme von 300 Arbeitstagen ist maßgebend, soweit dies nicht eine offenbare Unbilligkeit für den Versicherten oder die BG. bedeuten würde (vgl. aber auch § 567).

§ 565. War der Verletzte noch kein volles Jahr vor dem Unfall im Betriebe beschäftigt, so wird der Jahresarbeitsverdienst in der Weise berechnet, daß die Zahl der Tage, an denen der Verletzte im Betriebe beschäftigt war, mit dem durchschnittlichen Verdienste für den vollen Arbeitstag vervielfältigt wird; zugezählt wird für die übrigen betriebsüblichen Arbeitstage des Jahres der durchschnittliche Verdienst, den während dieser Zeit Versicherte der gleichen Art und Erwerbsfähigkeit im Betriebe oder in einem benachbarten Betriebe gleicher Art für den vollen Arbeitstag bezogen haben.

Vgl. § 10 Abs. 3 GUVG.; § 4 BUVG.

War der Verletzte vor dem Unfall kein volles Jahr im Betriebe beschäftigt, so ist für die Dauer seiner Beschäftigung sein eigener Verdienst maßgebend, bei dessen Berechnung, wie im § 564, von dem durchschnittlichen Verdienste für den vollen Arbeitstag auszugehen ist. Für den Rest der betriebsüblichen Arbeitstage ist der Lohn eines oder auch mehrerer Versicherten derselben Art und Erwerbsfähigkeit maßgebend, die während jener Zeit in dem Betriebe oder in einem benachbarten Betriebe gleicher Art beschäftigt waren.

Der Vergleichung mit einem Arbeiter derselben Art ermöglicht bei einem frisch in den Betrieb eingetretenen Arbeiter auch die Berücksichtigung einer etwa betriebsüblich bald nach dem Eintritt erfolgenden Lohnsteigerung. Nur Versicherte derselben Erwerbsfähigkeit sind zum Vergleiche heranzuziehen; auch ein teilweise erwerbsunfähiger Arbeiter, der bei kurzer Arbeitsdauer im Betriebe denselben Lohn wie gesunde Arbeiter bezogen hat, ist nur mit einem entsprechend erwerbsunfähigen Arbeiter zu vergleichen, doch muß eine nur vorübergehende Erwerbsunfähigkeit des Versicherten gänzlich außer Betracht bleiben (vgl. § 571). Daß der zum Vergleiche herangezogene Arbeiter derselben Art das ganze Jahr in dem Betriebe beschäftigt worden ist, wird nicht gefordert.

Auf den Verdienst des Verletzten in anderen Betrieben, dessen Ermittelung früher erforderlich war, kommt es jetzt überhaupt nicht mehr an.

§ 566. Läßt sich die Berechnung nach § 565 nicht ausführen, so wird der Jahresarbeitsverdienst durch Vervielfältigung der betriebsüblichen Zahl von Arbeitstagen im Jahre mit dem Entgelt berechnet, den der Verletzte während der Beschäftigung im Betriebe durchschnittlich für den vollen Arbeitstag bezogen hat.

Vgl. § 10 Abs. 3 GUVG.; § 9 BUVG.

Die Berechnung nach § 565 läßt sich nicht ausführen, wenn Versicherte der gleichen Art und Erwerbsfähigkeit im Betriebe oder in einem benachbarten Betriebe gleicher Art nicht aufzufinden sind. Daß die Anwendung des § 566 den Jahresarbeitsverdienst von Zufälligkeiten abhängig machen kann, die dem Versicherten zum Vorteil, aber auch zum Nachteil gereichen können hat der Gesetzgeber nicht verkannt (Kom. Ber. Bd. III, S. 50).

§ 567. Ist die betriebsübliche Zahl der Arbeitstage im Jahre so gering, daß die im Betriebe Beschäftigten regelmäßig noch anderweit Arbeit gegen Entgelt verrichten, so wird in den Fällen der §§ 565, 566 für die an dreihundert fehlende Zahl von Arbeitstagen der Ortslohn für Erwachsene über einundzwanzig Jahre, der zur Zeit des Unfalls für den Beschäftigungsort des Versicherten festgesetzt ist (§§ 149 bis 152), dem nach § 565 oder § 566 berechneten Betrage zugezählt.

Vgl. § 10 Abs. 3 GUVG.; § 9 BUVG.

Dieser Paragraph behandelt den besonderen Fall, daß in dem Unfallbetriebe nach seiner Natur nur in so beschränktem Umfange gearbeitet wird, so daß der Arbeiter regelmäßig daneben noch auf andere Lohnarbeit angewiesen ist. So kann es in Baubetrieben üblich sein, daß die Bauarbeiten so lange ruhen, daß die Arbeiter inzwischen anderweite Arbeit verrichten. Hierher gehören auch in fast allen Fällen sog. Saison- (Kampagne-) Betriebe. — Für die Rentenberechnung sind §§ 565, 564 Abs. 1 heranzuziehen, wenn der Verletzte die volle

Zahl der betriebsüblichen Arbeitstage gearbeitet hat oder sich für diese Zeit ein gleichartiger Arbeiter finden läßt. Ist dies nicht der Fall, so muß § 566 angewendet werden

Bei dauernd teilweise Erwerbsunfähigen ist der Ortslohn gemäß § 571 zu kürzen.

Stets ist der Ortslohn für Erwachsene über 21 Jahre der Rentenberechnung zu Grunde zu legen, auch wenn der Verletzte dieses Alter noch nicht erreicht hat.

Der Ortslohn zur Zeit des Unfalls ist auch für die Hinterbliebenenrente maßgebend.

Jahresarbeitsverdienst bei stundenweiser Beschäftigung.

§ 568. War der Verletzte nur stundenweise beschäftigt, so darf der durchschnittliche Verdienst für den vollen Arbeitstag nicht höher bemessen werden als der durchschnittliche Verdienst eines gleichartigen Arbeiters, der während des ganzen Arbeitstags beschäftigt war.

Diese Vorschrift wird durch die Einführung des Begriffs „voller Arbeitstag" in den §§ 564 bis 567 notwendig gemacht. Stundenweise beschäftigte Arbeiter werden nicht selten verhältnismäßig besser bezahlt, als diejenigen, welche den vollen Tag arbeiten. In solchen Fällen ergibt sich für jene bei der rechnerischen Ermittelung ihres durchschnittlichen Verdienstes für den vollen Arbeitstag ein höherer Betrag als für diese. Dieser ungerechtfertigten Besserstellung der stundenweise beschäftigten Arbeiter tritt § 568 entgegen.

Jahresarbeitsverdienst bei wochenweise bestimmten Beträgen.

§ 569. Die §§ 564—568 sind entsprechend anzuwenden, wenn sich der Jahresarbeitsverdienst aus mindestens wochenweise bestimmten Beträgen zusammensetzt.

Das entsprechende Vielfache des fixierten Betrages ist dann für die Berechnung maßgebend.

Ortslohn als Jahresarbeitsverdienst (§§ 570, 571).

§ 570. Erreicht der Jahresarbeitsverdienst nicht das Dreihundertfache des Ortslohns für Erwachsene über einundzwanzig Jahre (§ 567), so gilt dieses Dreihundertfache als Jahresarbeitsverdienst.

Vgl. § 10 Abs. 4 GUVG.; § 9 BUVG.

Bei Personen, die vor dem Unfall voll erwerbsfähig waren, ist also mindestens der Ortslohn (§ 149 bis 152) für Erwachsene über 21 Jahre der Rentenberechnung zu Grunde zu legen, auch wenn der Verletzte dieses Alter noch nicht erreicht hat.

Teilweise Erwerbsunfähigkeit vor dem Unfall.

§ 571. Von dem Ortslohn wird für Personen, die schon vor dem Unfall dauernd teilweise erwerbsunfähig waren, derjenige Teil zu Grunde gelegt, welcher dem Maße der Erwerbsfähigkeit vor dem Unfall entspricht.

Vgl. § 10 Abs. 5 GUVG.; § 9 BUVG.

Dieser Grundsatz gilt für die Fälle der §§ 567 und 570. Bei nur vorübergehender Beschränkung der Erwerbsfähigkeit findet eine Minderung des Ortslohns (§§ 149 bis 152) nicht statt.

Bei Schätzung des Grades der durch den Unfall herbeigeführten Minderung der Erwerbsfähigkeit ist die Erwerbsfähigkeit zur Zeit des Unfalls stets mit 100 Prozent anzusetzen und zu prüfen, wie viel von diesen 100 Prozent der Verletzte durch den Unfall eingebüßt hat. Die Rente ist dann von einem Ortslohn zu berechnen, der um den Prozentsatz gekürzt ist um welchen die Erwerbsfähigkeit des Verletzten gegenüber der Erwerbsfähigkeit eines gesunden Durchschnittsarbeiters zurückgestanden hat (vgl. Anm. zu § 559 Nr. 1). — Bei der Schätzung des Grades der vor dem Unfall vorhandenen Beeinträchtigung der Erwerbsfähigkeit sind etwaige anderweite Entscheidungen der Rentenfeststellungsinstanzen über die Beeinträchtigung durch die Folgen früherer Unfälle nicht bindend (vgl. § 940 Anm. a. A.).

§ 571 gilt im Falle des § 570 nicht, wenn der tatsächlich verdiente Entgelt höher ist, als der auf Grund des § 571 berechnete Teilbetrag. Beziffert sich z. B. der Ortslohn auf 2 M. und handelt es sich um einen Verletzten, der vor dem Unfall zur Hälfte erwerbsunfähig war, aber tatsächlich noch 380 M. verdient hat, so ist die Rente nach diesem Betrage, nicht etwa nach der Hälfte des Ortslohns zu berechnen.

Jahresarbeitsverdienst bei versicherten Tätigkeiten.

§ 572. Die §§ 563—571 gelten entsprechend für Verletzte, die bei einer versicherten Tätigkeit beschäftigt waren, ohne einem versicherten Betrieb anzugehören.

Vgl. § 5 Nr. 2 BUVG

Solche Tätigkeiten sind die nicht gewerbsmäßigen Bauarbeiten, sowie das nicht gewerbsmäßige Halten von Tieren und Fahrzeugen (§ 537 Nr. 3, 6, 7).

Fürsorge während der Wartezeit (§§ 573 bis 583, 585). Bei gegen Krankheit Versicherten (§§ 573 bis 576, 578, 581 bis 583, § 585).

§ 573. Ist der Verletzte auf Grund der Reichsversicherung oder bei einer knappschaftlichen Krankenkasse gegen Krankheit versichert, so sind ihm mindestens die Regelleistungen der Krankenkassen nach § 179 an Krankenhilfe zu gewähren. Dabei beträgt jedoch das Krankengeld von Beginn der fünften Woche nach dem Unfall bis zum Ablauf der dreizehnten mindestens zwei Drittel des maßgebenden Grundlohns; es darf auch im Falle des § 192 nicht versagt werden, es sei denn, daß der Verletzte sich den Unfall beim Begehen eines Verbrechens oder vorsätzlichen Vergehens (§ 557 Abs. 1, 2) zugezogen hat. Das Entsprechende gilt für das Hausgeld.

Erhält ein Versicherter gleichzeitig aus einer anderen Versicherung Krankengeld, so gilt für die Kürzung des Krankengeldes aus Abs. 1 der § 189 entsprechend.

Maßgebend ist für Mitglieder von Ersatzkassen der Grundlohn ihrer Krankenkasse, für Mitglieder von knappschaftlichen Krankenkassen der Grundlohn, der nach § 180 bestimmt ist.

Ist der gegen Krankheit Versicherte infolge des Unfalls im Ausland erkrankt, so sind die §§ 221, 222 entsprechend anzuwenden.

Vgl. § 12 Abs. 1, Satz 1 GUVG.; § 9 BUVG.

Die §§ 573 bis 585 regeln (vorbehaltlich näherer Ausführungsbestimmungen des RVA.) die Fürsorge für den Verletzten während der Wartezeit, d. h. während der ersten 13 Wochen nach dem Unfall. In den §§ 573 bis 576 ist zunächst die Fürsorge für die auf Grund dieses Gesetzes (also auch für die Mitglieder der Ersatzkassen) oder bei einer knappschaftlichen Krankenkasse gegen Krankheit Versicherten geregelt. Zu den Versicherten zählen auch die Versicherungsberechtigten (§§ 176, 177), wenn sie von dem Recht auf Versicherung Gebrauch gemacht haben. Kein Verletzter, der gegen Krankheit versichert ist, ist deshalb schlechter gestellt; er hat mindestens auf das Anspruch, was nicht gegen Krankheit Versicherte gemäß § 577 beanspruchen können.

Zu Abs. 1: Als Regelleistungen der Krankenkassen (§ 179) kommen hier Krankenpflege und bei Arbeitsunfähigkeit Krankengeld oder an Stelle dieser Leistungen Krankenhauspflege nebst Hausgeld in Betracht (§§ 182 bis 194). Zu den Regelleistungen gehören nicht die nach der Satzung etwa zu gewährenden Mehrleistungen (§ 179 Abs. 3).

Vom Beginn der 5. Woche nach dem Unfall ist der sog. Unfallzuschuß zum Krankengelde (wozu auch das Krankengeld aus § 194 Nr. 2 gehört — Kom. Ber. Bd. III, S. 53, sowie auch § 3 Abs. 2 der Bek. d. RVA. v. 30. Sept. 1885, A. N. S. 283) zu gewähren. Über Grundlohn vgl. § 180. Der Unfallzuschuß führt bei Krankenhauspflege, wenn berechtigte Angehörige des Verletzten vorhanden sind, zu einer Erhöhung des Hausgeldes.

Die uneingeschränkte Anwendung des § 192 (Versagung des Krankengeldes) würde der Regelung nicht entsprechen, die § 557 für die Zeit nach Ablauf der Wartezeit trifft; von dem vorgängigen strafgerichtlichen Urteil ist hier abgesehen. — Die Anführung des § 557 Abs. 1 u. 2 stellt klar, daß die Verletzung bergpolizeilicher Verordnungen nicht als Vergehen im Sinne des § 573 Abs. 1 gilt.

Zu Abs. 2: Auch das höhere Krankengeld des Abs. 1 unterliegt der Kürzung gemäß § 189, wenn es zusammen mit dem gleichzeitig gewährten Krankengeld einer andern Kasse, z. B. einer Ersatzkasse, den Durchschnittsbetrag des Arbeitsverdienstes übersteigt (Begr. S. 295).

Zu Abs. 3: „Nach § 180", d. h. für die Bestimmung eines Grundlohnes sollen die Grundsätze des § 180 angewendet werden (Begr. S 296).

Zu Abs. 4: Die §§ 206 bis 224 enthalten Bestimmungen über die Krankenhilfe. Diese Vorschriften, die für die gesetzlichen Regelleistungen der Krankenkassen gelten, sind auch für die Leistungen des § 573 maßgebend, also auch für die hier vorgesehenen Regelleistungen einschließlich der besonderen Mehrleistungen auf Grund des Unfalls. Für die §§ 221, 222, die bei Erkrankung im Ausland das Eintreten des Arbeitgebers und die Erstattung dafür bestimmen, ist dies noch ausdrücklich ausgesprochen (Begr. S. 296).

Die Leistungen der Krankenkassen, knappschaftlichen Krankenkassen und Ersatzkassen nach § 573 gelten für das Verfahren nach § 1551 Abs. 2 als Leistungen der Krankenversicherung.

§ 574. Als versichert gegen Krankheit im Sinne des § 573, gilt auch, wer

1. nach den §§ 418, 435 versicherungsfrei ist, soweit die Krankenkasse einzutreten hat (§ 422),
2. infolge Erwerbslosigkeit aus der Krankenkasse ausgeschieden ist, aber noch Anspruch an die Kasse hat (§ 214).

Zu Nr. 1: Die §§ 418, 435 enthalten Bestimmungen über die Befreiung der in der Landwirtschaft Beschäftigten und der Dienstboten von der Versicherungspflicht.

§ 575. Fällt bei Personen, die der landwirtschaftlichen Krankenversicherung unterliegen, das Krankengeld oder das Hausgeld nach den §§ 420, 421, 425 wegen vertragsmäßiger Leistungen des Arbeitgebers oder nach § 423 wegen Bezugs einer Rente auf Grund der Reichsversicherung ganz oder teilweise weg, so ist der Wert solcher Leistungen auf die Krankenhilfe aus § 573 anzurechnen, soweit sie auf dieselbe Zeit fallen.

Für die Fälle der §§ 420, 421 müssen die vertragsmäßigen Leistungen des Arbeitgebers ihrem Werte nach auf die Kassenleistungen angerechnet werden, um Doppelleistungen zu vermeiden. Das Krankengeld und Hausgeld (§ 425) ist in diesen Fällen gerade deshalb weggefallen oder gekürzt, weil sich der Arbeitgeber vertragsmäßig zu entsprechender Leistung verpflichtet hat. Dasselbe gilt für den Fall des § 423, wenn die Satzung einer Landkrankenkasse bestimmt hat, daß Versicherte wegen Bezugs einer Rente auf Grund der Reichsversicherung kein Krankengeld erhalten. — Die hier vorgesehene Kürzung findet auch statt, wenn die vertragsmäßigen Leistungen des Arbeitgebers in den Unfallzuschuß hineinreichen (Begr. S. 297).

Ersatzpflicht.

§ 576. Was die Krankenkasse, knappschaftliche Krankenkasse oder Ersatzkasse nach den §§ 573, 575 über die

Pflicht hinaus, die sie sonst nach Gesetz oder Satzung hat, gewähren muß, hat, wenn dem Verletzten über die dreizehnte Woche hinaus eine Entschädigung zu leisten ist, die Genossenschaft, andernfalls der Unternehmer (§ 633) zu ersetzen. Die Satzung der Genossenschaft kann bestimmen, daß diese den Mehrbetrag in allen Fällen zu ersetzen hat.

Dies gilt entsprechend, wenn der Verletzte, der gegen Krankheit versichert ist, keinen Anspruch auf Krankenhilfe hat.

Vgl. § 12 Abs. 1, Satz 2 GUVG.; § 9 BUVG.

Die Leistungen auf Grund des § 573 sind zunächst von der Krankenkasse (auch knappschaftlichen oder Ersatzkasse) voll zu gewähren, und zwar auch dann, wenn Personen zwar gegen Krankheit versichert sind, aber das Recht auf die Leistungen erst nach Ablauf einer gewissen Zeit erwerben (§§ 207, 451) oder wenn das Krankengeld für bestimmte Berufszweige (§ 416) ganz oder teilweise ausgeschlossen werden kann (so §§ 424, 452, 455, 483) oder verschieden hoch bemessen wird, wie z. B. bei Hausgewerbetreibenden nach § 482 (Begr. S. 296). Die Leistungen gelten für das Verfahren als Leistungen der Krankenversicherung (§ 1551 Abs. 2). Die Krankenkassen werden aber, abgesehen von der Auslagepflicht, durch die Vorschriften des § 573 nicht belastet. Die Ersatzpflicht über die Aufwendungen hinaus, die ihnen sonst nach Gesetz oder Statut obliegen, trifft die Unternehmer (§ 633) oder die Genossenschaften; die Genossenschaften dann, wenn dem Verletzten über die 13. Woche hinaus eine Entschädigung zu leisten ist, oder wenn die Genossenschaften durch die Satzung in allen Fällen den Ersatz übernommen haben, sonst die Unternehmer.

Zu Abs. 2 vgl. §§ 192 und 573 Abs. 1, Satz 2.

Der Träger der Unfallversicherung kann auch schon während der Wartezeit das Heilverfahren übernehmen. Nähres vgl. § 1513.

Fürsorgepflicht des Unternehmers, Arbeitgebers, Trägers der anderen Fürsorge während der Wartezeit. (§§ 577 bis 579, 581 bis 583, 585).

§ 577. Ist ein Verletzter, der zu den nach den §§ 544, 545 Versicherten gehört, nicht auf Grund der Reichsversicherung oder bei einer knappschaftlichen Krankenkasse gegen Krankheit versichert, so hat ihm, vorbehaltlich der Abs. 2, 3, der Unternehmer für die ersten dreizehn Wochen Krankenhilfe zu gewähren. Für das Maß der Leistungen und für deren Ersatz gelten die §§ 573 bis 576 entsprechend. Der Unternehmer kann mit Zustimmung des Verletzten auch Pflege nach § 185 Abs. 1 gewähren und dafür bis zu einem Viertel des Krankengeldes abziehen. Als Grundlohn gilt der Ortslohn des Beschäftigungsorts (§§ 149 bis 152). Für Betriebsbeamte gelten diese Vorschriften nur, wenn deren Jahresarbeitsverdienst zweitausendfünfhundert Mark nicht übersteigt.

In den Fällen der §§ 169, 418, 435 hat der Arbeitgeber für die ersten dreizehn Wochen die Leistungen aus Abs. 1 dem Verletzten zu gewähren. Dabei gilt der Grundlohn, der für die Krankenkasse maßgebend ist. Auf diese Leistungen werden die aus den §§ 169, 418, 435 angerechnet. Darüber hinaus ist die Genossenschaft oder der Unternehmer dem Arbeitgeber ersatzpflichtig (§ 576). Das Gleiche gilt im Falle der §§ 170, 171, wenn den dort Bezeichneten die Ansprüche aus § 169 gewährleistet sind.

Ist ein Dienstbote wegen anderer Fürsorge nach § 440 Abs. 1 versicherungsfrei, so gilt für ihn Abs. 2 Satz 1 bis 4 entsprechend, jedoch tritt an die Stelle des Arbeitgebers der Träger der anderen Fürsorge. Dieser hat den Ersatz für die Mehrleistung, wenn nicht die Berufsgenossenschaft ersatzpflichtig ist, von dem Unternehmer zu beanspruchen.

Vgl. § 12 Abs. 2, Satz 1 GUVG.; § 9 BUVG.

Zu Abs. 1: Solchen Personen, die gegen Unfall, aber nicht gegen Krankheit versichert sind und denen auch keine anderweiten der Krankenversicherung gleichwertigen Leistungen zustehen (Abs. 2 u. 3), hat der Unternehmer (§ 633) für die ersten 13 Wochen Krankenhilfe (§ 182) zu gewähren. Einer Fürsorge für die ersten 13 Wochen entbehren (Abs. 1 letzter Satz) Betriebsbeamte mit einem Jahresarbeitsverdienst von mehr als 2500 M. und versicherte Unternehmer (vgl. § 580).

Der Unternehmer hat sowohl das erhöhte Krankengeld, als auch das erhöhte Hausgeld (§ 573) zu zahlen. (Begr. S. 297).

Dem Unternehmer, der sonst nach Gesetz nicht verpflichtet ist (§ 576 Abs. 1), sind die gesamten Leistungen bei schwereren Fällen, d. h. wenn dem Verletzten über die 13. Woche hinaus eine Unfallentschädigung zu leisten ist, von der Genossenschaft zu ersetzen. In den leichteren Fällen bleibt der Unternehmer endgültig belastet (Begr. S. 297).

Abs. 1 ist auch auf Arbeiter anzuwenden, die auf Eigen-(Regie-)bauten beschäftigt werden, und für die früher nach § 10 BUVG. die Gemeinde während der ersten 13 Wochen mit der auf Krankenpflege beschränkten Fürsorge einzutreten hatte. Über die Anwendung dieser neuen dem Versicherten günstigeren Vorschrift während der Übergangszeit vgl. Art. 60 Einf.-Ges.

Zu Abs. 2: Da in den Fällen der §§ 169, 418, 439 die Fürsorge des Arbeitgebers die Stelle der Fürsorge durch die Krankenversicherung vertritt, verbleiben die Leistungen, welche dem Arbeitgeber nach diesen Bestimmungen obliegen, diesem endgültig, ebenso wie den Krankenkassen die auf Grund gesetzlicher Pflicht gewährten Leistungen (vgl. § 576). Nur die darüber hinausgehenden Gewährnisse sind dem Arbeitgeber zu erstatten, und zwar bei schwereren Unfällen (vgl. Anm. zu Abs. 1) von der Genossenschaft, bei leichteren von dem Unternehmer (§ 633). Ist der für die Befreiung von der Krankenversicherungspflicht maßgebende Arbeitgeber zugleich Unternehmer des unfallbringenden Betriebs (was die Regel sein wird), so ist natürlich bei leichteren Unfällen ein Ersatzanspruch des Arbeitgebers nicht gegeben.

Im Falle des § 174 ist kein Arbeitgeber vorhanden, der die Lasten der Krankenversicherung an Stelle der Krankenkassen trägt. Es kann daher nur die Fürsorgepflicht des Unternehmers gemäß § 577 Abs. 1 in Frage kommen (Kom. Ber. Bd. III, S. 57).

Zu Abs. 3: Diese Bestimmung bezieht sich auf Dienstboten, für die landesrechtlich Fürsorge im Krankheitsfalle getroffen ist. Der Träger der landesrechtlichen Fürsorge hat — ebenso wie nach Abs. 2 der Arbeitgeber — nur Anspruch auf Ersatz der Mehrleistungen, bei schwereren Unfällen gegen die Genossenschaft, bei leichteren Unfällen gegen den Unternehmer (Begr. S. 298).

Die Leistungen der Unternehmer, Arbeitgeber und Träger der anderen Fürsorge nach § 577 gelten für das Verfahren als Leistungen der Krankenversicherung (§ 1551 Abs. 2).

Ausführungsbestimmungen des RVA.

§ 578. Das Nähere zur Ausführung der §§ 573 bis 577 bestimmt das Reichsversicherungsamt.

Vgl. § 12 Abs. 1, Satz 3 GUVG.; § 9 BUVG.

Das RVA. ist ausschließlich zuständig. Auf Grund des früheren Rechts hat das RVA. die Bek. v. 30. Septbr. 1885, A. N. S. 283, erlassen. Falls die neuen Ausführungsbestimmungen alsbald erscheinen, werden sie im Nachtragsband (Bd. V) dieser Handausgabe Aufnahme finden.

Übernahme der Leistungen des Unternehmers, Arbeitgebers, Trägers der anderen Fürsorge durch den Versicherungsträger. — Ersatz.

§ 579. Die Genossenschaft kann die Leistungen des Unternehmers ganz oder teilweise übernehmen. Er hat ihr insoweit Ersatz zu leisten, als der Verletzte von ihm Krankenhilfe beanspruchen könnte und die Genossenschaft dann nicht selbst ersatzpflichtig wäre. Dabei gelten als Ersatz für Krankenpflege drei Achtel des Grundlohns, nach welchem sich das Krankengeld des Berechtigten bestimmt.

Dies gilt entsprechend, wenn in den Fällen des § 577 Abs. 2, 3 der Arbeitgeber oder der Träger der anderen Fürsorge an Stelle des Unternehmers tritt.

Vgl. § 12 Abs. 2, Satz 2 bis 4 GUVG.; § 9 BUVG.

Der Träger der Unfallversicherung ist hiernach berechtigt, die Leistungen des Unternehmers (§ 577 Abs. 1), des Arbeitgebers (§ 577 Abs. 2) oder des Trägers der anderen Fürsorge (§ 577 Abs. 3) ganz oder teilweise *während der Wartezeit* zu übernehmen. Er kann auch nach § 600 an Stelle der Krankenpflege und des Krankengeldes Krankenhauspflege und Hausgeld gewähren. *Alle diese Leistungen bleiben, wenn sie der Träger der Unfallversicherung gewährt, Leistungen des Unternehmers, Arbeitgebers* usw., *und sie gelten auch für das Verfahren als Leistungen der Krankenversicherung* (§ 1551 Abs. 3).

War der Unfallverletzte auf Grund der Reichsversicherung oder bei einer knappschaftlichen Krankenkasse gegen Krankheit versichert (*Fall des* § 573), so steht dem Träger der Unfallversicherung ebenfalls das Recht zu, schon währnd der Wartezeit das Heilverfahren zu übernehmen und an Stelle der Krankenpflege und des Krankengeldes Krankenhauspflege und Hausgeld zu gewähren (§ 1513).

Die Ersatzpflicht ist in den Fällen der §§ 579, 600 und im Fall des § 1513, wenn die BG. das Heilverfahren von der Krankenkasse übernimmt, übereinstimmend geregelt.

$^{3}/_{8}$ des Grundlohnes als Ersatz für Krankenpflege ist ein Pauschalsatz; der Nachweis höherer Aufwendungen ist ausgeschlossen.

Fürsorge der Genossenschaft während der Wartezeit für Verletzte, die weder gegen Krankheit versichert sind, noch der Fürsorge des Unternehmers usw. unterliegen (§§ 580, 581).

§ 580. Ist bei Verletzten, auf welche die §§ 573 bis 577 nicht zutreffen, zu besorgen, daß eine Unfallentschädigung zu leisten ist, so kann die Genossenschaft schon vor Ablauf der dreizehnten Woche nach dem Unfall ein Heilverfahren eintreten lassen, um die Folgen des Unfalls zu beseitigen oder zu mildern.

Sie kann den Verletzten in einer Heilanstalt unterbringen; dabei gilt § 597 Abs. 2 bis 4.

Sie kann dem Verletzten mit seiner Zustimmung Pflege nach § 185 Abs. 1 gewähren.

Der Verletzte kann von der Genossenschaft angemessenen Ersatz für den Verdienst verlangen, der ihm durch das Heilverfahren entgeht.

Die §§ 573 bis 577 treffen bei höher gelohnten Betriebsbeamten (§ 577 Abs. 1, Satz 3) sowie bei versicherten Unternehmern nicht zu. Wie in allen andern Fällen, ist die Genossenschaft auch hier zur Abwendung und Erleichterung der Unfallast berechtigt, schon während der ersten 13 Wochen ein Heilverfahren eintreten zu lassen. Sie kann Krankenbehandlung (§ 558 Nr. 1) gewähren oder den Verletzten auch in einer Heilanstalt unterbringen. Dies ist versicherungsrechtlich keine Heilanstaltpflege im eigentlichen Sinne (§ 597); jedoch gelten nach Abs. 2 die Absätze 2 bis 4 des § 597. Eine Angehörigenrente (§ 598), wie bei der eigentlichen Heilanstaltpflege, wird nicht gewährt. Dagegen kann der Verletzte nach Abs. 4, und zwar auch bei Behandlung außerhalb der

Krankenhauses, Ersatz für den entgangenen Verdienst verlangen. Die Gewährung einer besonderen Unterstützung für die Angehörigen auf Grund des § 602 ist zulässig (Begr. S. 298 u. 304).

Ärztliche Untersuchung. — Auskunft.

§ 581. Die Genossenschaft kann innerhalb der ersten dreizehn Wochen nach dem Unfall den Verletzten, auch ohne ihm ein Heilverfahren zu gewähren, ärztlich untersuchen lassen und von der Krankenkasse, der knappschaftlichen Krankenkasse, der Ersatzkasse, dem behandelnden Arzte oder in den Fällen des § 577 dem Unternehmer Auskunft über die Behandlung und den Zustand des Verletzten verlangen.

Auf Antrag der Genossenschaft kann das Versicherungsamt den Unternehmer zu dieser Auskunft innerhalb einer bestimmten Frist durch Geldstrafen bis zu einhundert Mark anhalten.

Auf Beschwerde gegen die Festsetzung der Strafe entscheidet das Oberversicherungsamt endgültig.

Diese Bestimmung bezweckt, die Gewährung eines Heilverfahrens durch die Genossenschaft zu fördern, indem ihr die zur Prüfung der Zweckmäßigkeit der Einleitung eines solchen Verfahrens erforderlichen Unterlagen zugänglich gemacht werden (Begr. S. 298).

Beschwerde vgl. 1784, 1792.

Gewährung der Unfallrente vor Ablauf der ersten 13 Wochen.

§ 582. Wenn das Krankengeld vor Ablauf der dreizehn Wochen wegfällt, über diese hinaus aber die Erwerbsunfähigkeit fortdauert, so ist die Rente schon von dem Tage ab zu gewähren, mit dem das Krankengeld wegfällt.

Die Satzung kann die Rente auch zubilligen, wenn nach Wegfall des Krankengeldes eine Beschränkung der Erwerbsfähigkeit zwar verblieben ist, aber voraussichtlich vor Ablauf der dreizehn Wochen endigen wird.

Vgl. § 13 Abs. 1, Satz 1, Abs. 2 GUVG.; § 9 BUVG.

§ 582 Abs. 1 soll lediglich die Lücke ausfüllen, die unter Umständen zwischen der Barentschädigung auf Grund der Krankenversicherung oder des § 577 und auf Grund der Unfallversicherung eintreten kann. Der Träger der Unfallversicherung hat also nicht vor Ende der 13. Woche einzutreten, wenn der Verletzte überhaupt kein Krankengeld bezogen hat (§ 580), also auch wenn er nur Krankenpflege beansprucht (z. B. § 215), sowie wenn der Verletzte den vorzeitigen Wegfall des Krankengeldes selbst verschuldet hat (z. B. § 216). Der Träger der Unfallversicherung muß auch die Unfallrente für den Zeitraum zahlen, der zwischen dem ersten Wegfall des Krankengeldes und dessen Wiedergewährung innerhalb der ersten 13 Wochen liegt. — Die Feststellung der Rente ist nach § 1545 Abs. 2 zu beschleunigen. Erachtet die Genossenschaft die Voraussetzungen des Rentenanspruchs noch vor dem Ablauf der 13. Woche für gegeben, so ist die Rente zu diesem früheren Zeitpunkt festzustellen.

Übergang des Anspruchs auf Krankengeld.

§ 563. Hat die Krankenkasse, knappschaftliche Krankenkasse oder Ersatzkasse ihre Leistung vor Ablauf der dreizehn Wochen zu Unrecht eingestellt, so geht der Anspruch des Verletzten auf Krankengeld bis zur Höhe der Rente (§ 582) auf die Genossenschaft über.

Das Gleiche gilt für die Leistung des Unternehmers (§ 577).

Vgl. § 13 Abs. 3 GUVG.; § 9 BUVG.

Die tatsächliche Einstellung der Leistungen durch die Krankenkasse oder den Unternehmer begründet nicht schon den Rentenanspruch des Verletzten gegen die Genossenschaft, sondern erst der Wegfall des Krankengeldes.

Die Leistungen der Krankenkasse und des Unternehmers auf Grund dieser Bestimmung gelten als Leistungen der Krankenversicherung (§ 1551 Abs. 2).

Bindung der Genossenschaft an der Stellungnahme des Trägers der Krankenversicherung.

§ 564. Hat die Genossenschaft zu einer Zeit, für die sie nach § 558 entschädigungspflichtig ist, die Fürsorge für den Verletzten nicht übernommen, und hat ihm für eine solche Zeit die Krankenkasse, knappschaftliche Krankenkasse oder Ersatzkasse nach den §§ 182, 184, 185 Krankengeld oder Krankenhauspflege gewährt, so gilt der Verletzte für diese Zeit als völlig erwerbsunfähig.

Diese durch die Reichstagskommission aufgenommene Bestimmung soll die Fälle treffen, in denen eigentlich die Genossenschaft die Fürsorge für den Verletzten hätte übernehmen müssen (§ 558), wenn man die Krankheit schon beim Beginn der 14. Woche als Unfallfolge erkannt hätte. Sie will die Streitigkeit aus der Welt schaffen, ob in solchen Fällen die Genossenschaft dem Verletzten für die Zeit, wo er nach dem Urteil des Kassenarztes arbeitsunfähig war, die Vollrente bezahlen müsse (Kom. Ber. Bd. III, S. 61).

Über die Ersatzansprüche der Krankenkassen gegen die Genossenschaften vgl. § 1506.

Ersatzstreitigkeiten.

§ 585. Streitigkeiten über Ersatzansprüche aus den §§ 573 bis 577, 579 werden im Spruchverfahren entschieden.

Vgl. § 14 GUVG.; § 9 BUVG.

Die Entscheidung erfolgt nach den §§ 1771 bis 1779. — Für die Ansprüche des Verletzten während der Wartezeit ist § 1551 Abs. 2 und 3 zu vergleichen.

Gewährnisse bei Tötungen im Allgemeinen.

§ 586. Bei Tötung ist außerdem zu gewähren

1. als Sterbegeld der fünfzehnte Teil des Jahresarbeitsverdienstes; jedoch mindestens fünfzig Mark; der § 203 ist entsprechend anzuwenden,
2. vom Todestage ab den Hinterbliebenen eine Rente; sie besteht in einem Bruchteil des Jahresarbeitsverdienstes nach Vorschrift der §§ 588 bis 595.

Der Jahresarbeitsverdienst wird in gleicher Weise berechnet wie im Falle der Körperverletzung, dabei gilt jedoch § 571 nicht.

Vgl. § 15 Abs. 1 GUVG.; § 9 BUVG.

Zu Abs. 1: Sterbegeld und Hinterbliebenenrente werden außerdem gewährt, d. h. neben den Ansprüchen, die dem Getöteten für die Zeit von dem Unfall bis zu seinem Tode ebenso wie allen anderen Verletzten zustehen. Die Ansprüche der Hinterbliebenen sind selbständig. Die Rechtskraft von Entscheidungen, die über den ursächlichen Zusammenhang dem Verletzten gegenüber ergangen sind, steht also weder der

Genossenschaft noch den Hinterbliebenen entgegen. Auch dann nicht, wenn die Entscheidung in einem durch den Tod des Verletzten unterbrochenen Verfahren gefällt ist, welches die Hinterbliebenen als nach § 614 Berechtigte aufgenommen hatten. Auch die rechtskräftige Festsetzung des Jahresarbeitsverdienstes gegenüber dem Verletzten wirkt nicht gegenüber den Hinterbliebenen. Die Ansprüche der Hinterbliebenen müssen zur Vermeidung des Ausschlusses im Allgemeinen spätestens 2 Jahre nach dem Tode des Verletzten angemeldet werden (§ 1548). Der Umstand, daß der Schadensersatzanspruch des Verletzten selbst verjährt ist, wirkt nicht mehr gegen die Hinterbliebenen.

Nr. 1: Sterbegeld ist auch dann zu gewähren, wenn eine Beerdigung (z. B. bei vollständiger Verbrennung) nicht stattfindet. Die Bestimmungen über das Ruhen der Rente (§ 615) gelten für das Sterbegeld nicht. Vom Sterbegeld werden zuerst die Kosten der Beerdigung bestritten (§ 203). — Der Zahlungstermin für das Sterbegeld ist im § 612 bestimmt.

Nr. 2: Der Todestag ist der erste Tag, für den die Hinterbliebenenrente zu zahlen ist, es sei denn, daß der Verletzte selbst für den Tag Anspruch auf Rente hatte. Doch haben für diesen Tag die Hinterbliebenen auf den die Rente des Verstorbenen etwa überschießenden Betrag Anspruch. Über die Anrechnung der Ansprüche der Hinterbliebenen und des Verletzten während des Sterbemonats enthält § 613 nähere Bestimmungen. — Nachgeborene Kinder haben einen Anspruch auf Rente erst von ihrer Geburt an. — Die Fälligkeit der Hinterbliebenenrente und die für die Rente jedes Hinterbliebenen besonders vorzunehmende Aufrundung auf volle 5 Pf. ist im § 612 geregelt. Eine Kapitalabfindung ist bei Hinterbliebenenrenten unzulässig. Sie sind bis zu dem im Gesetz festgelegten Endtermine zu leisten, auch wenn der Verletzte nach menschlicher Voraussicht eher gestorben und damit die Unterstützung durch ihn weggefallen wäre. — War der Getötete bereits vor dem Unfall dauernd völlig erwerbsunfähig, so ist eine Hinterbliebenenrente nicht zu gewähren (vgl. § 561).

Zu Abs. 2: Eine entsprechende Kürzung des für die Berechnung des Jahresarbeitsverdienstes maßgebenden Ortslohnes (§§ 567, 570) findet also bei Getöteten, die vor dem Unfall bereits dauernd teilweise erwerbsunfähig waren, nicht statt. War der durch den Unfall Getötete zur Zeit des Unfalls bereits dauernd völlig erwerbsunfähig, so haben seine Hinterbliebenen keine Rentenansprüche, wohl aber einen Anspruch auf Sterbegeld (vgl. Anm. zu § 561).

Während der Übergangszeit enthält für Entschädigungsansprüche, die im Falle der Tötung erwachsen, Art. 60 Abs. 2 Einf.-Ges. die erforderlichen Vorschriften.

Sondervorschrift für den Jahresarbeitsverdienst.

§ 587. Ist dieser Jahresarbeitsverdienst infolge eines früheren Unfalls geringer als der vor ihm bezogene Entgelt, so ist dem Jahresarbeitsverdienste die frühere Rente zuzurechnen; dabei darf jedoch der Betrag nicht überschritten werden, welcher der früheren Rente als Jahresarbeitsverdienst zugrunde liegt.

Vgl. § 15 Abs. 2 GUVG.; § 9 BUVG.

Die Bestimmung betrifft den Fall, daß ein durch Unfall Getöteter, der aus früheren Unfällen eine Unfallrente bezogen hatte, den Rest seiner Erwerbsfähigkeit durch Lohnarbeit verwertet hat. Es entspricht der Billigkeit, daß diese Rente, die den Ersatz für die durch einen früheren Betriebsunfall herbeigeführte Beeinträchtigung der Erwerbsfähigkeit bildet, bei der Berechnung der Hinterbliebenenrente mitberücksichtigt wird (vgl. § 586 Abs. 2).

Entgelt vgl. § 160.

Der § 587 findet auch Anwendung für Fälle, in denen der Ortslohn für die Rentenberechnung maßgebend ist (nicht aber, wenn die Rente nach dem festgesetzten durchschnittlichen Jahresarbeitsverdienste, wie bei landwirtschaftlichen Arbeitern — § 950 Abs. 2 —, oder nach dem festgesetzten monatlichen Durchschnitt, wie bei Seeleuten — § 1067, 1101 Abs. 2 — zu berechnen ist).

Witwen- und Kinderrenten.

§ 588. Hinterläßt der Verstorbene eine Witwe oder Kinder, so beträgt die Rente ein Fünftel des Jahresarbeitsverdienstes

für die Witwe bis zu ihrem Tode oder ihrer Wiederverheiratung,

für jedes Kind bis zum vollendeten fünfzehnten Lebensjahre, für ein uneheliches Kind jedoch nur, soweit der Verstorbene ihm nach gesetzlicher Pflicht Unterhalt gewährt hat.

Vgl. § 16 Abs. 1 GUVG.; § 9 BUVG.

Der Witwe steht die Rente auch dann zu, wenn sie von dem Getöteten tatsächlich getrennt gelebt hat; nicht aber, wenn die Ehe geschieden war.

Den ehelichen Kindern stehen gleich die durch nachfolgende Ehe legitimierten (§ 1719 BGB.), die für ehelicherklärten (§ 1736 a. a. O.) und die an Kindesstatt angenommenen Kinder (§ 1757 BGB.), nicht aber die Kinder des anderen Ehegatten (Stiefkinder) und Kinder, die gemäß § 1706 BGB. den Namen des Getöteten als des Ehemanns ihrer Mutter führen. Auf die Ansprüche der ehelichen Kinder hat die Scheidung der Ehe keinen Einfluß. Darauf, ob die Kinder bereits zur Zeit des Unfalls empfangen waren, kommt es nicht an. Dadurch, daß das Kind des Getöteten später an Kindesstatt angenommen wird, kommt die ihm gebührende Rente nicht in Fortfall; ebensowenig durch die Wiederverheiratung der Mutter.

Das Rentenrecht der unehelichen Kinder, das sogar zur Kürzung der Renten der ehelichen Kinder gemäß § 595 führen kann, ist auf Veranlassung der Reichstagskommission in das Gesetz aufgenommen worden. Es ist davon abhängig, daß der Verstorbene seiner gesetzlichen Unterhaltungspflicht auch nachgekommen ist. Als maßgebend wird man im Allgemeinen die Verhältnisse im letzten Jahre vor dem Unfall erachten können; zeitweise durch besondere Umstände begründete Nichtgewährung des Unterhalts beraubt das uneheliche Kind des Rentenrechts nicht.

Wiederverheiratung der Witwe.

§ 589. Heiratet die Witwe wieder, so erhält sie drei Fünftel des Jahresarbeitsverdienstes als Abfindung.

Vgl. § 16 Abs. 2 GUVG.; § 9 BUVG.

Heiratet die Witwe, so ist neben der Abfindung für den Monat der Wiederverheiratung noch unverkürzt die Witwenrente zu zahlen (§ 613).

Eheschließung nach dem Unfall.

§ 590. Die Witwe hat keinen Anspruch, wenn die Ehe erst nach dem Unfall geschlossen worden ist.

Die Genossenschaft kann unter besonderen Umständen auch dann eine Witwenrente gewähren.

Vgl. § 16 GUVG.; § 9 BUVG.

Ob sich die Folgen des Unfalls erst nach der Eheschließung bemerkbar gemacht haben, ist ohne Belang. Die Vorschrift beruht auf der versicherungstechnischen Erwägung, daß der Versicherte sonst in der Lage wäre, durch die Eheschließung den Umfang der Versicherungsleistungen und die Belastung der Genossenschaft zu erweitern (Kom. Ber. Bd. III, S. 63). — Die nach dem Unfall geborenen Kinder haben Anspruch auf Rente.

Die Genossenschaft kann eine Rente bis zum gesetzlichen Betrage der Witwenrente gewähren, nicht aber eine Kapitalzahlung (Abfindung). Macht die Genossenschaft von der ihr eingeräumten Befugnis keinen Gebrauch, so kann sie zur Gewährung der Rente nicht etwa im Instanzenzuge verurteilt werden.

Kinder einer Frau, die nicht Ehefrau ist.

§ 591. Die Vorschriften über die Renten der Kinder gelten auch für Kinder einer weiblichen Person, die nicht Ehefrau ist.

Das Gleiche gilt für voreheliche Kinder einer Ehefrau oder für deren Kinder aus früherer Ehe, wenn sie nicht die rechtliche Stellung von ehelichen Kindern des hinterbliebenen Ehemanns haben.

Vgl. § 16 Abs. 4 GUVG.; § 9 BUVG.

„Weibliche Person, die nicht Ehefrau ist", statt wie früher „alleinstehende weibliche Person" ist gesagt, um anzudeuten, daß diese Vorschrift nicht für die Kinder einer verlassenen Ehefrau gilt (vgl. § 592 Abs. 3).

Die Bestimmung des Abs. 2 muß sinngemäß auch auf Kinder angewendet werden, die eine Ehefrau während der Ehe oder innerhalb von 302 Tagen nach ihrer Auflösung geboren hat, wenn die Ehelichkeit von dem Ehemann mit Erfolg angefochten worden ist (§ 1593 BGB.). — Haben die in Abs. 2 bezeichneten Kinder infolge Legitimation oder Annahme an Kindesstatt die rechtliche Stellung von ehelichen Kindern des Ehemanns erlangt, so ist Abs. 2 nicht anzuwenden (Begr. S. 299).

Tötung einer Ehefrau.

§ 592. Bei Tötung einer Ehefrau, die wegen Erwerbsunfähigkeit des Ehemanns ihre Familie ganz oder überwiegend aus ihrem Arbeitsverdienst unterhalten hat, ist für die Dauer der Bedürftigkeit an Rente zu gewähren ein Fünftel des Jahresarbeitsverdienstes

dem Witwer bis zu seinem Tode oder seiner Wiederverheiratung,

jedem Kinde bis zum vollendeten fünfzehnten Lebensjahre.

Der Witwer hat keinen Anspruch, wenn die Ehe erst nach dem Unfall geschlossen worden ist.

Hat sich der Ehemann einer Getöteten ohne gesetzlichen Grund von der häuslichen Gemeinschaft ferngehalten und seiner Unterhaltspflicht gegen die Kinder entzogen, so kann die Genossenschaft diesen die Rente gewähren.

Vgl. § 17 GUVG.; § 9 BUVG.

Neu ist die Vorschrift, daß die getötete Ehefrau die Familie „aus ihrem Arbeitsverdienst" unterhalten haben muß, und daß die Rente bei der Wiederverheiratung wegfallen soll; die Vorschrift ist den §§ 186, 1260, bezw. § 1298 angepaßt.

Bei Prüfung der Voraussetzung, daß der Ehemann erwerbsunfähig gewesen ist, wird nur eine dauernde oder doch wenigstens längere Zeit dauernde, nicht aber ganz vorübergehende Erwerbsunfähigkeit berücksichtigt. Die Erwerbsunfähigkeit muß keine vollständige, wohl aber eine so hochgradige sein, daß deswegen die Frau die Last des Unterhalts hauptsächlich zu tragen hatte.

Ganz oder überwiegend hat die Ehefrau die Familie dann unterhalten, wenn sie zum mindesten mehr als die Hälfte der Kosten des Lebensunterhalts getragen hat. Im übrigen gelten die Ausführungen in Anm. 1 zu § 593 auch hier.

Über Bedürftigkeit vgl. Anm. 3 zu § 593. Die Bedürftigkeit fällt weg für den Witwer, wenn er sich und seine Familie wieder notdürftig zu ernähren imstande ist, für die Kinder, auch wenn der Vater zu ihrer Ernährung wirksam herangezogen werden kann.

Mit Rücksicht auf die im Falle des Abs. 3 oft gegebene Unmöglichkeit der Verwirklichung des Unterhaltsanspruchs, der den Kindern gegen ihren erwerbsfähigen Vater zusteht, ist den Genossenschaften die Befugnis eingeräumt, eine Rente zu gewähren. Die Instanzen können hierzu die Genossenschaften nicht verurteilen.

Aszendentenrenten.

§ 593. Hinterläßt der Verstorbene Verwandte der aufsteigenden Linie, die er wesentlich aus seinem Arbeitsverdienst unterhalten hat, so ist ihnen für die Dauer der Bedürftigkeit eine Rente von zusammen einem Fünftel des Jahresarbeitsverdienstes zu gewähren.

Sind aus der aufsteigenden Linie Verwandte verschiedenen Grades vorhanden, so ist die Rente den Eltern vor den Großeltern zu gewähren.

Vgl. § 18, § 20 Abs. 2 GUVG.; § 9 BUVG.

Verwandte aufsteigender Linie, zu denen auch die uneheliche Mutter gehört, sind rentenberechtigt, wenn

1. der Verstorbene sie in der Zeit vor dem Unfall wesentlich unterhalten hat. Daß er zum mindesten mehr als die Hälfte der Kosten ihres Lebensunterhalts getragen hat (§ 18 GUVG.), wird also nicht mehr gefordert (Stenogr. Berichte S. 7277 D). Maßgebend sind besonders die Verhältnisse des letzten Jahres vor dem Unfall. Wird der Verstorbene, der sonst seine Verwandten aufsteigender Linie ernährt hat, durch äußere Gründe während verhältnismäßig nur kurzer Zeit vorübergehend an der Unterstützung behindert, so steht dies der Annahme einer fortlaufenden Unterstützung nicht entgegen. Der Anfang einer solchen Unterstützung kann unter besonderen Umständen schon in einer einmaligen Geldsendung erblickt werden (vgl. Rek. Entsch. 1407, A. N. 1895, S. 171). Ob die Unterstützung durch Geld, Naturalien oder Arbeit geschieht, ist gleichgültig. Nicht berücksichtigt wird die Gewährung des Unterhalts, wenn sie auf Grund eines gegenseitig lästigen Vertrages (z. B. auf Grund eines für die Grundstücksüberlassung eingeräumten Auszugsrechts) erfolgt ist.

2. der Unterhalt aus dem Arbeitsverdienst des Getöteten gewährt worden ist, und nicht aus sonstigem Einkommen (ebenso die §§ 186, 1260).

3. die Verwandten aufsteigender Linie bedürftig sind. Bedürftigkeit ist vom RVA. verneint worden in einem Falle, in dem die Mutter des Getöteten wegen des Todes von einer Lebensversicherungsanstalt eine Summe erhalten hatte, die ihr, die nur für sich selbst zu sorgen hatte, den Kauf einer ausreichenden Leibrente gestattete (Rek. Entsch. 748, A. N. 1889, S. 355). Bedürftigkeit ist auch zu verneinen, wenn der Verwandte arbeitsfähig und imstande ist, sich und seine Familie zu ernähren, sowie wenn unterstützungspflichtige Kinder (§ 1603 BGB.) vorhanden sind und zur Unterstützung herangezogen werden können. Nicht rechtlich erzwingbare Zuwendungen werden nicht angerechnet. — Die Bedürftigkeit fällt weg, wenn der Verwandte die Mittel zu einer den Verhältnissen des Arbeiterstandes einigermaßen entsprechenden Lebensführung, z. B. auch

durch Wiedergewinnung der Erwerbsfähigkeit, erlangt hat. Bei Wiedereintritt der Bedürftigkeit ist die Rente wiederzugewähren. — Entziehung und Wiedergewährung der Rente kann nur beim Vorliegen der Voraussetzungen des § 608 durch förmlichen Bescheid erfolgen.

4. wenn nicht rentenberechtigte Verwandte näheren Grades in aufsteigender Linie vorhanden sind. Großeltern erhalten also nichts, solange Eltern rentenberechtigt sind. Solange beide Eltern leben, steht ihnen auf die Rente ein einheitlicher Anspruch zu, der beim Tode des einen Teils ganz dem andern anheimfällt;
5. wenn die Renten der Ehegatten, Kinder und Enkel nicht schon $^{4}/_{5}$ des Jahresarbeitsverdienstes erschöpfen (§ 595 Abs. 1).

Elternlose Enkel.

§ 594. Hinterläßt der Verstorbene elternlose Enkel, die er ganz oder überwiegend aus seinem Arbeitsverdienst unterhalten hat, so ist ihnen für die Dauer der Bedürftigkeit bis zum vollendeten fünfzehnten Lebensjahr eine Rente von zusammen einem Fünftel des Jahresarbeitsverdienstes zu gewähren.

Vgl. § 19 GUVG.; § 9 BUVG.

Ein elternloser Enkel ist auch das uneheliche Kind einer verstorbenen Tochter. Die Rente wird voll bezahlt, bis der letzte Enkel das 15. Lebensjahr vollendet hat.

„Ganz oder überwiegend unterhalten" vgl. Anm. zu § 592.

Im übrigen vgl. Anm. 2, 3 zu § 593 u. § 595.

Höchstbetrag der Hinterbliebenenrenten.

§ 595. Die Renten der Hinterbliebenen dürfen zusammen drei Fünftel des Jahresarbeitsverdienstes nicht übersteigen, sonst werden sie gekürzt, und zwar bei Ehegatten und Kindern gleichmäßig; Verwandte der aufsteigenden Linie haben nur Anspruch, soweit Ehegatten oder Kinder, Enkel nur, soweit die Vorgenannten den Höchstbetrag nicht erschöpfen.

Beim Ausscheiden eines Hinterbliebenen erhöhen sich die Renten der übrigen bis zum zulässigen Höchstbetrage.

Vgl. § 20 Abs. 1 GUVG.; § 9 BUVG.

Der Jahresarbeitsverdienst des Verstorbenen kann gegenüber der Witwe und den Kindern nur einheitlich festgestellt werden.

Die Erhöhung nach Abs. 2 tritt auch ein, wenn die Witwe infolge ihrer Abfindung wegen Wiederverheiratung ausscheidet.

Die Vorschrift des Abs. 2, daß die nach Abs. 1 gekürzten Renten der Hinterbliebenen beim Tode eines Bezugsberechtigten bis zum gesetzlich zulässigen Höchstbetrage zu erhöhen sind, gilt neben den §§ 613, 614.

Hinterbliebene von Ausländern.

§ 596. Die Hinterbliebenen eines Ausländers, die sich zur Zeit des Unfalls nicht gewöhnlich im Inland aufhielten, haben keinen Anspruch auf die Rente.

Der Bundesrat kann dies für ausländische Grenzgebiete oder für Angehörige solcher auswärtiger Staaten ausschließen, deren Gesetzgebung eine entsprechende Fürsorge für die Hinterbliebenen durch Betriebsunfall getöteter Deutscher gewährleistet.

Deutsche Schutzgebiete gelten im Sinne des Abs. 1 als Inland.

Vgl. § 21 GUVG.

Der frühere Unterschied in der Behandlung der Hinterbliebenen von In- und Ausländern ist — entgegen der Absicht des Entwurfs — vom Reichstag aufrecht erhalten.

Zu Abs. 1: Darauf, wo die Hinterbliebenen ihren rechtlichen Wohnsitz hatten, kommt es nicht an. Maßgebend sind nur die tatsächlichen Verhältnisse (vgl. auch Anm. zu § 615 Abs. 1, Nr. 3). — Angehörige eines Ausländers, auf die Abs. 1 zutrifft, haben nach § 598 auch bei Heilanstaltpflege keinen Anspruch auf Angehörigenrente.

Zu Abs. 2: Beschlüsse des Bundesrats, welche nur die Vorschriften über das Ruhen von Renten außer Kraft setzen (§ 615 Abs. 2), sind hier nicht anwendbar. Beschlüsse auf Grund des Abs. 2 beziehen sich auf Unfälle vor ihrem Erlaß nur, wenn dies aus dem Beschluß hervorgeht.

Die Ausschließung ist für Grenzbezirke von Dänemark (die Ortschaft Vamdrup), Niederlanden (die Provinzen Groningen, Drenthe, Oberyssel, Gelderland, Limburg), der Schweiz (die Kantone Basel-Stadt, Basel-Land, vom Kanton Aargau die Bezirke Laufenburg, Baden, Rheinfelden und Zurzach, vom Kanton Zürich die Bezirke Bülach und Andelfingen, die Kantone Schaffhausen u. Thurgau) und Österreich-Ungarn (die Bezirkshauptmannschaften Bregenz, Reutte, Schwaz, Kufstein, Salzburg mit dem Stadtmagistratsbezirk Salzburg, Braunau a. I., Ried, Schärding, Rohrbach, Krumau, Prachatitz, Schüttenhofen, Strakonitz, Klattau, Taus, Bischofteinitz, Tachau, Plan, Eger, Asch, Braunau i. Böhmen, Neustadt, Nachod, Reichenau, Senftenberg, Schönberg, Freiwaldau), sowie von Frankreich (die Gemeinden Raon sur Plaine u. Raon les Leau) und für das neutrale Gebiet von Moresnet (vgl. Bek. v. 12. Juni 1901 — Z. Bl. f. d. deutsche Reich S. 210 u. A. N. S. 418 — auch Bek. v. 1. Febr. 1904 zu Nr. II, Z. Bl. S. 26, 27, A. N. S. 244 — Bek. v. 3. Nov. 1902, Z. Bl. S. 390, A. N. S. 674 — Bek. v. 15. Nov. 1908, Z. Bl. S. 476, A. N. S. 667 —), sowie für das als Grenzgebiet erklärte Großherzogtum Luxemburg (Bek. v. 9. Mai 1905, Z. Bl. S. 117, A. N. S. 404) allgemein erfolgt. Nur im Gebiet der Gewerbeunfallversicherung (einschließlich der Bauunfallversicherung) ist Abs. 1 außer Kraft gesetzt für Angehörige von Italien und der im Österreichischen Reichsrat vertretenen Königreiche und Länder, nicht dagegen für die Angehörigen der Ungarischen Reichshälfte (Ungarn, Kroatien und Slavonien und von Fiume) (Bek. v. 29. Juni 1901 — Z. Bl. S. 236, A. N. S. 450), für Angehörige von den Niederlanden (Bek. vom 1. Juli 1903, Z. Bl. S. 240, A. N. S. 467), von Luxemburg (Bek. v. 9. Mai 1905, Z. Bl. S. 117, A. N. S. 404) und von Belgien (Bek. v. 24. Februar 1906, Z. Bl. S. 239, A. N. S. 267).

Der Anspruch der Hinterbliebenen eines verletzten Ausländers wird dadurch nicht ausgeschlossen, daß dieser selbst gemäß § 617 abgefunden worden ist (Handbuch Bd. I, S. 303, Anm. 9).

Heilanstaltpflege (§§ 597, 598).

§ 597. An Stelle der im § 558 vorgeschriebenen Leistungen kann die Genossenschaft freie Kur und Verpflegung in einer Heilanstalt (Heilanstaltpflege) gewähren.

Hat der Verletzte einen eigenen Haushalt oder ist er Mitglied des Haushalts seiner Familie, so bedarf es seiner Zustimmung.

Bei einem Minderjährigen über sechzehn Jahre genügt seine Zustimmung.

Der Zustimmung bedarf es nicht, wenn

1. die Art der Verletzung eine Behandlung oder Pflege

verlangt, die in der Familie des Verletzten nicht möglich ist,
2. die Krankheit ansteckend ist,
3. der Verletzte wiederholt den Anordnungen des behandelnden Arztes zuwidergehandelt hat,
4. der Zustand oder das Verhalten des Verletzten eine fortgesetzte Beobachtung erfordert.

In den Fällen des Abs. 4 Nr. 1, 2, 4 soll die Genossenschaft möglichst Heilanstaltpflege gewähren.

Vgl. § 22 Abs. 1 GUVG.; § 9 BUVG.

Unter „Heilanstaltpflege" versteht das Gesetz die Anstaltbehandlung, welche dem Verletzten von dem Träger der Unfallversicherung nach Beginn seiner Entschädigungspflicht (also nach Ablauf von 13 Wochen seit dem Unfall) gewährt wird. Eine gesetzliche Pflicht des Versicherungsträgers, Heilanstaltpflege zu gewähren besteht nicht. Ihm ist nur ein Wahlrecht eingeräumt, von dem er solange Gebrauch machen kann, als zu erwarten steht, daß ein neues Heilverfahren die Erwerbsfähigkeit des Verletzten erhöht (§ 603). Das Wahlrecht kann auch dann, wenn sich der Verletzte ohne Veranlassung des Versicherungsträgers in einer Heilanstalt befindet, ausgeübt werden, indem der Versicherungsträger die Tragung der Kosten der Krankenhausverpflegung übernimmt; gegen den Willen der Verletzten jedoch nur solange, als das Heilverfahren noch nicht beendet ist (Rek. Entsch. 2313, A. N. 1909, S. 467; vgl. auch Rek. Entsch. 2508, A. N. 1911, S. 511).

Als Mitglied des Haushalts seiner Familie hat das RVA. einen Verletzten gelten lassen, der seit mehreren Jahren bei dem Bruder seiner verstorbenen unehelichen Mutter wohnte (Handbuch Bd. I, S. 306, Anm. 3).

Über die Einweisung in die Heilanstalt ist ein förmlicher Bescheid zu erteilen (§ 1583 Abs. 1, Nr. 3, § 1568). Aus dem Bescheid muß klar hervorgehen, ob der Träger der Unfallversicherung ein Heilverfahren durchführen will oder nur zum Zwecke der Untersuchung und Beobachtung die Aufnahme des Verletzten in eine Anstalt anordnet (vgl. § 555 Anm., vorl. Absatz). Im letzteren Falle ist die Rente weiterzuzahlen. —

Die Gewährung von Heilanstaltpflege, die oft schleunigst erfolgen muß, enthält nicht ohne weiteres eine Anerkennung des Rentenanspruchs.

Die freie Kur und Verpflegung umfaßt auch die Gewährung der in der Anstalt etwa vorgeschriebenen Kleidungsstücke während der Kurdauer. Auch die Reisekosten des Verletzten, um zur Heilanstalt zu gelangen, sind von dem Träger der Unfallversicherung zu erstatten. Nicht aber Auslagen, die dem Verletzten für Miete oder Aufbewahrung seiner Möbel während der Kurdauer erwachsen (vgl. aber § 603). Während der Zeit, in welcher dem Verletzten Heilanstaltpflege gewährt wird, steht ihm kein Rentenanspruch zu.

Nach Beendigung der Heilanstaltpflege ist stets ein neuer förmlicher Bescheid über die zu gewährende Unfallentschädigung zu erteilen. Die Neufeststellung ist an die besonderen Voraussetzungen des § 608 nicht gebunden. Dagegen ist die Schutzfrist des § 609 zu wahren.

Angehörigenrente.

§ 598. Gewährt die Genossenschaft die Heilanstaltpflege nach den ersten dreizehn Wochen oder wegen Wegfalls des Krankengeldes schon vorher, so ist den Angehörigen des Verletzten eine Rente zu gewähren, soweit sie ihnen bei seinem Tode zustehen würde (Angehörigenrente). Dieser Anspruch steht auch der Ehefrau zu, deren Ehe mit dem Verletzten erst nach dem Unfall geschlossen worden ist.

Vgl. § 22 Abs. 3 GUVG.; § 9 BUVG.

Angehörigenrente ist nur im Falle der Heilanstaltpflege im Sinne des § 597 zu gewähren, d. h. erst seit dem Beginn der Entschädigungspflicht des Trägers der Unfallversicherung. Läßt der Versicherungsträger vorher gemäß § 600 Kur und Verpflegung in einem Krankenhaus eintreten, so spricht das Gesetz in Übereinstimmung mit § 184 Abs. 1 von Krankenhauspflege, neben der „Hausgeld" (§ 186) zu gewähren ist. Angehörigenrente und Hausgeld werden nach verschiedenen Grundsätzen berechnet; auch ist der Kreis der Berechtigten für die Angehörigenrente (vgl. § 588 bis 596) und das Hausgeld nicht der gleiche.

Den Angehörigen, die einen selbständigen Anspruch haben, ist ein förmlicher Bescheid (§ 1583 Abs. 1 Nr. 3) zu erteilen, und zwar tunlichst gleichzeitig mit der Einweisung des Verletzten in die Heilanstalt.

Trifft infolge von Vorauszahlung für einen Teil des Monats die Angehörigenrente mit der Rente des Verletzten zusammen, so findet eine wechselweise Anrechnung statt; der überschießende Teil der höheren Rente ist von dem Versicherungsträger zu zahlen. (Besch. 1862, 1669 A. N. 1901 S. 399, 1902 S. 680.)

Hauspflege.

§ 599. Die Genossenschaft kann mit Zustimmung des Verletzten Hilfe und Wartung durch Krankenpfleger, Krankenschwestern oder andere Pfleger (Hauspflege) namentlich auch dann gewähren, wenn die Aufnahme des Verletzten in eine Heilanstalt geboten, aber nicht ausführbar ist, oder ein wichtiger Grund vorliegt, den Verletzten in seinem Haushalt oder in seiner Familie zu belassen.

Diese von der Reichstagskommission aufgenommene Bestimmung entspricht dem § 185 Abs. 1, der für die Krankenversicherung gilt.

Krankenhauspflege im Falle des § 579 — Ersatz (§§ 600, 601).

§ 600. Übernimmt die Genossenschaft nach § 579 die Leistungen des Unternehmers, so kann sie an Stelle der Krankenpflege und des Krankengeldes Krankenhauspflege und Hausgeld nach den §§ 184, 186, 577 Abs. 1 gewähren; sie kann mit Zustimmung des Verletzten auch Pflege nach § 185 Abs. 1 gewähren und dafür bis zu einem Viertel des Krankengeldes abziehen.

Der Unternehmer hat der Genossenschaft insoweit Ersatz zu leisten, als der Verletzte von ihm Krankenhilfe beanspruchen könnte und die Genossenschaft nicht selbst ersatzpflichtig wäre. Dabei gelten als Ersatz für Krankenpflege drei Achtel des Grundlohns, nach welchem sich das Krankengeld des Berechtigten bestimmt.

Dies gilt entsprechend, wenn in den Fällen des § 577 Abs. 2, 3 der Arbeitgeber oder der Träger der anderen Fürsorge an Stelle des Unternehmers tritt.

Nach § 579 hat der Träger der Unfallversicherung das Recht, die Leistungen zu übernehmen, welche nach § 577 dem Unternehmer oder dem Arbeitgeber oder dem Träger der anderen Fürsorge gegenüber nicht gegen Krankheit versicherten Verletzten obliegen. Dann hat der Träger der Unfallversicherung beim Vorliegen der Voraussetzungen des § 184 das Recht, an Stelle von Krankenpflege und Krankengeld (§ 182) Krankenhauspflege und Hausgeld (§§ 184, 186) zu gewähren. Diese Leistungen bleiben, auch wenn sie der Träger der Unfallversicherung gewährt, **Leistungen des Unternehmers** usw., sie gelten auch **für das Verfahren als Leistungen der Krankenversicherung** (§ 1551 Abs. 2). — Die Ersatzpflicht des Unternehmers usw. wird durch die Ausübung des Wahlrechts nicht geändert (vgl. § 579 Abs. 1, Satz 2 und 3, Abs. 2). — Macht der Träger der Unfallversicherung von dem Recht der Krankenhauspflege Gebrauch, so ist das Hausgeld nach § 577 zu gewähren, d. h. **außer dem Hausgeld nach § 186 der in dem § 573 Abs. 1 vorgeschriebene Mehrbetrag.**

Vgl. im übrigen Anm. zu § 570.

Ersatzstreitigkeiten.

§ 601. Streitigkeiten über Ersatzansprüche aus § 600 werden im Spruchverfahren entschieden.

Vgl. § 22 Abs. 2, Satz 2 GUVG.; § 9 BUVG.

Maßgebend sind sonach die §§ 1771 bis 1779. Über die Erledigung der übrigen Streitigkeiten, soweit sie nicht im Feststellungsverfahren der Unfallversicherung zu entscheiden sind, bestimmt § 1551 Abs. 3, der auch für den entsprechenden Fall des § 1513 gilt, das Nähere.

Besondere Unterstützung bei Unterbringung in Heilanstalt.

§ 602. Die Genossenschaft kann durch die Satzung allgemein, sonst bei Bedürftigkeit dem Verletzten, der in einer Heilanstalt untergebracht ist, und seinen Angehörigen eine besondere Unterstützung gewähren.

Vgl. § 22 Abs. 4 GUVG.; § 9 BUVG.

Nach dieser Bestimmung kann auch im Falle des § 580 Abs. 2, in dem weder Angehörigenrente (§ 598) noch Hausgeld (§ 600) zu zahlen ist, eine Unterstützung gewährt werden.

Die Unterstützung kann z. B. im **Ersatz der Miete** während der Heilanstaltpflege (§ 597) bestehen oder nach Prozentsätzen des Kranken- oder Hausgeldes bemessen werden; der Mietersatz kann auch im Falle des § 580 Abs. 2 gewährt werden.

Der Kreis der **Angehörigen** ist derselbe wie im § 598.

Die Unterstützung ist eine freiwillige und daher **nicht durch förmlichen Bescheid** (§ 1583) zuzusprechen.

Neues Heilverfahren (§§ 603, 604).

§ 603. Die Genossenschaft kann jederzeit ein neues Heilverfahren eintreten lassen, wenn zu erwarten ist, daß es die Erwerbsfähigkeit des Unfallrentners erhöht.

Vgl. § 23 Abs. 1 GUVG.; § 9 BUVG.

Der Träger der Unfallversicherung ist bei Einleitung eines neuen Heilverfahrens insbesondere auch nicht an die Fristen des § 609 gebunden. Darüber, inwieweit der Versicherungsträger zur Einleitung eines neuen Heilverfahrens verpflichtet ist, vgl. § 558 Nr. 1 und Anm. dazu.

Für das neue Heilverfahren gelten auch die Vorschriften der §§ 597, 598, 599, 602, 605, 1514, 1516.

Die Berufung gegen den Einweisungsbescheid hat nach § 1682 aufschiebende Wirkung.

Über die Pflicht des Versicherungsträgers nach Beendigung eines neuen Heilverfahrens, das in Heilanstaltpflege bestanden hat, einen neuen Bescheid zu erteilen vgl. Anm. zu § 609.

Antrag auf Wiederaufnahme des Heilverfahrens.

§ 604. Neben dem Verletzten kann auch die Krankenkasse, knappschaftliche Krankenkasse oder Ersatzkasse, der er angehört, die Wiederaufnahme des Heilverfahrens beantragen.

Vgl. § 88 Abs. 4 GUVG.; § 37 Abs. 1 BUVG.

Vgl. Anm. zu § 558 Nr. 1. — Die Berufung gegen den ablehnenden Bescheid des Versicherungsträgers hat aufschiebende Wirkung (§ 1682).

Wechsel der Heilanstalt.

§ 605. Haben Krankenkassen, knappschaftliche Krankenkassen, Ersatzkassen oder Träger der Unfallversicherung einen Verletzten in einer Anstalt mit genügenden Heileinrichtungen untergebracht, so darf er während des Heilverfahrens ohne seine Zustimmung in keine andere Anstalt gebracht werden.

Das Versicherungsamt des Aufenthaltsorts kann die Zustimmung ersetzen.

Vgl. § 11 Abs. 3, 4 GUVG.; § 9 BUVG.

Diese Bestimmung soll verhindern, daß ein Verletzter rechtlos von Heilanstalt zu Heilanstalt herumgeschickt wird. Das V. Amt muß die Zustimmung ersetzen, wenn die Genossenschaft für ihr Verlangen, den Verletzten in eine andere Heilanstalt zu bringen, wichtige Gründe darlegt, insbesondere wenn die Anstalt, in der sich der Verletzte befindet, keine nach Lage des Falles genügende Heileinrichtung besitzt.

Gegen die Ersetzung der Zustimmung durch das V. Amt gemäß Abs. 2 ist kein Rechtsmittel gegeben.

Für Mitglieder von Krankenkassen, knappschaftl. Krankenkassen und Ersatzkassen ist während der Wartezeit durch § 1517 die Möglichkeit einer weiteren Erschwernis des Transports des Verletzten in eine andere Heilanstalt vorgesehen.

Unberechtigtes Verhalten gegen Anordnungen über Heilverfahren.

§ 606. Hat der Verletzte eine Anordnung, die das Heilverfahren betrifft, ohne gesetzlichen oder sonst triftigen Grund nicht befolgt und wird dadurch seine Erwerbsfähigkeit ungünstig beeinflußt, so kann ihm der Schadenersatz auf Zeit ganz oder teilweise versagt werden, wenn er auf diese Folge hingewiesen worden ist.

Vgl. § 23 Abs. 2 GUVG.; § 9 BUVG.

Nach der von der Reichstagskommission ausdrücklich gebilligten (Kom.-Ber. Bd. III S. 82) Auffassung des RVA. ist der Verletzte während der Dauer des Heilverfahrens verpflichtet, alles zu dulden, was eine ordnungsmäßige Wundbehandlung überhaupt voraussetzt (Freilegung der verletzten Stellen, Wundreinigung, Entfernung abgestorbener Knochen, in der Regel auch Einschnitte in Geschwüre), und daß er zu Heilungszwecken auch gewisse Schmerzen ertragen muß. Dagegen braucht der Verletzte nicht Operationen an sich vornehmen zu lassen, die in den Bestand oder die Unversehrtheit des Körpers eingreifen (z. B. Brechen schief zusammengeheilter Knochen) oder die, wie jede die Chloroformierung erfordernde Operation, mit einer gewissen Lebensgefahr verbunden sind.

Einem in den angegebenen Grenzen beabsichtigten Heilverfahren darf sich der Verletzte nicht entziehen, weder dadurch, daß er es überhaupt nicht annimmt (z. B. nicht in die Heilanstalt geht), noch dadurch, daß er nach Beginn des Heilverfahrens seinen Erfolg vereitelt (z. B. durch vorzeitiges Verlassen der Heilanstalt). Der im § 606 dem Verletzten angedrohte Rechtsnachteil trifft den Verletzten aber nur dann, wenn er

1. bei Heilanstaltpflege ordnungsmäßig durch Bescheid der Genossenschaft in die Heilanstalt eingewiesen worden ist (§ 1583 Abs. 1, Nr. 3).
2. auf den Rechtsnachteil hingewiesen worden ist, dem er im Falle der Ablehnung des Heilverfahrens ausgesetzt ist.
3. nicht einen gesetzlichen (§ 597 Abs. 3) oder sonst einen triftigen Grund zur Verweigerung des Heilverfahrens hatte; worin ein solcher triftiger Grund zu erblicken ist, kann nur nach Lage des Einzelfalles geprüft werden.
4. durch die Annahme des Heilverfahrens seine Erwerbsfähigkeit nach menschlicher Voraussicht günstig beeinflußt hätte.

Die Versagung der Rente erfolgt ganz oder teilweise auf eine von vornherein bestimmte Zeit. Bei Bemessung des Grades und der Zeit der Rentenkürzung ist die Besserung, die durch das Heilverfahren erzielt worden wäre, nicht der alleinige Maßstab. Mitzuberücksichtigen sind die Momente des Zwanges zur Annahme des Heilverfahrens und der Bestrafung wegen der Verweigerung. Die Kürzung der Rente unterliegt ihrem Umfange nach der instanziellen Nachprüfung. Daß die Genossenschaft dem Verletzten das Heilverfahren während der ganzen Zeit der Rentenkürzung offenhält, ist nicht vorgeschrieben. Ist dem Verletzten das Heilverfahren offengehalten worden, so verliert die Rentenkürzung mit der Annahme des Heilverfahrens ihre Wirkung (vgl. Rek.-Entsch. 2000 A. N. 1903, S. 468).

Die Berufung des Verletzten gegen den die Versagung des Schadensersatzes aussprechenden Bescheid bewirkt — abweichend vom früheren Recht (§ 76 Abs. 5, § 23 GUVG.) — keinen Aufschub mehr.

Bei Versagung der Rente ist gegebenenfalls das Schutzjahr des § 609 (vgl. Anm. dazu) zu beachten.

Nach Ablauf der Versagungsfrist ist der Verletzte wieder nach Maßgabe der tatsächlich vorhandenen Erwerbseinbuße durch die Unfallfolgen zu entschädigen. Doch kann § 606 erneut angewendet werden, falls die Voraussetzungen hierfür vorliegen.

Ist zur Feststellung des Zustandes des Unfallverletzten seine Beobachtung im Krankenhaus erforderlich, so ist die Erteilung eines förmlichen Einweisungsbescheides nicht erforderlich. Über die Folgen einer Weigerung des Verletzten in diesem Falle vgl. Anm. zu § 555.

Aufnahme in Invaliden- u. Waisenhäuser statt Rente.

§ 607. Der Vorstand der Genossenschaft kann einem Rentenempfänger auf Antrag statt der Rente Aufnahme in ein Invalidenhaus, ein Waisenhaus oder eine ähnliche Anstalt gewähren.

Solche Anstalten gelten als Kranken-, Bewahr- und Heilanstalten im Sinne des § 11 Abs. 2 und des § 23 Abs. 2 des Gesetzes über den Unterstützungswohnsitz (Reichs-Gesetzbl. 1908 S. 381).

Die Aufnahme verpflichtet den Rentenempfänger auf ein Vierteljahr und, wenn er nicht einen Monat vor Ablauf dieser Zeit widerspricht, jedesmal auf ein weiteres Vierteljahr zum Verzicht auf die Rente.

Vgl. § 24 GUVG.; § 9 BUVG.

Die Vorschrift entspricht der des § 1277 für die Invalidenversicherung.

„Auf Antrag" (Abs. 1), d. h. auf seinen, des Rentenempfängers, Antrag (Kom. Ber. Bd. III, S. 83).

Durch Abs. 2 wird klargestellt, daß durch den Eintritt in solche Anstalten weder der zum Erwerbe des Unterstützungswohnsitzes führende Aufenthalt noch die zu seinem Verlust führende Abwesenheit begonnen werden kann. Hinsichtlich des Unterstützungswohnsitzes der Waisen vgl. auch § 10 Abs. 1 u. § 22 Abs. 1 Nr. 2 des Ges. über den Unterstützungswohnsitz.

Einigung über den Austritt zu einem früheren Zeitpunkt ist zulässig.

Änderung der Verhältnisse des Rentenempfängers (§§ 608 bis 611).

§ 608. Tritt in den Verhältnissen, die für die Feststellung der Entschädigung maßgebend gewesen sind, eine wesentliche Änderung ein, so kann eine neue Feststellung getroffen werden.

Vgl. § 88 Abs. 1 GUVG.; § 27 Abs. 1 BUVG.

Nach dieser Bestimmung, deren Anwendung unverzichtbar ist, kann die frühere rechtskräftige Feststellung der Unfallrente abgeändert werden. Eine Abänderung ist aber nur insoweit zugelassen, als eine Änderung der tatsächlichen Verhältnisse überhaupt eintreten kann. Nicht abänderungsfähig ist daher der einer früheren Rentenfestsetzung zu Grunde gelegte Jahresarbeitsverdienst (vgl. jedoch § 1585 Abs. 2), sowie die Feststellung, daß ein Leiden als Unfallfolge zu gelten oder nicht zu gelten hat (Rek. Entsch. 1461, A. N. 1895, S. 256).

Eine wesentliche Änderung der maßgebenden Verhältnisse ist insbesondere in einer Besserung oder Verschlimmerung der Unfallfolgen, die zugleich auf die Erwerbsfähigkeit einwirkt, zu erblicken. Besserungen oder Verschlimmerungen um 5 % werden in der Regel nicht als wesentlich gelten können; wohl aber bei Dauerzuständen, wenn sonst eine offenbare Unbilligkeit zu Tage treten würde. Trotz eingetretener Besserung findet eine Rentenherabsetzung nicht statt, wenn die früher gewährte Rente nach der Meinung der feststellenden Instanz noch angemessen ist. — Eine wesentliche Änderung in den maßgebenden Verhältnissen kann ferner erblickt werden: in der Anpassung und Gewöhnung an einen körperlichen Schaden (z. B. Fingerverlust), — auch in der Ausbildung anderer Fertigkeiten, z. B. zum Schreiben, wodurch der Verletzte zum Wettbewerb auf dem allgemeinen Arbeitsmarkt geeigneter wird (doch darf hierbei nicht erheblich unter die allgemeinen Entschädigungssätze, z. B. für den Verlust eines Beines, herabgegangen und muß billige Rücksicht auf die Aufwendungen des Verletzten für seine Ausbildung genommen werden) — sowie in der Gewährung künstlicher Gliedmaßen, — bei Renten gemäß §§ 592, 593, 594 der Wegfall der Bedürftigkeit. Eine solche Veränderung ist nicht anzuerkennen: z. B. in der Erlangung einer Stelle mit höherem Einkommen, als es der Verletzte vor dem Unfall hatte, — in dem Wandel eines verletzten Arbeiters zum Unternehmer, — in Veränderungen des Gesundheitszustandes, welche der Verletzte unabhängig von dem Unfall und seinen Folgen erleidet (selbständige Erkrankung des unverletzten Auges; der Eintritt von Altersbeschwerden, welche die Erwerbsfähigkeit völlig aufheben; der spätere Verlust eines Armes, dessen Finger durch einen Betriebsunfall verletzt waren).

Auch die nachträgliche Gewährung der Hilflosenrente kann nur auf Grund des Nachweises einer Verschlimmerung im Zustande des Verletzten erfolgen.

Bei sog. Übergangsrenten, welche die Genossenschaften über die tatsächliche Erwerbseinbuße hinaus lediglich zur Gewöhnung an die Arbeit u. dgl. gewähren, genügt zur Kürzung der Ablauf der Übergangszeit.

Das Schutzjahr.

§ 609. In den ersten zwei Jahren nach dem Unfall darf wegen einer Änderung im Zustand des Verletzten eine neue Feststellung jederzeit vorgenommen oder beantragt werden. Ist jedoch innerhalb dieser Frist eine Dauerrente rechtskräftig festgestellt worden oder ist die Frist abgelaufen, so darf eine neue Feststellung nur in Zeiträumen von mindestens einem Jahre vorgenommen oder beantragt werden. Diese Fristen werden auch durch Einleitung eines neuen Heilverfahrens nicht berührt. Die Zeiträume können durch Übereinkommen gekürzt werden.

Vgl. § 88 Abs. 2 GUVG.; § 37 Abs. 1 BUVG.

In der ersten Zeit nach dem Unfall pflegen in schneller Folge Änderungen in dem Zustande eines Verletzten einzutreten. Diesen Änderungen ist durch entsprechende Änderungen der Entschädigung alsbald Rechnung zu tragen. Ist aber dann ein Dauerzustand bei dem Verletzten eingetreten und deshalb die Dauerrente festgesetzt worden (vgl. § 1585 u. Anm.), oder sind 2 Jahre nach dem Unfall verstrichen, so dürfen die Rentenfestsetzungen (also Minderung, Aufhebung, Erhöhung, Wiedergewährung von Renten) ohne Einverständnis der Beteiligten nur mindestens in Jahresfristen geändert werden. Eine verschiedene Gestaltung der Rechtslage des Verletzten hinsichtlich des Verfahrens während der ersten 5 Jahre und später findet nicht mehr statt.

Erläßt der Versicherungsträger vor Ablauf der Schutzfrist einen Minderungsbescheid, so ist dieser im Rechtsmittelverfahren aufzuheben, und zwar — nach der Auffassung des RVA. (Rek. Entsch. 2055, A. N. 1904, S. 494) — auch hinsichtlich der Zeit, die nach dem Ablauf der Schutzfrist liegt; denn der Versicherungsträger ist verpflichtet, den Zustand des Verletzten erst gegen Ende der Schutzfrist zu prüfen. — Ein im letzten Monat des Schutzjahres erlassener Rentenminderungsbescheid ist von dem RVA. für wirksam angesehen worden (Rek. Entsch. 2490, A. N. 1911, S. 447).

Über die Anwendung des Schutzjahres gilt folgendes:

a) Festsetzungen von vorläufigen Renten (§ 1585) sind auf den Lauf der Schutzfrist ohne Einfluß (vgl. Rek. Entsch. 2333, A. N. 1909, S. 559).

b) Die Schutzfrist beginnt mit demjenigen Tage, von dem ab die bisherige Rente bezogen worden ist, nicht etwa mit dem Tage der Rechtskraft der Entscheidung, die diese Rente endgültig festgesetzt hat (Rek. Entsch. 1885 A. N. 1901 S. 601).

c) Ist ein früherer Antrag auf Rentenänderung (Erhöhung, Minderung, Aufhebung, Wiedergewährung der Rente) nach sachlicher Prüfung abgewiesen worden, so beginnt die Schutzfrist mit dem Tage der Anbringung des früheren Antrags bei der zuständigen Stelle (Rek. Entsch. 2332, A. N. 1909, S. 557).

d) Ein früherer rechtskräftig abgewiesener Antrag der Gegenpartei auf anderweite Feststellung der Entschädigung, ebenso auch ein ohne sachliche Prüfung als verfrüht zurückgewiesener Antrag derselben Partei bleiben bei der Berechnung der Schutzfrist außer Betracht (Rek. Entsch. 2227, A. N. 1908, S. 493).

Da die Heilanstaltpflege an die Stelle der Rente tritt, so hat auch die BG. nach Beendigung der Heilanstaltpflege stets einen neuen Bescheid zu erteilen und in diesem von neuem zur Frage der Rentengewährung Stellung zu nehmen. Dieser Bescheid ist keine neue Feststellung nach Änderung der Verhältnisse im Sinne der §§ 608, 609, so daß die beschränkende Vorschrift des § 608 nicht anzuwenden ist. Diese Auffassung entspricht der bisherigen Rechtsübung (Rek. Entsch. 1483, A. N. 1896, S. 218), von welcher der Gesetzgeber nicht erkennbar abweichen wollte (Kom. Ber. Bd. III, S. 78, 84); im Gegenteil unterscheidet § 1583 Abs. 1 ausdrücklich zwischen neuer Feststellung der Rente nach Änderung der Verhältnisse und zwischen Feststellungen nach Beendigung von Heilanstaltpflege. — Der neue Bescheid hat die dem augenblicklichen Grade der Erwerbsfähigkeit entsprechende Rente festzusetzen, aber gegebenenfalls auszusprechen, daß die vor dem Beginn der Heilanstaltpflege gewährte Rente noch bis zum Ende des Schutzjahres verbleibt. Die neue Schutzfrist läuft für die nach der Heilanstaltpflege gewährte Rente von dem Zeitpunkte an, seit welchem die neue Rente bezogen wird (s. Abs. 3 dieser Anm. unter b).

Die Fassung des Satz 3 deckt auch den Fall, daß der Verletzte sich dem von der Genossenschaft angeordneten Heilverfahren überhaupt nicht unterzogen oder vorzeitig entzogen hat und daher der § 606 gegen ihn angewendet wird. Denn unter Einleitung des Heilverfahrens ist auch schon dessen Anordnung zu verstehen (Kom. Ber. Bd. III, S. 84). Die BG. hat beim Vorliegen der Voraussetzungen des § 606 alsbald den Versagungsbescheid zu erlassen, aber gegebenenfalls auszusprechen, daß die Versagung der Rente erst mit Ende des Schutzjahres wirksam wird.

Das Übereinkommen über eine Kürzung des Schutzjahres kann nur von Fall zu Fall, nicht aber allgemein im voraus getroffen werden (Rek. Entsch. 2154, A. N. 1906, S. 451).

Wirksamkeit des Herabsetzungsbescheids.

§ 610. Ein Bescheid oder Endbescheid, der die Rente herabsetzt oder entzieht, wird mit Ablauf des auf die Zustellung folgenden Monats wirksam.

Vgl. § 89 Abs. 4 GUVG.; § 37 Abs. 1 BUVG.

Die Unterscheidung zwischen Bescheid und Endbescheid ist neu. Der Träger der Unfallversicherung erteilt ohne Erlaß des im früheren Recht vorgeschriebenen Vorbescheids den Bescheid, gegen den der Verletzte Einspruch erheben kann; andernfalls wird der Bescheid rechtskräftig. Nach Abschluß des Einspruchsverfahrens ergeht seitens des Versicherungsträgers der Endbescheid, gegen den die Rechtsmittel der Berufung und — beschränkt — auch des Rekurses gegeben sind (§§ 1590 bis 1607).

Bescheid oder Endbescheid ist gesagt, weil im Falle des § 1610 kein Bescheid, sondern alsbald der Endbescheid zu erteilen ist. Abgesehen hiervon wird die Rentenherabsetzung oder Entziehung mit dem Ablauf des auf die Zustellung des Bescheids folgenden Monats — nicht mehr wie früher mit Ablauf des Monats — in dem die Zustellung erfolgt ist — wirksam.

Die Vorschrift des § 89 Ab. 4 GUVG., wonach die Einstellung der Rente erst mit Ablauf des Monats in Wirksamkeit tritt, in welchem der das Ruhen der Rente aussprechende Bescheid zugestellt ist, ist beseitigt.

Erhöhung oder Wiedergewährung der Rente.

§ 611. Erhöhung oder Wiedergewährung der Rente kann nur für die Zeit nach Anmeldung des Anspruchs verlangt werden.

Vgl. § 89 Abs. 3, § 90 Abs. 1, Satz 1 GUVG.; § 37 Abs. 1 BUVG.

Eine Erhöhung der Rente ist auch die spätere Gewährung einer anfangs wegen Nichtvorhandenseins von Unfallfolgen abgelehnten Unfallrente.

Erst von dem Tage ab, an welchem das die Erhöhung oder Wiedergewährung der Rente verlangende Schreiben bei dem Versicherungsträger oder dem V. Amt eingegangen ist (§ 1584), kann die Rente erhöht oder wiedergewährt werden. Das Verlangen nach Rentenerhöhung oder Wiedergewährung muß aus dem Schreiben des Verletzten klar zu erkennen sein; die Anführung des Rentenempfängers, daß er sich in Not befinde, genügt nicht.

Über die Notwendigkeit der Glaubhaftmachung des Eintritts einer Verschlimmerung vgl. Anm. zu § 1584.

Für die Erstattung von Heilverfahrenskosten, die der Verletzte aufgewendet hat, gilt § 611 nicht.

Fälligkeit der Leistungen.

§ 612. Kosten des Heilverfahrens und Sterbegelder sind binnen einer Woche nach ihrer Feststellung, Renten im voraus in Monatsbeträgen zu zahlen. Beträgt die Rente für das Jahr sechzig Mark oder weniger, so ist sie in vierteljährlichen Beträgen im voraus zu zahlen, soweit sie nicht voraussichtlich vor Ablauf des Vierteljahrs wegfällt.

Die Genossenschaft kann mit Zustimmung des Berechtigten die Rente in längeren Zeitabschnitten zahlen.

Die Rente wird auf volle fünf Pfennig für den Monat oder das Vierteljahr aufgerundet.

Vgl. § 93 Abs. 1, 2 GUVG.; § 37 Abs. 1 BUVG.

Bei Entscheidung der Frage, ob die Rente monatlich oder vierteljährlich zu zahlen ist, ist bei Hinterbliebenen der auf jeden derselben entfallende Einzelbetrag entscheidend (Besch. 1897, A. N. 1901, S. 628). Laufen für einen Verletzten mehrere kleine Renten, so ist jede für sich zu betrachten (Besch. 1853, A. N. 1901, S. 363).

Soweit Renten für Bruchteile eines Monats oder Vierteljahrs zu gewähren sind, hat die Berechnung nach der wirklichen Zahl der Tage des in Frage stehenden Monats oder Vierteljahrs zu geschehen (Besch. 1845, A. N. 1901, S. 235).

Die Abrundung erfolgt bei der Rente jedes einzelnen Berechtigten, z. B. jedes von mehreren Kindern des durch einen Betriebsunfall Getöteten, besonders. Der Abrundung unterliegen nur volle Monatsbeiträge, nicht Renten für Teile von Monaten (Handbuch Bd. I, S. 539). — Renten, die vierteljährlich zu zahlen sind, unterliegen der Abrundung nur nach ihrem Vierteljahrsbetrage.

Wegfall des Rentenbezuges.

§ 613. Für den Sterbemonat, den Monat der Wiederverheiratung und den Monat, der das Ruhen der Rente bringt, wird die Rente noch gezahlt. Kommt für einen Monatsteil zur Rente des Verletzten noch die der Hinterbliebenen, so haben sie den höheren Betrag zu beanspruchen.

War die Rente für einen längeren Zeitabschnitt zu entrichten, so kann die Genossenschaft sie auch für diesen noch gewähren.

Vgl. § 93 Abs. 3, 4 GUVG.; § 37 Abs. 1 BUVG.

Dem Berechtigten gebührt der volle auf den Monat entfallende Betrag auch dann, wenn die Rente für den

Monat tatsächlich noch nicht gezahlt sein sollte. Die Vorschrift gilt natürlich nicht, wenn der Wegfall der Rente im voraus feststeht, wie dies z. B. der Fall ist, wenn ein hinterbliebenes Kind mitten im Monat sein 15. Lebensjahr zurücklegt. Sie gilt aber, wenn innerhalb eines Monats die Tatsache eintritt, die das Ruhen des Rentenanspruchs bewirkt (Begr. S. 306).

Vgl. auch Anm. zu § 95 Abs. 2.

Bezugsrecht nach dem Tode des Berechtigten.

§ 614. Hat der Berechtigte bei seinem Tode die Entschädigung noch nicht erhalten, so sind nacheinander der Ehegatte, die Kinder, der Vater, die Mutter, die Geschwister bezugsberechtigt, wenn sie mit dem Berechtigten zur Zeit seines Todes in häuslicher Gemeinschaft gelebt haben.

Diese Vorschrift steht mit § 1302 im Einklang.

Die Anmeldung des Entschädigungsanspruchs ist zu seiner Vererblichkeit nicht erforderlich.

Vgl. auch Anm. zu § 595 Abs. 2.

Ruhen der Rente.

§ 615. Die Rente ruht,

1. solange der Berechtigte eine Freiheitsstrafe von mehr als einem Monat verbüßt oder in einem Arbeitshaus oder einer Besserungsanstalt untergebracht ist.

   Hat er im Inland Angehörige, die bei seinem Tode Anspruch auf Rente haben würden, so ist ihnen die Rente bis zur Höhe seines Anspruchs zu überweisen,

2. solange sich der berechtigte Inländer im Ausland aufhält und es unterläßt,

der Genossenschaft seinen Aufenthalt mitzuteilen,

als Verletzter auf Verlangen der Genossenschaft sich von Zeit zu Zeit bei dem zuständigen Konsul oder einer ihm bezeichneten anderen deutschen Behörde vorzustellen.

Das Nähere über Mitteilung und Vorstellung bestimmt das Reichsversicherungsamt.

Weist der Berechtigte nach, daß er ohne sein Verschulden die vorgeschriebene Mitteilung und Vorstellung unterlassen hat, so lebt insoweit das Recht auf die Rente wieder auf,

3. solange sich der berechtigte Ausländer freiwillig gewöhnlich im Ausland aufhält,
4. solange der berechtigte Ausländer wegen Verurteilung in einem Strafverfahren aus dem Reichsgebiet ausgewiesen ist. Das Gleiche gilt für einen berechtigten Ausländer, der aus Anlaß der Verurteilung in einem Strafverfahren aus dem Gebiet eines Bundesstaats ausgewiesen ist, solange er sich nicht in einem anderen Bundesstaat aufhält.

In den Fällen der Nummern 3, 4 kann der Bundesrat das Ruhen der Rente für ausländische Grenzgebiete oder für Angehörige solcher auswärtiger Staaten ausschließen, deren Gesetzgebung Deutschen und ihren Hinterbliebenen eine entsprechende Fürsorge gewährleistet.

Ist die Ausweisung des berechtigten Ausländers (Abs. 1 Nr. 4) nicht wegen Verurteilung oder aus Anlaß der Verurteilung in einem Strafverfahren angeordnet, so gilt für ihn Abs. 1 Nr. 2.

Deutsche Schutzgebiete gelten im Sinne dieser Vorschriften als Inland.

Vgl. § 94 Nr. 1, 3 GUVG.; § 37 Abs. 1 BUVG.

Sind die Voraussetzungen für das Ruhen der Rente gegeben, ist gemäß § 1583 Abs. 1, Nr. 3 ein förmlicher die Einstellung der Unfallrente anordnender Bescheid zu erteilen. Die Vorschrift des früheren Rechts, daß dieser Bescheid erst mit Ablauf des Monats in Wirksamkeit tritt, in dem der Bescheid zugestellt worden ist (§ 89 Abs. 4 GUVG.), hat keine Aufnahme in die RVO. gefunden (vgl. § 610). Es ist daher jetzt allgemein zulässig, die Einstellung stets auch für die Vergangenheit anzuordnen. Die Rente ist nach § 613 noch für den Monat zu zahlen, der das Ruhen der Rente bringt.

Ruht die Rente von dem Beginn der Entschädigungspflicht des Trägers der Unfallversicherung an, so muß doch der das Ruhen der Rente aussprechende Bescheid auch eine Entscheidung darüber enthalten, ob und bejahendenfalls in welcher Höhe dem Berechtigten ein Rentenanspruch zusteht (Rek.-Entsch. 1196 A. N. 1892, S. 347).

Die Rente ist mit dem Tage wiederzugewähren, an welchem der Grund des Ruhens wegfällt.

Zu Nr. 1: Diese Vorschrift entspricht den § 216 Abs. 1, Nr. 1 und § 1312 Abs. 2. Sie will verhüten, daß Personen, die bereits auf Staatskosten in einem Gefängnis oder einer ähnlichen Anstalt verpflegt werden, daneben noch eine Fürsorge aus öffentlichen Mitteln erhalten. Die Vorschrift erfaßt auch die Fälle der Fürsorgeerziehung (preuß. Ges. v. 2. Juli 1900). Ist der Fürsorgezögling nicht in der Anstalt selbst, sondern z. B. in einer Familie untergebracht, so ruht die Rente nicht.

Solche Angehörige, die im Falle des Todes keinen Rentenanspruch haben, haben auch keinen Anspruch auf Überweisung der Rente. Der nach dem Unfall geheirateten Ehefrau steht also kein Anspruch auf die Rente zu (§ 590 Abs. 1); doch kann ihr der Versicherungsträger gemäß § 590 Abs. 2 die Rente überweisen. Der Anspruch der berechtigten Angehörigen ist an dieselben Voraussetzungen geknüpft, wie im Falle des Todes (z. B. Bedürftigkeit in den Fällen der §§ 593, 594). Den berechtigten Angehörigen hat der Versicherungsträger von Amts wegen einen förmlichen Bescheid zu erteilen.

Zu Nr. 2: Die Vorstellungspflicht ist auf die rentenberechtigten Verletzten beschränkt, während die Pflicht zur Mitteilung des Aufenthalts den Berechtigten, die sich im Ausland aufhalten, schlechthin obliegt, also auch den Hinterbliebenen des Verletzten. Die Vorstellungspflicht ist nicht sämtlichen rentenberechtigten Verletzten ohne Unterschied auferlegt, vielmehr ist es den Versicherungsträgern überlassen, in den Fällen, die ihnen geeignet erscheinen, die Vorstellung anzuordnen. Von solchen Anordnungen kann bei völlig abgeschlossenen Zuständen oder zur Vermeidung unverhältnismäßig kostspieliger Reisen abgsehen werden (Begr. S. 306).

Der zuständige Konsul ist der Konsul, in dessen Bezirke sich der Verletzte im Ausland aufhält. Neben den Konsuln sind andere deutsche Behörden angeführt; namentlich, wenn sich der Verletzte nicht weit von der deutschen Grenze aufhält, wird es sich empfehlen, die Vorstellung bei der nächsten deutschen Behörde im Inland stattfinden zu lassen (Begr. S. 307).

Die Bestimmungen, die das RVA. zu erlassen hat, haben sich nicht nur auf die Anordnung der Vorstellung zu beschränken, sondern das RVA. hat auch sonst damit zusammenhängende Vorschriften zu treffen. Der Fassung des Gesetzes entsprechen bereits die Bestimmungen, die das RVA. unter dem 5. Juli 1901 (Reichsanzeiger v. 10. Juli 1901, auch A. N. 1901, S. 455) erlassen hat (Begr. S. 307).

„Die vorgeschriebene Mitteilung und Vorstellung" bedeutet: die Mitteilung und Vorstellung, soweit sie vorgeschrieben ist. Denn eine Mitteilungs- und Vorstellungspflicht besteht nur für den Verletzten, während für die übrigen Berechtigten nur eine Mitteilungspflicht vorgeschrieben ist. (Begr. S. 307).

Über die Mitwirkung der Postbehörden, sowie der Vorsteher der Strafanstalten, Gefängnisse, Korrektions- und Besserungsanstalten vgl. die Rundschr. des RVA. v. 24. Januar 1903 u. 8. Januar 1904, A. N. 1904, S. 244, 246), sowie v. 31. März 1907, A. N. 1907, S. 403).

Zu Nr. 3: Ein vorübergehender Aufenthalt des berechtigten Ausländers im Auslande bewirkt noch nicht das Ruhen der Rente. Ein vorübergehender Aufenthalt ist vom RVA. noch dann anerkannt worden, wenn der Berechtigte einen mehrmonatigen Aufenthalt in einem ausländischen Kurort genommen hat sowie wenn der Berechtigte zu einem zweijährigen Besuch bei Verwandten gereist war (Rek. Entsch. 1253, A. N. 1906, S. 286). Diese den Berechtigten günstige weitgehende Auslegung des Begriffs „vorübergehender Aufenthalt" ist in den Verhandlungen der Reichstagskommission (Kom. Ber. Bd. III, S. 71) ausdrücklich gebilligt worden.

Der gewöhnliche Aufenthalt des Ausländers im Ausland reicht zum Ruhen der Rente nur dann aus, wenn er freiwillig ist, was z. B. bei Unterbringung in Irrenanstalten meist nicht vorliegen wird.

Zu Nr. 4: Satz 2 betrifft die Ausübung der einzelstaatlichen Fremdenpolizei und Ausweisungsbefugnis, wobei berücksichtigt ist, daß die Ausweisung durch einen Bundesstaat aus seinem Gebiet den Aufenthalt in einem anderen Bundesstaat noch nicht ausschließt (Kom. Ber. Bd. III, S. 89).

Die Vorschrift des Abs. 2 steht mit der des § 157 Abs. 2 in innerem Zusammenhang. § 157 Abs. 2 gewährt anderen Staaten gegenüber, auf deren Angehörige die Anwendung der den Ausländern ungünstigen Vorschriften unserer Versicherungsgesetzgebung im Interesse unserer dort tätigen Arbeiter unerwünscht erscheint, die Möglichkeit, im Wege der Vereinbarung den Inländern insoweit gleichzustellen, als eine entsprechende Gegenleistung erfolgt, also auch dann, wenn nicht die Arbeiterfürsorge des anderen Staates als solche, sondern die durch die Vereinbarung ausbedungenen Vorteile für gleichwertig zu erachten sind (Kom. Ber. Bd. III, S. 87). Entsprechende Grundsätze müssen für die Anwendung des § 615 Abs. 2 gelten.

Laut Bek. des Reichskanzlers v. 16. Oktober 1900, bezw. v. 1. Februar 1904, bezw. v. 18. Mai 1908, bezw. v. 15. November 1908 bezw. v. 25. November 1909, Z. Bl. 1900, S. 540; 1904, S. 26, 27; 1908 S. 195, 476; 1909, S. 1408 und A. N. 1900, S. 740; 1904, S. 244; 1908, S. 509, 667; 1909, S. 595 sind die Vorschriften über das Ruhen der Rente für die Gebiete der Gewerbe- (einschließlich der Bau-) und landw. UV. sowie der Invalidenversicherung (vgl. § 1314) für folgende Grenzgebiete ausgeschlossen worden:

Lfd. Nr.	Bezeichnung der ausländischen Staaten.	Nähere Bezeichnung der in Betracht kommenden ausländischen Grenzgebiete.
1.	Dänemark.	Die Ortschaft Vamdrup.
2.	Niederlande.	Die Provinzen Groningen, Drenthe, Oberyssel, Gelderland, Limburg.
3.	Das neutrale Gebiet Moresnet.	
4.	Belgien.	Die Arrondissements Lüttich, Verviers (Provinz Lüttich), Marche, Bastogne (Provinz Luxemburg).
5.	Das Grossherzogtum Luxemburg.	
6.	Schweiz.	Der Kanton Bern, soweit derselbe nördlich und nordwestlich der Zihl und der Aare, vom Einflusse der Zihl abwärts gerechnet, belegen ist; ferner die Kantone Solothurn, Basel-Stadt, Basel-Land, Aargau, Zürich, Schaffhausen, Thurgau, St. Gallen, Appenzell (Ausser- und Inner-Roden).
7.	Österreich-Ungarn.	Die Bezirkshauptmannschaft Bregenz, Reutte, Schwaz, Kufstein, Kitzbühel, Salzburg mit dem Stadtmagistratsbezirk Salzburg, Braunau am Inn, Ried, Schärding, Rohrbach, Krumau, Prachatitz, Schüttenhofen, Strakonitz, Klattau, Taus, Bischofteinitz, Tachau, Plan, Eger, Asch, Graslitz, Joachimstal, Kaaden, Komotau, Brüx, Dux, Teplitz, Aussig, Tetschen, Schluckenau, Rumburg, Warnsdorf i B., Gabel, Reichenberg, Friedland, Gablonz, Starkenbach, Hohenelbe, Trautenau, Braunau in Böhmen, Neustadt (an der Mettau), Nachod, Reichenau, Senftenberg, Schönberg, Freiwaldau, Jägerndorf, Freudental, Troppau, Neu-Titschein, Mistek, Freistadt, Teschen, Bielitz; die Bezirke Biala und Chrzanow.
8.	Rußland.	Die zwischen der deutschen Reichsgrenze und Sosnowice belegenen Ortschaften Alt-Sosnowice, Sielce, Bogunja, Dembowo-Gora, Ostro-Gorlea, Milowice und Niwka, ferner die an den Beuthener Kreis grenzenden Ortschaften Bobrownik, Rogoznik, Dobieschowice, Tempkowitz, Zychcez, Woikowitz und Czeladz.
9.	Frankreich.	Die Gemeinden Raon-sur-Plaine und Raon-les-Leau.

Nur im Gebiet der Gewerbeunfallversicherung (einschließlich der Bauunfallversicherung) ist das Ruhen der Rente ausgeschlossen worden für die Angehörigen der in Anm. zu § 596 genannten Staaten auf Grund der dort angeführten Bekanntmachungen.

Das Wort Schutzgebiete umfaßt auch die Kolonien mit.

Kapitalabfindungen (§ 616—618).

§ 616. Beträgt die Rente eines Verletzten ein Fünftel der Vollrente oder weniger, so kann ihn die Genossenschaft mit seiner Zustimmung nach Anhören des Versicherungsamts mit einem dem Werte seiner Jahresrente entsprechenden Kapital abfinden.

Vgl. § 95 Abs. 1, Satz 1 GUVG.; § 37 Abs. 1 BUVG.

Die Grenze für die Zulässigkeit der Abfindung der Verletzten für kleinere Renten ist von 15 auf 20 Prozent der Vollrente heraufgesetzt worden. Die Kapitalabfindung kann nur in den gesetzlich zugelassenen Fällen, zu denen auch die Abfindung einer Witwe im Falle der Wiederverheiratung gehört (§ 589), erfolgen. — Die Tatsache, daß der Verletzte mehrere Teilrenten von 20 Prozent bezieht, steht der Abfindung der einzelnen kleinen Renten nicht entgegen (Besch. 1838, A. N. 1901, S. 178).

Im Falle des § 616 muß über die Abfindung ein förmlicher Bescheid erteilt werden (§ 1583). Der Bescheid kann nur nach Anhören des V. Amts und nur dann erlassen werden, wenn der Verletzte der Abfindung zugestimmt hat. Da der Verletzte nach der Abfindung auch in dem Falle einer Verschlimmerung seines Zustandes keinerlei Anspruch auf Rente mehr hat, ist durch § 1583 Abs. 2 ein entsprechender Hinweis hierauf in dem Bescheid vorgeschrieben. Die Aufnahme einer Bestimmung, die eine solche Belehrung schon vor Annahme des Abfindungsantrags vorschreibt, ist von der Reichtstagskommission abgelehnt worden (Kom. Ber. Bd. III, S. 89). — Der Versicherungsträger ist bei seiner Entscheidung an die Meinung des V. Amts nicht gebunden (Besch. 1865, A. N. 1901, S. 399. — Welches Genossenschaftsorgan zur Feststellung der Kapitalabfindung berufen ist, richtet sich nach §§ 1568, 1569.

Die Rente kommt erst mit der rechtskräftigen Feststellung der Abfindung in Fortfall, da die Berufung nach § 1682 Aufschub bewirkt.

Bis zur Entscheidung des Berufungsgerichts, die nach § 1700 Nr. 9 endgültig ist, muß der Verletzte zur Zurücknahme seiner Zustimmung für befugt erachtet werden. Das Berufungsgericht kann den Bescheid des Versicherungsträgers nur entweder bestätigen oder aufheben (§ 1689); zu einer Erhöhung der Abfindungssumme ist das Berufungsgericht nicht berechtigt.

Den Ansprüchen der Hinterbliebenen steht die Abfindung nicht entgegen.

Die Vorschriften der RVO. über die Abfindung finden auch Anwendung auf Renten, die unter der Geltung des früheren Rechts festgesetzt worden sind.

Abfindung von Ausländern.

§ 617. Die Genossenschaft kann einen berechtigten Ausländer, der seinen gewöhnlichen Aufenthalt im Inland aufgibt oder sich gewöhnlich im Ausland aufhält, mit seiner Zustimmung mit dem dreifachen Betrag seiner Jahresrente, ohne seine Zustimmung mit einem dem Werte seiner Jahresrente entsprechenden Kapital abfinden.

Der Bundesrat kann dies für ausländische Grenzgebiete ausschließen.

Vgl. § 95 Abs. 2, GUVG.; § 37 Abs. 1 BUVG.

Ausländische Verletzte, die ihren gewöhnlichen Aufenthalt im Inlande aufgeben oder sich gewöhnlich im Ausland aufhalten (vgl. Anm. zu § 615 Abs. 1, Nr. 3) können ohne Rücksicht auf die Höhe der Rente nunmehr ohne ihre Zustimmung in allen Fällen abgefunden werden. Diese Bestimmung ist im Hinblick auf die schwer durchzuführenden dauernden Beziehungen zu Ausländern im Ausland getroffen. Erfolgt die Abfindung des Ausländers ohne seine Zustimmung, so ist die Gewährung eines dem Kapitalwert der Rente entsprechenden Kapitals vorgeschrieben. Die Abfindung stellt sich dann nur als eine andere der Rentengewährung gleichwertige Zahlungsform für die Entschädigung dar. — Eine Pflicht zur Abfindung der Ausländer besteht nicht.

Mit dem 3fachen Betrag der Jahresrente kann der Ausländer, der seinen gewöhnlichen Aufenthalt im Inlund aufgibt oder sich gewöhnlich im Ausland aufhält, nur mit seiner Zustimmung abgefunden werden. Eine Veranlassung zur Erklärung der Zustimmung besteht für solche Ausländer, die nach § 615 Abs. 2, 3 im Ausland, in das sie gehen wollen, keinen Anspruch auf Rente haben. Zur Gewährung einer geringeren Kapitalabfindung kann der Versicherungsträger immerhin ein Interesse haben, um dadurch seine Beziehungen zu dem Verletzten endgültig zu lösen.

Wiederholte Abfindung von Ausländern wegen verschiedener Unfälle ist zulässig.

Im übrigen gelten die Ausführungen zu § 616 auch hier; nur kommt natürlich die Anhörung des V. Amts in Fortfall.

Dem Abs. 2 entsprechende Beschlüsse des Bundesrats sind bisher nicht ergangen.

Kapitalwert der Abfindung.

§ 618. Für die Abfindung mit einem entsprechenden Kapital (§§ 616, 617) regelt der Bundesrat die Berechnung des Kapitalwerts.

Neufeststellung, abweichend von früherer rechtskräft. Entsch.

§ 619. Überzeugt sich die Genossenschaft bei erneuter Prüfung, daß die Leistung zu Unrecht ganz oder teilweise abgelehnt, entzogen oder eingestellt worden ist, so kann sie diese neu feststellen.

Die Neufeststellung nach § 619 ist an die Voraussetzungen der Wiederaufnahme des Verfahrens nicht gebunden (§§ 1722, 1723, vgl. auch § 1744). Sie wird auch nicht dadurch gehindert, daß Berufung und Rekurs gegen den früheren Bescheid des Versicherungsträgers zurückgewiesen worden sind.

Durch die neue Festsetzung gelangen alle sachlichen und rechtlichen Momente, welche den geltend gemachten Anspruch betreffen, zur Erörterung bei den zur Entscheidung berufenen Stellen, es sei denn, daß die Fassung des neuen Bescheides eine Beschränkung unzweideutig erkennen läßt (Rek. Entsch. 1464, 1466, A. N. 1895, S. 258, 259).

Verzicht auf Rückforderungen.

§ 620. Die Genossenschaft braucht eine Entschädigung nicht zurückzufordern, die sie vor rechtskräftiger Entscheidung zahlen mußte.

Vgl. § 86 GUVG.; § 37 Abs. 2 BUVG.

Diese Vorschrift gibt den Organen der Genossenschaft, die nach § 23 Abs. 1 das Vermögen der Genossenschaft, ebenso getreu wie Vormünder das Mündelvermögen zu verwalten haben, das Recht auf die Rückforderung zu verzichten sowohl im Interesse der Zahlungspflichtigen, als auch im Interesse der Genossenschaft, um unnütze Kosten und Arbeit zu vermeiden.

Übertragung, Verpfändung und Pfändung der Ansprüche.

§ 621. Die Entschädigungsansprüche können außer in den Fällen des § 119 mit rechtlicher Wirkung übertragen, verpfändet und gepfändet werden auch wegen Forderungen der Krankenkassen, Knappschaftsvereine, Knappschaftskassen, Ersatzkassen und Versicherungsanstalten, die nach den §§ 1501, 1522, 1528 ersatzberechtigt sind. Die Übertragung, Verpfändung und Pfändung ist nur in Höhe der gesetzlichen Ersatzansprüche zulässig.

Der § 119, der gemeinsam für alle Ansprüche aus der Reichsversicherung gilt, zählt die Forderungen auf, wegen deren die Ansprüche der Berechtigten übertragen, verpfändet oder gepfändet werden können. Der § 621 fügt diesen Forderungen noch einige weitere hinzu.

Aufrechnung der Ansprüche.

§ 622. Die Ansprüche dürfen nur aufgerechnet werden auf

geschuldete Beiträge,

Vorschüsse, die aus dem Genossenschaftsvermögen geleistet sind,

Entschädigungen, die zu Unrecht gezahlt sind,

Kosten des Verfahrens, die zu erstatten sind,

Geldstrafen, die vom Genossenschaftsvorstand verhängt sind,

Ersatzansprüche der Genossenschaft aus den §§ 903, 904.

Vgl. § 96 Abs. 2 GUVG.; § 37 Abs. 1 BUVG.

Die Aufrechnung setzt ihrem Wesen nach voraus, daß der Rentenberechtigte zugleich der Schuldner der Genossenschaft ist. Daher können Ansprüche der Hinterbliebenen, die nicht auf der Rechtsnachfolge fußen, sondern selbständig sind, nicht mit Beitragsforderungen gegen den Getöteten, z. B. nicht mit rückständigen Prämienforderungen gegen einen selbstversicherten Kleingewerbetreibenden aufgerechnet werden.

Die Erteilung eines förmlichen Bescheides (§ 1583) über die Aufrechnung findet nicht statt. Doch kann sich ausnahmsweise die Erteilung eines solchen empfehlen, um die Austragung schwieriger Rechtsfragen im Instanzenzuge zu ermöglichen (vgl. Anm. zu § 1583).

Die Aufrechnung hat allmählich und in schonender Weise zu erfolgen, was auf Vorstellungen des Rentenempfängers nötigenfalls die Aufsichtsbehörde des Versicherungsträgers zu veranlassen hat.

Daß dem Versicherten aus privater Unfallversicherung Entschädigungsbeträge zufließen, berechtigt den Versicherungsträger nicht zu einer Kürzung der von ihm zu gewährenden Rente (Rek. Entsch. 2133, A. N. 1906, S. 209).

Die Aufrechnung gegen gezahlte Vorschüsse und zu Unrecht gezahlte Entschädigungen ist auch dann zulässig, wenn Forderung und Gegenforderung nicht aus demselben Unfall herrühren und wenn der Versicherungsträger die zu Unrecht gezahlte Entschädigung aus geschäftlichem Irrtum gewährt hat (Rek. Entsch. 2031, A. N. 1904, S. 196).

Dritter Abschnitt.

Träger der Versicherung.

Vorbemerkung.

Dieser Abschnitt bestimmt in seinem ersten Unterabschnitt, wer Träger der Unfallversicherung ist, und grenzt die Zuständigkeit der verschiedenartigen Versicherungsträger (BG.en, Reich, Bundesstaaten, für leistungsfähig erklärte Gemeinden, Gemeindeverbände und andere öffentliche Körperschaften, Zweiganstalten und Versicherungsgenossenschaften) gegen einander ab. Im zweiten Unterabschnitt wird die Zusammensetzung der BG.en geregelt. Der dritte Unterabschnitt enthält dann Bestimmungen über die Änderungen des Bestandes der BG.en.

I. Berufsgenossenschaften und andere Träger der Versicherung.

Berufsgenossenschaften.

§ 623. Die Berufsgenossenschaften als Träger der Versicherung umfassen die Unternehmer der versicherten Betriebe (§ 633 Abs. 1).

Vgl. § 28 Abs. 1, Satz 1 GUVG; § 6 Nr. 1 BUVG.

Zur Durchführung der Versicherung werden die versicherten Betriebe zu BG.en vereinigt. Betriebe, auf welche die Versicherung nicht durch die §§ 537, 538 erstreckt ist, können nicht in die BG.en aufgenommen werden, es sei denn, daß es sich um wesentliche Bestandteile oder Nebenbetriebe versicherter Betriebe handelt (§ 539).

Zur Zeit bestehen — abgesehen von der See-BG. — 65 gewerbliche BG.en. Über die Errichtung und Zuständigkeit dieser BG.en vgl. Bek. vom 22. Mai und 15. September 1885, A. N. S. 143 und 217, vom 15. April 1886, A. N. S. 50, vom 14. August 1896, A. N. S. 363 und vom 5. Oktober 1901, A. N. S. 621, sowie bezügl. der Tiefbau-BG. § 6 Nr. 1 und § 12 BUVG. Das Verzeichnis der gewerbl. BG.en und eine Übersicht über die Zuständigkeitsbestimmungen ist im Nachtragsbande (Bd. V) abgedruckt. Über die Gliederung der BG.en in Sektionen vgl. Anm. zu § 678 Nr. 2. — Zur Orientierung über die Zugehörigkeit eines einzelnen Gewerbezweigs zu einer bestimmten BG. dient die Bek. betr. das alphabetische Verzeichnis der Gewerbezweige vom 19. Juni 1903, A. N. S. 403 nebst den Ergänzungen und Abänderungen dazu, A. N. 1806, S. 477; bei Benutzung des Verzeichnisses sind die Vorbemerkungen dazu, A. N. 1903, S. 404, zu beachten. Eine Neubearbeitung des Verzeichnisses befindet sich im Handbuch Bd. III, S. 20 flg.

Die BG.en sind gemäß § 630 nach örtlichen Bezirken gebildet und umfassen darin alle Betriebe der Gewerbszweige, für die sie errichtet sind. Der Antrag, für Kleinbetriebe eine eigene Organisation zu schaffen und sie sämtlich in territorialen, für einzelne Bundesstaaten oder Kommunalverbände (Provinzen, Regierungsbezirke) errichteten Unfallversicherungsgenossenschaften zu vereinigen, ist nach eingehender Erörterung mit Rücksicht auf die Schwierigkeit der Aufstellung von Gefahrtarifen und wegen der Befürchtung abgelehnt worden, daß diese Genossenschaften nicht lebensfähig sein würden (Kom. Ber. Bd. III, S. 94 flg. und S. 106).

Reich oder Bundesstaaten (Post, Heer, Eisenbahnen).

§ 624. Das Reich oder der Bundesstaat ist Träger der Versicherung, wenn der Betrieb für seine Rechnung geht,

1. bei den Post-, Telegraphen-, Marine- und Heeresverwaltungen,
2. bei den Eisenbahnen,

einschließlich der Bauarbeiten und der Tätigkeiten bei nicht gewerbsmäßigem Halten von Reittieren oder Fahrzeugen (§ 537 Nr. 6, 7).

Vgl. § 128 Abs. 1 GUVG.; § 6 Nr. 2, Nr. 4 Abs. 2 BUVG.

Die Befugnisse und Obliegenheiten der Generalversammlung und des Vorstandes bei den BG.en werden bei den genannten Reichs- und Staatsbetrieben durch Ausführungsbehörden wahrgenommen (§ 892). Ein Verzeichnis dieser Behörden ist in den A. N. 1906 S. 553 veröffentlicht und im Handbuch Bd. III, S. 365 nach dem Stande vom Januar 1910 abgedruckt.

Mit den genannten Betrieben können das Reich oder die Bundesstaaten den bestehenden BG.en nicht beitreten.

Die Versicherung durch das Reich und die Bundesstaaten erfaßt auch die Unternehmungen und Einrichtungen, die als wesentliche Bestandteile oder Nebenbetriebe des versicherten Hauptbetriebs anzusehen sind. — Mit den Bahnbetrieben sind alle von der Eisenbahnverwaltung in Regie ausgeführten Bauten versichert (vgl. Besch. 719, A. N. 1889, S. 323).

Wird eine für private Rechnung betriebene Eisenbahn durch den Staat verwaltet, so gehört sie doch zur zuständigen BG.

Reich od. Bundesstaaten (Baggerei, Binnenschiffahrt, Fähren).

§ 625. Das Reich oder der Bundesstaat ist Träger der Versicherung, wenn der Betrieb für seine Rechnung geht, bei den Baggerei-, Binnenschiffahrts-, Flößerei-, Prahm- und Fährbetrieben, es sei denn, daß die Betriebe nach § 2 Abs. 2 des Gesetzes vom 28. Mai 1885 (Reichs-Gesetzbl. S. 159) den für sie errichteten Genossenschaften angehören.

Der nachträgliche Beitritt solcher Betriebe zur Genossenschaft, der Wiederaustritt oder der Wiedereintritt ist, wenn die Genossenschaft nicht zustimmt, nur mit Genehmigung des Bundesrats und mangels anderer Vereinbarung nur zum Schlusse eines Geschäftsjahrs zulässig.

Bei Wiederaustritt hat das Reich oder der Bundesstaat von da an die Entschädigungsansprüche zu befriedigen, die gegen die Genossenschaft aus Unfällen in den ausgeschiedenen Betrieben entstanden sind, wogegen ein entsprechender Teil der Rücklage und des anderen Vermögens der Genossenschaft dem Reich oder dem Bundesstaate zu überweisen ist. Diese sind dann verpflichtet, einen entsprechenden Teil der Zinsen und Tilgungsbeträge für die schwebende Schuld (§ 779) zu übernehmen.

Die Genossenschaft und das Reich oder der Bundesstaat können durch Übereinkommen von den Vorschriften des Abs. 3 abweichen; dazu bedarf es des Beschlusses der Genossenschaftsversammlung.

Entsteht bei der Auseinandersetzung über das Vermögen Streit zwischen Genossenschaft und Reich oder Bundesstaat, so können sie schiedsrichterliche Entscheidung vereinbaren; sonst entscheidet das Reichsvericherungsamt (Bechlußsenat).

Vgl. § 128 Abs. 2 GUVG.

Die im Abs. 1 aufgeführten Betriebe des Reichs und der Bundesstaaten sind gemäß § 537 Abs. 1, Nr. 6 versichert. Die Versicherung erfolgt bei den BG.en, wenn der Reichskanzler oder die oberste Landesbehörde nach Maßgabe des Gesetzes, betr. die Ausdehnung der Unfall- und Krankenversicherung, vom 28. Mai 1885, rechtzeitig erklärt hat, daß diese Betriebe den für Betriebe ihrer Art errichteten BG.en angehören sollen. Eine Übersicht betr. die Unfallversicherung der für Reichs- oder Staatsrechnung verwalteten Baggerei-, Binnenschifffahrt-, Flößerei-, Prahm- und Fährbetriebe befindet sich A. N. 1906, S. 634.

Staatsbetriebe derselben Art müssen entweder sämtlich staatlich oder sämtlich genossenschaftlich versichert sein.

Ein Verzeichnis der nach § 625 in Betracht kommenden Ausführungsbehörden (§ 892) ist A. N. 1906, S. 555 und Handbuch Bd. III, S. 367 abgedruckt.

Die Abs. 2 bis 4 enthalten Vorschriften über den nachträglichen (vgl. Abs. 1 dieser Anm.) Eintritt und Wiedereintritt für Reich und Bundesstaaten in die BG.en, sowie über den Austritt (richtiger als „Wiederaustritt") aus ihnen. — Im Falle des Beitritts eines Reichs- oder Staatsbetriebs der im Abs. 1 bezeichneten Art gehen die dem Reich oder Bundesstaat aus dem Betrieb erwachsenen Unfallasten auf die BG. nicht über.

Schleppmonopole.

§ 626. Insoweit durch Gesetz oder Vertrag dem Reiche, einem Bundesstaat, öffentlichen Verbänden oder Körperschaften das alleinige Recht vorbehalten wird, auf einer Wasserstraße Binnenschiffahrt oder einen Teil davon (Schleppschiffahrt und dergleichen) auszuüben, gehören diese Betriebe den für sie gebildeten Berufsgenossenschaften an.

Diese neue Vorschrift ist vom Reichstag in dritter Lesung aufgenommen worden, um eine Schädigung der Binnenschiffahrts-BG. insbesondere durch das für Preußen bevorstehende staatliche Schleppmonopol zu verhüten.

Die Vorschrift ist als Ausnahmevorschrift eng auszulegen.

Reich oder Bundesstaaten (Bauarbeiten, Halten von Reittieren und Fahrzeugen).

§ 627. Das Reich oder der Bundesstaat ist Träger der Versicherung für andere als die im § 624 erwähnten Bauarbeiten und Tätigkeiten bei nicht gewerbsmäßigem Halten von Reittieren oder Fahrzeugen (§ 537 Nr. 6, 7), wenn diese anderen Bauarbeiten oder Tätigkeiten für seine Rechnung ausgeführt werden. Dies gilt nicht, soweit Reich oder Bundesrat durch eine Erklärung des Reichskanzlers oder der obersten Verwaltungsbehörde in die Berufsgenossenschaft eintritt, die für Baugewerbtreibende oder für Unternehmer gewerbsmäßiger Fuhrwerks- oder Binnenschiffahrtsbetriebe zuständig ist. Die Eintrittserklärung bestimmt auch den Zeitpunkt, mit dem der Eintritt wirksam wird.

Der Wiederaustritt und der Wiedereintritt ist, wenn die Genossenschaft nicht zustimmt, nur mit Genehmigung des Bundesrats und mangels anderer Vereinbarung nur zum Schlusse eines Geschäftsjahrs zulässig.

Für den Fall des Wiederaustritts gilt § 625 Abs. 3 bis 5 entsprechend.

Vgl. § 6 Nr. 2, § 8 Abs. 1 BUVG.

Das Reich und die Bundesstaaten gehören, wenn sie von dem Beitrittsrechte Gebrauch machen, mit ihren selbständigen Tief- und Hochbaubtrieben, sowie deren Nebenbetrieben der Tiefbau-BG. oder der örtlich zuständigen Baugewerks-BG. an. Die aus den Betrieben erwachsenen Unfalllasten gehen auf die BG. nicht mit über.

In das Betriebsverzeichnis der BG. ist die betreffende Ausführungsbehörde (nicht das Reich oder der Bundesstaat) einzutragen.

Eine Übersicht über die — auch nach dem bisherigen Recht bereits zulässigen — Beitrittserklärungen befindet sich A. N. 1889, S. 132; sie ist Handbuch Bd. II, S. 441, Anm. 1, Abs. 3 ergänzt. — Das Verzeichnis der Ausführungsbehörden ist A. N. 1906, S. 557 flg. und Handbuch Bd. III, S. 370 abgedruckt.

Hinsichtlich der Tätigkeiten beim nichtgewerbsmäßigen Halten von Reittieren und Fahrzeugen können das Reich und die Bundesstaaten nur der Fuhrwerks-BG. oder den Binnenschiffahrts-BG.en beitreten.

Für den Fall des Austritts (richtiger als „Wiederaustritts") des Reichs oder Staates mit seinen im Abs. 1 bezeichneten Bauarbeiten und Tätigkeiten müssen die Vorschriften des § 625 Abs. 3 bis 5 bei entsprechender Sachlage auch entsprechend gelten. Scheiden Staaten (oder für leistungsfähig erklärte Verbände, § 628) aus der Tiefbau-BG. aus, so gehen die Entschädigungsansprüche, die aus den Betrieben gegen die Tiefbau-BG. entstanden sind, auf die Staaten (oder Verbände) nicht über, denn bei dieser BG. wird der Kapitalwert der in einem Geschäftsjahre entstandenen Entschädigungslast durch die Beiträge der Mitglieder aufgebracht (vgl. Nr. 1 der Bek. des RVA. vom 31. Oktober 1908, A. N. 1908, S. 668). Eine Ausnahme gilt nur für Entschädigungsansprüche, die in letzter Zeit erwachsen sind und für die das Deckungskapital bei ordnungsmäßigem Verfahren noch nicht aufgebracht werden konnte; diese Entschädigungsansprüche gehen auf das Reich oder den Staat (oder auf den für leistungsfähig erklärten Verband) über, ohne daß diesen ein Anspruch auf einen Vermögensteil der Tiefbau-BG. zusteht.

Gemeinden, Gemeindeverbände und andere öffentliche Körperschaften (Bauarbeiten und Halten von Reittieren und Fahrzeugen).

§ 628. Eine Gemeinde, ein Gemeindeverband oder eine andere öffentliche Körperschaft ist Träger der Versicherung für solche Bauarbeiten und Tätigkeiten bei nicht gewerbsmäßigem Halten von Reittieren oder Fahrzeugen (§ 537 Nr. 6, 7), welche sie als Unternehmer in anderen als Eisenbahnbetrieben ausführen, wenn die oberste Verwaltungsbehörde sie auf Antrag zur Übernahme der Last für leistunngsfähig erklärt. Sonst ist eine solche Körperschaft mit den bezeichneten Arbeiten und Tätigkeiten nach § 629 versichert.

Die oberste Verwaltungsbehörde kann mehrere Gemeinden, Gemeindeverbände oder andere öffentliche Körperschaften zur gemeinsamen Durchführung der Versicherung zu einem Verbande vereinigen und diesen für leistungsfähig erklären.

Eine Gemeinde, ein Gemeindeverband oder eine andere öffentliche Körperschaft kann durch eine Erklärung ihres Vorstandes in die zuständige Genossenschaft (§ 627 Abs. 1) eintreten. Die Eintrittserklärung bestimmt auch den Zeitpunkt, mit dem der Eintritt wirksam wird.

Ist eine solche Körperschaft nicht für leistungsfähig erklärt, so ist ihr Wiederaustritt aus der Genossenschaft und ihr Wiedereintritt mangels anderer Vereinbarung nur zum Schlusse eines Geschäftsjahrs zulässig. Ist sie für leistungsfähig erklärt, so gilt für ihren Wiederaustritt aus der Genossenschaft und ihren Wiedereintritt § 627 Abs. 2, für ihren Wiederaustritt auch § 625 Abs. 3 bis 5 entsprechend.

Vgl. § 6 Nr. 3, § 8 Abs. 2 BUVG.

Die Frage, ob eine Körperschaft eine öffentliche ist, ist nach Landesgesetz zu entscheiden. — Für leistungsfähig kann eine Gemeinde oder eine öffentliche Körperschaft nur durch die oberste Landesbehörde erklärt werden. Hierbei ist nicht nur die finanzielle Leistungsfähigkeit zu berücksichtigen, sondern auch der Umfang der Arbeiten und die Zahl der beschäftigten Arbeiter, sowie die Fähigkeit zur Ausführung der Versicherung.

Ist eine Gemeinde, ein Gemeindeverband oder eine andere öffentliche Körperschaft für leistungsfähig erklärt, so wird sie damit auch Träger der Versicherung für die bezeichneten Bauarbeiten und Tätigkeiten. Ein Verzeichnis der für leistungsfähig erklärten Kommunalverbände und anderen öffentlichen Körperschaften befindet sich A. N. 1906, S. 599 flg. und Handbuch Bd. III, S. 375 flg. Für leistungsfähig erklärte Gemeinden usw. können gemäß Abs. 3 in die Tiefbau-, die zuständige Baugewerks-, die Fuhr- oder die zuständige Binnenschiffahrts-BG. eintreten. Beim Eintritt gehen die Entschädigungslasten, die aus den Betrieben der für leistungsfähig erklärten Verbände erwachsen sind, auf die BG. nicht mit über. Für den Austritt (richtiger als „Wiederaustritt“) und den Wiedereintritt gelten bei entsprechender Sachlage auch die Vorschriften des § 627 Abs. 2 und 3 (vgl. Anm. dazu).

Nicht für leistungsfähig erklärte Gemeinden, Gemeindeverbände und öffentliche Körperschaften sind mit ihren Eigen-(Regie-)Bauarbeiten sowie deren Nebenbetrieben bei der Zweiganstalt der Tiefbau-BG. oder der örtlichen Baugewerks-BG. (§§ 783 flg., 629), mit den im § 628 Abs. 1 bezeichneten Tätigkeiten bei den gemäß §§ 836 flg., § 620 zu errichtenden Zweiganstalten versichert; sie haben dann entweder monatliche Nachweisungen einzureichen oder sich mit der Zweiganstalt über einen Pauschalsatz zu einigen. Diese Gemeinden usw. sind aber auch gemäß Abs. 3 berechtigt, der Tiefbau-BG. oder der örtlichen Baugewerks-BG. als deren Mitglied beizutreten; der Austritt (richtiger als „Wiederaustritt") und Wiedereintritt solcher Gemeinden usw. ist zulässig, allerdings nur zum Schluß des Geschäftsjahrs. Scheidet ein nicht für leistungsfähig erklärter Verband aus der BG. aus und werden deshalb seine Eigenbauarbeiten wieder bei der Zweiganstalt versichert, so gehen die Unfallasten nicht auf die Zweiganstalt über. — Hierdurch wird eine nicht gerechtfertigte Benachteiligung der Baugewerks-BG.en bewirkt, da die aus den Bauarbeiten und sonstigen Tätigkeiten erwachsenen Unfallasten durch die Umlagen (§ 731 Abs. 1) nicht gedeckt sind. Bei der Tiefbau-BG. findet eine solche Benachteiligung nicht statt.

Scheidet ein Verband infolge seiner Leistungsfähigkeitserklärung aus einer Zweiganstalt der Tiefbau-BG. oder der Baugewerks-BG. aus, so hat er die der Zweiganstalt aus den Bauarbeiten und sonstigen versicherten Tätigkeiten erwachsenen Unfallasten nicht zu übernehmen, da der Kapitalwert der Entschädigungslast durch die entrichteten Prämien gedeckt ist.

Zweiganstalten (Regiebauten, Halten von Reittieren und Fahrzeugen).

§ 629. Bauarbeiten, die andere Unternehmer nicht gewerbsmäßig ausführen, werden auf Kosten der Unternehmer oder der Gemeinden oder Verbände durch besondere Einrichtungen (Zweiganstalten) versichert, die den Genossenschaften der Baugewerbtreibenden angegliedert sind (§§ 783 bis 835). Träger der Zweiganstalt ist die Genossenschaft.

Ebenso werden den Genossenschaften der Unternehmer gewerbsmäßiger Fuhrwerks- und Binnenschiffahrtsbetriebe Zweiganstalten für die Versicherung von Tätigkeiten bei nicht gewerbsmäßigem Halten von Reittieren oder Fahrzeugen (§ 537 Nr. 6, 7) angegliedert (§§ 836 bis 842). Der Bundesrat kann die Zweiganstalten oder Teile von ihnen anderen Berufsgenossenschaften angliedern. Er kann auch an Stelle der Zweiganstalten oder Teile von ihnen Versicherungsgenossenschaften als selbständige Versicherungsträger errichten und regelt dann ihre Verfassung. Ändert er hiernach den Bestand von Zweiganstalten oder Versicherungsgenossenschaften, so bestimmt er auch über den Übergang der Unfallast und des Vermögens.

Vgl. § 6 Nr. 4, Abs. 1, § 18 Abs. 1, Abs. 4, Satz 1 BUVG.

Zu Abs. 1: Bei den Zweiganstalten der Tiefbau-BG. und der Baugewerks-BG.en sind alle nicht gewerbsmäßigen (Regie-) Bauarbeiten, — und zwar einschließlich ihrer Nebenbetriebe — versichert, soweit sie nicht das Reich, ein Bundesstaat oder ein für leistungsfähig erklärter Verband oder ein nicht für leistungsfähig erklärter Verband, der von dem Recht des Eintritts in die BG. (§ 628 Abs. 3) keinen Gebrauch gemacht hat, unternimmt.

Die Zweiganstalten der Baugewerks-BG.en und der Tiefbau-BG. sind auch für die Versicherung der Bau-, Tischler-, Einsetzer-, Schlosser- und Anschlägerarbeiten zuständig, wenn auch derartige gewerbsmäßige Betriebe nicht zu den genannten BG.en, sondern zu den Holz- oder Eisen- und Stahl-BG.en gehören.

Über die Zuständigkeit der Zweiganstalten der Baugewerks-BG.en und der Tiefbau-BG. vgl. im übrigen Anm. zu § 783.

Träger der Zweiganstalt ist die Genossenschaft. Sie hat also das Risiko der Zweiganstalt zu tragen. Sie hat einerseits der Zweiganstalt, soweit nötig, die Mittel für den Geschäftsbetrieb vorzuschießen (§ 789), andererseits aber auch einen Anspruch auf die etwaigen Überschüsse gemäß § 788 Abs. 1.

Zu Abs. 2: In welcher Weise der Bundesrat von der ihm gelassenen Freiheit Gebrauch machen wird, steht zur Zeit noch nicht fest. Nach dem Gesetz kann die Zuweisung zu einer BG. nicht in Frage kommen; der Grund hierfür ist darin zu erblicken, daß die Versicherung der bezeichneten nicht gewerbsmäßigen Tätigkeiten nur im Wege der Kapitaldeckung durchgeführt werden kann, diese Art der Aufbringung der Mittel aber nur bei der Tiefbau-BG. gesetzlich vorgeschrieben ist (§ 731).

II. Zusammensetzung der Berufsgenossenschaften.

Bildung und Erhaltung des Bestandes der Berufsgenossenschaften.

§ 630. Die Berufsgenossenschaften werden nach örtlichen Bezirken gebildet; sie umfassen darin alle Betriebe der Gewerbszweige, für die sie errichtet sind. Von dieser Vorschrift kann bei Genossenschaften für Eisenbahnen oder die im § 537 Nr. 6, 7 bezeichneten Betriebe abgesehen werden.

Der Bundesrat kann die Vereinigung der Unternehmer von Betrieben, die Knappschaftsvereinen oder Knappschaftskassen angehören, zu Knappschafts-Berufsgenossenschaften genehmigen.

Genossenschaften, die nach den früheren Unfallversicherungsgesetzen errichtet sind, bleiben in ihrem Bestande, vorbehaltlich der nach den §§ 635 bis 648 zulässigen Änderungen, erhalten.

Vgl. § 28 Abs. 1, Satz 2, 3, 4, § 134 Abs. 1 GUVG.; § 6 Nr. 1, § 12 Abs. 1 BUVG.

Zu Abs. 1: Eine BG. ist für alle Betriebe zuständig, die zu den ihr zugewiesenen Gewerbszweigen gehören und ihren Sitz in dem Bezirk haben, für den die BG. errichtet ist (§ 649). Für die Bestimmung des Betriebssitzes, der mit dem Wohnsitz des Betriebsunternehmers oft nicht zusammenfallen wird, sind die Anlagen, Warenlager, Verkaufsstätten des Betriebs, die Art und Stätte seiner Leitung oder auch die Eintragung in Firmen- oder Gewerberegister maßgebend.

Mehrere Niederlassungen oder Geschäfte desselben Unternehmers können einen Gesamtbetrieb oder auch selbständige Betriebe darstellen. Ein Gesamtbetrieb ist dann anzunehmen, wenn die verschiedenen Niederlassungen, Geschäfte von einer einheitlichen Stelle aus geleitet werden; insbesondere ist auf die Art der Abrechnung der einzelnen Unternehmungen, auf den Umfang der Vollmacht und auf die Ausbildung und Befähigung der zu ihrer Leitung bestellten Personen, sowie auf die örtliche Entfernung der einzelnen Unternehmungen von einander Rücksicht zu nehmen. Mehrere selbständige Betriebe desselben Unternehmers sind — soweit nicht im Rahmen der §§ 542, 632 die Versicherung bei einer Genossenschaft beantragt ist, — bei den für sie sachlich und örtlich zuständigen Genossenschaften zu versichern. Gehören die mehreren selbständigen Betriebe zu einer Genossenschaft, so sind sie zwar im Betriebsverzeichnis unter verschiedenen Nummern zu führen, auch kann der Unternehmer dann Mitglied mehrerer Sektionen derselben Genossenschaft sein (Besch. 274, 1522, A. N. 1887, S. 26, 1896, S. 305), es ist aber dem Betriebsunternehmer nur ein Mitgliedschein auszustellen (Besch. 48, A. N. 1885, S. 209).

Zu Abs. 2: Nur eine Knappschafts-BG. ist errichtet worden. (Nr. 1 der Bek. vom 22. Mai 1885, A. N. S. 143.)

Die Vorschrift des Abs. 3 hat besondere Bedeutung für die Abgrenzung der Zuständigkeit der Tiefbau-BG. einerseits und der Baugewerks-BG.en andererseits, die jetzt, nachdem alle Bauarbeiten versichert sind, in mehrfacher Hinsicht nur durch die allmähliche Erstreckung des Versicherungszwanges auf Bauarbeiten verständlich ist (vgl. Anm. zu § 537 Abs. 1, Nr. 3).

Wesentliche Bestandteile eines Betriebs, Nebenbetrieb und versicherte Nebentätigkeiten.

§ 631. Umfaßt ein Betrieb wesentliche Bestandteile verschiedenartiger Gewerbszweige, so ist er der Genossenschaft zuzuteilen, welcher der Hauptbetrieb angehört. Das Gleiche gilt, unbeschadet des § 540, von Nebenbetrieben und von solchen versicherten Tätigkeiten, welche Bestandteile eines Betriebs sind.

Binnenschiffahrts- und Flößereibetriebe oder -Tätigkeiten fallen nur dann in die Versicherung des Hauptbetriebs, wenn sie nicht über den örtlichen Verkehr hinausgreifen.

Tätigkeiten, die ihrer Art nach der Versicherung bei einer Zweiganstalt oder Versicherungsgenossenschaft unterliegen, sind bei der Berufsgenossenschaft, welcher der Unternehmer mit Betriebstätigkeiten derselben Art angehört, versichert, wenn diese die anderen Tätigkeiten überwiegen.

Vgl. § 28 Abs. 2, Satz 1 GUVG,; § 6 Nr. 4, Abs. 2, § 12 Abs. 2 BUVG.

Wie hinsichtlich der Versicherungspflicht (vgl. § 539), so folgt betreffs der berufsgenossenschaftlichen Zugehörigkeit der Nebenbetrieb versicherungsrechtlich dem Hauptbetrieb. Über den Begriff des wesentlichen Bestandteils und des Nebenbetriebs vgl. die Anm. zu § 539. Sind landwirtschaftliche Nebenbetriebe eines versicherten gewerblichen Betriebs gemäß § 540 Nr. 1, Abs. 2 der gewerblichen Unfallversicherung unterstellt, so gehören sie zu derjenigen BG., welche für den gewerblichen Betrieb zuständig ist. Sonst sind nach § 540 Nr. 1 landwirtschaftliche Nebenbetriebe, sowie nach § 540 Nr. 2 Seeschiffahrts- und andere unter die §§ 1046, 1049 fallende Betriebe, die wesentlich Bestandteile eines versicherten gewerblichen Betriebs sind und über den örtlichen Verkehr hinausgreifen, oder die Nebenbetriebe eines solchen gewerblichen Betriebs sind, nicht der für den gewerblichen Hauptbetrieb zuständigen BG. zugehörig.

Die Vorschrift des Abs. 2 entspricht der soeben angeführten des § 540 Nr. 2 und beruht auf denselben Erwägungen wie diese (vgl. Anm. zu § 540 Nr. 2).

Abs. 3 betrifft z. B. Fälle, in denen ein bei einer Baugewerks-BG. versicherter Unternehmer sich eine Villa baut, — in denen sich ein bei der Fuhrwerks-BG. versicherter Unternehmer ein Reitpferd hält. Eine dem Abs. 3 entsprechende Vorschrift hat § 921 für das Gebiet der landw. Unfallversicherung getroffen. —

Zuteilung mehrerer gewerblicher Betriebe eines Unternehmers an eine Genossenschaft.

§ 632. Die Vorschrift des § 542 gilt entsprechend für mehrere Betriebe desselben Unternehmers, die sämtlich der gewerblichen Unfallversicherung unterliegen und nicht schon unter § 631 Abs. 1 fallen. Dies gilt nicht für Binnenschiffahrts- und Flößereibetriebe.

Diese Vorschrift beruht ebenso wie die des § 542 auf einem Beschluß der Reichstagskommission (Kom. Ber. Bd. III, S. 106). Vgl. Anm. zu § 542. — Die Binnenschiffahrts- und Flößereibetriebe sind hier ebenso wie im § 631 Abs. 2 ausgenommen worden.

Unternehmer.

§ 633. Unternehmer eines Betriebs ist derjenige, für dessen Rechnung der Betrieb geht.

Im übrigen ist der Unternehmer

1. von Bauarbeiten, die nicht in einem gewerbsmäßigen Baubetrieb ausgeführt werden, derjenige, für dessen Rechnung sie gehen,

2. von Tätigkeiten bei nicht gewerbsmäßigem Halten von Reittieren oder Fahrzeugen (§ 537 Nr. 6, 7), wer das Reittier oder Fahrzeug hält.

Vgl. § 28 Abs. 3 GUVG., § 5 BUVG.

Zu Abs. 1: Der Begriff des Unternehmers ist ein wirtschaftlicher. Unternehmer ist derjenige, dem der Wert oder Unwert der in einem Betriebe vorgenommenen Arbeiten wirtschaftlich zufällt; also regelmäßig auch der Nießbraucher oder Pächter eines Betriebs.

Die Feststellung, wer als Unternehmer eines Betriebs anzusehen ist, unterliegt häufig erheblichen Schwierigkeiten. Sie ist einmal für die Frage der Versicherungspflicht (§§ 544, 548) und der Versicherungsberechtigung (§ 550), dann aber auch für die Frage, wer den Genossenschaften die Beiträge zu zahlen hat, von Bedeutung.

Die finanzielle Unterstützung eines Betriebs macht den Geldgeber noch nicht zum Unternehmer oder Mitunternehmer; auch dann nicht, wenn er an Gewinn und Verlust in genau bestimmten Grenzen teilnimmt. Greift aber der Geldgeber selbst handelnd in den Betrieb ein, so kann er zum Unternehmer oder Mitunternehmer werden. Mitunternehmerschaft wird insbesondere häufig bei Ehegatten anzunehmen sein, wenn dem einen Ehegatten die Betriebsmittel gehören, während der andere als Unternehmer auftritt. Personen, welche zwar die zur Herstellung eines Baus erforderlichen Fachkenntnisse besitzen, aber weder Geld noch Kredit genug haben, um einen Bau ausführen zu können, die also wiederkehrender Vorschüsse ihrer Auftraggeber insbesondere auch zur Löhnung der Arbeiter, bedürfen, hat das RVA. regelmäßig nicht als Unternehmer angesehen (Handbuch II, S. 430, Anm. 1 Abs. 3c). Doch wird sich die Rechtsbildung auf dem Gebiete des Unfallrechts nicht ohne Not in Gegensatz zu der privatrechtlichen Gestaltung der Verhältnisse stellen dürfen. Deshalb hat auch das RVA. vermögenslose Baustellenkäufer meist als Unternehmer der ausgeführten Bauarbeiten angesehen; denn ein zwingender Grund für eine anderweite Regelung läßt sich insbesondere auch nicht aus dem Gesichtspunkt der Sicherung der dem Versicherungsträger zu zahlenden Beiträge herleiten (vgl. § 765 u. Anm. dazu, sowie Besch. 2502, A. N. 1911, S. 480).

Darüber, wer beim Zusammenarbeiten von Kindern mit ihren Eltern, oder von Geschwistern in einem Betrieb als Unternehmer zu gelten hat, lassen sich allgemeine Regeln nicht aufstellen.

Nicht zu den Unternehmern gehören die sog. **Kleinakkordanten**, d. s. Personen, denen die Ausführung von Arbeiten im Akkord übertragen wird und welche häufig auch andere Arbeiter selbst anzunehmen und zu lohnen haben.

Bei Prüfung der Frage, ob eine Person als Kleinakkordant oder als Betriebsunternehmer zu gelten hat, sind ihre gesamten wirtschaftlichen und gesellschaftlichen Verhältnisse zu würdigen. Insbesondere ist zu berücksichtigen, ob die Person sonst selbständiger Unternehmer ist oder gegen Tagelohn arbeitet. Ferner kommt Art (Fach- oder Flickarbeiten) und Umfang der übernommenen Arbeiten in Betracht, sowie auch, ob die gewährte Vergütung lediglich einen Arbeitslohn oder einen Unternehmergewinn darstellt. Auf die Art der Lohnzahlung, sowie darauf, ob die Arbeiter zivilrechtlich einen Lohnanspruch nur gegen denjenigen haben, der sie angenommen hat, kommt es nicht entscheidend an. Der Begriff des Kleinakkordanten ist nicht engherzig anzuwenden; denn die Organisation der BG.en ist für Unternehmer mit selbständigen dauernden Betriebseinrichtungen geschaffen und paßt nicht auf Akkordanten, die vorübergehend in fremden Betrieben tätig werden. — Das RVA. hat als Kleinakkordanten angesehen regelmäßig: Grubenvekturanten (in wohl zu weitgehender Anwendung), Bierfahrer, Küfermeister, Kahnführer, Schachtmeister, oft auch sog. Pächter von Steinbrüchen und Zeitungskolporteure. Dagegen sind z. B. Kraftstellenmieter und konzessionierte Dienstmänner in der Regel als Unternehmer angesehen worden. Verschiedenartig liegen die Verhältnisse bei den Güterpackern und Güterladern. Über Gepäckträger einer Eisenbahn vgl. Rek. Entsch. 2491, A. N. 1911, S. 448. — Für das Baugewerbe hat das RVA. in dem Rundschreiben vom 29. Juni 1895, A. N., I. und AV., S. 226 über die Abgrenzung der kleinen Unternehmer von den Arbeitern allgemeine Gesichtspunkte aufgestellt, die bereits im Vorstehenden berücksichtigt worden sind.

Abs. 2 dehnt den Begriff des Unternehmers auch auf die in Nr. 1 und 2 bezeichneten Bauarbeiten und Tätigkeiten aus.

Nr. 1: Nicht gewerbsmäßige Ausführung von Bauarbeiten ist dann anzunehmen, wenn der Bauherr, welchem über das hergestellte Bauwerk die rechtliche Verfügung zukommen soll, den Bau selbst ausführt (**Regiebauten, Eigenbauten**). Ob der Bau dem gewerblichen oder landw. Betrieb des Bauherrn dienen soll, ist ohne Belang. Die Übertragung eines Teils der Bauarbeiten an einen Bauunternehmer schließt einen Eigenbaubetrieb des Bauherrn nicht aus. Die Errichtung von Bauten zum Zwecke des Weiterverkaufs gilt jedoch dann als ein gewerbsmäßiger Baubetrieb, wenn ein solcher sog. **Bauspekulationsbetrieb** einen erheblichen Umfang hat oder von Dauer sein soll. Unter denselben Voraussetzungen sind Abbruchunternehmen als gewerbsmäßige Baubetriebe anzusehen. Die gelegentliche Ausführung eines Baus gegen Entgelt stellt keinen gewerbsmäßigen Betrieb dar. — Eigenbauarbeiten sind regelmäßig die von Gemeinden und öffentlichen Körperschaften selbst ausgeführten Bauarbeiten. — Die nicht gewerbsmäßigen Bauarbeiten sind bei den Zweiganstalten der Tiefbau-BG. und der Baugewerks-BG.en versichert (§ 783).

Nr. 2: Halter eines Reittiers oder Fahrzeugs ist die Person, die im eigenen Interesse die Sorge für das Tier oder Fahrzeug übernommen hat, und zwar nicht bloß zu einem vorübergehenden Zwecke, sondern für einen Zeitraum von gewisser Dauer (RG. Bd. 52, S. 117; Bd. 55, S. 163; Bd. 66, S. 1). Bei dieser Auffassung werden Fälle ausgeschieden, wie sie den im § 798 Nr. 2 bezeichneten kurzen Bauarbeiten entsprechen. — Wer dauernd einem Tier Obdach und Nahrung gewährt, ist auch dann noch als Halter des Tieres anzusehen, wenn er es dadurch nutzt, daß er es vorübergehend anderen gegen Entgelt oder auch unentgeltlich zum Gebrauch überläßt. Das gleiche muß von den im § 537 Nr. 6 und 7 bezeichneten Fahrzeugen (Gelegenheitsfuhren) gelten (Begr. S. 278).

Entschädigung von Unfällen in fremden Betrieben.

§ 634. Eine Genossenschaft hat Unfälle bei versicherten Tätigkeiten in einem Betriebe, der für Rechnung eines ihr nicht angehörigen Unternehmers geht, dann zu entschädigen, wenn ein ihr angehöriger Unternehmer den Auftrag gegeben und den Entgelt zu zahlen hat.

Dies gilt entsprechend für die Zweiganstalten.

Vgl. § 28 Abs. 4 GUVG., § 7 BUVG.

Die Anwendung dieser Vorschrift setzt zwei nach den Vorschriften des 3. Buchs versicherte Betriebe verschiedener Unternehmer voraus, nicht aber auch, daß die unfallbringende Verrichtung auch dem Betriebe des Auftraggebers zustatten kommt (Begr. S. 300). Als fremde Betriebe gelten auch Eigenbauarbeiten. — Die Bestimmung ist auch auf Ausführungsbehörden anzuwenden.

Der Auftrag des regelmäßigen Arbeitgebers zur Ausführung der unfallbringenden Tätigkeit kann sich aus einer allgemeinen Anordnung ergeben. Die Erlaubnis, in dem fremden Betriebe tätig zu sein, genügt nicht. — Die Tatsache, daß der regelmäßige Arbeitgeber von dem Unternehmer des fremden Betriebs zivilrechtlich Erstattung des für die Arbeit in diesem Betrieb zu zahlenden Entgelts beanspruchen kann, steht der Anwendung des § 634 nicht entgegen.

Ein Unternehmer, der in einem fremden Betriebe einen Unfall erleidet, ist nur dann zu entschädigen, wenn er — was nur selten anzunehmen sein wird — entweder in den fremden Betrieb als Arbeiter übergetreten ist, oder wenn er selbstversichert ist und die Tätigkeit seinem Betriebe, in dem er selbstversichert ist, zugehört.

Abs. 2 füllt eine Lücke in den bisherigen Gesetzen für die Tätigkeiten aus, die den Zweiganstalten angehören.

Bei Arbeitsleistungen für einen fremden Betrieb ist der Übertritt des Arbeiters in diesen Betrieb nicht schon dann auszuschließen, wenn die Voraussetzungen des § 634 nicht vorliegen; vielmehr ist mangels dieser Voraussetzungen nach den Umständen des Einzelfalls zu prüfen, ob ein Übertritt in den fremden Betrieb stattgefunden hat oder nicht. Dabei ist nach der Absicht des Gesetzgeber insbesondere darauf Rücksicht zu nehmen, daß die Unfallentschädigungen möglichst derjenigen BG. zur Last fallen, welcher der über die Arbeitskraft des Verletzten regelmäßig verfügende Arbeitgeber angehört und welcher die für den Verletzten gezahlten Löhne regelmäßig zur Beitragserhebung nachgewiesen werden (Rek. Entsch. 2029, 1984, A. N. 1904, S. 195, 1903, S. 347). Der Übertritt des Arbeiters ist vornehmlich für die gegenseitigen verhältnismäßig geringfügigen Hilfeleistungen von Arbeitern zu verneinen, die in einem der mehreren bei Herstellung eines einheitlichen Werks, z. B. eines Baues, zusammenwirkenden Betriebe beschäftigt sind. Dasselbe gilt für anderweite gelegentliche und unbedeutende Hilfeleistungen eines Arbeiters, wenn die Hilfeleistung zugleich den Betrieb fördert, in welchem der Arbeiter ständig tätig war.

Unterhält der Arbeitgeber eines Versicherten mehrere bei verschiedenen BG.en versicherte Betriebe, so sind Unfälle bei gelegentlichen und vorübergehenden Hilfeleistungen, die ein in einem Betriebe ständig beschäftigter Arbeiter in einem anderen Betriebe vornimmt, regelmäßig von der für den erstgenannten Betrieb zuständigen BG. zu entschädigen (Rek. Entsch. 960, 1498, A. N. 1891, S. 202, 1896, S. 249). Sonst haftet die BG., die für den Betrieb zuständig ist, dem die unfallbringende Tätigkeit dient. — Gehört die unfallbringende Arbeit zu einer besonderen Gruppe gleichgearteter Betriebstätigkeiten, die mehrere bei verschiedenen BG.en versicherte Betriebe zu fördern bestimmt sind (z. B. sog. gemischte Fuhren), so ist entschädigungspflichtig die für denjenigen Betrieb zuständige BG., welchem die Gruppe von Tätigkeiten hauptsächlich und regelmäßig dient (Rek. Entsch. 974, 1124, A. N. 1891, S. 215, 1892. S. 299). — Über die Zulässigkeit einer Verteilung der Entschädigung unter die mehreren BG.en vgl. §§ 1739 bis 1742.

Findet die unfallbringende Tätigkeit gleichzeitig für einen versicherten und einen nichtversicherten Betrieb desselben Unternehmers statt und ist sie eine einheitliche, so ist der Unfall auch dann zu entschädigen, wenn die Tätigkeit zwar vorwiegend dem unversicherten Betrieb nutzte, aber auch den versicherten Betrieb wesentlich förderte. Dies gilt entsprechend auch für Betriebsunternehmer, die nur in einem ihrer mehreren Betriebe selbst versichert sind.

III. Änderung des Bestandes der Berufsgenossenschaften.

Vorbemerkung.

Die §§ 635 bis 648 lassen die nachträgliche Abänderung der örtlichen und sachlichen Abgrenzung der Berufsgenossenschaften zu, indem Berufsgruppen aus der Berufsgenossenschaft, der sie ursprünglich zugeteilt waren, aus Zweckmäßigkeitsgründen einer anderen Berufsgenossenschaft zugewiesen werden. Sie regeln für diesen Fall den Übergang von Entschädigungslasten und Vermögensteilen. — Für den Übergang eines einzelnen Betriebs von einer Berufsgenossenschaft zur andern bestimmen die §§ 666 bis 673 das Nähere.

Bestandsänderungen an sich (§§ 635 bis 641).

§ 635. Änderungen im Bestande der Berufsgenossenschaften sind mit Beginn eines Geschäftsjahrs nach den §§ 636 bis 648 zulässig.

Vgl. § 52 Abs. 1 GUVG., § 14 BUVG.

Änderungen im Bestande der Sektionen (§ 678 Nr. 2) einer BG. unterliegen der Regelung durch die Satzung (§§ 679, 683).

Für den Austritt des Reiches, der Bundesstaaten, oder für leistungsfähig erklärter Gemeinden, Gemeindeverbände oder anderer öffentlicher Körperschaften aus den in Betracht kommenden BG.en gelten die §§ 625 bis 628.

Über die Änderungen im Bestande der BG.en und die Errichtung neuer BG.en enthalten die Art. 43 flg. Einf.-Ges. Bestimmungen für die Übergangszeit.

Vereinigung mehrerer Genossenschaften.

§ 636. Mehrere Genossenschaften können sich durch übereinstimmenden Beschluß der Genossenschaftsversammlungen vereinigen. Der Beschluß bedarf der Genehmigung des Bundesrats.

Vgl. § 52 Abs. 1, Nr. 1 GUVG., § 14 BUVG..

Die nach den §§ 636 bis 638 zu fassenden Beschlüsse der Genossenschaftsversammlungen unterliegen nicht den für Satzungsänderungen gegebenen (§ 677 Nr. 15) erschwerenden Vorschriften (vgl. Handbuch I, S. 428, Anm. 3).

Übergang einzelner Gewerbszweige oder Bezirke auf eine andere Genossenschaft.

§ 637. Die beteiligten Genossenschaftsversammlungen können beschließen, daß einzelne Gewerbszweige oder örtlich begrenzte Teile aus einer Genossenschaft in eine andere übergehen. Der Beschluß bedarf der Genehmigung des Bundesrats.

Die Genehmigung kann versagt werden, wenn das Ausscheiden die Leistungsfähigkeit einer der beteiligten Genossenschaften gefährden würde.

Vgl. § 52 Abs. 1, Nr. 2 GUVG.; § 14 BUVG.

Widerspruch einer beteiligten Genossenschaft. — Entscheidung des Bundesrats.

§ 638. Wird auf Grund eines Genossenschaftsbeschlusses beantragt, mehrere Genossenschaften zu vereinigen oder einzelne Gewerbszweige oder örtlich begrenzte Teile aus einer Genossenschaft auszuscheiden und einer anderen zuzuteilen, so entscheidet auf Anrufen der Bundesrat, wenn eine beteiligte Genossenschaft widerspricht.

Vgl. § 52, Abs. 1, Nr. 3 GUVG.; § 14 BUVG.

Ist von einer BG. ein Beschluß über Änderung ihres Bestandes gefaßt, so darf sich die an der beabsichtigten Änderung beteiligte BG. der Stellungnahme nicht entziehen (Besch. 683, A. N. 1889, S. 165).

Errichtung einer besonderen Genossenschaft.

§ 639. Über den Antrag, für einzelne Gewerbszweige oder örtlich begrenzte Teile eine besondere Genossenschaft zu errichten, beschließt zunächst die Genossenschaftsversammlung. Der Bundesrat entscheidet.

Vgl. § 52 Abs. 1, Nr. 4 GUVG.; § 14 BUVG.

Dieser Paragraph behandelt den Fall, daß nur eine BG. beteiligt ist. Den Fall der Beteiligung mehrerer BG.en regelt § 638 (Kom. Ber. Bd. III, S. 109).

Das „Entscheiden" in Satz 2 bedeutet mehr als Genehmigung; der Bundesrat soll auch entscheiden dürfen, wenn die Genossenschaftsversammlung abgelehnt hat (Begr. S. 309).

Vorbereitung der Entscheidung durch das RVA.

§ 640. Das Reichsversicherungsamt bereitet die Entscheidung des Bundesrats vor; dabei hat sich der Beschlußsenat zu äußern.

Vgl. § 18 Nr. 2 HG.

Versagung der Genehmigung des Bundesrats zur Errichtung einer neuen Genossenschaft.

§ 641. Der Bundesrat kann die Genehmigung zur Errichtung einer neuen Genossenschaft versagen, wenn

1. die Zahl der Betriebe oder der Versicherten zu gering sein würde, um die dauernde Leistungsfähigkeit zu verbürgen,
2. die Aufnahme von Betrieben in die Genossenschaft verweigert wird, die aus denselben Gründen (Nr. 1) keine eigene leistungsfähige Genossenschaft zu bilden imstande sind und zweckmäßig auch keiner anderen Genossenschaft zugeteilt werden können.

Vgl. § 52 Abs. 2 UVG.; § 14 BUVG.

Übergang von Rechten und Pflichten (§§ 642 bis 646). — Vereinigung mehrerer Genossenschaften.

§ 642. Vereinigen sich mehrere Genossenschaften zu einer neuen Genossenschaft, so gehen alle ihre Rechte und

Pflichten auf diese über, sobald die Änderung wirksam wird.

Vgl. § 53 Abs. 1 GUVG.; § 14 BUVG.

Befriedigung der Entschädigungsansprüche beim Übergang von Teilen einer Genossenschaft an eine andere Genossenschaft.

§ 643. Scheiden Teile einer Genossenschaft aus, um eine andere zu bilden oder in eine andere überzugehen, so hat die andere Genossenschaft von da an die Entschädigungsansprüche zu befriedigen, die gegen die alte Genossenschaft aus Unfällen in den ausgeschiedenen Betrieben erwachsen sind. Dies gilt auch, wenn landwirtschaftliche Nebenbetriebe nach der Satzung in eine gewerbliche Genossenschaft übergehen (§ 540 Nr. 1).

Vgl. § 53 Abs. 2, 3 GUVG.; § 14 BUVG.

Dieser Paragraph sowie die §§ 645, 646 finden nach § 673 auch Anwendung, wenn einzelne Betriebe oder Nebenbetriebe von einer Genossenschaft auf eine andere übergehen. Die den §§ 643 bis 646 entsprechenden Vorschriften des GUVG. sind vom RVA. auch auf den Fall angewendet worden, daß auf Grund eines neuen Gesetzes Gruppen von Betrieben oder Nebenbetrieben aus einer BG. ausschieden und einer anderen angeschlossen wurden (vgl. Handbuch I, S. 429, Anm. 2, S. 430, Anm. 5).

Die einen Betrieb übernehmende BG. hat für die Zukunft die Entschädigungsansprüche zu befriedigen, die aus dem Betriebe entstanden sind und zur Zeit noch bestehen. Kapitalabfindungen bleiben zu Lasten der BG., die sie vorgenommen hat; desgleichen die von der BG. aus Anlaß des Unfalls und der Feststellung der Entschädigung aufgewendeten Kosten. Die übernehmende BG. kann nicht einwenden, daß die Anerkennung des Entschädigungsanspruchs nicht hätte erfolgen dürfen oder daß die Rente zu hoch festgesetzt worden sei.

Satz 2 füllt — im Anschluß an die bisherige Rechtsübung — eine im GUVG. vorhandene Lücke aus. Die gewerbl. BG. hat die Unfallentschädigungen, die aus dem übergehenden Nebenbetrieb erwachsen sind, auch dann zu übernehmen, wenn die Unfälle selbstversicherte Unternehmer betroffen haben und die Satzung der gewerblichen BG. eine Zwangsversicherung der Unternehmer nicht kennt (Besch. 1974, A. N. 1903, S. 199). Die auf der Satzung der landw. BG. beruhende freiwillige oder

Zwangsversicherung hört mit dem Übergang des landwirtschaftlichen Nebenbetriebs in die gewerbliche Genossenschaft auf. Zieht aber die landwirtschaftliche BG. den Unternehmer des landwirtschaftlichen Nebenbetriebs weiter zu Unrecht zu Beiträgen für seine Person heran, so kann ein formellrechtliches Versicherungsverhältnis entstehen, das diese BG. zur Entschädigung eines späteren Unfalls des Unternehmers im landwirtschaftlichen Betriebe nötigt.

Schadloshaltung der Unfallasten übernehmenden Genossenschaft.

§ 644. Genossenschaften, denen hiernach die Entschädigungspflicht zufällt, haben Anspruch auf einen entsprechenden Teil der Rücklage und des anderen Vermögens der abgebenden Genossenschaft. Sie sind verpflichtet, einen entsprechenden Teil der Zinsen und Tilgungsbeträge für die schwebende Schuld (§ 779) zu übernehmen.

Vgl. § 53 Abs. 4 GUVG.; § 14 BUVG.

Die Genossenschaften, denen die Entschädigungsflicht zufällt, haben Anspruch auf einen entsprechenden Teil der Rücklage und des anderen einen Geldwert darstellenden Vermögens der abgebenden Genossenschaft. Dieser Anspruch ist nur dann gegeben, wenn mit den übergehenden Betrieben auch ein Entschädigungsanspruch zu übernehmen ist. Den überwiesenen Teil der Rücklage haben die Genossenschaften ihrer Rücklage zuzuführen; dem Betriebsfonds können sie nur Beträge überweisen, die aus dem anderen Vermögen der abgebenden Genossenschaften stammen (Besch. 1970, A. N. 1902, S. 680). — Steht die Belastung der übernehmenden Genossenschaft bereits zahlenmäßig fest, so ist der Ersatz der abgebenden Genossenschaft auf diese Summe beschränkt; denn der § 644 ist nur zur Abgeltung eines der Höhe nach noch ungewissen Risikos geschaffen.

Das RVA. hat die BG.en stets in erster Reihe auf den im § 645 gegebenen, schon nach dem früheren Recht gangbaren Weg der freien Vereinbarung verwiesen. Versagt diese, so muß sich der Anteil des abzugebenden Rücklagefonds und sonstigen Vermögens zu dem Gesamtvermögen der überweisenden BG. verhalten, wie der Kapitalwert der übergehenden Entschädigungsansprüche zum Kapitalwert der Gesamtbelastung dieser BG. Im Verhältnis der Tiefbau-BG. zu den anderen BG.en könnte diese allgemeine Regelung insofern eine Unbilligkeit bedeuten, als die Tiefbau-BG., für die das Kapitaldeckungsverfahren gilt, bei der Abgabe von Betriebsgruppen ihre Entschädigungslast behalten würde (vgl. Ende der Anm. zu § 627), während sie von anderen BG.en, bei denen das System der Ausgabendeckung herrscht (§ 731), eine Entschädigungslast übernehmen müßte, die durch den zu überweisenden Rücklagenteil ihrem Kapitalwerte nach nicht gedeckt wäre. Doch wird diese Unbilligkeit voraussichtlich niemals verwirklicht werden, da die Ausscheidung von Betriebsteilen, die jetzt zur Tiefbau-BG. gehören, nicht zu erwarten steht.

Über die schwebende Schuld vgl. Vorbem. vor § 726.

Gehen einzelne Betriebe von einer BG. auf eine andere über, so richtet sich die Schadloshaltung der Unfallasten übernehmenden BG. nach § 673 Abs. 2.

Abweichende Vereinbarungen der Berufsgenossenschaften.

§ 645. Die beteiligten Genossenschaftsversammlungen können durch übereinstimmenden Beschluß von den Vorschriften der §§ 642 bis 644 abweichen.

Vgl. § 53 Abs. 6 GUVG.; § 14 BUVG.
Vgl. Anm. zu § 644.

Streitigkeiten.

§ 646. Entsteht bei der Auseinandersetzung über das Vermögen Streit zwischen den beteiligten Genossenschaften, so können sie schiedsrichterliche Entscheidung vereinbaren; sonst entscheidet das Reichsversicherungamt (Beschlußsenat).

Vgl. § 53 Abs. 7 GUVG.; § 14 BUVG.; § 16 Abs. 1, Nr. 2 HG.

Auflösung einer Genossenschaft (§§ 647, 648).

§ 647. Wird eine Genossenschaft unfähig, ihre gesetzlichen Verpflichtungen zu erfüllen, so kann der Bundesrat sie auflösen, wenn das Reichsversicherungsamt (Beschlußsenat) es beantragt.

Die Gewerbszweige der aufgelösten Genossenschaft werden anderen Genossenschaften zugewiesen. Diese sind vorher zu hören.

Mit Auflösung der Genossenschaft gehen ihre Rechte und Pflichten auf das Reich über.

Vgl. § 54 GUVG.; § 14 BUVG.; § 18 Nr. 2 HG.

§ 648. Wird eine Genossenschaft, die der Aufsicht eines Landesversicherungsamts untersteht (§ 723), als leistungsunfähig aufgelöst, so gehen ihre Rechte und Pflichten auf den Bundesstaat über.

Vgl. § 127 Abs. 4 GUVG; § 14, § 41 Abs. 1 BUVG.

Vierter Abschnitt.

Verfassung der Berufsgenossenschaften.

I. Mitgliedschaft und Stimmberechtigung.

Mitgliedschaft.

§ 649. Mitglied der Beufsgenossenschaft ist jeder Unternehmer, dessen Betrieb zu den ihr zugewiesenen Gewerbszweigen gehört und in ihrem Bezirke seinen Sitz hat. Das Reich, die Bundesstaaten, Gemeinden, Gemeindeverbände und andere öffentliche Körperschaften sind Mitglieder, soweit die §§ 624 bis 628 nichts anderes vorschreiben.

Vgl. § 55 Abs. 1, Satz 1 GUVG.

Mitglied der BG. ist der Unternehmer (sei er eine physische oder eine juristische Person, z. B. eine Aktiengesellschaft), nicht der versicherte Betrieb, der aber die Grundlage der Mitgliedschaft bildet. Befindet sich der Unternehmer im Konkurse, so vertritt der Konkursverwalter seine Stelle (Besch. 20, 69, 179, A. N. 1885, S. 85, 344; 1886, S. 128).

Mitglieder sind die Unternehmer (vgl. Anm. zu § 633) solcher in den §§ 537, 538 aufgeführten Betriebe, in denen wenigstens ein Arbeiter beschäftigt wird (vgl. § 650). Aushilfsweise mit einer gewissen Regelmäßigkeit wiederkehrende Beschäftigung eines Arbeiters reicht aus, nicht aber wenn es sich nur um eine einmalige zufällige Beschäftigung handelt (vgl. Besch. 25, 101, 2259, A. N. 1885, S. 96, 1886, S. 1, 1908, S. 550). — Die Entschädigungspflicht der BG. gegenüber einem bei solcher zufälligen Beschäftigung verunglückten Arbeiter wird hierdurch nicht berührt.

Ob zwangsweise oder freiwillig versicherte Unternehmer, die keinen Arbeiter beschäftigen, Mitglieder der BG. sein können, ist zweifelhaft. Das

RVA. hat die Frage bisher — abweichend von seiner Stellungnahme für den Bereich der landw. Unfallversicherung (Anm. zu § 962) — verneint. Gründe für diese Auffassung lassen sich jetzt aus § 653 herleiten. § 14 Abs. 2, Satz 2 des Entwurfs einer RVO. sprach zwar ausdrücklich von „versicherten Mitgliedern der BG.en, auch wenn sie keine Arbeiter beschäftigen." Dieser Paragraph ist aber nicht in das Gesetz aufgenommen worden; allerdings nicht aus dem Grunde, weil man den Unternehmern, die keine Arbeiter beschäftigen, die Mitgliedschaft absprechen wollte.

Über „Betriebssitz" vgl. Anm. zu § 630 Abs. 1. — Die über die Zuweisung der Gewerbszweige an die einzelnen BG.en ergangenen Bekanntmachungen sind in Abs. 2 der Anm. zu § 623 aufgeführt.

Beginn der Mitgliedschaft.

§ 650. Die Mitgliedschaft beginnt mit der Eröffnung des Betriebs oder mit seiner Versicherungspflicht; für das Reich und die Bundesstaaten, für Gemeinden, Gemeindeverbände und andere öffentliche Körperschaften regelt sich der Beginn der Mitgliedschaft nach den §§ 625 bis 628.

Vgl. § 55 Abs. 1, Satz 2 GUVG.; § 16 Abs. 2 BUVG.

Die Mitgliedschaft beginnt kraft Gesetzes mit der Eröffnung des versicherten Betriebs oder mit dem Zeitpunkt, in dem er versicherungspflichtig wird (vgl. Anm. zu § 649). Die Mitgliedschaft äußert von diesem Zeitpunkte an ihre Wirkungen, auch wenn der Unternehmer seine Pflichten gegen die BG. nicht erfüllt hat (Besch. 349, A. N. 1887, S. 143). Dies hat auch das Reichsgericht (Arbeiterversorgung 1891, S. 643) anerkannt, indem es in einem solchen Falle die den §§ 898 flg. entsprechenden Vorschriften der früheren Gesetze für anwendbar erklärte.

Die Mitgliedschaft erlischt erst, wenn die Voraussetzungen für die Mitgliedschaft dauernd weggefallen sind.

Über formellrechtliche Versicherungsverhältnisse vgl. Anm. zu § 658.

Bekanntmachung im Betriebe.

§ 651. In jedem Betriebe hat der Unternehmer durch einen Aushang bekannt zu machen,

1. welcher Genossenschaft und Sektion der Betrieb angehört,
2. wo die Geschäftsstelle des Genonssenschafts- und des Sektionsvorstandes ist.

Ist ein landwirtschaftlicher Betrieb der Gewerbe-Unfallversicherung nach § 540 Nr. 1, § 542 unterstellt, so hat der Aushang darauf hinzuweisen.

Vgl. § 56 Abs. 3 GUVG.; § 17 BUVG.

Ein Verstoß gegen die Pflicht zum Aushang ist durch § 909 Nr. 1 mit Strafe bedroht.

Verlust der bürgerlichen Ehrenrechte.

§ 652. Besitzen Mitglieder oder ihre gesetzlichen Vertreter nicht die bürgerlichen Ehrenrechte, so haben sie kein Stimmrecht.

Vgl. § 55 Abs. 2 GUVG.

Da solche Mitglieder kein Stimmrecht besitzen, so können sie sich auch in der Ausübung des Stimmrechts nicht vertreten lassen (§ 688).

I. Anmeldung der Betriebe.

Betriebsanmeldung.

§ 653. Wer mit einem Betriebe Mitglied einer Genossenschaft wird, hat binnen einer Woche dem Versicherungsamt, in dessen Bezirke der Betrieb seinen Sitz hat, anzuzeigen

1. den Gegenstand und die Art des Betriebs,
2. die Zahl der Versicherten,
3. die Genossenschaft, welcher der Betrieb angehört,
4. wenn der Betrieb erst nach Inkrafttreten des Gesetzes eröffnet ist, den Eröffnungstag und, wenn der Betrieb erst nach Inkrafttreten des Gesetzes versicherungspflichtig geworden ist, den Tag des Beginns der Versicherungspflicht.

Die Anzeige ist doppelt einzureichen; der Empfang wird bescheinigt.

Ist der Betrieb schon angemeldet und findet nur ein Wechsel in der Person des Unternehmers statt, so ist eine nochmalige Anzeige nach Abs. 1 nicht erforderlich.

Vgl. § 56 Abs. 1 GUVG.; § 17 BUVG.

Mit einem Betriebe wird Mitglied der BG. jeder Unternehmer, der einen versicherungspflichtigen Betrieb eröffnet. Anzuzeigen ist also auch ein vorher nicht versicherungspflichtiger Betrieb, sobald er versicherungspflichtig wird (§§ 649, 650). Ebenso aber auch jede Verlegung des Betriebssitzes in den Bezirk eines anderen V. Amtes (Besch. 103, A. N. 1886, S. 2). Nicht nach § 653 (wohl aber möglicherweise nach §§ 665, 674) ist die Neueröffnung eines Nebenbetriebs des bereits versicherten Betriebs (Besch. 2290, A. N. 1908, S. 693). Die Anzeigepflicht beim Wechsel in der Person des Unternehmers ist im § 664 besonders behandelt. — Neben der Anmeldung des versicherungspflichtigen Betriebs hat der satzungsgemäß zwangsversicherte Betriebsunternehmer die in der Satzung vorgeschriebene Anmeldung zur Selbstversicherung zu erstatten (vgl. § 677 Nr. 13).

Für die Anmeldung der Betriebe ist überall an die Stelle der früher zuständigen unteren Verwaltungsbehörde das V. Amt gesetzt.

Über den vorgeschriebenen Inhalt der Anzeige ist im einzelnen folgendes zu bemerken:

Zu Nr. 1, Art des Betriebes, ist insbesondere anzugeben, ob Handbetrieb oder Dampfbetrieb vorliegt, ferner ob Zentrifugen, Treibriemen u. dergl. vorhanden sind.

Zu Nr. 2 ist die durchschnittliche Zahl der Versicherten anzuzeigen; für die Umlegung der Beiträge ist diese Zahl nicht ohne weiteres maßgebend (§ 750).

Die Bezeichnung der Genossenschaft wird dem Unternehmer das alphabetische Verzeichnis der Gewerbezweige (vgl. Anm. zu § 623) erleichtern.

Versäumnis der Betriebsanmeldung und unrichtige Angaben über den Tag der Betriebseröffnung oder des Beginns seiner Versicherungspflicht sind durch § 908 Nr. 2, § 909 Nr. 1 mit Geldstrafen bedroht.

Abs. 3 stellt klar, daß die Vorschrift über Anmeldung der Betriebe nicht für bereits unter der Herrschaft der früheren Gesetze angemeldeten Betriebe gilt.

Für die Übergangszeit enthalten die Art. 49 flg. des Einf.-Ges. Vorschriften über die Anmeldung der neu der Unfallversicherung unterstellten Betriebe.

Überweisung des Betriebs an die Berufsgenossenschaft (§ 654, 655).

§ 654. Das Versicherungsamt überweist jeden Betrieb seines Bezirkes, über den die Anzeige eingeht, binnen einer Woche durch Einsendung der einen Anzeige dem Vorstand der darin bezeichneten Genossenschaft.

Vgl. § 57 Abs. 1 GUVG.; § 17 BUVG.

Die Bek.en über die Zuständigkeit der einzelnen BG.en sind in Abs. 2 der Anm. zu § 623 zusammengestellt. Vgl. auch die dortigen Ausführungen über die Ermittelung der Zuständigkeit mit Hilfe des alphabetischen Verzeichnisses der Gewerbezweige.

Durch das V. Amt müssen alle Betriebsanmeldungen gehen. Das V. Amt erfährt auch nach § 659 Abs. 2 von allen Ablehnungen der Betriebsanmeldungen, nach § 666 von allen Überweisungen und Löschungen (§ 670) von Betrieben. Das V. Amt ist daher im allgemeinen in der Lage, die für die Unfallversicherung maßgebenden Verhältnisse der in seinem Bezirk vorhandenen Betriebe zu übersehen. Mit Rücksicht auf diesen vom Gesetzgeber gewollten Zweck (vgl. § 654) sind unmittelbar an die BG.en gerichtete Betriebsanmeldungen stets zunächst an das V. Amt abzugeben.

§ 655. Gehört der Betrieb nach Ansicht des Versicherungsamts einer anderen als der bezeichneten Genossenschaft an, so benachrichtigt es den Vorstand dieser Genossenschaft sowie den Unternehmer und sendet die Anzeige dem Vorstand der anderen Genossenschaft ein.

Vgl. § 57 Abs. 2 GUVG., § 17 BUVG.

Über die Entscheidung von Streitigkeiten zwischen den beiden BG.en vgl. § 662.

Zwangsstrafen.

§ 656. Ist die Anzeige versäumt oder unvollständig, so kann das Versicherungsamt den Unternehmer durch Geldstrafen bis zu einhundert Mark anhalten, binnen einer gesetzten Frist Auskunft zu geben.

Auf Beschwerde gegen die Festsetzung der Strafe entscheidet das Oberversicherungsamt endgültig.

Das Versicherungsamt überweist den Betrieb binnen einer Woche nach Ablauf der gesetzten Frist, indem es die Angaben (§ 653 Abs. 1) selbst macht.

Vgl. § 56 Abs. 2. § 57 Abs. 3 GUVG., § 17 BUVG.

Das V. Amt hat auf die Vollständigkeit der Betriebsanmeldungen hinzuwirken und kann auch den Unternehmer nach vergeblicher Aufforderung durch Strafen zur Vervollständigung anhalten. Die dem V. Amt durch die etwa erforderlichen Ermittelungen, sowie durch Aufwendung von Porto erwachsenen

Kosten haben die V. Ämter zu tragen; eine Erstattungspflicht der BG.en besteht nicht.

Wie zu § 654 ausgeführt ist, sind die V. Ämter im allgemeinen in der Lage, die für die Unfallversicherung maßgebenden Verhältnisse der Betriebe ihres Bezirks zu übersehen. Ist das V. Amt der Ansicht, daß ein bisher nicht von einer BG. aufgenommener Betrieb versicherungspflichtig ist, so kann es den Unternehmer durch Geldstrafen anhalten, nähere Auskunft zu geben. Eine Verpflichtung des V. Amts, unfallversicherungspflichtige Betriebe zu ermitteln, besteht aber nicht. Auch im Wege der Rechtshilfe (§§ 115 bis 117) kann das V. Amt von der BG. nur um Ermittelung der Verhältnisse eines bestimmten Betriebs, nicht aber allgemein um Ermittelung der ihr zugehörigen versicherungspflichtigen Betriebe ersucht werden.

Ergibt sich in dem Beschwerdeverfahren (§ 1792 flg.), daß der Betrieb des Unternehmers, den das V. Amt wegen Nichterteilung der verlangten Auskunft bestraft hat, nicht versicherungspflichtig war, so ist die Strafe aufzuheben.

Neben der Strafbefugnis des V. Amts wegen Unterlassung der verlangten Auskunft besteht das Strafrecht des Genossenschaftsvorstands gemäß § 909 Nr. 1.

III. Betriebsverzeichnis.

Führung von Betriebsverzeichnissen.

§ 657. Die Genossenschaftsvorstände haben auf Grund der Verzeichnisse, die ihnen das Reichsversicherungsamt mitteilt, und der späteren Überweisungen (§§ 654, 656) Betriebsverzeichnisse zu führen.

Vgl. § 58 Abs. 1 GUVG, § 17 BUVG.

Für die Form der Betriebverzeichnisse (Genossenschaftskataster) hat das RVA. ein Muster veröffentlicht, zu dessen Benutzung die BG.en aber nicht verpflichtet sind (vgl. A. N. 1885, S. 199). Das Betriebsverzeichnis ist für die BG. einheitlich zu führen. Mehrere selbständige Betriebe (nicht aber Nebenbetriebe) desselben Unternehmers sind unter verschiedenen Nummern zu führen, wenn auch der Unternehmer nur einen Mitgliedschein erhält; dies muß auch für den Fall der Zuteilung fremdartiger Betriebe (§§ 542, 632) gelten. Das Betriebsverzeichnis soll möglichst ersehen lassen, ob sich die Versicherung auf den Gesamtbetrieb erstreckt und, wenn er aus mehreren Teilen besteht, welche Betriebsteile versichert sind (Besch. 1710 A. N., 1898, S. 264).

Die Führung der Betriebsverzeichnisse, die Verhandlungen und die Beschlußfassung über die Eintragung in das Betriebsverzeichnis liegt den Genossenschaftsvorständen, nicht den Sektionsvorständen ab.

Die Mitteilung von Verzeichnissen durch das RVA. ist früher bei Erstreckung der Versicherungspflicht auf weitere Gewerbszweige gemäß § 35 GUVG. erfolgt und geschieht auf Grund der dieser Bestimmung entsprechenden Art. 49 bis 52 Einf.-Ges. auch jetzt wieder hinsichtlich der erst durch die RVO. der Unfallversicherung unterstellten Betriebe.

Aufnahme in das Betriebsverzeichnis.

§ 658. Die Mitglieder werden in das Betriebsverzeichnis nach Prüfung ihrer Zugehörigkeit aufgenommen.

Vgl. § 58 Abs. 2 GUVG., § 17 BUVG.

Die Prüfung erstreckt sich insbesondere auf die Versicherungspflichtigkeit des Betriebs und seiner Teile, sowie auf die Zugehörigkeit zur BG. (darüber vgl. Abs. 2 der Anm. zu § 623). Auch ist zu prüfen, wer Unternehmer des Betriebs ist und was in das Betriebsverzeichnis einzutragen ist. Nötigenfalls hat der Genossenschaftsvorstand auf Klarstellung des Sachverhalts durch eigene Ermittelungen oder im Wege der Rechtshilfe hinzuwirken.

Aus diser weitgehenden Prüfungspflicht, in Verbindung mit den allgemeinen Grundsätzen von Treu und Glauben, hat das RVA. in ständiger Rechtsübung gefolgert, daß eine BG., die einen gesamten Betrieb in ihr Betriebsverzeichnis endgültig aufgenommen oder einen ganzen Arbeiterkreis in Versicherung genommen oder endlich den Unternehmer eines Betriebs (durch Aufnahme in die Liste der Selbstversicherten) zur Selbstversicherung endgültig herangezogen hat, nicht berechtigt ist, bei Eintritt eines Unfalls die Versicherungspflichtigkeit des Betriebs, des Arbeiterkreises und das Bestehen der Selbstversicherung des Unternehmers zu bestreiten (formellrechtliche Versicherungsverhältnisse) — vgl. Rek. Entsch. 1167, 1692, 2250, A. N. 1892, S. 324, 1898, S. 169, 1908, S. 531). — Da ein Versicherter durch unrichtige Führung des Betriebsverzeichnisses nicht benachteiligt werden kann, so kann er statt der formell haftenden BG. die sachlich zuständige dann in Anspruch nehmen, wenn dieses für ihn von Vorteil ist (Besch. 2274, 2412, A. N. 1908, S. 580, 1910, S. 548). Entsprechende Grundsätze sind anwendbar, wenn und solange ein anfangs zu Recht eingetragener Betrieb in dem Betriebsverzeichnis weitergeführt wird, obwohl nachträglich eine sein Ausscheiden rechtfertigende Betriebsveränderung eingetreten ist (Rek. Entsch. 452, 1503, 1739, A. N. 1888, S. 69, 1896, S. 262, 1899, S. 223); das Gleiche gilt für die Möglichkeit des Fortbestandes der formalen Versicherung trotz Wegfalls der anfangs gegebenen Voraussetzungen für die Selbstversicherung (Rek. Entsch. 880, A. N. 1890, S. 560). — Die formale Versicherung erfaßt einen Betrieb immer nur insoweit, als er tatsächlich zur Versicherung herangezogen worden ist. Sonach ist, wenn ein Betrieb in mehrere Teile zerfällt, nur der herangezogene Teil versichert; die formale Versicherung des Hauptbetriebs erfaßt nicht ohne weiteres den Nebenbetrieb (Rek. Entsch. 1117, 2049, 2250, A. N. 1892, S. 293, 1904, S. 444, 1908, S. 531).

Die formale Versicherung eines einzelnen Arbeiters soll im Zusammenhang hiermit ebenfalls erörtert werden. Eine solche hat das RVA. stets nur dann angenommen, wenn die Person mit Wissen der BG. in dem Lohnnachweis aufgeführt worden ist, oder wenn die BG. bei Aufwendung der erforderlichen Aufmerksamkeit hätte bemerken müssen, daß die Person überhaupt nicht oder nicht bei ihr versichert ist, oder wenn sie wenigstens zur Aufklärung des Sachverhalts Anlaß gehabt hätte; hinzutreten muß, daß die BG. für die Person während einer geraumen Zeit Beiträge erhoben hat. Es würde Treu und Glauben zuwiderlaufen, wenn die BG. zwar jahrelang Beiträge eingezogen hat, dann aber die Entschädigung verweigern könnte (Rek. Entsch. 1167, A. N. 1892, S. 324). — Doch kann im Allgemeinen den BG.en eine genaue Prüfung der Lohnnachweisungen daraufhin nicht zugemutet werden, ob alle Personen, deren Löhne nachgewiesen sind, auch versichert sind.

Über die formale Entschädigungspflicht der Zweiganstalten vgl. Anm. zu § 798, Nr. 1.

Ist ein nicht versicherungspflichtiger Betrieb irrtümlich in das Verzeichnis einer Genossenschaft aufgenommen und der Mitgliedschein erteilt worden, so kann seine Löschung nur im Wege des § 670 erfolgen.

Mitgliedschein.

§ 659. Den Mitgliedern, die in das Betriebsverzeichnis aufgenommen sind, stellt der Genossenschaftsvorstand Mitgliedscheine zu. Ist die Genossenschaft in Sektionen eingeteilt, so muß der Mitgliedschein die Sektion bezeichnen, welcher der Unternehmer angehört.

Wird die Aufnahme abgelehnt, so ist darüber dem Betriebsunternehmer durch Vermittlung des Versicherungsamts ein Bescheid mit Gründen zuzustellen.

Vgl. § 58 Abs. 3 GUVG., § 17 BUVG.

Für die Mitgliedscheine hat das RVA. ein Muster aufgestellt, dessen Benutzung aber nicht bindend vorgeschrieben ist (vgl. A. N. 1885, S. 190). Das RVA. hat es für ausreichend erachtet, wenn der Name des Vorsitzenden unter dem Mitgliedschein auch nur gedruckt ist. Ein Unternehmer mehrerer der BG. zugehörigen Betriebe erhält nur einen Mitgliedschein, mehreren Unternehmern eines Betriebs wird je ein Mitgliedschein zugestellt. Die Zustellung des Mitgliedscheins erfolgt unmittelbar durch den Genossenschaftsvorstand, nicht mehr wie früher durch Vermittelung der unteren Verwaltungsbehörde. — Erst die Aufnahme in das Betriebsverzeichnis und die Zustellung des Mitgliedscheines begründet die Verpflichtung des Unternehmers, die Lohnnachweisung einzureichen und die sonstigen den Mitgliedern obliegenden Pflichten zu erfüllen (wegen rückständiger Beiträge vgl. § 755 Abs. 2).

Der ablehnende Bescheid wird durch Vermittelung des V. Amts (vgl. Anm. zu § 654) zugestellt. Für diese Bescheide hat das RVA. unterschriftliche Vollziehung durch das zur Vertretung der Genossenschaft nach außen berufene Organ (den Vorsitzenden des Genossenschaftsvorstands usw.) für erforderlich erachtet. Die Befugnis zur Vollziehung kann gemäß § 703 dem Geschäftsführer übertragen werden (§§ 8, 9 der Vorschriften des RVA., betr. die Übertragung von Verwaltungsgeschäften auf die Geschäftsführer, vom 18. September 1903). — Die durch die Zustellung dem V. Amt erwachsenen baren Auslagen hat die BG. zu erstatten (Besch. 60, 110, A. N. 1885, S. 200, 1896, S. 5).

Beschwerden gegen die Aufnahme in das Betriebsverzeichnis oder gegen die Ablehnung der Aufnahme (§§ 660, 662).

§ 660. Gegen die Aufnahme oder Ablehnung hat der Unternehmer binnen einem Monat nach Zustellung des Mitgliedscheins oder des ablehnenden Bescheids Beschwerde an das Oberversicherungsamt. Sie ist bei dem Versicherungsamt einzureichen. Ergibt sich bei der Verhandlung über die Beschwerde, daß der Betrieb zwar der Unfallversicherung unterliegt, aber keiner der vorhandenen Genossenschaften angehört, so ist die Sache dem Reichsversicherungsamte vorzulegen. Dieses weist den Betrieb der Genossenschaft zu, der er seiner Art nach am nächsten steht.

Vgl. § 59 Abs. 1 GUVG, § 17 BUVG.

Über Beschwerden gegen die Aufnahme in das Betriebsverzeichnis oder die Ablehnung der Aufnahme (§§ 660, 662 vgl. auch § 667) entscheidet nicht mehr wie bisher unmittelbar das RVA. (LV. Amt), sondern das OVA. (§ 1791). Die Beschwerdefrist beträgt einen Monat (zu vgl. § 128) anstatt, wie früher, zwei Wochen. Gegen die Entscheidung des OVA. ist nach § 1797 die weitere Beschwerde an das RVA. (LV. Amt) gegeben.

Die Bestimmung der Frist für die Einlegung der Beschwerde an das OVA. wird ebenso, wie die früher 2 wöchige Frist für die Einlegung der Beschwerde an das RVA., nur als Sollvorschrift zu gelten haben, deren Nichtinnehaltung das OVA. an einer Entscheidung nicht hindert. Auch können Entscheidungen der hier in Betracht kommenden Art abgeändert werden, ohne daß die Voraussetzungen für die Wiederaufnahme des Verfahrens (§§ 1722, 1723) gegeben sind (vgl. Handbuch I, S. 447 Anm. 1).

Die Vorschrift, daß die Beschwerde beim V. Amt einzulegen ist, stellt eine Ausnahme von der Regel des § 129 Abs. 1 dar; Abs. 2 und 3 des § 129 sind anwendbar (vgl. Anm. zu § 654).

In einem Streitverfahren gemäß § 660 ist nicht darüber zu entscheiden, welche in einem versicherungspflichtigen Betriebe tätigen Personen oder Personengruppen versichert sind; solche Streitigkeiten sind im Beitragsbeschwerdeverfahren oder im Leistungsfeststellungsverfahren zu entscheiden.

Zuweisungen im Sinne des Satz 4 hat das RVA. mehrfach vorgenommen (Handbuch I, S. 447 Anm. 2).

Befugnis des Versicherungsamts die Sache dem Reichsversicherungsamt vorzulegen.

§ 661. Erhebt der Unternehmer gegen einen ablehnenden Bescheid nicht rechtzeitig Beschwerde, so kann das Versicherungsamt die Sache dem Reichsversicherungsamte vorlegen; auf Antrag der Genossenschaft muß es geschehen.

Vgl. § 59 Abs. 2 GUVG., § 17 BUVG.

Ob das V. Amt von der Befugnis, die Sache dem RVA. vorzulegen, Gebrauch machen will, steht in seinem Ermessen. Die Vorlegung wird zu erfolgen haben, wenn das V. Amt die

Ablehnung für ungerechtfertigt hält. — Auch in ähnlichen Fällen, wie z. B. bei Löschung eines Betriebs im Betriebsverzeichnis, ist die Vorlegung der Sache seitens des V. Amts beim RVA. unbedenklich.

Streit der Berufsgenossenschaft aus Anlaß des § 655.

§ 662. Erkennt im Falle des § 655 der Vorstand der in der Anzeige bezeichneten Genossenschaft die Mitgliedschaft des Unternehmers an, so hat der Vorstand dies dem Vorstand der anderen Genossenschaft mitzuteilen. Dieser kann binnen einem Monat nach Empfang der Mitteilung Beschwerde erheben.

Vgl. § 59 Abs. 3 GUVG., § 17 BUVG.

Mitteilung von Auszügen der Betriebsverzeichnisse an die Sektionsvorstände.

§ 663. Den Vorständen der Sektionen sind über die diesen angehörigen Unternehmer Auszüge aus dem Betriebsverzeichnisse mitzuteilen.

Vgl. § 60 Abs. 1 GUVG., § 17 BUVG.

Das Betriebsverzeichnis selbst wird für die Genossenschaften einheitlich von den Genossenschaftsvorständen geführt.

IV. Wechsel des Unternehmers. Änderung im Betrieb und in seiner Zugehörigkeit zur Genossenschaft.

Anzeige des Unternehmerwechsels.

§ 664. Der Unternehmer hat den Wechsel der Person, für deren Rechnung der Betrieb geht, in der durch die Satzung bestimmten Frist dem Genossenschaftsvorstand zur Eintragung in das Betriebsverzeichnis anzuzeigen. Für die Beiträge bis zum Ablauf des Geschäftsjahrs, in welchem der Wechsel angezeigt wird, bleibt er haftbar, ohne dadurch den Nachfolger von der Haftung zu befreien.

Vgl. § 60 Abs. 2 GUVG., § 17 BUVG.

Dieser Paragraph trifft Fürsorge für eine ordnungsmäßige Fortschreibung der Betriebsverzeichnisse. Deswegen spricht er auch nicht mehr, wie der entsprechende § 60 Abs. 2 des GUVG., von „Berichtigung" des Katasters, sondern von „Eintragung" in das Betriebsverzeichnis.

Als Wechsel in der Person des Unternehmers gilt auch die Änderung der kaufmännischen Firma, sowie der Eintritt oder das Ausscheiden eines von mehreren Unternehmern, nicht aber die Konkurseröffnung oder die Liquidation.

Der neue Unternehmer haftet der BG. für die Beitragsleistung von dem Zeitpunkt der Betriebsübernahme (§ 650). Eine Haftung für rückständige Beiträge aus früherer Zeit läßt sich nur aus dem Gesichtspunkte der Rechtsnachfolge herleiten; sie muß im Streitfalle vor der Beitreibung im Zivilprozeß festgestellt werden.

Anzeige von die genossenschaftliche Zugehörigkeit berührenden Betriebsänderungen.

§ 665. Jeder Unternehmer hat Änderungen seines Betriebs, die für die Zugehörigkeit zu einer Genossenschaft wichtig sind, ihrem Vorstand in der durch die Satzung bestimmten Frist anzuzeigen.

Vgl. § 61 Abs. 1, Satz 1 GUVG., § 17 BUVG.

Welche Änderungen für die Zugehörigkeit zu einer Genossenschaft wichtig sind, ergeben die Bestimmungen über die Versicherungspflicht (§§ 537 flg.) und die Bek. über die Errichtung der BG. (vgl. Abs. 2 der Anm. zu § 623). Betriebsänderungen haben für die Versicherungspflicht und die Zugehörigkeit zu einer bestimmten BG. nur dann Bedeutung, wenn sie von Dauer sind. Bei Modeartikeln muß daher erst ein längerer Zeitraum verstrichen sein, ehe die Überweisung des Betriebs an eine andere BG. in Frage kommen kann. Die Verlegung des Betriebs bildet nur dann eine Betriebsveränderung im Sinne des § 665, wenn dadurch bei örtlicher Abgrenzung mehrerer sachlich zuständiger BG.en die Zuständigkeit einer anderen BG. begründet wird (vgl. übrigens auch Anm. zu § 653).

Kommt der Unternehmer der ihm durch § 665 auferlegten Anzeigepflicht nicht nach, so kann gegen ihn gemäß § 909 eine Geldstrafe verhängt werden.

Überweisung des Betriebs seitens der bisher zuständigen Genossenschaft an eine andere Genossenschaft.

§ 666. Hält es der Vorstand auf Antrag des Unternehmers oder von Amts wegen für geboten, den Betrieb einer anderen Genossenschaft zu überweisen, so überweist er ihn dieser und teilt es ihr und durch das Versicherungsamt dem Unternehmer unter Angabe der Gründe mit.

Vgl. § 61 Abs. 1, Satz 2 GUVG., § 17 BUVG.

Dieser Paragraph gilt nicht nur für die Fälle der Änderung des Betriebs und des Unternehmerwechsels, sondern auch für die Fälle der irrigen Eintragung in das Betriebsverzeichnis.

Die Mitteilung der Überweisung findet an den Unternehmer nicht unmittelbar, sondern durch das V. Amt statt (vgl. § 654).

Die Ab- und Zuschreibung in den Betriebsverzeichnissen ist erst zu veranlassen, wenn gegen die Überweisung nicht rechtzeitig Beschwerde eingelegt worden ist (§ 667 Abs. 2).

Beschwerde (§ 666).

§ 667. Gegen die Überweisung können der Unternehmer und der andere Genossenschaftsvorstand bei dem Vorstand, der den Betrieb überwiesen hat, Beschwerde erheben; dieser hat die Beschwerde dem Oberversicherungsamte vorzulegen.

Wird nicht rechtzeitig Beschwerde erhoben, so ist der Betrieb in den Verzeichnissen umzuschreiben und dem Unternehmer ein anderer Mitgliedschein auszustellen.

Vgl. § 61 Abs. 1, Satz 3, Abs. 2, 3 GUVG.; § 17 BUVG.

Überweisungen von Betrieben ohne Betriebsveränderungen (vgl. § 666) hat das bisher als einzige Beschwerdeinstanz zuständige RVA. nur dann vorgenommen, wenn der Betrieb der seitherigen BG. auf Grund eines offensichtlichen Irrtums angehörte, so daß die fernere Belassung des Betriebs bei dieser BG. mit den über die Zuständigkeit der BG.en erlassenen Vorschriften des Bundesrats geradezu im Widerspruch stehen würde, oder wenn sonst Unzuträglichkeiten vorliegen, welche die fernere Belassung des Betriebs bei der seitherigen BG. als unbillig erscheinen lassen (Handbuch Bd. I, S. 453). An diesem Grundsatz ist auch in Zukunft festzuhalten.

Die Beschwerde (früher „Widerspruch“) ist in Abweichung von der Regel des § 129 Abs. 1 bei dem Genossenschaftsvorstand einzulegen, damit dieser nach Ablauf der Frist alsbald in der Lage ist, die Ab- und Zuschreibung in den Betriebsverzeichnissen zu veranlassen. Wird rechtzeitig (§ 129 Abs. 2 ist anwendbar) Beschwerde eingelegt, so entscheidet das OVA. (§ 1784), gegen dessen Entscheidung die weitere Beschwerde (§ 1797) an das RVA. (LV. Amt) gegeben ist.

Betriebsüberweisung auf Verlangen einer Genossenschaft.

§ 668. Beansprucht eine Genossenschaft die Überweisung eines Betriebs und widerspricht der Unternehmer oder die Genossenschaft, welcher der Betrieb bisher angehörte, so hat der Vorstand dieser Genossenschaft die Sache dem Oberversicherungsamte zur Entscheidung vorzulegen.

Vgl. § 61 Abs. 3 GUVG.; § 17 BUVG.

Beansprucht eine BG. einen in das Betriebsverzeichnis einer anderen BG. eingetragenen Betrieb, so hat sie im Interesse des guten Einvernehmens der BG.en regelmäßig eigene Ermittelungen über die Betriebsverhältnisse zu unterlassen, sondern mit der anderen BG. unter Achtung ihres Besitzstandes in Verbindung zu treten, indem sie um Prüfung und Äußerung ersucht. Die angegangene BG. hat dann den Sachverhalt eingehend und an der Hand der Fragen der anderen BG. unparteiisch aufzuklären (Besch. 2261, A. N. 1908, S. 550).

Anspruch des Unternehmers auf Umschreibung des Betriebs.

§ 669. Beansprucht ein Unternehmer die Umschreibung seines Betriebs, so kann er bei Widerspruch beider Genossenschaften die Entscheidung des Oberversicherungsamts beantragen.

Dieser Paragraph regelt neu den Fall, daß ein Unternehmer eine Umschreibung seines Betriebs, an der er — vor allem wegen der verschiedenen Höhe der Beiträge bei den einzelnen BG.en — ein großes Interesse haben kann, für geboten hält, die BG., in deren Betriebsverzeichnis der Betrieb eingetragen ist, ihn aber nicht abgeben und eine andere BG. ihn nicht aufnehmen will (Begr. S. 311).

Löschung eines Betriebs.

§ 670. Was die §§ 666, 667 für die Überweisung eines Betriebs vorschreiben, gilt entsprechend für seine Löschung.

Die Einstellung des in das Betriebsverzeichnis aufgenommenen Betriebes ist ebenso anzumelden, wie Veränderungen, die für die Zuständigkeit einer bestimmten BG. wichtig ist. Die Einstellung des Betriebs muß von Dauer sein. Betriebseinstellung in diesem Sinne liegt auch dann vor, wenn der Betrieb zwar fortgeführt wird, er aber nicht mehr versicherungspflichtig ist, weil nach Lage der Verhältnisse für die Zukunft die

Beschäftigung von Arbeitern ausgeschlossen ist. In dem Eintritt der Zahlungsunfähigkeit des Unternehmers und in der Eröffnung des Konkurses über sein Vermögen liegt eine Betriebseinstellung ohne weiteres nicht.

Der Nebenbetrieb eines eingestellten Hauptbetriebs ist nicht im Betriebsverzeichnis zu löschen, wenn er fortgeführt wird; es ist vielmehr gegebenenfalls die Überweisung des Nebenbetriebs an die für ihn zuständige BG. zu veranlassen.

Ein bereits eingestellter Betrieb kann nicht mehr überwiesen werden.

Bei Veränderungen des Betriebssitzes wird stets zu prüfen sein, ob es sich nicht um Einstellung des bisherigen Betriebs und Eröffnung eines neuen Betriebs handelt.

Im Falle der Löschung des Betriebs ist der Mitgliedschein einzuziehen.

Wirksamkeit der Änderung bei Überweisung oder Löschung.

§ 671. Wird einem Antrag auf Überweisung oder Löschung Folge gegeben, so wird die Änderung der genossenschaftlichen Zugehörigkeit mit dem Tage wirksam, an dem der Antrag zuerst einem der beteiligten Genossenschaftsvorstände zugegangen ist. Wird der Betrieb von Amts wegen überwiesen oder gelöscht, so ist der Tag maßgebend, an dem die Überweisung oder die Löschung dem Unternehmer mitgeteilt worden ist.

Die beteiligten Vorstände und Unternehmer können einen anderen Tag vereinbaren.

Vgl. § 61 Abs. 4 GUVG.; § 17 BUVG.

Der § 671 Abs. 1 und § 672 treffen neue Vorschriften über den Zeitpunkt der Wirksamkeit der Änderung in der genossenschaftlichen Zugehörigkeit eines Betriebs bei dessen Überweisung oder Löschung für den Fall, daß nicht gemäß § 671 Abs. 2 zwischen den Beteiligten ein bestimmter Tag für den Eintritt der Änderung vereinbart wird.

Verzögerung der Überweisung oder Löschung.

§ 672. Ist die Überweisung oder Löschung dadurch erheblich verzögert worden, daß gesetzliche oder satzungsmäßige Vorschriften nicht beachtet worden sind, so kann das Oberversicherungsamt auf Antrag bestimmen, daß die Änderung der genossenschaftlichen Zugehörigkeit an einem früheren als dem im § 671 Abs. 1 bezeichneten Tage wirksam wird, jedoch nicht vor Beginn des Geschäftsjahrs, für das der Anspruch auf Beiträge noch nicht verjährt ist.

Dieser Paragraph trifft für den besonderen Fall Vorsorge, daß die Überweisung oder Löschung deshalb erheblich verzögert ist, weil Vorschriften des Gesetzes oder der Satzung nicht beachtet sind. Macht das OVA. von der ihm eingeräumten Befugnis Gebrauch, so wirkt dies insbesondere auf die Pflicht zur Entrichtung der Beiträge derart, daß der Unternehmer vor der BG. die Beiträge für die Zeit, von der an die Änderung wirksam wird, zurückfordern und gegebenenfalls von da an die andere Genossenschaft von ihm die Beiträge nachfordern kann.

Die Vorschriften über die Verjährung der Beiträge finden sich im § 29.

Übergang einzelner Betriebe oder Nebenbetriebe.

§ 673. Gehen einzelne Betriebe oder Nebenbetriebe von einer Genossenschaft auf eine andere über, so gilt für den Übergang der Unfallast § 643.

Die übernehmende Genossenschaft hat Anspruch auf einen entsprechenden Teil der Rücklage der abgebenden Genossenschaft. Dieser Teil ist nach einem Durchschnittssatze zu berechnen, den das Reichsversicherungsamt nach der Höhe der Rücklagen sämtlicher Genossenschaften, getrennt nach gewerblichen und landwirtschaftlichen, alle fünf Jahre einheitlich festsetzt.

Die §§ 645, 646 sind anzuwenden.

Vgl. § 53 Abs. 5 GUVG; § 14 BUVG.

Während der Übergang ganzer Gruppen von Betrieben oder Nebenbetrieben von einer BG. zur anderen in den §§ 635 bis 648 geregelt ist, betrifft § 673 den Übergang einzelner Betriebe oder Nebenbetriebe.

Bei jedem Übergang einzelner Betriebe oder Nebenbetriebe von einer BG. auf eine andere gehen — ohne Unterschied, ob dies infolge irriger Eintragung in das Betriebsverzeichnis oder infolge einer Betriebsänderung geschieht — die aus dem Betriebe erwachsenen Unfallasten und im Falle, daß solche vorhanden sind (Besch. 1970, A. N. 1902, S. 680), auch der entsprechende Vermögensteil der abgebenden BG. mit dem Betriebe über (vgl. im übrigen die auch hier zutreffenden Ausführungen in Anm. zu § 643 Satz 1 — Begr. S. 312).

Die neue Vorschrift des Abs. 2 schließt für den Übergang von Einzelbetrieben die umständlichen und kostspieligen Berechnungen aus, wie sie der § 644 für die Feststellung des Vermögensteils, den die abgebende BG. an die andere zu übereignen hat, in dem seltenen Falle des Übergangs von Teilen einer BG. (also z. B. ganzer Betriebszweige) vorschreibt. — Der Durchschnittssatz ist sowohl für gewerbliche als auch für landwirtschaftliche BG.en getrennt zu berechnen, was sich aus der verschiedenen Höhe der Rücklagen rechtfertigt. Eine Berücksichtigung der schwebenden Schuld (Vorbem. zu § 720) findet im Gegensatz zu § 644 nicht statt, um die Abrechnung zu erleichtern.

Abs. 2 beseitigt auch die frühere verschiedene Behandlung der Tiefbau-BG. — für die das Kapitaldeckungsverfahren gilt (§ 731 Abs. 2) — bei Abgabe und Übernahme von Betrieben. — Gehen gemäß § 673 Unfallasten auf die Tiefbau-BG. über, so hat sie das zur Deckung dieser Lasten erforderliche Kapital bei der nächsten Umlegung mit aufzubringen.

Meldepflicht bei Betriebsänderungen, die für den Gefahrtarif von Bedeutung sind.

§ 674. Die Meldepflicht bei Betriebsänderungen, die auf die Veranlagung zum Gefahrtarife wirken (§ 711), und das weitere Verfahren sind in der Satzung zu regeln.

Hat ein Ausschuß oder der Vorstand der Genossenschaft den Gefahrtarif aufzustellen und zu ändern (§ 707), so kann ihm die Genossenschaftsversammlung auch übertragen, die Meldepflicht bei diesen Betriebsänderungen zu regeln.

Gegen den Bescheid, den die Genossenschaft auf die Anmeldung der Änderung oder von Amts wegen erläßt, hat der Unternehmer die Beschwerde.

Vgl. § 62 GUVG.; § 17 BUVG.

Welche Betriebsänderungen für die Veranlagung zum Gefahrtarif von Bedeutung sind, bestimmt sich nach dem Gefahrtarif. Ganz vorübergehende Änderungen nötigen zu einer Meldung nicht. Nach dem Gefahrtarif wesentliche Änderungen führen auch während der Tarifzeit zu einer Neuveranlagung des Betriebs (§ 711 Abs. 2).

Die Vorschrift des Abs. 2 ist aus § 64 Abs. 2, Satz 2 des SUVG. übernommen.

Die Beschwerde geht an das OVA. (§§ 1791, 1784), die weitere Beschwerde (§ 1797) an das RVA. (LV. Amt). Die Beschwerdefrist beträgt einen Monat (§§ 128, 129).

V. Satzung.

Allgemeines.

§ 675. Die Berufsgenossenschaften regeln ihre innere Verwaltung und ihre Geschäftsordnung durch eine Satzung, welche die Genossenschaftsversammlung beschließt.

Vgl. § 36 Abs. 1, Satz 1, § 52 Abs. 3 GUVG.; § 14 BUVG.

Die Satzung ist bestimmt, das Gesetz zu ergänzen. Ihre Vorschriften können nur im Rahmen des Gesetzes erlassen werden und gelten nur für die Genossenschaftsmitglieder. Vorschriften über die innere Geschäftsführung des Genossenschaftsvorstandes und über die Obliegenheiten der Geschäftsführer gehören nicht in die Satzung. Sie können in besonderen Geschäftsordnungen erlassen werden.

Die Frage, ob die Satzung dem Verwalter im Konkurse eines Genossenschaftsmitglieds Verpflichtungen auferlegen kann, ist nicht unzweifelhaft, aber wohl zu bejahen.

Der vorläufige Vorstand bei der Genossenschaftsgründung.

§ 676. Der von der Gründungsversammlung gewählte vorläufige Vorstand hat die Versammlung zu leiten und die Geschäfte der Genossenschaft zu führen, bis der auf Grund einer gültigen Satzung gewählte Vorstand die Geschäfte übernimmt.

Der vorläufige Vorstand besteht aus einem Vorsitzenden, einem Schriftführer und mindestens drei Beisitzern.

Vgl. § 36 Abs. 1, Satz 2 GUVG.; § 14 BUVG.

Mußinhalt der Satzung.

§ 677. Die Satzung muß bestimmen über

1. Namen, Sitz und Bezirk der Genossenschaft,
2. Zusammensetzung, Rechte und Pflichten des Vorstandes,
3. Form der Willenserklärungen des Vorstandes sowie seiner Unterschrift für die Berufsgenossenschaft, Art der Beschlußfassung des Vorstandes und seine Vertretung nach außen,

4. Berufung der Genossenschaftsversammlung und Art ihrer Beschlußfassung,
5. Stimmrecht der Mitglieder und Prüfung ihrer Vollmachten,
6. Höhe der Sätze für entgangenen Arbeitsverdienst und für Reisekosten, die den Vertretern der Versicherten zu gewähren sind (§ 21),
7. Vertretung der Genossenschaft gegenüber dem Vorstand,
8. Verfahren der Genossenschaftsorgane beim Einschätzen der Betriebe in den Klassen des Gefahrtarifs,
9. Verfahren bei Betriebsänderungen und bei Wechsel der Person des Unternehmers,
10. Folgen von Betriebseinstellung oder von Wechsel der Person des Unternehmers, besonders Sicherstellung seiner Beiträge, wenn er den Betrieb einstellt,
11. Aufstellung, Prüfung und Abnahme der Jahresrechnung,
12. Handhabung des Erlasses von Vorschriften zur Unfallverhütung und zur Überwachung der Betriebe,
13. Verfahren bei Anmeldung und Ausscheiden versicherter Unternehmer, Lotsen und anderer, nach § 548 Nr. 3, § 552 Versicherter sowie Höhe und Ermittlung des Jahresarbeitsverdienstes der Unternehmer und Lotsen,
14. Art der Bekanntmachungen,
15. Änderung der Satzung.

Vgl. § 37 GUVG.; § 14 BUVG.

Dieser Paragraph enthält diejenigen Bestimmungen, welche die Satzung enthalten muß. Nicht aufgeführt ist, aber aufgenommen werden muß in jede Satzung die Regelung über die Gestaltung der Verhältniswahl, die durch § 15 für die Wahl des Vorstandes der BG.en (nicht auch des Vorstandsvorsitzenden und seines Stellvertreters) vorgeschrieben ist. Der § 677 ist den §§ 321, 972, 1143, 1338 (Mußinhalt der Satzungen der KK., landwirtschaftlichen BG.en, See-BG. und V. Anstalten) möglichst angepaßt. Hierauf ist die Hinzufügung der Nummern 2, 3, 14 zurückzuführen.

Zu Nr. 6: Soll auch den Mitgliedern der Organe der BG.en ein Pauschbetrag für Zeitverlust gewährt werden (§ 21 Abs. 2, Satz 2), so muß die Satzung eine entsprechende Bestimmung enthalten. Die Festsetzung der Höhe des Pauschbetrages gehört nicht in die Satzung, sondern erfolgt gemäß § 686 Abs. 4 und bedarf nach § 21 Abs. 3 der Genehmigung der Behörde, welche die Satzung genehmigt. — Feste Reisekostenentschädigungen nach Einheitssätzen können in der Satzung bestimmt werden.

Zu Nr. 14 braucht die Satzung nicht etwa schon die einzelnen Blätter namhaft zu machen, in denen die BG. ihre Bekanntmachungen erläßt. Jedenfalls muß aber die Satzung klarstellen, von wem und in welcher Weise die Art der Bekanntmachung zu bestimmen ist, und dafür sorgen, daß diese Bestimmungen rechtzeitig und in ausreichender Weise zur Kenntnis der Beteiligten gelangen können (Begr. S. 200).

Zu Nr. 15: Für Satzungsänderungen können erschwerende Bestimmungen getroffen werden.

Bestimmungen, welche die Satzung enthalten kann, aber nicht enthalten muß, finden sich in zahlreichen Paragraphen (vgl. § 5 Abs. 3, §§ 21, 602, 576 Abs. 1, § 674 Abs. 1, §§ 678, 679, 680, 687 Abs. 2, 3, §§ 733 bis 735, 738, 750, 751, 1509).

Das RVA. hat im Februar 1901 ein „Neues Musterstatut für die gewerblichen BG.en“ abgefaßt, das für die Errichtung der Statuten von gewerblichen BG.en einen Rahmen und eine Anleitung gibt, dessen Inhalt aber für die BG.en in keiner Weise verbindlich ist. Das „Neue Musterstatut“ ist im Handbuch Bd. III, S. 92 flg. abgedruckt. Die durch das RVA. herbeigeführten Änderungen werden zur Abfassung einer neuen Mustersatzung Anlaß geben.

Die BG.en haben bis zu einem von dem RVA. (LV. Amt) zu bestimmenden Tage die Änderung ihrer Satzungen nach der RVO. zu beschließen (Art. 48 Einf.-Ges.).

Vertreterversammlungen, Sektionen, Vertrauensmänner (§§ 678, 679).

§ 678. Die Satzung kann bestimmen, daß

1. die Genossenschaftsversammlung aus Vertretern zusammengesetzt wird,
2. die Genossenschaft in örtliche Sektionen eingeteilt wird,

3. besondere Vertrauensmänner als örtliche Organe der Genossenschaft eingesetzt werden.

Vgl. § 38 Abs. 1, Satz 1 GUVG.; § 14 BUVG.

Zu Nr. 1: Die meisten gewerblichen BG.en haben von der Befugnis Gebrauch gemacht, an die Stelle der Genossenschaftsversammlungen Vertreter- (früher Delegierten-) Versammlungen zu setzen. Die Vertreter, die auch Frauen sein können, sind bei der Stimmabgabe nicht an Aufträge und Weisungen der Sektionsversammlungen gebunden, die sie gewählt haben. Ein am Erscheinen in der Versammlung verhinderter Vertreter kann einen anderen Vertreter mit seiner Vertretung betrauen. Die Satzung kann anordnen, daß für jeden Vertreter ein Ersatzmann zu wählen ist, der den Vertreter in Behinderungsfällen zu vertreten hat.

Zu Nr. 2: Von den gewerblichen BG.en sind 45 in Sektionen eingeteilt. Die Sektionen haben keine selbständige juristische Persönlichkeit. Über die Gliederung der einzelnen BG.en in Sektionen vgl. Bek. v. 15. Sept. 1906, A. N. S. 517 flg., bes. S. 531 flg., bezw. Handbuch Bd. III, S. 341 flg.

Zu Nr. 3: Die Einrichtung der Vertrauensmänner findet sich bei den weitaus meisten gewerblichen BG.en. Ihre Bestellung kann auch durch die Genossenschafts- oder Sektionsvorstände erfolgen (§ 679 Abs. 2). — Hauptaufgaben der Vertrauensmänner liegen in der Mitwirkung bei der Unfalluntersuchung (§ 1563 Abs. 2) und im Einspruchsverfahren bei der Änderung von Dauerrenten (§ 1604 Abs. 2); ferner kann ihnen durch die Satzung die Feststellung der Leistungen der Unfallversicherung in gewissem Umfang (§ 1569 Nr. 1) übertragen werden. Die Vertrauensmänner haben der BG. von allen für sie wichtigen Tatsachen, die sie in Erfahrung bringen, Mitteilung zu machen (z. B. von dem Bestehen nicht angemeldeter bei der BG. versicherter Betriebe, von der Nichtbeobachtung von Unfallverhütungsvorschriften). Noch andere Aufgaben können durch die Satzung den Vertrauensmännern überwiesen werden.

§ 679. Bestimmt die Satzung solches, so hat sie zugleich zu bestimmen über

Wahl der Vertreter,

Sitz und Bezirk der Sektionen,

Zusammensetzung und Berufung der Sektionsversammlungen und Art ihrer Beschlußfassung.

Zusammensetzung, Rechte und Pflichten der Sektionsvorstände, Wahl, Bezirke, Rechte und Pflichten der Vertrauensmänner und ihrer Stellvertreter.

Die Genossenschaftsversammlung kann die Abgrenzung der Bezirke und die Wahl der Vertrauensmänner und ihrer Stellvertreter dem Genossenschafts- oder Sektionsvorstande, die Wahl der Sektionsvorstände den Sektionsversammlungen übertragen.

Vgl. § 38 Abs. 1, Satz 2 GUVG.; § 14 Abs. 2 BUVG.

Hat die Satzung Vertreterversammlungen, Sektionen und Vertrauensmänner eingeführt, so muß sie auch Bestimmungen über die im Abs. 1 angegebenen Punkte treffen (vgl. Anm. zu § 678).

Die Bezirke der Sektionen sind ausnahmslos unter Benutzung der Grenzen der Bundesstaaten sowie der staatlichen und kommunalen Verwaltungsbezirke gebildet worden.

Die Wahl der Sektionsvorstände und der Vertreter hat nach den Grundsätzen der Verhältniswahl zu erfolgen (§ 15), worüber in der Satzung Vorschriften zu treffen sind. Bei der Wahl von Vertrauensmännern, die ebenfalls Vertreter der Unternehmer im Sinne des § 15 Abs. 1 sind, ist die Verhältniswahl unanwendbar, wenn nach der Satzung für jeden Bezirk nur ein Vertrauensmann zu wählen ist. Für die Verhältniswahl ist auch dann kein Raum, wenn neben dem Vertrauensmann noch ein Stellvertreter zu wählen ist.

Strafbefugnis des Genossenschaftsvorstandes.

§ 680. Die Satzung kann den Genossenschaftsvorstand ermächtigen, gegen Unternehmer und ihnen nach § 912 Gleichgestellte, die ihren satzungsmäßigen Pflichten zuwiderhandeln, Geldstrafen bis zu fünfundzwanzig Mark zu verhängen.

Dieser Paragraph hat für die Strafbefugnis des Genossenschaftsvorstandes bei Übertretung von Ordnungsvorschriften der Satzung — in dem bisher von der Rechtsprechung des RVA. bereits anerkannten Umfang — eine zweifelfreie Unterlage geschaffen. Die Befugnis des Genossenschaftsvorstandes, Unternehmer wegen Nichterfüllung der ihnen durch das Gesetz auferlegten Pflichten zu bestrafen, ist in den §§ 908, 909 geregelt.

Eine dem § 680 entsprechende allgemeine Satzungsvorschrift reicht aus, um jede Zuwiderhandlung gegen satzungsgemäße Pflichten zu bestrafen.

Errichtung der Satzung (§§ 681 bis 683).

§ 681. Die Satzung bedarf der Genehmigung des Reichsversicherungsamts. Soll die Genehmigung versagt werden, so entscheidet über sie der Beschlußsenat; die Gründe der Versagung sind mitzuteilen. Wird die Genehmigung versagt, so entscheidet auf Beschwerde der Bundesrat.

Vgl. § 39 Abs. 1, Satz 1, 3 GUVG.; § 14 BUVG.

Die §§ 681 bis 696 sind mit den §§ 1339 bis 1341 in möglichste Übereinstimmung gebracht.

Die Gültigkeit der Satzung und ihrer Nachträge hängt von der Veröffentlichung durch die für Bekanntmachungen bestimmten Blätter (vgl. § 677 Nr. 14) nicht ab. Vor der Genehmigung ist die Satzung nicht rechtsverbindlich.

Bei BG.en, welche der Aufsicht eines LV. Amts unterstehen, wird an Stelle des Bundesrats die oberste Landesbehörde zu entscheiden haben.

Versagung der Genehmigung.

§ 682. Ist die Genehmigung endgültig versagt, so hat in der vom Reichsversicherungsamte festgesetzten Frist die Genossenschaftsversammlung über eine neue Satzung zu beschließen. Kommt kein Beschluß zustande oder wird auch die neue Satzung endgültig nicht genehmigt, so erläßt das Reichsversicherungsamt die Satzung und ordnet auf Kosten der Genossenschaft das zur Ausführung Erforderliche an.

Vgl. § 39 Abs. 2 GUVG.; § 14 BUVG.

Diese Vorschrift gilt nur für neuerrichtete BG.en. Für bereits bestehende BG.en gewährt § 689 dem RVA. die etwa erforderlichen Zwangsmittel.

Satzungsänderungen.

§ 683. Die Satzung darf nur mit Genehmigung des Reichsversicherungsamts geändert werden. Soll die Genehmigung versagt werden, so entscheidet über sie der Beschlußsenat; die Gründe der Versagung sind mitzuteilen. Wird die Genehmigung versagt, so entscheidet auf Beschwerde der Bundesrat.

§ 39 Abs. 1, Satz 2, 3 GUVG.; § 14 BUVG.

Der Bundesrat ist auf Grund dieser dem bisherigen Recht entnommenen Bestimmung erst einmal — ohne Erfolg — angerufen worden. Im übrigen vgl. Anm. zu § 681.

Bekanntmachung.

§ 684. Ist die Satzung genehmigt, so hat der Genossenschaftsvorstand im Reichsanzeiger Namen und Sitz der Genossenschaft und die Bezirke der Sektionen bekannt zu machen.

Das Gleiche gilt für Änderungen.

Vgl. § 40 GUVG.; § 14 BUVG.

Für die Rechtsverbindlichkeit der Satzung ist die Bekanntmachung ohne Einfluß.

VI. Genossenschaftsorgane.

Vorbemerkung.

Die Überschrift „Genossenschaftsorgane" ist gewählt, weil der Unterabschnitt sowohl von den Genossenschaftsvorständen. wie auch von der Genossenschaftsversammlung (bezw. der Vertreterversammlung) und von den Vertrauensmännern handelt.

Vorstand.

§ 685. Der Vorstand verwaltet die Genossenschaft, soweit Gesetz oder Satzung nichts anderes bestimmen.

Vgl. § 41 Abs. 1 GUVG.; § 14 BUVG.

Die Vorstände der Genossenschaften gelten im Gegensatz zu den Vorständen der V. Anstalten an sich nicht als öffentliche Behörden, es sei denn, daß (wie bei den landw. BG.en in Preußen der Provinzialausschuß) eine öffentliche Behörde zum Genossenschaftsvorstand bestellt ist.

Für die Genossenschaftsvorstände gelten auch die §§ 5 bis 24. Danach wird die Genossenschaft durch den Vorstand gerichtlich und außergerichtlich vertreten. Die Vertretung nach außen kann auch im Allgemeinen einem Mitglied des Vorstands, dem Vorsitzenden, und für bestimmte Angelegenheiten (z. B. für Vermögensangelegenheiten über 5000 M.) 2 Mitgliedern des Vorstandes übertragen werden (§ 5 Abs. 3).

Über die Zuständigkeit der Genossenschafts- und der Sektionsvorstände für die Feststellung der Leistungen der Unfallversicherung vgl. §§ 1568, 1569.

Den Genossenschaftsvorständen kann durch die Satzung gegenüber den Sektionsvorständen ein Aufsichtsrecht im weitesten Umfang eingeräumt werden. Andernfalls sind die Sektionsvorstände im Rahmen ihrer Befugnisse selbständig und einer Aufsicht des Genossenschaftsvorstands nicht unterworfen.

Die Übertragung bestimmter Aufgaben des Genossenschaftsvorstands auf besoldete Geschäftsführer ist im § 703 zugelassen.

Der Genossenschaftsvorstand hat alle wichtigen Schriftstücke, insbesondere soweit sie die BG. verpflichten, handschriftlich zu vollziehen. Abgesehen hiervon ist die Benutzung eines Namenstempels, oder auch der Druck der Unterschrift (z. B. bei Mitgliedscheinen) zugelassen. Durch die ordnungswidrige Verwendung eines Facsimilestempels an Stelle der erforderlichen handschriftlichen Vollziehung wird die Rechtsgültigkeit einer vom Vorstand ausgegangenen Willenserklärung nicht berührt (vgl. Entsch. des preuß. Ober-Verw.-Gerichts Bd. 47 S. 408). — Über die Beurkundung der Feststellungsbeschlüsse sowie über die Unterzeichnung und Ausfertigung der Bescheide und Endbescheide kann nach § 1611 das RVA. Näheres bestimmen.

Genossenschaftsversammlung.

§ 686. Der Genossenschaftsversammlung bleibt vorbehalten,

1. die Vorstandsmitglieder zu wählen,
2. die Satzung zu ändern,
3. die Jahresrechnung zu prüfen und abzunehmen, wenn die Genossenschaftsversammlung dazu nicht einen besonderen Ausschuß bestellt,
4. für die Mitglieder der Organe der Genossenschaft die Höhe des Pauschbetrags für Zeitverlust und der Sätze für Reisekosten zu bestimmen.

Vgl. § 41 Abs. 3 GUVG.; § 14 BUVG.

Zu Nr. 4: Den — ehrenamtlich tätigen — Organen der Genossenschaft darf ein Pauschbetrag für Zeitverlust nur auf Grund einer ausdrücklichen Vorschrift der Satzung zu gewährt werden (§ 21 Abs. 2). Vgl. im übrigen Anm. zu § 677 Nr. 6.

In der Reichstagskommission (Kom. Ber. Bd. III, S. 112) ist unter Billigung der bisherigen Bestrebungen des RVA. hervorgehoben worden, daß bei der Festsetzung der Höhe der Vergütungen für Zeitverlust eingehend zu prüfen ist, in welchem Umfang die Erledigung der genossenschaftlichen Geschäfte die Arbeitskraft der Organe in Anspruch nimmt, welchen Wert die der BG. gewidmete Zeit für sie nach ihren persönlichen und geschäftlichen Verhältnissen hat, und welchen Schaden (z. B. durch Annahme von Hilfskräften oder Einschränkung des Geschäfts) sie in ihrer Berufstätigkeit durch Wahrnehmung der Genossenschaftsgeschäfte erleiden. Bei Einholung der erforderlichen Zustimmung der zur Satzungsgenehmigung berufenen Behörde (§ 21 Abs. 3) sind die für die Höhe der Vergütung in Betracht kommenden Umstände glaubhaft zu machen.

Zusammensetzung des Vorstands. — Wählbarkeit zum Vorstandsmitglied, Vertrauensmann und Vertreter.

§ 687. In den Vorstand oder als Vertrauensmann der Genossenschaft oder als Vertreter in der Genossenschaftsversammlung (§ 678 Nr. 1) kann, vorbehaltlich der §§ 13, 14, gewählt werden, wer der Genossenschaft als Mitglied angehört oder den Mitgliedern gleichsteht (§ 13 Abs. 2).

Wählbar zu Mitgliedern des Vorstandes sind auch solche Mitglieder einer Innung oder des Aufsichtsrats einer der Genossenschaft angehörigen Aktiengesellschaft, Kommanditgesellschaft auf Aktien oder Gesellschaft mit beschränkter Haftung, die mindestens fünf Jahre lang Unternehmer oder bevollmächtigte Betriebsleiter eines der Genossenschaft angehörigen Betriebs gewesen sind.

Sind in einer Genossenschaft verschiedenartige Gewerbszweige oder Betriebsarten (große, mittlere, kleine Betriebe) vereinigt, so sollen diese im Vorstand möglichst vertreten sein. Die Satzung bestimmt das Nähere.

Die Satzung einer Genossenschaft kann bestimmen, daß Vertreter der Versicherten ihrem Vorstand oder, wenn die Genossenschaft in Sektionen geteilt ist, dem Sektionsvorstand mit Stimmrecht angehören. Die Knappschafts-Berufsgenossenschaft kann durch die Satzung bestimmen, daß die Vertreter der Versicherten Knappschaftsälteste sein müssen. Ihre Wahl erfolgt durch die nach § 858 gewählten Vertreter der Versicherten; für ihre Wählbarkeit gilt § 859.

Vgl. § 43 Abs. 1, Satz 1, § 134 Abs. 2c GUVG.; § 14 BUVG.

Für die Vertrauensmänner und Vertreter gelten die allgemeinen Vorschriften der §§ 3 bis 24.

Nach §§ 13, 14 Abs. 2 sind wählbar Unternehmer (§ 633), die regelmäßig mindestens einen bei der BG. versicherten Versicherungspflichtigen beschäftigen; ob die Unternehmer zugleich auch selbst bei der BG. versichert sind, hat keine Bedeutung für ihre Wählbarkeit. Den Unternehmern stehen bevollmächtigte Betriebsleiter und die gesetzlichen Vertreter der Genossenschaftsmitglieder gleich.

Eine ausdrückliche Annahme der Wahl ist nicht erforderlich, Niederlegung des Amts ohne Genehmigung der Genossenschaftsversammlung unzulässig.

Abs. 2 enthält nur bei äußerlicher Betrachtung eine Durchbrechung des grundsätzlichen Aufbaus der Reichsversicherung, die sonst überall nur Arbeitgeber und Arbeitnehmer zu ihrer Durchführung heranzieht. Denn die genannten Personen bleiben mit dem versicherten Betrieb und den Interessen des Gewerbezweiges in engster Fühlung. Die Vorschrift des Abs. 2 beseitigt den bisherigen Übelstand, daß den Organen der BG. jahrelang angehörige, sehr geeignete Persönlichkeiten ausscheiden mußten, insbesondere wenn sie ihr Unternehmen in eine Aktiengesellschaft oder G. m. b. H. umwandelten, und dann in deren Aufsichtsrat traten.

Abs. 3 will eine angemessene Vertretung aller wichtigeren Industriezweige und neben den Großbetrieben auch der mittleren und kleineren Betriebe herbeiführen. Trägt die Satzung der Sollvorschrift des Abs. 3 nicht angemessen Rechnung, so kann das RVA. die Genehmigung der Satzung verweigern; auf Beschwerde der BG. hätte gemäß §§ 681, 683 der Bundesrat zu entscheiden (Kom. Ber. Bd. III, S. 115). — Zum Zwecke der Berücksichtigung der kleineren Gewerbetreibenden in den Vorständen der BG.en ist auch der Grundsatz der Verhältniswahl (§ 15) auf diese erstreckt worden.

Abs. 4 stellt sich als Ausdehnung einer bisher für die Knappschafts-BG. geltenden Ausnahmevorschrift dar (vgl. § 134 GUVG.).

Vertretung in der Genossenschaftsversammlung.

§ 688. Die Mitglieder der Genossenschaften können sich in der Genossenschaftsversammlung durch andere stimmberechtigte Mitglieder oder durch einen bevollmächtigten Leiter ihres Betriebs vertreten lassen.

Vgl. § 36 Abs. 2 GUVG.; § 14 BUVG.

Mitglieder der Genossenschaft können sich durch andere stimmberechtigte Mitglieder derselben BG., denen nach § 13 Abs. 2, § 687 Abs. 1 die gesetzlichen Vertreter solcher Mitglieder gleichstehen, nicht aber durch bevollmächtigte Leiter der Betriebe anderer Mitglieder vertreten lassen. Soweit Mitglieder der BG. nicht im Besitze der bürgerlichen Ehrenrechte sind, haben sie kein Recht, sich vertreten zu lassen (§ 652).

Die Mitglieder der Genossenschaft können sich auch durch einen mit ausreichender Vollmacht (Besch. 32, A. N. 1885, S. 111) versehenen Leiter ihres Betriebs vertreten lassen. Betriebsleiter im Sinne dieser Vorschrift sind nur die kaufmännischen oder technischen Betriebsleiter (Prokuristen, Direktoren oder gleichgestellte Personen), nicht aber die Vorsteher unbedeutender Betriebsteile.

Die bei den Beratungen der Reichstagskommission beantragte Bestimmung, daß die Satzung die Zulässigkeit der Vertretung auf eine bestimmte Anzahl von Stimmen beschränken könne, ist nicht aufgenommen worden (Kom. Ber. Bd. III, S. 117).

Führung der Geschäfte der Berufsgenossenschaft durch das Reichsversicherungsamt (LV. Amt).

§ 689. Solange und soweit die Wahl gesetzlicher Organe einer Genossenschaft nicht zustande kommt oder gesetzliche Organe sich weigern, ihre Geschäfte zu führen, führt sie auf Kosten der Genossenschaft das Reichsversicherungsamt selbst oder durch Beauftragte.

Vgl. § 46 GUVG.; § 14 BUVG.

Dieser Paragraph findet auch auf nichtgewählte Organe der Genossenschaften, wie die Genossenschaftsversammlung Anwendung. Danach ist das RVA. in der Lage, den Erlaß der nötigen Unfallverhütungsvorschriften und die Anstellung der erforderlichen Zahl von technischen Aufsichtsbeamten herbeizuführen (Begr. S. 315).

Mit der Führung der Geschäfte kann das RVA auch ein anderes Organ der Genossenschaft betrauen.

VII. Angestellte.

Angemessene Regelung der Anstellungsbedingungen.

§ 690. Die Genossenschaftsversammlung hat die allgemeinen Anstellungsbedingungen und die Rechtsverhältnisse der Angestellten der Genossenschaft durch eine Dienstordnung angemessen zu regeln.

Für Angestellte, die nur auf Probe, zu vorübergehender Dienstleistung, zur Vorbereitung oder die nur nebenher ohne Entgelt beschäftigt werden, gilt die Dienstordnung nur, soweit sie es vorsieht

Vgl. § 48 Abs. 1 GUVG.; § 14 BUVG.

Um den vielfachen Klagen der genossenschaftlichen Angestellten über ihre Anstellungs- und Besoldungsverhältnisse, soweit sie berechtigt waren, abzuhelfen, hat das Gesetz dem RVA. die ihm bisher nicht zustehende Befugnis eingeräumt, bei Genehmigung der Dienstordnungen auch materiell zu Gunsten der Angestellten einzugreifen. Die BG. hat die Pflicht, die Rechtsverhältnisse und allgemeinen Anstellungsverhältnisse angemessen zu regeln. Hierbei sind die Rechtsverhältnisse vergleichbarer Klassen von Staats- und Gemeindebeamten und von Beamten der V. Anstalten, sowie auch die Bestimmungen für die Angestellten der Krankenkassen zu berücksichtigen. Bei der Vergleichung mit Beamten werden Vorschriften über deren Vorbildung nicht außer Betracht bleiben dürfen, da die BG.en im allgemeinen keine bestimmte Vorbildung verlangen. Bei dem beamtenähnlichen Verhältnis der Angestellten zur Genossenschaft wird auf ihre dauernde Anstellung Bedacht zu nehmen sein, wenn sich ein dauerndes Bedürfnis für die Stelle ergeben hat. Die beim Inkrafttreten der RVO. bestehenden Dienstordnungen sind diesen Grundsätzen anzupassen (vgl. Begr. S. 315, 316; Kom. Ber. Bd. III, S. 118, 120, 123). Den Erlaß einer die dienstlichen Verhältnisse der Angestellten angemessen regelnden Dienstordnung kann das RVA. gemäß § 700 erzwingen.

Nach Abs. 2 gelten für die hier genannten Angestellten die §§ 691 bis 699 nur soweit dies die Dienstordnung vorsieht.

Dienstordnung.

§ 691. Für die Dienstordnung sind die Grundsätze der §§ 692 bis 699 maßgebend.

Den Geltungsbereich der Dienstordnung ergibt § 690 Abs. 2 (vgl. Anm. dazu). Die Dienstordnung findet darnach auf die meisten Angestellten der Genossenschaften Anwendung.

Schriftlichkeit des Anstellungsvertrages.

§ 692. Die Anstellung ist durch schriftlichen Vertrag zu bewirken.

Kündigungsrecht.

§ 693. Das Kündigungsrecht der Genossenschaft darf den Angestellten nicht schlechter stellen, als er mangels einer Vereinbarung nach Bürgerlichem Recht gestellt sein würde.

Ein kündbar Angestellter kann ohne Kündigung entlassen werden, wenn ein wichtiger Grund vorliegt. Gegenüber kündbar Angestellten, die länger als zehn Jahre bei der Genossenschaft beschäftigt sind, darf auch die Kündigung nur aus einem wichtigen Grunde ausgesprochen werden. Im letzteren Falle gilt es auch als ein wichtiger Grund, wenn Angestellte infolge Änderung im Bestande der Genossenschaft oder in deren Geschäftsverwaltung nicht bloß vorübergehend entbehrlich werden; dann soll zunächst den Dienstjüngeren der Angestelltenklasse, für welche die Änderung erheblich ist, gekündigt werden.

Die Kündigungsfristen des BGB. sind in §§ 621, 622 a. a. O. geregelt. Bei wöchentlicher Lohnzahlung kann nur zum Schluß einer Kalenderwoche, bei monatlicher Lohnzahlung nur zum Schluß eines Kalendermonats gekündigt werden; die Kündigung muß spätestens am ersten Werktage der Woche, bezw. am 15. des Monats erfolgten.

Lebenslängliche Anstellung.

§ 694. Eine lebenslängliche Anstellung ist zulässig, soweit die Dienstordnung sie vorsieht. Diese hat dann auch die Bedingungen für die lebenslängliche Anstellung, sowie die Rechtsverhältnisse solcher Angestellten zu regeln.

Die lebenslängliche Anstellung ist jedenfalls bei einer großen Anzahl von berufsgenossenschaftlichen Beamten anzustreben.

Gehälter.

§ 695. Die Dienstordnung hat die Gehälter, die mindestens zu zahlen sind, für die einzelnen Klassen der Angestellten, mit Ausnahme der im § 690 Abs. 2 bezeichneten, sowie Grundsätze über ein Aufsteigen im Gehalt festzusetzen. Sie bestimmt zugleich, wieweit das Gehalt fortzuzahlen ist, wenn der Angestellte ohne sein Verschulden an der Dienstleistung verhindert ist.

Die Dienstordnung hat Grundsätze über den Gehaltsrahmen der einzelnen Beamtenklassen, über die Zeit des Aufrückens in eine höhere Gehaltsklasse und über die Aufrückungssätze festzustellen; es bleibt ihr überlassen, angemessene Voraussetzungen und Bedingungen für ein solches Aufsteigen vorzusehen. — Die Vorschrift schließt nicht aus, daß für gewisse Stellen nach den besonderen Umständen Einzelgehälter ohne Steigerung festgesetzt werden können (Kom. Ber. Bd. III, S. 128).

Die Anrechnung der bei anderen Genossenschaften zurückgelegten Dienstzeit ist für die Festsetzung der Besoldungs- und Pensionsverhältnisse der Angestellten gesetzlich nicht vorgeschrieben.

Mißbrauch der dienstlichen Stellung.

§ 696. Angestellte, die ihre dienstliche Stellung oder ihre Dienstgeschäfte zu einer religiösen oder politischen Betätigung mißbrauchen, hat der Vorstand, nachdem ihnen Gelegenheit zur Äußerung gegeben worden ist, zu verwarnen und bei Wiederholung zu entlassen; die Entlassung bedarf der Genehmigung des Reichsversicherungsamts. Eine religöse oder politische Betätigung außerhalb der Dienstgeschäfte und die Ausübung des Vereinigungsrechts dürfen, soweit sie nicht gegen die Gesetze verstoßen, nicht gehindert werden und gelten an sich nicht als Gründe zur Kündigung oder Entlassung.

Diese Vorschrift gilt sowohl für lebenslänglich, als auch für kündbar Angestellte.

Ruhegehalt und Hinterbliebenenfürsorge.

§ 697. Gewährt die Dienstordnung ein Recht auf Ruhegehalt oder auf Hinterbliebenenfürsorge, so hat sie auch die Bedingungen für deren Gewährung zu regeln.

Anstellung durch den Vorstand, dessen Vorsitzenden und den Geschäftsführer.

§ 698. Die Ausstellung kann nur für die im § 690 Abs. 2 bezeichneten Personen den Geschäftsführern überlassen werden. Der Vorsitzende des Vorstandes hat dann binnen einer in der Dienstordnung bestimmten Frist von längstens sechs Monaten über eine weitere Beschäftigung nach § 690 Abs. 2 zu befinden. Er bestimmt für solche Personen auch über Kündigung und Entlassung.

Im übrigen hat der Vorstand über die Anstellung, Kündigung und Entlassung, sowie über die Zuteilung zu einer Angestelltenklasse, das Aufsteigen im Gehalt und die Gewährung und die Versagung von Ruhegehalt und Hinterbliebenenfürsorge zu beschließen.

Diese Vorschrift schafft Abhilfe für die Klagen der Angestellten, daß sie anstatt von der BG. selbst von dem Geschäftsführer angenommen würden.

Strafen.

§ 699. Die Dienstordnung soll die Zuständigkeit zur Verhängung von Strafen und die Rechtsbehelfe dagegen regeln. Geldstrafe darf nur bis zum Betrag eines einmonatigen Diensteinkommens vorgesehen werden.

Hören der Angestellten. Genehmigung des Reichsversicherungsamts.

§ 700. Vor Aufstellung der Dienstordnung hat der Vorstand die volljährigen Angestellten zu hören.

Die Dienstordnung bedarf der Genehmigung des Reichsversicherungsamts.

Wird die Genehmigung versagt, und kommt in der festgesetzten Frist eine andere Dienstordnung nicht zu stande oder wird sie nicht genehmigt, so erläßt das Reichsversicherungsamt die Dienstordnung.

Das Gleiche gilt für Änderungen.

Beschlüsse, die gegen die Dienstordnung verstoßen. — Nichtige Bestimmungen des Anstellungsvertrages.

§ 701. Beschlüsse des Genossenschaftsvorstandes oder der Genossenschaftsversammlung, die gegen die Dienstordnung verstoßen, hat der Vorsitzende des Vorstandes durch Beschwerde an das Reichsversicherungsamt zu beanstanden; die Beschwerde bewirkt Aufschub.

Läuft eine Bestimmung des Anstellungsvertrags der Dienstordnung zuwider, so ist sie nichtig.

Militäranwärter.

§ 702. Für Inhaber des Zivilversorgungsscheins (Militäranwärter) darf kein Vorrecht bei der Stellenbesetzung vorgeschrieben werden.

Vgl. § 48 Abs. 1 GUVG.; § 14 BUVG.

Geschäftsführer.

§ 703. Der Genossenschaftsvorstand kann auf eigene Verantwortung bestimmte Aufgaben besoldeten Geschäftsführern übertragen.

Das Nähere bestimmt das Reichsversicherungsamt.

§ 42 Abs. 4 GUVG.; § 14 BUVG.

Das RVA. hat am 18. September 1903 „Vorschriften, betr. die Übertragung von Verwaltungsgeschäften auf die Geschäftsführer der BG.en“ erlassen. Sie sind im Handbuch Bd. III, S. 397 flg. abgedruckt.

Haushaltsplan.

§ 704. Die Gehälter der Angestellten stellt im einzelnen der Haushaltsplan der Genossenschaft fest.

Vgl. § 48 Abs. 2 GUVG.; § 14 BUVG.

Streitigkeiten.

§ 705. In Streitigkeiten aus dem Dienstverhältnis der Angestellten, die der Dienstordnung unterstehen, entscheidet auf Beschwerde das Reichsversicherungsamt (Beschlußsenat), wenn es sich um Kündigung, Entlassung, Geldstrafe von mehr als zwanzig Mark oder vermögensrechtliche Ansprüche handelt.

Für vermögensrechtliche Ansprüche gelten folgende besondere Vorschriften:

Der Rechtsweg ist zulässig. Die Klage kann nur binnen einem Monat erhoben werden, nachdem die Entscheidung des Reichsversicherungsamts zugestellt ist; die Frist ist eine Notfrist im Sinne des § 223 Abs. 3 der Zivilprozeßordnung.

An die Entscheidungen des Reichsversicherungsamts darüber, ob unter Einhaltung der Kündigungsfrist aus einem wichtigen Grunde gekündigt werden darf (§ 693 Abs. 2, Satz 2, 3), sind die ordentlichen Gerichte gebunden.

Soweit es sich um die Festsetzung von Geldstrafen handelt, ist der Rechtsweg ausgeschlossen.

Aus den rechtskräftigen Entscheidungen der Versicherungsbehörden findet die Zwangsvollstreckung nach dem achten Buche der Zivilprozeßordnung statt.

Bei vermögensrechtlichen Streitigkeiten muß dem Beschreiten des ordentlichen Rechtswegs eine Vorentscheidung des RVA. (LV. Ämter) vorausgehen. Diese Vorschrift ist dem § 150 des Gesetzes, betr. die Rechtsverhältnisse der Reichsbeamten, vom 31. März 1873 (RGBl. S. 61) nachgebildet.

VIII. Bildung der Gefahrklassen.

Gefahrtarif.

§ 706. Die Genossenschaftsversammlung hat für die der Genossenschaft zugehörigen Betriebe durch einen Gefahrtarif Gefahrklassen nach dem Grade der Unfallgefahr zu bilden und danach die Höhe der Beiträge abzustufen.

Vgl. § 49 Abs. 1 GUVG.; § 14 BUVG.

Gefahrklassen sind so viele zu bilden, als es die Verschiedenheit der Unfallgefahr in den einzelnen Betriebszweigen erforderlich macht.

Für jede Gefahrklasse ist die Belastung durch Unfallentschädigungen besonders zu ermitteln. Dies geschieht durch Gegenüberstellung der gezahlten Löhne und der gezahlten Entschädigungsbeträge oder auch durch Gegenüberstellung der Löhne und der vollständigen Unfallbelastungswerte; letztere bestehen aus der Summe der bis zu einem bestimmten Zeitpunkt gezahlten Entschädigungen und des Kapitalwerts der alsdann noch laufenden Renten. Für den Gefahrtarif werden aber — nach der Übung des RVA. (Rundschr. vom 18. Mai 1896 und vom 25. November 1908) — die so gefundenen Belastungen unmittelbar nur für Gewerbszweige verwertet, die Lohnbeträge von mindestens 5 Millionen Mark aufweisen; für kleinere Gewerbszweige und Tätigkeitsgruppen sind die Erhebungen anderer BG.en oder auch die Feststellungen für größere Gewerbszweige mit ähnlichen Gefahrverhältnissen heranzuziehen. Zur Ermittelung der sog. Belastungsziffer werden die Belastungen auf die bestimmte

Lohnsumme von 1000 (oder auch 10 000) Mark zurückgeführt. Die so berechneten Belastungsziffern sollen unmittelbar als sog. Gefahrziffern in den Gefahrtarif eingestellt werden. — Die Gefahrziffer ist also regelmäßig die Summe der Entschädigungsbeträge (oder Unfallbelastungswerte) mal 1000 (oder 10 000), geteilt durch die Lohnsumme. Bei Feststellung der Gefahrziffer werden die allgemeinen Verwaltungskosten nur insoweit berücksichtigt, als bei Gewerbszweigen mit sehr niedrigen Belastungsziffern eine stärkere Abrundung nach oben, bei solchen mit sehr hohen Belastungsziffern eine stärkere Abrundung nach unten erfolgt. — Diese jetzt allgemein eingeführte Art der Feststellung der Gefahrziffer (die jetzt mit der Belastungsziffer gleichbedeutend ist) ermöglicht eine bequeme Vergleichung der Belastungsziffern einzelner bei verschiedenen BG.en versicherten Gewerbszweige.

Die Gefahrklassen sind nach objektiven Merkmalen abzugrenzen. Für den Fall, daß in einzelnen in ihren Gefahrverhältnissen besonders gearteten Betrieben eine erhöhte oder verminderte Unfallgefahr vorliegt, können die Ausführungsbestimmungen zum Gefahrtarif den Genossenschaftsvorstand zu einer Erhöhung oder Ermäßigung der normalen Gefahrziffer ermächtigen. Von der normalen Gefahrziffer darf aber nur abgewichen werden, wenn besondere objektive Merkmale dafür sprechen (verschieden hiervon hinsichtlich der Zuständigkeit und der Voraussetzungen § 712). — Eine Erhöhung der Gefahrziffer beim Fehlen der durch die Unfallverhütungsvorschriften vorgeschriebenen Schutzvorkehrungen ist nicht mehr zugelassen (vgl. Anm. zu § 848).

Gemischte Betriebe können mit ihren verschiedenartigen Teilen nach verschiedenen Klassen des Gefahrtarifs oder auch nach einer Durchschnittsgefahrziffer veranlagt werden.

Die Gefahrziffer der einzelnen Gefahrklassen bildet in Verbindung mit den von den Genossenschaftsmitgliedern gezahlten Löhnen die Grundlage für die Berechnung der von den Mitgliedern zu erhebenden Beiträge (vgl. Anm. zu § 732).

Aufstellung und Abänderung des Gefahrtarifs.

§ 707. Sie kann einem Ausschuß oder dem Vorstand übertragen, den Gefahrtarif aufzustellen und zu ändern.

Vgl. § 49 Abs. 2 GUVG.; § 14 BUVG.

Nachprüfung des Tarifs. — Tarifzeit.

§ 708. Der Gefahrtarif ist zuerst längstens nach zwei Geschäftsjahren und dann mindestens von fünf zu fünf

Jahren mit Rücksicht auf die vorgekommenen Unfälle nachzuprüfen.

Ist die Änderung des Tarifs nicht dem Vorstand übertragen, so hat er das Ergebnis der Nachprüfung mit einem nach Betriebszweigen geordneten Verzeichnis der entschädigungspflichtigen Unfälle dem zuständigen Genossenschaftsorgane vorzulegen. Dieses hat darüber zu beschließen, ob der Gefahrtarif beizubehalten oder zu ändern ist.

Vgl. § 49 Abs. 5, Satz 1, 2 GUVG.; § 14 BUVG.

Zum Zweck der Nachprüfung ist die Anlegung einer Zählkarte für jeden Verletzten vorgeschrieben, dessen Unfall eine Entschädigungspflicht der BG. herbeigeführt hat (Rundschr. des RVA. vom 18. Mai 1896, A. N., S. 275, vgl. auch A. N. 1897, S. 294, 1907, S. 405 und 406).

Genehmigung des Reichsversicherungsamts.

§ 709. Der Gefahrtarif und jede Änderung bedürfen der Genehmigung des Reichsversicherungsamts, dem im Falle des § 708 das Unfallverzeichnis vorzulegen ist.

Vgl. § 49 Abs. 3, Satz 1, Abs. 5, Satz 3 GUVG.; § 14 BUVG.

Aufstellung durch das Reichsversicherungsamt.

§ 710. Stellt das zuständige Genossenschaftsorgan den Gefahrtarif in einer ihm gesetzten Frist nicht auf oder wird er nicht genehmigt, so stellt ihn nach Anhören des Genossenschaftsorgans das Reichsversicherungsamt selbst auf.

Vgl. § 49 Abs. 3, Satz 2 GUVG.; § 14 BUVG.

Veranlagung.

§ 711. Die Genossenschaft veranlagt die Betriebe für die Tarifzeit nach Bestimmung der Satzung zu den Gefahrklassen.

Nach der Veranlagung kann die Genossenschaft einen Betrieb für die Tarifzeit neu veranlagen, wenn sich herausstellt, daß die Angaben des Unternehmers unrichtig waren, oder wenn eine Änderung im Betrieb eingetreten ist.

Gegen die Veranlagung hat der Unternehmer die Beschwerde.

Vgl. § 49 Abs. 4 GUVG.; § 14 BUVG.

Zwecks Veranlagung dieser Betriebe zu den Gefahrklassen werden die Unternehmer durch Satzungsvorschrift verpflichtet, Fragebogen auszufüllen. Kommt der Betriebsunternehmer dieser Pflicht nicht nach, so sind Ermittlungen über die tatsächlichen Betriebsverhältnisse erforderlich. § 887 berechtigt aber dann den Vorstand, dem Unternehmer die dadurch entstandenen Kosten aufzuerlegen und außerdem gegen ihn eine Geldstrafe bis zu 100 Mark zu verhängen. — Für die Veranlagung der Betriebe ist bei den meisten BG.en der Genossenschaftsvorstand, bei einigen auch der Sektionsvorstand oder ein Ausschuß des Genossenschaftsvorstandes zuständig.

Betriebsveränderungen, die für die Veranlagung zum Gefahrtarif von Bedeutung sind, sind gemäß § 674 nach näherer Regelung durch die Satzung oder durch den für die Aufstellung und Änderung des Gefahrtarifs zuständigen Vorstand oder Ausschuß von dem Betriebsunternehmer zu melden. — Gegen den Bescheid, den die Genossenschaft auf die Anmeldung der Änderung erläßt, hat der Unternehmer nach § 674 Abs. 3 die Beschwerde. — „Tarifzeit" vgl. § 708 Abs. 1.

Die Beschwerde ist auch gegeben, wenn der Betrieb bei der allgemeinen Veranlagung für eine neue Tarifzeit in der bisherigen Gefahrklasse belassen ist. Die Beschwerde ist nur gegen die Veranlagung zu einer bestimmten Klasse des Gefahrtarifs zulässig, nicht aber gegen diesen selbst. Bemängelungen des Gefahrtarifs selbst können nur bei seiner Nachprüfung (§ 708 Abs. 1) Berücksichtigung finden.

Die Beschwerde geht an das OVA. (§§ 1791, 1784), die weitere Beschwerde an das RVA. (LV. Amt) (§ 1197).

Zuschläge und Nachlässe.

§ 712. Die Genossenschaftsversammlung kann Unternehmern nach den Unfällen, die in ihren Betrieben vorgekommen sind, für die nächste Tarifzeit oder einen Teil von ihr Zuschläge auflegen oder Nachlässe bewilligen.

Gegen die Festsetzung von Zuschlägen hat der Unternehmer die Beschwerde.

§ 49 Abs. 6 GUVG.; § 14 BUVG.

Bei Auflegung von Zuschlägen und Bewilligung von Nachlässen sind auch subjektive Momente (gewissenhafte oder mangelhafte Beaufsichtigung des Betriebs, genaue Beobachtung der Unfallverhütungsvorschriften oder häufige Verstöße dagegen, häufiger oder seltener Wechsel der im Betriebe tätigen Arbeiter u. dgl.) mit zu berücksichtigen. Ermangeln solche Momente, so wird bei richtiger Abgrenzung der Gefahrklassen die größere oder geringere Anzahl von Unfällen in der Hauptsache auf Zufälligkeiten beruhen. Bei der Beschlußfassung über Zuschläge oder Nachlässe muß ferner nicht nur die Zahl, sondern auch die Schwere der Unfälle und die sich aus ihnen ergebende finanzielle Last in Betracht gezogen werden (Begr. S. 316).

Die Beschwerde ist nur bei der Festsetzung von Zuschlägen, nicht bei der Versagung von Nachlässen gegeben. Sie geht an das OVA. (§§ 1791, 1784); über die weitere Beschwerde entscheidet nach § 1797 das RVA. (LV. Amt).

IX. Teilung und Zusammenlegung der Last.

Tragung der Entschädigungslast durch die Sektionen.

§ 713. Die Satzung kann bestimmen, daß die Sektionen für Unfälle, die in ihren Bezirken eintreten, die Entschädigung bis zu drei Vierteln, und bei den Knappschafts-Berufsgenossenschaften auch darüber hinaus, tragen.

Die Beträge, die dadurch den Sektionen zur Last fallen, sind auf deren Mitglieder nach der Gefahrklasse und ihrer Beitragshöhe umzulegen.

Vgl. § 50, § 134 Abs. 2a GUVG.; § 14 BUVG.

Die Teilung des Risikos zwischen der BG. und ihren Sektionen ist lediglich eine innere Verwaltungsangelegenheit der BG. Sie gewährt die einzige Möglichkeit, die verschiedenen Gefahrverhältnisse gleichartiger Betriebe in den einzelnen Sektionsbezirken derselben BG. zu berücksichtigen.

Für die Belastung der Sektion mit einer Unfallast ist regelmäßig der Sitz des Betriebes ausschlaggebend, in dem sich der Unfall zugetragen hat (Besch. 274, A. N. 1887, S. 26). Bei Streit über die Verteilung einer Unfallast innerhalb einer BG. entscheidet nötigenfalls die Aufsichtsbehörde (RVA. oder LV. Amt).

Nach Abs. 1 zu teilende Unfallentschädigungen sind die Renten, die Kosten des Heilverfahrens (auch während der Wartezeit — § 580), sowie die Sterbegelder. Die Zuschläge zur Rücklage sind nicht auf die Sektionen zu verteilen (vgl. Besch. 1932, A. N. 1902, S. 378 und § 943). Die Kosten ärztlicher Untersuchungen, auf Grund deren die Feststellung der Renten erfolgt, gehören zu den Verwaltungskosten der Sektionen, wenn ihnen die Rentenfeststellung obliegt (Besch. 119, A. N. 1886, S. 11).

Gemeinsame Tragung der Entschädigungslast (§§ 714 bis 716).

§ 714. Genossenschaften können vereinbaren, ihre Entschädigungslast ganz oder zum Teil gemeinsam zu tragen.

Dabei ist zu bestimmen, wie die gemeinsame Last auf die beteiligten Genossenschaften zu verteilen ist.

Vgl. § 51 Abs. 1, Satz 1, Abs. 2 GUVG.; § 14 BUVG.

Vereinbarungen über gemeinsame Tragung der Entschädigungslast, die auch nach früherem Recht zulässig waren, haben die BG.en bisher nicht getroffen.

§ 715. Die Vereinbarung bedarf der Zustimmung der beteiligten Genossenschaftsversammlungen und der Genehmigung des Reichsversicherungsamts. Sie darf nur mit Beginn eines Geschäftsjahrs wirksam werden.

Vgl. § 51 Abs. 1, Satz 2, 3 GUVG.; § 14 BUVG.

§ 716. Die Genossenschaftsversammlung entscheidet, wie der Anteil der Genossenschaft an der gemeinsamen Last auf die einzelnen Mitglieder zu verteilen ist.

Er wird, wenn nichts anderes bestimmt ist, ebenso umgelegt wie die Entschädigungsbeträge, welche die Genossenschaft nach diesem Gesetze zu leisten hat.

Vgl. § 51 Abs. 3 GUVG.; § 14 BUVG.

X. Vermögensverwaltung.

Aufbewahrung von Wertpapieren.

§ 717. Das Reichsversicherungsamt kann über die Aufbewahrung von Wertpapieren Bestimmungen erlassen.

Vgl. § 107 Abs. 2 GUVG.; § 39 BUVG.

Solche — nach dem bisherigen Recht schon zulässige — allgemeine Bestimmungen hat das RVA. nicht erlassen, wohl aber durch Rundschreiben die BG.en hingewiesen auf die Notwendigkeit der Niederlegung verfügbarer Gelder und Wertpapiere bei öffentlichen Behörden und Kassen, sowie bei den gemäß § 1808 BGB. landesgesetzlich dazu für geeignet erklärten Banken und bei Hinterlegungsstellen (vgl. auch Art. 144 Einf.-Ges. BGB.).

Anlegung des Vermögens (§§ 718, 719).

§ 718. Die Berufsgenossenschaft muß mindestens ein Viertel ihres Vermögens in Anleihen des Reichs oder der Bundesstaaten anlegen.

Sie kann höchstens die Hälfte ihres Vermögens anders als nach den §§ 26, 27 anlegen. Sie bedarf dazu der Genehmigung des Reichsversicherungsamts.

Will eine Genossenschaft mehr als den vierten Teil ihres Vermögens nach Abs. 2 anlegen, so bedarf sie dazu außerdem der Genehmigung des Bundesrats oder, wenn sie einem Landesversicherungsamt untersteht, der Genehmigung der obersten Verwaltungsbehörde des Bundesstaats.

Vgl. § 110 GUVG.; § 39 BUVG.

Die Vorschrift des Abs. 1, welche der des § 1356 Abs. 1 für die Anlegung des Vermögens der V. Anstalten entspricht, ist zwecks günstiger Beeinflussung des Kursstandes der Reichs- und Staatsanleihen geschaffen und verbürgt zugleich die erforderliche Liquidität des Vermögens der BG.en. Über die allmähliche Anlegung des Vermögensviertels während der Übergangszeit enthält Art. 54 Einf.-Ges. nähere Vorschriften.

Die Genehmigung (Abs. 2) muß nicht unbedingt von Fall zu Fall, sondern kann in allgemeinerem Rahmen erteilt werden (vgl. Rundschr. vom 5. Februar 1900, A. N. S. 390 und Besch. 812, A. N. 1900, S. 649). An die Stelle des RVA. tritt gegebenenfalls das LV. Amt.

Sobald die nicht mündelsicheren Anlagen mehr als den vierten Teil des Genossenschaftsvermögens ausmachen, soll nach Abs. 3 außer der Genehmigung des RVA. (LV. Amts) die Zustimmung des Verbandes erforderlich sein, der im Falle der Leistungsunfähigkeit der Genossenschaft für deren Verbindlichkeiten aufzukommen hat.

§ 719. Eine solche Anlage (§ 718 Abs. 2, 3) ist nur in Wertpapieren, in anderer Art nur für Verwaltungszwecke, zur Vermeidung von Vermögensverlusten oder für Unternehmungen zulässig,

1. die entweder ausschließlich oder überwiegend den Versicherungspflichtigen zugute kommen oder
2. soweit sie den genossenschaftlichen Personalkredit der Mitglieder der Berufsgenossenschaft fördern sollen.

Das Nähere für die Fälle des Abs. 1, Nr. 2 bestimmt das Reichsversicherungsamt.

Vgl. § 110 GUVG.; § 39 BUVG.

Durch die neue Vorschrift des Abs. 1 Nr. 2 werden entsprechend Wünschen des Handwerks und kleiner Gewerbetreibender die Vorschriften über die Anlegung von Vermögensbeständen der BG.en erweitert. Gedacht ist dabei hauptsächlich an die Preußische Zentralgenossenschaftskasse und ähnliche Kassen, die zur Förderung des genossenschaftlichen Personalkredits bestimmt sind (zu vgl. preuß. Ges. betr. die Errrichtung einer Zentralanstalt zur Förderung des genossenschaftlichen Personalkredits, vom 31. Juli 1895 und Abänderungsgesetz hierzu vom 31. Juli 1909, Gesetz-S. 1895, S. 310, 1909, S. 640). Bei solchen Kassen darf nach § 1808 BGB. die Anlegung von Mündelgeld, dem das Vermögen der BG.en sonst im allgemeinen gleichgestellt ist (§ 26), nur dann erfolgen, wenn es nicht in der im § 1807 a. a. O. bezeichneten Weise — d. h. in sicheren Hypotheken, in Grundschulden, in verbrieften Forderungen gegen das Reich, einen Bundesstaat, in Wertpapieren und dgl. — möglich ist. Da diese Möglichkeit regelmäßig gegeben ist (Begr. S. 317), wäre ohne die Vorschrift in Nr. 2 die Anlegung des Vermögens der Genossenschaften bei solchen Kassen tatsächlich unmöglich.

Über die notwendige Sicherheit der Anlegung von Vermögensbeständen gemäß Abs. 1 Nr. 1 und 2 hat das RVA. (LV. Amt) zu wachen, das gemäß § 718 Abs. 2 die Genehmigung zu erteilen hat.

Genehmigung zu Rechtsgeschäften der Genossenschaften.

§ 720. Der Genehmigung bedarf es

zum Erwerbe von Grundstücken im Werte von mehr als fünftausend Mark,

zum Errichten von Gebäuden im Werte von mehr als zehntausend Mark,

zum Anschaffen der zugehörigen Einrichtungsgegenstände im Gesamtwerte von mehr als fünftausend Mark.

Der Genehmigung bedarf es nicht zum Erwerbe von Grundstücken, welche die Genossenschaft beliehen hat, in der Zwangsversteigerung.

Vgl. § 1357 für die V. Anstalten. Rechtsverbindlich sind die bezeichneten Geschäfte auch ohne Genehmigung.

Nachweis der Geschäfts- und Rechnungsergebnisse.

§ 721. Die Genossenschaften haben dem Reichsversicherungsamte nach seiner Anordnung Übersichten über ihre Geschäfts- und Rechnungsergebnisse einzureichen. Das Reichsversicherungsamt stellt alljährlich über die gesamten Rechnungsergebnisse des abgeschlossenen Geschäftsjahrs einen Nachweis auf. Dieser ist dem Reichstage vorzulegen.

Vgl. § 111 Abs. 1 GUVG.; § 39 BUVG.

Für die Aufstellung der Rechnungsergebnisse hat das RVA. ein Formular angeordnet, das nebst einer Anleitung zur Ausfüllung in den A. N. 1902, S. 613 abgedruckt ist.

Die im Entwurf einer RVO. enthaltene Vorschrift, daß das RVA. die Art und Form der Rechnungsführung zu regeln habe, hat keine Aufnahme in das Gesetz gefunden (Kom. Ber. Bd. III, S. 131).

Fünfter Abschnitt.

Aufsicht.

Vorbemerkung.

Der Inhalt des dem RVA. (LVA.) zustehenden Aufsichtsrechts ist in den §§ 30 bis 34 bestimmt. Darnach erstreckt sich das Aufsichtsrecht darauf, daß Gesetz und Satzung beobachtet werden, während Fragen der Zweckmäßigkeit nach dem freien pflichtmäßigen Ermessen der Berufsgenossenschaften entschieden werden (§ 30). Kraft seines Aufsichtsrechts hat das Reichsversicherungsamt z. B. von den Berufsgenossenschaften die Befriedigung rechtskräftig anerkannter Rentenansprüche und in geeigneten Fällen (vgl. Anm. zu 1583) die Eröffnung des Rentenfeststellungsverfahrens durch Erteilung eines förmlichen Bescheides verlangt. Der

Aufsicht unterstehen auch die von Versicherungsträgern errichteten oder unterhaltenen Genesungsheime, Heil- und Pflegeanstalten (§ 34). Die Aufsichtsbehörde ist berechtigt, jederzeit die Geschäfts- und Rechnungsführung der Berufsgenossenschaften zu prüfen, die Bücher, Listen usw. ihrer Organe einzusehen und die Vermögensbestände zu revidieren (§ 31). Sie kann verlangen, daß die Organe zu Sitzungen einberufen werden, auch diese Sitzungen selbst anberaumen und die Verhandlungen leiten (§ 32). Sie entscheidet über die Auslegung der Satzungen und über die Gültigkeit der Wahlen (§ 33). — Im Ausfluß seines Aufsichtsrechts ist das RVA. (LV. Amt) durch zahlreiche Vorschriften des 3. Buchs dieses Gesetzes zu Entscheidungen, insbesondere zur Erteilung von Genehmigungen, sowie auch zu Oktroyierungen (vgl. § 700 Abs. 3) berufen. Am Nachhaltigsten wird die Betätigung des Aufsichtsrechts durch den § 689 gewährleistet.

Reichsversicherungsamt.

§ 722. Das Reichsversicherungsamt führt die Aufsicht über die Genossenschaften.

Vgl. § 125 Abs. 1 GUVG.; § 41 Abs. 1 BUVG.

Landesversicherungsämter.

§ 723. Ist für einen Bundesstaat ein Landesversicherungsamt errichtet, so führt es die Aufsicht über die Genossenschaften, die nicht über dessen Gebiet hinausreichen.

Vgl. § 127 Abs. 1 Satz 1 GUVG.; § 41 Abs. 1 BUVG.

Die Abgrenzung der Zuständigkeit der LV. Ämter im Rahmen des Verfahrens findet sich im sechsten Buch (vgl. insbesondere die §§ 1693, 1704, 1705, 1706, 1708, 1714, 1716, 1718, 1719, 1740, 1800, 1804).

Hinsichtlich der ihnen unterstellten BG.en haben die LV. Ämter die Änderung der Satzungen nach den Vorschriften der RVO. zu überwachen (Art. 48).

Die Ausführungsbehörden eines Bundesstaates sind durch die RVO. der Aufsicht des LV. Amts nicht unterstellt.

Von den gewerblichen BG.en sind nur 5 den LV. Ämtern unterstellt, nämlich: dem Kgl. Bayerischen LV. Amt die

Bayerische Baugewerks-BG. und die Bayerische Holzindustrie-BG., dem Kgl. Sächsischen LV. Amt die Sächsische Holz-BG. und die Sächsische Textil-BG., dem Kgl. Württembergischen LV. Amt die Württembergische Baugewerks-BG.

Sachliche Zuständigkeit der Landesversicherungsämter (§§ 724, 725).

§ 724. Für diese Genossenschaften tritt das Landesversicherungsamt an die Stelle des Reichsversicherungsamts, wenn es sich handelt um die

Streitigkeiten wegen Zuteilung mehrerer Betriebe zu einer Genossenschaft nach den §§ 542, 632,

Streitigkeiten zwischen der Genossenschaft und einer öffentlichen Körperschaft bei Auseinandersetzung über das Vermögen in den Fällen des § 625 Abs. 5 und der entsprechenden Vorschriften des § 627 Abs. 3 und des § 628 Abs. 4,

Änderung des Bestandes der Genossenschaften (§§ 635 bis 648),

Aufnahme in das Betriebsverzeichnis (§§ 660, 661),

Änderung in der Zugehörigkeit des Betriebs zur Genossenschaft im Falle des § 673 Abs. 1, 3,

Genehmigung und Errichtung der Satzung (§§ 681 bis 683),

Übernahme der Geschäfte der Genossenschaft (§ 689),

Dienstordnung für die Angestellten der Genossenschaft (§§ 690 bis 702) sowie Streitigkeiten aus ihrem Dienstverhältnis (§ 705),

Gefahrtarife (§§ 706 bis 712),

Zusammenlegung der Entschädigungslast (§ 715),

Vermögensverwaltung der Genossenschaften in den Fällen der §§ 717 bis 720 mit Ausschluß des § 719 Abs. 2,

Erhebung von Beiträgen und Prämien (§ 736 Abs. 2, 3) sowie Aufbringung der Rücklage (§§ 741 bis 747).

Sicherheitsleistung des Bauherrn (§ 773).

Deckung der Ansprüche der Post (§§ 781, 782),

Zweiganstalten und Versicherungsgenossenschaften (§§ 783 bis 842) mit Ausschluß der Fälle der §§ 799, 839,

weiteren Einrichtungen der Genossenschaften (§§ 845 bis 847),

Unfallverhütung und Überwachung (§§ 848 bis 891) mit Ausschluß der Fälle des § 883,

Mitteilung der Ausführungsbehörden (§ 893).

Vgl. § 127 Abs. 1, Satz 2 GUVG.; § 41 Abs. 2 BUVG.; § 21 HG.

In allen durch das Gesetz dem RVA. übertragenen hier nicht aufgeführten Angelegenheiten bleibt dessen Zuständigkeit auch gegenüber den der Aufsicht eines LV. Amts unterstellten BG.en bestehen.

Neu ist die Zuständigkeit der LV. Ämter für Streitigkeiten wegen Zuteilung mehrerer Betriebe zu einer Genossenschaft und für Streitigkeiten zwischen der Genossenschaft und einer öffentlichen Körperschaft bei Auseinandersetzung über das Vermögen; die Feststellungen nach § 673 Abs. 2 bleiben jedoch dem RVA. vorbehalten.

§ 725. Handelt es sich um die

Streitigkeiten wegen Zuteilung mehrerer Betriebe zu einer Genossenschaft nach den §§ 542, 632,

Änderung des Bestandes der Genossenschaften in den Fällen der §§ 640, 646,

Aufnahme in das Betriebsverzeichnis (§§ 660, 661),

Änderung in der Zugehörigkeit des Betriebs zur Genossenschaft im Falle des § 673 Abs. 1, 3,

Zusammenlegung der Entschädigungslast (§ 715),

so entscheidet das Reichsversicherungsamt, wenn eine Genossenschaft, die einem anderen Landesversicherungsamt oder dem Reichsversicherungsamt untersteht, mitbeteiligt ist. Das Landesversicherungsamt übergibt dann die Akten dem Reichsversicherungsamte.

Handelt es sich um gemeinsame weitere Einrichtungen mehrerer Genossenschaften (§ 847), so bleibt das Reichsversicherungsamt für diese weiteren Einrichtungen zuständig, wenn nicht die sämtlichen beteiligten Genossenschaften demselben Landesversicherungsamt unterstehen.

Vgl. § 127 Abs. 2 GUVG.; § 41 Abs. 1 BUVG.

Sechster Abschnitt.

Auszahlung der Entschädigung. Aufbringung der Mittel.

I. Auszahlung durch die Post.

Vorbemerkung.

Die Auszahlung der Entschädigungen, welche die Genossenschaften zu gewähren haben, erfolgt durch die Post. Nach den früheren Unfallversicherungsgesetzen hatte die Post diese Beträge zu verauslagen und liquidierte sie am Schluß jedes Rechnungsjahres den Genossenschaftsvorständen, denen innerhalb dreier Monate nach Empfang des Forderungsnachweises (vgl. §§ 777, 778) die Begleichung oblag. Die Vorschußpflicht der Post hat durch den Art. I § 6 des Gesetzes, betr. Änderungen im Finanzwesen, vom 15. Juli 1909 (RGBl. S. 743) insofern eine Änderung erfahren, als die obersten Postbehörden von jeder Genossenschaft einen Vorschuß einziehen können. Die Entschädigungsbeträge, welche die Post im Jahre 1909 für die Genossenschaften verauslagt hat, sind in eine s c h w e b e n d e S c h u l d der einzelnen Genossenschaften verwandelt worden, die mit 3½ v. H. zu verzinsen und mit 3½ v. H. zuzüglich der ersparten Zinsen zu tilgen ist. ²/₅ dieser Beträge an Zinsen und Tilgung trägt das Reich, ³/₅ haben die Genossenschaften im Juli jedes Jahres mit dem dann fälligen Teilbetrage des Postvorschusses an die Post abzuführen.

Art. I § 6 des Finanzgesetzes ist durch Art. 55 Abs. 1 des Einf.-Ges. aufgehoben, seine Bestimmungen sind aber in die RVO. aufgenommen und weiter ausgestaltet worden (vgl. die §§ 644, 728, 736 bis 739, 763, 777 bis 780, 791, 825 Abs. 2).

Nach Art. I § 6, Abs. 2 des Finanzgesetzes hatten die BG.en, soweit nicht der Kapitalwert der Unfallentschädigungen aufzubringen ist, von ihren Mitgliedern Vorschüsse zu erfordern. Aus dem Wesen der vorschußweisen Zahlung ergab sich für die meisten BG.en, soweit sie nicht — wie die Baugewerks-BG.en und einige andere — schon Vorschüsse gemäß § 32 GUVG. von ihren Mitgliedern erfordert hatten, infolge der Notwendigkeit der jährlichen Verrechnung dieser Vorschüsse auf die endgültigen Beiträge jedes einzelnen Mitglieds und der anteiligen Zurückerstattung der Vorschüsse an ausgeschiedene Mitglieder eine erhebliche geschäftliche Mehrbelastung. Die hiergegen geltend gemachten Bedenken haben dadurch ihre Erledigung gefunden, daß den BG.en (soweit nicht wie bei der Tiefbau-BG. — § 731 Abs. 2 — der Kapitalwert der Unfallentschädigung aufzubringen ist) zur Beschaffung des Postvorschusses neben der Einforderung von „Vorschüssen" durch § 739 wahlweise die Befugnis gegeben worden ist, durch Einforderung von endgültig zu erhebenden höheren Mitgliederbeiträgen sich die Mittel zur Deckung des Postvorschusses und allmählich einen eisernen Betriebsfonds zu verschaffen, wodurch sie der Notwendigkeit der gedachten nachträglichen Verrechnung enthoben werden.

Zahlung durch die Postanstalt des Wohnorts des Empfängers.

§ 726. Die Genossenschaft zahlt die Entschädigung auf Anweisung des Genossenschaftsvorstandes durch die Post, und zwar durch die Postanstalt, in deren Bezirke der Empfänger wohnt.

Die Zahlstelle wird ihm vom Vorstand mitgeteilt.

Verzieht der Empfänger, so kann er bei dem Vorstand oder bei der Postanstalt des alten Wohnorts beantragen, daß die Zahlung an die Postanstalt des neuen Wohnorts überwiesen wird.

Vgl. §§ 87, 97 GUVG.; § 37 Abs. 1 BUVG.

Diese — nach § 894 auch für die Ausführungsbehörden geltende — Bestimmung enthält die allgemeinen Grundsätze für die Auszahlung der Entschädigungen, das Nähere haben, wie schon in der Begr. zu dem UVG. vom 6. Juli 1884 gesagt ist, die Ausführungsbestimmungen zu regeln. Maßgebend ist jetzt die am 31. Dezember 1900 vom RVA. erlassene Geschäftsanweisung für die Vorstände der BG.en, betr. die Auszahlungen durch die Post (A. N. 1901, S. 219). Diese für die Genossenschaften und die Ausführungsbehörden bindende Geschäftsanweisung ist durch zahlreiche Verfügungen und Rundschreiben des RVA. ergänzt worden (vgl. Handbuch Bd. I, S. 556 flg.). Nur die Entschädigungen, nicht z. B. Zurückzahlungen zuviel erhobener Mitgliederbeiträge sind durch die Post gemäß § 726 flg. zu zahlen. Für die Entschädigungen lassen nur § 1514 (Zahlung durch Krankenkassen) und § 730 Ausnahmen zu (vgl. Besch. 140, A. N. 1886, S. 55).

Die der Post mitzuteilenden Zahlungs- und Wegfallanweisungen haben der Genossenschaftsvorstand oder die Ausführungsbehörde zu erlassen.

Die Zahlungen erfolgen regelmäßig auf dem Postamt, nur ausnahmsweise durch Briefträger.

Bescheinigungen und Beglaubigungen.

§ 727. Jede Person, die berechtigt ist, ein öffentliches Siegel zu führen, ist befugt, die bei den Zahlungen erforderlichen Bescheinigungen zu erteilen und zu beglaubigen.

Nach der zu § 726 erwähnten Geschäftsanweisung bedürfen die Unterschriften der Entschädigungsempfänger regelmäßig der Beglaubigung durch eine amtliche Stelle, die zugleich auch das Leben der Berechtigten zu bescheinigen hat. Auf die Erteilung solcher Bescheinigungen bezieht sich § 727.

Postvorschuß.

§ 728. Die obersten Postbehörden können von jeder Genossenschaft einen Vorschuß einziehen. Er wird nach Wahl der Genossenschaft vierteljährlich oder monatlich an die von der Post bezeichneten Kassen abgeführt und darf den Betrag nicht übersteigen, den die Genossenschaft im laufenden Geschäftsjahr voraussichtlich zu zahlen hat.

Vgl. Art. I § 6 des Finanzgesetzes vom 15. Juli 1909.

Vgl. die Vorbem. von § 726.

Oberste Postbehörden sind: das Reichs-Postamt in Berlin für das Reich außer Bayern und Württemberg, für Bayern das Kgl. Bayerische Staatsministerium des Kgl. Hauses und des Äußeren bezw. die Generaldirektion der Kgl. Bayerischen Posten und Telegraphen in München, für Württemberg das Kgl. Württembergische Ministerium der auswärtigen Angelegenheiten, bezw. die Generaldirektion der Kgl. Württembergischen Posten und Telegraphen in Stuttgart.

Die obersten Postbehörden haben von der Befugnis der Vorschußeinziehung allen Versicherungsträgern gegenüber Gebrauch gemacht, abgesehen von einigen Ausführungsbehörden, für die jährlich nur geringe Beträge durch die Post auszuzahlen sind.

Aufenthalt im Ausland.

§ 729. Das Reichsversicherungsamt kann bestimmen, wie an Empfänger zu zahlen ist, die sich gewöhnlich im Ausland aufhalten.

Auf Personen, die sich im Ausland aufhalten, bezieht sich die in Anm. zu § 726 erwähnte Geschäftsanweisung im allgemeinen nicht. Das RVA. hat es bisher zugelassen, daß die BG.en Entschädigungen an solche Personen auf jede geeignete Art auf Gefahr und Kosten des Empfängers auszahlen (z. B. durch Vermittelung der Konsulate oder auch durch die Post an einen im Inland bestellten Empfangsbevollmächtigten). Auch die Prüfung der Frage, in welcher Art der Nachweis der fortdauernden Empfangsberechtigung (Leben, Witwenstand des Berechtigten) zu führen ist, hat das RVA. bisher den BG.en überlassen.

§ 730. Die Knappschafts-Berufsgenossenschaften können durch die Satzung bestimmen, daß Knappschaftsvereine oder Knappschaftskassen statt der Post die Entschädigungen zahlen.

Vgl. § 134 Abs. 2, Buchst. d. GUVG.

Vgl. Anm. zu § 726.

II. Aufbringung der Mittel.

Die Systeme der Aufbringung der Mittel.

§ 731. Die Berufsgenossenschaften haben die Mittel für ihre Aufwendungen durch Mitgliederbeiträge aufzubringen, die den Bedarf des abgelaufenen Geschäftsjahrs decken.

Bei der Tiefbau-Berufsgenossenschaft müssen die Beiträge neben den anderen Aufwendungen den Kapitalwert der Renten decken, die der Genossenschaft im abgelaufenen Geschäftsjahr zur Last gefallen sind. Die Grundsätze zur Ermittlung des Kapitalwerts stellt das Reichsversicherungsamt fest.

Bei den Zweiganstalten für Bauarbeiten sind feste Prämien sowie Beiträge der Gemeinden und anderen Verbände, bei Zweiganstalten und Versicherungsgenossenschaften für Halten von Reittieren oder Fahrzeugen sind feste Prämien zu erheben (§§ 783 bis 842).

Vgl. § 29 GUVG.; §§ 13, 23 BUVG.

Für alle BG.en — abgesehen von der Tiefbau-BG., vgl. Abs. 2, werden die Mittel für die im Geschäftsjahr notwendig gewesenen Ausgaben nach Ablauf desselben im Wege der Umlage aufgebracht. Die Zwecke, für welche Aufwendungen zu machen sind, bezeichnet der § 736. Indem dort und in den §§ 741 bis 748 die Ansammlung einer Rücklage vorgeschrieben ist, wird das System der Ausgabendeckung mit dem System der Kapital- (oder Anspruchs-)deckung, wie es für die Tiefbau-BG. vorgeschrieben ist, gemischt (vgl. Anm. zu § 741). — Die Natur dieses Repartitionssystems bringt die Notwendigkeit der Erhebung von Vorschüssen oder auch der Ansammlung eines eisernen Betriebsfonds mit sich (vgl. Vorbem. zu § 726 und Anm. zu § 737).

Den Maßstab für die Umlegung der Aufwendungen der Genossenschaft auf die einzelnen Mitglieder bilden die Lohnsummen in Verbindung mit den Gefahrziffern.

Für die Tiefbau-BG. gilt das Kapital- (oder Anspruchs-Deckungsverfahren, ebenfalls ein Repartitionsverfahren. Man hielt das Umlageverfahren nicht für geeignet, weil beim Tiefbau Arbeiten allergrößten Umfangs vorkommen, die nur eine Zeitlang dauern; für die aus solchen Riesenarbeiten erwachsenen Unfallrenten und sonstigen Unfallentschädigungen müßte bei ihrer Beendigung Deckung vorhanden sein.

Die Grundsätze für die Kapitaldeckung bei der Tiefbau-BG. hat das RVA. in der Bek. vom 5. Oktober 1904 (A. N. 1904, S. 601, auch Handbuch Bd. III, S. 476 abgedruckt) neu aufgestellt. Danach ergibt sich das in die Jahresrechnung einzustellende Deckungskapital aus dem Unterschied des Solldeckungskapitals (das rechnerisch erforderlich ist, um die künftigen Rentenverbindlichkeiten aus allen Unfällen zu befriedigen, für die am Schluß des Rechnungsjahrs Renten zu zahlen waren) und des rechnungsmäßigen Bestandes, der am Schluß des Rechnungsjahrs von dem im Vorjahre berechneten Solldeckungskapital verbleibt. — Über die Rücklage bei der Tiefbau-BG. vgl. Anm. zu § 748.

Während in den Fällen des Abs. 1 und 2 die Aufbringung des Bedarfs im Wege der nachträglichen Repartition erfolgt, werden längere Bauarbeiten (§ 798 Nr. 1) bei den Zweiganstalten der Tiefbau-BG. und den Baugewerks-BG.en gegen feste Prämien nach einem Prämientarif versichert. — Das Gleiche gilt für die Versicherung des Haltens von Reittieren und Fahrzeugen (§§ 836 bis 842). — Über die Rücklage vgl. Anm. zu § 793 Nr. 3.

Die Versicherung der kurzen Bauarbeiten (§ 798 Nr. 2) geschieht bei den Zweiganstalten der Baugewerks-BG.en auf Kosten der Gemeinde oder Gemeindeverbände im Wege des Repartitionsverfahrens nach dem System der Ausgabendeckung. Den Verteilungsmaßstab bildet die Einwohnerzahl der Gemeinden. — Eine Rücklage gibt es nicht.

Mitgliederbeiträge.

§ 732. Die Mitgliederbeiträge werden nach dem Entgelt, den die Versicherten in den Betrieben verdient haben, mindestens aber nach dem Ortslohn für Erwachsene über einundzwanzig Jahre sowie nach dem Gefahrtarife jährlich umgelegt.

Übersteigt der Entgelt während der Beitragszeit den Jahresbetrag von eintausendachthundert Mark, so wird vom Überschusse nur ein Drittel angerechnet.

Vgl. § 29 GUVG.; § 13 BUVG.

Abgesehen von § 733 kann der Maßstab für die Umlegung der Mitgliederbeiträge durch die Satzung keine Abänderung erfahren. Zu den Versicherten in den Betrieben, deren Entgelt der Umlegung zu Grunde zu legen ist, gehören auch die von einer Mittelsperson (insbesondere den sog. Kleinakkordanten. — § 633) angenommenen Arbeiter.

Bei Personen, die gemäß § 546 versichert sind, ist der gesamte Entgelt ungekürzt aufzurechnen. Bei Personen, die nur vorübergehend auf kurze Zeit in dem versicherten Betriebe beschäftigt werden (z. B. Dienstboten), oder die in Betrieben tätig sind, die aus einem versicherten und einem unversicherten Teil bestehen, ist nur der auf die Beschäftigungszeit in dem versicherten Betrieb entfallende Entgelt zur Anrechnung zu bringen. Außer Betracht bleiben Lohnbeträge, die gemäß § 616 BGB. während einer Krankheit oder einer militärischen Übung zu zahlen sind.

Was zu dem Entgelt (§ 160) gehört, ist in Anm. zu § 563 ausgeführt. Stehen die Gewinnanteile der Versicherten noch nicht fest, so sind sie durch Vergleichung mit den Ergebnissen früherer Jahre festzustellen.

Der Ortslohn für Erwachsene über 21 Jahre wird dann angerechnet, wenn der nachgewiesene Jahresverdienst hinter dem 300fachen des Ortslohnes zurückbleibt (§ 570; so auch Besch. 2034, A. N. 1904, S. 199). — Für die Beitragsberechnung ist der Ortslohn (§ 149 Abs. 1) mit den im Betriebe wirklich geleisteten Arbeitstagen zu vervielfachen. Von dem Ortslohn wird nur ein Prozentsatz angerechnet, wenn der Beschäftigte bereits dauernd teilweise erwerbsunfähig ist (vgl. des Näheren § 571 Anm.).

Die Umlegung der Mitgliederbeiträge erfolgt nach dem in den einzelnen Betrieben gezahlten Entgelt und nach dem Gefahrtarif. Diese Berechnung gestaltet sich im wesentlichen, wie folgt. Zunächst wird für die BG. die Summe der sog. Beitragseinheiten durch Vervielfachung der Lohnsummen mit der Gefahrziffer ermittelt, wobei die Berechnung für jede Gefahrklasse besonders erfolgt. Dann wird durch Teilung des Jahresbedarfs der BG. durch die Summe der Beitragseinheiten berechnet, wie viel von dem Ausgabebedarf auf die einzelne Beitragseinheit kommt. Darauf wird die Zahl der auf den einzelnen Betrieb entfallenden Beitragseinheiten durch Vervielfachung der Lohnsumme des Einzelbetriebs mit seiner Gefahrziffer festgestellt. Die Vervielfachung der auf den Einzelbetrieb entfallenden Beitragseinheiten mit dem auf die Beitragseinheit kommenden Teil des Ausgabebedarfs ergibt nun die Höhe des von dem Unternehmer des Einzelbetriebs zu zahlenden Beitrags.

Ist der Beamte oder Arbeiter nur während eines Teiles des Jahres beschäftigt worden und ist deshalb die Zugrundelegung des Jahresarbeitsverdienstes (Abs. 2) undurchführbar, so ist der 6 M. überschreitende durchschnittliche Tagesverdienst zu kürzen (Besch. 1874, A. N. 1901, S. 426).

Die Vorschrift über die Kürzung des 1800 M. übersteigenden Jahresarbeitsverdienstes gilt auch für den Arbeitsverdienst selbstversicherter Unternehmer, sofern die Satzung (§ 677 Nr. 13) nichts Abweichendes bestimmt hat (Besch. 124, A. N. 1886, S. 14).

Anrechnung des wirklich verdienten Entgelts.

§ 733. Die Satzung kann bestimmen, daß für die Umlegung der Beiträge der wirklich verdiente Entgelt angerechnet wird.

Vgl. § 30 Abs. 1 GUVG.; § 13 Abs. 2 BUVG.

Der Gesetzgeber hat diese schon im GUVG. enthaltene Vorschrift geschaffen, weil er angenommen hat, daß sie die Aufstellung der Lohnlisten durch die Unternehmer und ihre Nachprüfung durch die BG. wesentlich erleichtert, ohne dabei — wenigstens für BG.en, deren Mitglieder hohe Löhne zahlen — zu einem wesentlich anderen Ergebnis wie die Anwendung des § 732 zu führen. — Von der Befugnis des § 733 hat die Mehrzahl der gewerblichen BG.en Gebrauch gemacht.

Das RVA. hat auch eine Mischung der Vorschriften der §§ 732 und 733 (Beibehaltung des Mindestbetrags und Wegfall der Drittelung der höheren Lohnbeträge) durch die Satzung für zulässig erklärt.

Pauschbeträge. Einheitliche Beiträge.

§ 734. Für Betriebe, die regelmäßig höchstens fünf Versicherte beschäftigen, kann die Satzung bestimmen, daß und nach welchen Grundsätzen bei Zustimmung des Unternehmers mit einem Pauschbetrage statt des Einzelentgelts gerechnet wird oder daß einheitliche Beiträge nach einem Maßstab, den sie festsetzt, entrichtet werden.

Vgl. § 30 Abs. 2 GUVG.; § 13 Abs. 2 BUVG.

Betriebe, die jährlich höchstens 5 Versicherte beschäftigen, sind solche, in denen regelmäßig im Jahre nicht mehr als 1500 Arbeitstage versicherter Personen aufgewendet werden.

Von der — bisher schon zulässigen — Festsetzung von Pauschbeträgen haben nur 3 BG.en Gebrauch gemacht. Der früher zugelassene feste Mindestbetrag von 4 M. hat sich nicht bewährt. Deshalb und zum Ausgleich mit § 994, der für die landw. Unfallversicherung gilt, ist die Festsetzung einheitlicher Beiträge der Satzung überlassen.

Beiträge für Hausgewerbetreibende und deren Beschäftigte.

§ 735. Die Satzung kann bestimmen, daß der Auftraggeber des Hausgewerbetreibenden die Beiträge für dessen hausgewerblich Beschäftigte und, wenn der Hausgewerbtreibende selbst nach der Satzung versichert ist, auch für ihn zahlt.

Vgl. § 30 Abs. 3 GUVG.; § 13 Abs. 2 BUVG.

Von der Befugnis des dem früheren Recht entnommenen § 735 haben nur 3 BG.en Gebrauch gemacht, welche auch die Versicherung auf die Hausgewerbetreibenden selbst erstreckt haben.

Zwecke, zu denen Beiträge erhoben und Mittel verwendet werden dürfen.

§ 736. Zu anderen Zwecken als
zur Deckung der Entschädigungen und Verwaltungskosten,
zur Ansammlung der Rücklage (§§ 741 bis 748),
zur Zahlung des Postvorschusses (§ 728) und zur Tilgung und Verzinsung der schwebenden Schuld (§ 779),
zur Belohnung für Rettung Verunglückter,
zur Unfallverhütung,
zur Beschaffung von Arbeitsgelegenheit für Unfallverletzte,
zur Errichtung von Heil- oder Genesungsanstalten
sowie von Anstalten der im § 607 bezeichneten Art
dürfen weder Beiträge von den Mitgliedern erhoben, noch Mittel aus dem Vermögen der Berufsgenossenschaft verwendet werden.

Soweit es nach § 720 für die dort bezeichneten Zwecke der Genehmigung des Reichsversicherungsamts bedarf, ist sie auch zur Erhebung von Beiträgen für solche Zwecke erforderlich.

Diese Vorschriften gelten entsprechend für Versicherungsgenossenschaften.

Vgl. § 31 Abs. 1 GUVG.; § 13 Abs. 2 BUVG.

Gesetzlich genau begrenzte Entschädigungen dürfen über das zugelassene Maß hinaus nicht erhöht werden. Soweit das Gesetz Leistungen der BG. nur zuläßt, ohne sie zur Rechtspflicht zu machen (z. B. § 592 Abs. 3, § 602), sind sie nach der etwa zulässigen Bestimmung der Satzung, sonst nach dem pflichtmäßigen Ermessen des zur Entscheidung berufenen Organs zu gewähren.

Die BG.en sind ebenso, wie die V. Anstalten befugt mit den der Gesundheitspflege dienenden gemeinnützigen Vereinen zusammenzuwirken und deren Bestrebungen nach Maßgabe des vorhandenen Bedürfnisses und unter der Voraussetzung entsprechender Gegenleistungen durch Aufwendung von Geldmitteln zu unterstützen (Handbuch Bd. I, S. 385, Anm. 2). Zu politischen oder auch wirtschaftspolitischen Zwecken dürfen Gelder der BG.en niemals aufgewendet werden, wie die BG.en auch niemals Mitglieder solcher Vereine werden dürfen.

Die Aufführung der Zwecke zur Zahlung des Postvorschusses und zur Tilgung und Verzinsung der schwebenden Schuld ist durch die Einarbeitung des Art. I § 6 des Finanzgesetzes in die RVO. erforderlich geworden (vgl. Vorbem. vor § 726).

Vorschüsse auf die Beiträge (§§ 737, 738).

§ 737. Neuerrichtete Berufsgenossenschaften können die Mittel, die erforderlich sind, um die Verwaltungskosten zu bestreiten und den Postvorschuß bereitzustellen, von den Mitgliedern für das erste Jahr im voraus erheben.

Wenn die Satzung nichts anderes bestimmt, werden diese Beträge nach der Zahl der Versicherungspflichtigen bemessen, die in den Betrieben der Mitglieder beschäftigt sind.

Vgl. § 31 Abs. 2 GUVG.; § 13 Abs. 2 BUVG.

Zur Bestreitung der Verwaltungskosten der späteren Jahre können die BG.en von den Mitgliedern entweder jährlich wieder eine entsprechende Summe im voraus erheben, die bei der nächsten Umlage auf den Beitrag jedes Unternehmers zu verrechnen und ausscheidenden Unternehmern zu erstatten ist, oder sie können einen sog. eisernen Betriebsfonds bilden, der nicht jährlich zu verrechnen ist und auf den ausscheidende Unternehmer keinen Anspruch haben. Auch für die Zahlung des Postvorschusses ist nach § 739 die Bildung eines eisernen Betriebsfonds zugelassen (vgl. Ende der Vorbem. vor § 726).

§ 738. Die Satzung kann bestimmen, daß die Mitglieder Vorschüsse auf die Beiträge (§ 731) zahlen.

Die Satzung kann bestimmen, daß der Vorstand berechtigt sein soll,

a) von Betrieben von voraussichtlich vorübergehender Dauer,

b) von einzelnen Mitgliedern, die mit der Zahlung der Beiträge wiederholt in Verzug gewesen sind,

Vorschüsse einzufordern.

Die Vorschüsse werden von den einzelnen Mitgliedern nach der Höhe derjenigen Beiträge erhoben, welche für das abgelaufene Geschäftsjahr auf sie umgelegt oder nach § 734 gezahlt werden.

Die Vorschüsse neuer Mitglieder richten sich nach dem Betrage, den diese nach dem Umfang ihres Betriebs zu den Lasten des abgelaufenen Geschäftsjahrs als Mitglieder hätten zahlen müssen.

Die Satzung oder die Genossenschaftsversammlung bestimmt die Fälligkeitstage; zwei Wochen danach muß der Vorschuß an den Vorstand eingezahlt sein.

Vgl. § 32 GUVG.; § 13 Abs. 2 BUVG.

Abs. 2 enthält eine neue Vorschrift, welche wie der gesamte § 738 den Zweck verfolgt, Ausfälle für die BG. möglichst zu vermeiden.

Vorausbezahlung von Beiträgen.

§ 739. Machen die obersten Postbehörden von dem Rechte der Einziehung eines Vorschusses Gebrauch (§ 728), so kann die Satzung bestimmen, daß die erforderlichen Mittel, soweit sie nicht aus der Umlage für das abgelaufene Geschäftsjahr (§ 749) zur Verfügung gestellt werden können, von den Mitgliedern des laufenden Geschäftsjahrs durch Beiträge (§ 731) aufzubringen sind.

Vgl. Ende der Vorbem. zu § 726.

Ausländische Unternehmer.

§ 740. Der Genossenschaftsvorstand kann Unternehmer von Betrieben, deren Sitz sich im Ausland befindet, mit Beiträgen bis zur doppelten Höhe und zur Sicherheitsleistung heranziehen, wenn sie vorübergehend im Inland einen versicherungspflichtigen Betrieb ausüben.

Dies ist entsprechend auf Zweiganstalten und Versicherungsgenossenschaften für das Halten von Reittieren oder Fahrzeugen anzuwenden.

Vgl. § 33 GUVG.; § 13 Abs. 2 BUVG.

Rücklagen.

§ 741. Die Berufsgenossenschaften haben Rücklagen anzusammeln.

Vgl. § 34 Abs. 1 GUVG.

Die Umlagebeiträge der BG.en sind, wie dies in der Natur des Umlageverfahrens liegt, im Laufe der Jahre beträchtlich gestiegen und werden auch weiterhin noch erheblich steigen. Hierin liegt, zumal in Zeiten wirtschaftlichen Niedergangs (vgl. Anm. zu § 746), eine Gefahr für die deutschen Unternehmer beim Wettbewerb auf dem Weltmarkt; für das Ausland besteht die gleiche Gefahr nicht, da es, soweit es überhaupt die Unfallversicherung eingeführt hat, die Kapitaldeckung der entstandenen Belastung vorsieht. Deshalb ist die Ansammlung von Rücklagen vorgeschrieben, welche durch Verwendung ihrer Zinsen in absehbarer Zeit (vgl. Anm. zu § 743) den Übergang zu dauernd gleichen, nicht mehr steigenden Beträgen ermöglichen soll. —

Über die Bestände an Rücklagen haben die BG.en jährlich dem RVA. Übersichten einzureichen. Der Bestand der Rücklagen ist aus den in den A. N. jährlich veröffentlichten Nachweisungen über die gesamten Rechnungsergebnisse zu ersehen.

Nach Art. 63 Einf.-Ges. hat der Bundesrat im Jahre 1913 dem Reichstag die gesetzlichen Vorschriften über die Rücklagen zur erneuten Beschlußfassung vorzulegen.

Rücklagen der BG.en abgesehen von der Tiefbau-BG. (§§ 742 bis 747).

§ 742. Die Rücklage wird gebildet durch Zuschläge zu den Entschädigungsbeträgen.

Es werden erhoben bei
der ersten Umlegung dreihundert,
der zweiten zweihundert,
der dritten einhundertfünfzig,

der vierten einhundert,
der fünften achtzig,
der sechsten sechzig vom Hundert;
bei der siebenten bis elften Umlegung werden dann jedesmal zehn vom Hundert weniger erhoben.

Auch die Zinsen fließen der Rücklage zu.

Vgl. § 34 Abs. 1 GUVG.

Die Entschädigungsbeträge, von den die Rücklagen zu berechnen sind, werden gebildet durch die Summe der Spalten 7, 14, 19 der Tabelle II der jährlich in den A. N. des RVA. veröffentlichten Nachweisung über die gesamten Rechnungsergebnisse der BG.en.

Die Zuschläge zu den Entschädigungsbeträgen sind der Rücklage tunlichst bald zuzuführen.

§ 743. Nach den ersten elf Jahren oder, wenn diese Zeit beim Inkrafttreten des Gewerbe-Unfallversicherungsgesetzes (Reichs-Gesetzbl. 1900 S. 585) schon abgelaufen war, vom Jahre 1901 an werden die Zuschläge so bemessen, daß in den folgenden einundzwanzig Jahren der Kapitalbestand das Dreifache der Entschädigungssumme erreicht, die in dem Jahre des letzten Zuschlags zu zahlen ist.

Müßte eine Genossenschaft in den einundzwanzig Jahren unverhältnismäßig hohe Zuschläge erheben, so kann das Reichsversicherungsamt die Frist um höchstens zehn Jahre verlängern.

Es bestimmt die Höhe des Zuschlags, den die Genossenschaft zu erheben hat.

Vgl. § 34 Abs. 1 GUVG.

Nach § 18 des UVG. v. 6. Juli 1884 wurden für die ersten 11 Jahre der Wirksamkeit des Gesetzes bestimmte Prozente der Entschädigungsbeträge zur Ansammlung eines Reservefonds den BG.en erhoben. Nach Ablauf dieser 11 Jahre waren die Zinsen des Reservefonds diesem solange weiter zuzuschlagen, bis er den doppelten Jahresbedarf erreichte. Von da an und soweit als noch der doppelte Jahresbedarf im Reservefonds verblieb, konnten dessen Zinsen zur Deckung der Genossenschaftslasten verwendet werden.

Diese für unzureichend erachteten Bestimmungen änderte § 34 des GUVG. v. 30. Juni 1900. Dieser Paragraph ordnete nach Ablauf jener 11 Jahre für weitere 21 Jahre Zuschläge zum Reservefonds und zwar in gleitender Staffel für je 3 Jahre von 10, 9, 8 bis hinab zu 4 Prozent des jeweiligen Bestandes des gesetzlichen Reservefonds unter Anrechnung der Zinsen an. Nach Ablauf dieser Zeit — also im allgemeinen Ende 1921 — sollten aus den Zinsen des Reservefonds diejenigen Beträge entnommen werden, die erforderlich wären, um eine weitere Steigerung des auf eine jede versicherte Person im Durchschnitt entfallenden Umlagebeitrags zu beseitigen. Der Rest der Zinsen sollte dem Reservefonds weiter zugeschlagen werden.

Gegen diese Bestimmung wurde besonders angeführt, daß sie sich den besonderen Verhältnissen der BG.en — insbesondere der nicht gleichartigen Höhe ihrer Reservefonds — nicht anpasse und über den Bedarf hinausgehe. Dem ist in den §§ 743, 744 Rechnung getragen worden, indem sowohl die Höhe der Rücklage als auch die Zuschläge zu ihr nach der Höhe der Entschädigungsbeträge in jeder einzelnen BG. bemessen werden und der Höchstbetrag der Rücklage die Hälfte des Kapitalswerts der in der Vergangenheit entstandenen, jeweils laufenden Entschädigungsbeträge nicht übersteigen soll. Auch nach der RVO. soll im Allgemeinen Ende 1921 der Beharrungszustand in der Höhe der Umlagebeiträge eintreten, soweit nicht das RVA. gemäß § 743 Abs. 2 die Frist verlängert, in welcher die Zuschläge zu der Rücklage zu machen sind.

§ 744. Die Zinsen der Rücklage, die in der Zwischenzeit (§ 743) erwachsen, können zur Deckung der laufenden Ausgaben verwendet werden. Aus den Zinsen nach Ablauf dieser Zeit sind die Beträge zu entnehmen, die erforderlich sind, um zu verhüten, daß die Umlagebeiträge, die nach den Erfahrungen künftig durchschnittlich auf je einhundert Mark des verdienten Entgelts fallen, weiter steigen. Der Rest der Zinsen ist der Rücklage so lange zuzuschlagen, bis diese der Hälfte des Deckungskapitals für die jeweiligen Entschädigungspflichten gleichkommt.

In besonderen Fällen kann das Reichsversicherungsamt bestimmen, welcher Teil der Zinsen zur Minderung der Umlage zu verwenden und welcher der Rücklage zuzuführen ist.

Es bestimmt auch, wie der Kapitalwert der Entschädigungspflichten zu ermitteln ist.

Vgl. § 34 Abs. 1 GUVG.

Die Zwischenzeit im Sinne des Abs. 1 Satz 1 sind die im Abs. 1 des § 743 erwähnten 21 Jahre oder die bei Anwendung des § 743 Abs. 2 sich ergebende längere Zeit.

§ 745. Die Wertpapiere der Rücklage sind für die Feststellung des Bestandes mit ihrem Anschaffungspreis anzusetzen.

Vgl. § 34 Abs. 1 GUVG.

Sind die Wertpapiere der Rücklage aus dem Betriebsfonds überwiesen worden, so ist der Kurswert am Tage der Überweisung anzusetzen.

Notfälle.

§ 746. Mit Genehmigung des Reichsversicherungsamts kann im Notfall die Genossenschaft das Kapital der Rücklage und schon vor Ablauf der ersten elf Jahre deren Zinsen angreifen. Die Rücklage ist dann nach Anordnung des Reichsversicherungsamts wieder zu ergänzen.

Vgl. § 34 Abs. 2 GUVG.

Gedacht ist hierbei an Zeiten wirtschaftlicher Krisen. Gehen in solchen Zeiten die Löhne zurück oder finden Arbeiterentlassungen statt, so werden nach der Natur des Umlageverfahrens die Beiträge in doppelter Weise gesteigert, nämlich einmal, indem die durch die Lohnsummen und die Kopfzahl der Versicherten zu teilende Entschädigungssumme wächst, und sodann, indem diese Lohnsummen oder Kopfzahl der Versicherten selbst abnimmt.

Der § 746 ist auf die Überweisung von Teilen der Rücklage in den Fällen der § 644, § 673 Abs. 2 (Ausscheiden ganzer Gruppen und einzelner Betriebe aus einer BG.) nicht anwendbar.

Freiwillige Zuschläge zur Rücklage.

§ 747. Die Genossenschaftsversammlung kann auf Antrag des Vorstandes jederzeit weitere Zuschläge zur Rücklage beschließen. Der Beschluß bedarf der Genehmigung des Reichsversicherungsamts.

Vgl. § 34 Abs. 3 GUVG.

Rücklage der Tiefbau-BG.

§ 748. Für die Tiefbau-Berufsgenossenschaft gelten die §§ 742 bis 747 nicht. Die vorhandene Rücklage ist aber in ihrer Höhe zu erhalten; ihre Zinsen können zur Deckung der Genossenschaftslasten verwendet werden.

Mit Genehmigung des Reichsversicherungsamts kann im Notfall die Genossenschaft das Kapital der Rücklage angreifen. Es ist dann nach Anordnung des Reichsversicherungsamts wieder zu ergänzen.

Vgl. § 15 BUVG.

Für die Tiefbau-BG. können die Vorschriften über die Rücklage keine Anwendung finden, weil sie den Kapitalwert der ihr im Laufe des Geschäftsjahres zur Last gefallenen Renten durch die Mitgliederbeiträge aufbringt. Die im § 748 erwähnte Rücklage ist auf Grund von § 13 des Ges. betr. die Unfallversicherung der bei Bauten beschäftigten Personen, v. 11. Juli 1887 und wesentlich deswegen angesammelt, weil die Tiefbau-BG. bei ihrer Entstehung von früher gegründeten gewerblichen BG.en Unfallasten, für die das Deckungskapital nicht aufgebracht worden ist, überwiesen erhalten hat.

III. Umlage- und Erhebungsverfahren.

Umlegung im Allgemeinen.

§ 749. Die Genossenschaftsvorstände haben die Zahlungen, die ihnen die obersten Postbehörden nachweisen (§ 777), samt den anderen Aufwendungen nach dem festgestellten Verteilungsmaßstab auf die Mitglieder umzulegen. Dabei sind die Vorschriften über Teilung und Zusammenlegung der Last (§§ 713 bis 716) zu berücksichtigen und erhobene Vorschüsse zu verrechnen.

Für die Tiefbau-Berufsgenossenschaft gilt § 764, für die Zweiganstalten gelten § 731 Abs. 3, §§ 763, 799 bis 842, für Versicherungsgenossenschaften § 731 Abs. 3, § 842 Abs. 2.

Vgl. § 99 Abs. 1 GUVG.

Zu den anderen umzulegenden Aufwendungen gehören die im § 736 aufgeführten, insbesondere auch die Zuschläge zur Rücklage (§ 742 bis 747).

Die Umlegung und Erhebung der Beiträge ist ausschließlich von den Genossenschaftsvorständen vorzunehmen, auch soweit die Verwaltungskosten der Sektionen (§ 678) und die von ihnen zu tragenden Entschädigungen in Betracht kommen. Die Verrechnung der letzteren erfolgt zwischen den Sektionen und der BG. nach den Vorschriften der Satzung (§ 713). Die Verwaltungskosten werden wohl regelmäßig von den Sektionen selbst getragen.

Die Umlegung hat auch diejenigen Genossenschaftsmitglieder zu erfassen, deren Betriebe zwar bereits im abgelaufenen Geschäftsjahr versicherungspflichtig gewesen, aber erst im laufenden Jahre angemeldet worden sind (Besch. 194, A. N. 1886, S. 184). Für solche Betriebe beginnt die Frist zur Einreichung des Lohnnachweises (§ 750) mit der Aufnahme des Betriebs und der Zustellung des Mitgliedscheins (Besch. 653, 724, A. N. 1889, S. 119 u. 324).

Lohnnachweise.

§ 750. Für die Umlegung und Einziehung der Beiträge hat jedes Mitglied, soweit nicht Pauschbeträge gelten oder einheitliche Beiträge zu entrichten sind (§ 734), binnen sechs Wochen nach Ablauf des Geschäftsjahrs dem Genossenschaftsvorstand einen Lohnnachweis einzureichen.

Dieser hat zu enthalten

1. die während des abgelaufenen Geschäftsjahrs im Betriebe beschäftigten Versicherten und den von ihnen verdienten Entgelt,
2. wenn nicht der wirklich verdiente Entgelt maßgebend ist, eine Berechnung des Entgelts, der bei der Umlegung der Beiträge anzurechnen ist,
3. die Gefahrklasse, in die der Betrieb eingeschätzt ist.

Die Satzung kann bestimmen, daß der Lohnnachweis statt der einzelnen Versicherten und des von ihnen verdienten Entgelts die Zahl der Versicherten und die Gesamtsumme des Entgelts für das ganze Geschäftsjahr oder für kleinere Zeitabschnitte enthalten soll (Summarischer Lohnnachweis).

Vgl. § 99 Abs. 2 GUVG.; § 38 Abs. 2 BUVG.

Die Lohnnachweise sind bis zum 11. Februar — trifft dieser auf einen Sonntag oder einen allgemeinen Feiertag, bis zum 12. Februar — jedes Kalenderjahrs (§ 164) dem Genossenschaftsvorstand einzureichen.

Die Satzung kann Näheres über Form und Inhalt der Lohnnachweise, auch die Benutzung eines einheitlichen Formulars, sowie die Einreichung durch Vermittelung der Sektionsvorstände oder Vertrauensmänner vorschreiben. Bei der Durchführung solcher Vorschriften ist aber, wie das RVA. mehrfach betont hat, im Einzelfall auf den Schutz der Betriebsgeheimnisse gebührende Rücksicht zu nehmen.

Ist der Betriebsunternehmer der Auffassung, daß eine Person nicht zu den im Betrieb beschäftigten Versicherten gehört, ist diese Auffassung aber nicht unzweifelhaft, so hat er die Person in den Lohnnachweis nicht aufzunehmen, wohl aber der BG. von dem Sachverhalt Kenntnis zu geben. Berücksichtigt dann der Vorstand den Lohn dieser Person entgegen der Meinung des Unternehmers bei Umlegung des Beitrags, so steht dem Betriebsunternehmer der Einspruch und die Beschwerde nach §§ 757, 758 offen.

Über den anzurechnenden Entgelt vgl. § 732, über Gefahrklassen die §§ 706 flg. —

Auch bei satzungsgemäßer Zulassung summarischer Lohnnachweise ist die Feststellung des tatsächlich verdienten Entgelts eines einzelnen Versicherten stets möglich, da die Unternehmer gemäß § 1581 Abs. 1, Satz 2 nach näherer Bestimmung durch die Satzung über den von den einzelnen Versicherten verdienten Entgelt fortlaufende Aufzeichnungen zu führen haben. Die Genossenschaft kann sich gemäß § 751 die erforderliche Kontrolle sichern. Die Höhe und Ermittlung des Jahresarbeitsverdienstes der Unternehmer und Lotsen muß nach § 677 Nr. 13 die Satzung regeln.

Früheres Einreichen der Lohnnachweise, Führen und Aufbewahren von Lohnlisten.

§ 751. Die Satzung kann bestimmen, daß

die Lohnnachweise viertel- oder halbjährlich eingereicht,

fortlaufend Lohnlisten (Lohnbücher), aus denen sich diese Nachweise entnehmen lassen, geführt,

die Lohnlisten (Lohnbücher) drei Jahre lang aufbewahrt werden.

Vgl. § 99 Abs. 3 GUVG.; § 38 Abs. 2 BUVG.

Ausnahmsweise kann bei Betrieben, die den Betriebsort wechseln (Wanderbetrieben), z. B. bei Lohndampfdreschmaschinen, auch die An- und Abmeldung der Arbeiter bei ihrem Eintritt in den Betrieb und bei ihrem Ausscheiden vorgeschrieben werden (Handbuch Bd. I, S. 570, Anm. 4 Abs. 3).

Ebenso ist eine Satzungsbestimmung zulässig, durch welche die Mitglieder der Genossenschaft, die in dem abgelaufenen Geschäftsjahr in ihrem Betriebe versicherungspflichtige Personen nicht beschäftigt haben, unter Androhung einer Ordnungsstrafe zur Erstattung einer Fehlanzeige verpflichtet werden. Durch § 750 ist die Pflicht zur Erstattung einer solchen Fehlanzeige nicht begründet.

Aufstellung oder Ergänzung des Lohnnachweises durch die Genossenschaft.

§ 752. Für Mitglieder, die den Lohnnachweis nicht rechtzeitig oder unvollständig einreichen, stellt ihn die Genossenschaft selbst auf oder ergänzt ihn.

Vgl. § 99 Abs. 4 GUVG.; § 38 Abs. 2 BUVG.

Die Ergänzung findet auch bei rechtzeitig eingereichtem aber unrichtigem Lohnnachweis statt. Hat der Vorstand wegen Säumigkeit des Unternehmers den Nachweis selbst aufgestellt oder ergänzt, so ist die Beschwerde (§ 758) aus den Gründen des unrichtigen Ansatzes des Entgelts und des irrtümlichen Ansatzes einer Gefahrklasse unzulässig.

Die Aufstellung oder Ergänzung des Lohnnachweises soll sich möglichst den tatsächlichen Verhältnissen anpassen und nicht etwa Strafzwecken dienen. Ist bei der — schon nach dem bisherigen Recht zugelassenen — Aufstellung des Lohnnachweises durch den Vorstand der Betrag des anzurechnenden Entgelts (§ 750 Abs. 2) um mehr als das Doppelte überschritten worden, so hat das RVA. bisher in der Regel im Aufsichtswege der Bemängelung des säumigen Betriebsunternehmers abgeholfen (Besch. 703, A. N. 1889, S. 194).

Versäumnis der Pflicht zur Einreichung der Lohnnachweise, sowie unrichtige tatsächliche Angaben in den Lohnnachweisen sind durch § 909 Nr. 3, § 908 Nr. 1 mit Strafe bedroht.

Berechnung des Beitrags.

§ 753. Auf Grund der Lohnnachweise, Pauschbeträge und einheitlichen Beiträge stellt der Genossenschaftsvorstand einen Gesamtnachweis der Versicherten zusammen, die im abgelaufenen Geschäftsjahr von den Mitgliedern beschäftigt worden sind, und des anrechnungsfähigen Entgelts, den sie verdient haben. Danach berechnet er den Beitrag, der auf jedes Mitglied zur Deckung des Gesamtbedarfs entfällt.

Vgl. § 100 Satz 1 GUVG.; § 38 Abs. 2 BUVG.

Über die Berechnung der Mitgliederbeiträge vgl. Anm. § 732.
Die Betriebe, welche durch die RVO. oder durch das GUVG. der Unfallversicherung neu unterstellt worden sind, werden — abweichend von § 100 GUVG. — nach dem Umlagebeitrag veranlagt, der auch für die schon vordem in die Versicherung einbezogenen Betriebe maßgebend ist. Die neuen Betriebe müssen sonach für die aus den alten Betrieben erwachsenen Entschädigungen mit aufkommen. Eine Unbilligkeit ist hierin kaum zu erblicken, da der Umlagebetrag, auf 1000 M. der anrechnungsfähigen Löhne berechnet, den durchschnittlichen Betrag des zur Deckung der neu entstandenen Unfallentschädigungen erforderlichen Kapitals zur Zeit noch nicht erreicht (Begr. S. 322).

Auszug aus der Heberolle.

§ 754. Jedem Mitglied ist ein Auszug aus der Heberolle, die für die Verteilung des Jahresbedarfs der Genossenschaft aufzustellen ist, mit der Aufforderung zuzustellen, den festgesetzten Beitrag, auf den erhobene Vorschüsse zu verrechnen sind, zur Vermeidung der Zwangsbeitreibung sowie bei freiwilliger Versicherung zur Vermeidung des Ausschlusses (§ 553), soweit dies die Satzung zuläßt, binnen zwei Wochen einzuzahlen.

Der Auszug muß die Angaben enthalten, die den Zahlungspflichtigen instand setzen, die Beitragsberechnung zu prüfen.

Vgl. § 101 Abs. 1 GUVG.; § 38 Abs. 2 BUVG.

Mitunternehmer eines Betriebs haften als Gesamtschuldner des festgesetzten Beitrags (Besch. 1206, A. N. 1893, S. 154). Sie sind auch Gesamtgläubiger etwa zu erstattender Überzahlungen. — Kommanditisten sind (anders wie die persönlich haftenden Gesellschafter von Kommanditgesellschaften) nicht Unternehmer und daher auch nicht Mitglieder der Genossenschaft. Sie haften aber gemäß § 171 des Handelsgesetzbuchs für

Schulden der Kommanditgesellschaften, also auch für die Beiträge, der Anspruch muß im Wege des Zivilprozesses geltend gemacht werden.

Über Form und Inhalt des Heberollenauszugs vgl. des Näheren A. N. 1887, S. 53, wo sich auch der Entwurf für die Mitteilung des Heberollenauszugs befindet.

Die Beiträge sind der Genossenschaft portofrei zu übersenden.

Bei freiwilliger Versicherung tritt der Ausschluß erst ein, wenn der Versicherte nach Empfang des Heberollenauszugs ohne Erfolg an die Zahlung gemahnt worden ist (§ 553).

Nachträgliche anderweite Beitragsfeststellung (§§ 755, 756).

§ 755. Nach Zustellung des Auszugs darf die Genossenschaft den Beitrag nur dann noch anders feststellen, wenn

die Veranlagung des Betriebs zu den Gefahrklassen nachträglich geändert wird,

eine im Laufe des Geschäftsjahrs eingetretene Änderung des Betriebs nachträglich bekannt wird,

der Lohnnachweis sich als unrichtig ergibt.

Sind der Genossenschaft in solchen Fällen oder wegen unterlassener Anmeldung eines Betriebs Beiträge entgangen, so hat der Unternehmer den Fehlbetrag nachzuzahlen, soweit der Anspruch nicht verjährt ist.

Vgl. § 101 Abs. 2, 3 GUVG.; § 38 Abs. 2 BUVG.

Der Anspruch auf Rückstände verjährt, soweit sie nicht absichtlich hinterzogen sind, nach § 29 Abs. 1 in 2 Jahren nach Ablauf des Kalenderjahrs der Fälligkeit. Da die Beiträge für ein Geschäftsjahr erst im nächsten Geschäftsjahr fällig werden, beginnt der Lauf der Verjährungsfrist erst nach Ablauf dieses Geschäftsjahrs.

Die Verjährung tritt ein, gleichgültig, ob die Beiträge vor deren Ablauf bereits festgesetzt waren oder nicht. Sie wird durch Zwangsvollstreckung seitens der zuständigen Behörde mit der Wirkung unterbrochen, daß vom Tage der Zwangsvollstreckung an eine neue Frist läuft (Besch. 2007, A. N. 1903, S. 476). Unbekannter Aufenthalt des Verpflichteten hemmt den Lauf der Verjährung nicht.

Bei absichtlicher Hinterziehung, die Handeln wider besseres Wissen voraussetzt, ist § 195 BGB. (30jährige Verjährung) entsprechend anwendbar.

§ 756. Bei der erneuten oder nachträglichen Feststellung des Beitrags ist ebenso zu verfahren wie bei der ersten.

Vgl. § 101 Abs. 4 GUVG.; § 38 Abs. 2 BUVG.

Beim Vorhandensein verschiedener Beitragsrückstände sind die Vorschriften des § 366 Abs. 2 BGB. entsprechend anzuwenden.

Beitragsstreitigkeiten (§§ 757 bis 761).

§ 757. Die Mitglieder können gegen die Feststellung ihrer Beiträge binnen zwei Wochen Einspruch bei dem Vorstand erheben, bleiben aber zur vorläufigen Zahlung verpflichtet.

Sie sind zur vorläufigen Zahlung nicht verpflichtet, soweit der Entgelt schon in dem Lohnnachweis für eine andere Genossenschaft enthalten ist und die Beiträge, die auf diesen Entgelt entfallen, an diese Genossenschaft gezahlt sind.

Vgl. § 102 Abs. 1, Satz 1 GUVG.; § 38 Satz 1 BUVG.

Für die Beitragsstreitigkeiten (§§ 757 bis 761) ist an die Stelle des „Widerspruchs" (§ 102 Abs. 1, Satz 1 GUVG.) der „Einspruch" getreten. Der Einspruch ist kein Rechtsmittel im Sinne des § 128.

Die Vorschrift des Abs. 2, mit der § 759 zusammenhängt, soll Doppelzahlungen für den Fall vermeiden, daß mehrere Genossenschaften von dem Unternehmer Beiträge für denselben Betrieb oder dieselben Tätigkeiten verlangen.

§ 758. Gibt der Vorstand dem Einspruch nicht oder nicht in dem beantragten Umfang Folge, so ist die Beschwerde gegen seine Entscheidung nur vorbehaltlich des § 759 zulässig.

Sie kann nur gegründet werden auf

Rechenfehler,

ungenügende Berücksichtigung der Nachlässe (§ 712),

unrichtigen Ansatz des Entgelts,

unrichtigen Ansatz einer Gefahrklasse.

Aus den letzten beiden Gründen ist die Beschwerde unzulässig, wenn der Vorstand wegen Säumigkeit des

Unternehmers den Nachweis selbst aufgestellt oder ergänzt hat.

Vgl. § 102 Abs. 1, Satz 2, Abs. 2, 3 GUVG.; § 38 Abs. 2 BUVG.

Auch auf Irrtum in den Angaben des Lohnnachweises kann die Beschwerde gegründet werden (Handbuch Bd. I, S. 576).

Die Beschwerde geht gemäß §§ 1791, 1784 an das OVA.; die weitere Beschwerde gemäß § 1797 an das RVA. (LV. Amt). Die Beschwerdefrist beträgt einen Monat (§ 128).

§ 759. Soweit der Einspruch auf die Voraussetzungen des § 757 Abs. 2 gegründet wird und die Genossenschaft ihn nicht als berechtigt anerkennt, hat sie die Sache dem Oberversicherungsamt vorzulegen. Dieses entscheidet darüber, welcher Genossenschaft der Entgelt nachzuweisen ist, und hebt eine abweichende Feststellung der Beiträge auf, auch wenn sie schon rechtskräftig geworden ist. Die Beschwerde gegen die Entscheidung des Oberversicherungsamts bewirkt Aufschub.

Die weitere Beschwerde gegen die Entscheidung des OVA. (§ 1784) geht nach § 1797 an das RVA. (LV. Amt).

§ 760. Wird auf Einspruch oder Beschwerde der Beitrag ermäßigt, so ist der Ausfall bei der Umlage des nächsten Geschäftsjahrs zu decken.

Überzahlungen sind zu erstatten oder auf den Beitrag für das nächste Geschäftsjahr zu verrechnen.

Vgl. § 102 Abs. 4 GUVG.; § 38 Abs. 2 BUVG.

Ersatz von Anwaltskosten und sonstigen Auslagen kann der Unternehmer, der Einspruch erhoben oder Beschwerde eingelegt hat, ebenso wie unter der Geltung des GUVG. (Handbuch Bd. I, S. 576) nicht fordern. Die Vorschrift des § 1670 ist durch 1789 für das Beschlußverfahren nicht als anwendbar erklärt.

Zinsen der Beitragsüberzahlungen haben die Genossenschaften nicht zu entrichten.

§ 761. Ergibt sich nachträglich, daß ein ohne Einspruch bezahlter Beitrag ganz oder teilweise zu Unrecht erhoben worden ist, so gelten die §§ 757 bis 760 entsprechend.

Vgl. § 102 Abs. 5, Satz 1 GUVG.; § 38 Abs. 2 BUVG.

Der Anspruch auf Rückerstattung zu Unrecht erhobener Beiträge verjährt nach § 29 Abs. 2 in 6 Monaten nach Ablauf des Kalenderjahres, in dem sie entrichtet worden sind.

Uneinziehbare Beiträge.

§ 762. Uneinziehbare Beiträge fallen der Gesamtheit der Mitglieder zur Last. Sie werden vorläufig aus den verfügbaren Mitteln der Genossenschaft oder, wenn erforderlich, aus der Rücklage gedeckt und bei der Umlage des nächsten Geschäftsjahrs berücksichtigt.

Vgl. § 103 Abs. 3 GUVG.; § 39 BUVG.

Über die Beitreibung rückständiger Beiträge enthält § 28 nähere Vorschriften.

Rückstände haben das Vorzugsrecht des § 61 Nr. 1 der Konkursordnung (§ 26 Abs. 3). Bei der Zwangsversteigerung von Liegenschaften der Unternehmer besteht ein Recht auf bevorzugte Befriedigung der Beitragsforderungen der Genossenschaften nicht (vgl. § 10 Nr. 3 des Reichsgesetzes über die Zwangsversteigerung und Zwangsverwaltung vom 24. März 1897 in der Fassung vom 20. Mai 1898 RGBl. S. 713 flg.). Der Schaffung eines solchen Vorrechts stehen Bedenken entgegen, die aus dem Gesichtspunkt der Sicherheit des Realkredits herzuleiten sind. — Für die Knappschafts-BG. liegen die Verhältnisse insofern besonders, als die Zwangsversteigerung von Bergwerken, wie das Bergrecht überhaupt, der landesgesetzlichen Regelung unterliegt (Art. 67 Einf.-Ges. z. BGB., Art. 2 Einf.-Ges. zum Zwangsversteigerungsgesetz); an den § 10 des Zwangsversteigerungsgesetzes ist daher die Landesgesetzgebung auch hinsichtlich der Frage nicht gebunden, in welcher Reihenfolge aus dem Versicherungserlös Ansprüche zu befriedigen sind. Bisher hat die Landesgesetzgebung den BG.en kein Vorrecht eingeräumt — vgl. Art. 17 des preuß. Ausführungsgesetzes zum Zwangsversteigerungsgesetz (Kom. Ber. Bd. III, S. 160).

Verrechnung zwischen Genossenschaft und Zweiganstalt.

§ 763. Bei Genossenschaften, denen eine Zweiganstalt angegliedert ist, stellt der Genossenschaftsvorstand fest, welcher Teil der von den obersten Postbehörden nachgewiesenen Zahlungen der Genossenschaft und welcher Teil der Zweiganstalt zur Last fällt.

Vgl. § 38 Abs. 1 BUVG.

Die Genossenschaftsvorstände haben zum Zwecke der Verteilung der Last unter die Genossenschaft und die Zweiganstalt genaue Verzeichnisse darüber zu führen, welche Anweisungen für die BG. und welche für die Zweiganstalt an die Post ergangen sind. Bei der Verteilung ist dann weiter zu prüfen, ob die angewiesenen Beträge sämtlich von der Post ausgezahlt worden sind (Rundschr. v. 3. Januar 1888, A. N. S. 47).

Umlage und Erhebung bei der Tiefbau-BG.

§ 764. Die Tiefbau-Berufsgenossenschaft hat den Teil, der der Genossenschaft selbst zur Last fällt, aus ihren verfügbaren Mitteln zu entnehmen.

Gleichzeitig hat sie nach § 731 Abs. 2 den Kapitalwert der Lasten zu berechnen, die im vergangenen Geschäftsjahr für die Genossenschaft neu entstanden sind, und ihn mit den anderen Aufwendungen nach dem festgestellten Verteilungsmaßstabe von ihren Mitgliedern einzuziehen. Dabei sind die Vorschriften über Teilung und Zusammenlegung der Last (§§ 713 bis 716) zu berücksichtigen und erhobene Vorschüsse zu verrechnen.

Im übrigen gelten die §§ 750 bis 763.

Vgl. § 38 Abs. 2 BUVG.

Vgl. Anm. zu § 731 Abs. 2.

Haftung des Bauherrn und der Zwischenunternehmer für die Beiträge (§§ 765 bis 770).

§ 765. Wenn Unternehmer eines gewerblichen Baubetriebs mit Zahlung der Beiträge rückständig geblieben sind und sich in einem Zwangsbeitreibungsverfahren als zahlungsunfähig erwiesen haben, so kann das Versicherungsamt auf Antrag des Genossenschaftsvorstandes widerruflich anordnen, daß der Bauherr sowie Zwischenunternehmer für die Beiträge während eines Jahres nach deren endgültiger Feststellung insoweit haften, als sie nach Erlaß der Anordnung erwachsen sind. Die Satzung kann für diesen Fall Näheres über die Führung von Lohnlisten zum Nachweis der Lohnsummen, für die der Bauherr oder Zwischenunternehmer haftet, bestimmen.

Zwischenunternehmer haften vor dem Bauherrn.

Vgl. § 104 Abs. 1 GUVG.; § 39 BUVG.

Diese Vorschrift bezieht sich auf alle Arten gewerbsmäßiger Baubetriebe (Kom. Ber. Bd. III, S. 161), nicht aber auf sonstige bei den Baugewerks-BG.en versicherten Gewerbebetriebe z. B. Steinbildhauereien (Besch. 1910, A. N. 1902, S. 188).

Der Bauherr haftet — als Selbstschuldner — nur für rückständige Beiträge, nicht auch für Vorschüsse (§ 738).

Satz 2 des Abs. 1 soll den BG.en die Feststellung erleichtern, welcher Teil der von dem Bauunternehmer nachzuweisenden Lohnsummen auf den Bau eines Bauherrn entfällt und für welchen Beitragsteil des Bauunternehmers der Bauherr haftet.

Bauherr ist der Eigentümer oder auch der Nutzungsberechtigte an einer Baustelle, der den Bau durch einen Unternehmer auf Grund eines Werkvertrages (§§ 631 flg. BGB.) ausführen läßt. Doch ist der Begriff des Bauherrn nicht lediglich nach den vereinbarten Rechtsverhältnissen zu erfassen. Er ist vielmehr — nach der ständigen vom Gesetzgeber gebilligten Auffassung des RVA. — als ein wirtschaftlicher anzusehen. Demgemäß müssen regelmäßig auch als Bauherrn gelten Bauspekulanten, welche die Baustelle an einen unbemittelten Unternehmer bei keiner oder nur geringer Barzahlung mit Bauverpflichtung — meist über Wert — verkaufen oder sie ihm sonst verschaffen, wobei der Bauspekulant entweder selbst Baugelder gewährt — auch an deren Stelle Baumaterialien liefert — oder den aufzunehmenden Baugeldern den grundbuchlichen Vorrang vor dem Kaufgelde einräumt; daß es sich hierbei um gewerbsmäßige Bauspekulation handelt, ist nicht unbedingt erforderlich. In solchen — in Großstädten häufigen — Fällen hat der Bauspekulant den Unternehmer durch besondere Abmachungen und vornehmlich durch die drohende Zwangsversteigerung des Grundstücks meist so in der Hand, daß dem Unternehmer nur scheinbar die Herrschaft über den Bau verbleibt, während sie tatsächlich von dem Bauspekulanten ausgeführt wird (Besch. 1888, A. N. 1901, S. 603; vgl. auch Anm. zu § 633). Dagegen macht die Hergabe von hypothekarisch einzutragenden Baugeldern, wenn sie zu den üblichen Bedingungen erfolgt, nicht zum Bauherrn. Im übrigen muß die Entscheidung, wer als Bauherr zu gelten hat, stets nach Prüfung und Würdigung der Lage des Einzelfalles getroffen werden.

Anordnung des V. Amts.

§ 766. Eine Anordnung dieser Art muß den Unternehmer, für den sie gilt, nach Namen, Wohnort und Geschäftsbetrieb deutlich bezeichnen. Sie wird ihm sowie der Polizeibehörde seines Wohnorts und des davon etwa getrennten Betriebssitzes schriftlich mitgeteilt.

Verlegt der Unternehmer seinen Wohnort oder Betriebssitz, so benachrichtigt die Polizeibehörde die für den neuen Wohnort oder Betriebssitz zuständige Behörde.

Die Polizeibehörden haben auf Verlangen jedem Beteiligten von der Anordnung Kenntnis zu geben.

Vgl. § 104 Abs. 2 GUVG.; § 39 BUVG.

Das RVA. hat es nicht beanstandet, daß die BG.en die Namen solcher Bauunternehmer ihren Vertrauensmännern und im Verwaltungsberichte bekannt gegeben haben.

Anzeigepflicht des Unternehmers.

§ 767. Von der Anordnung hat der Unternehmer dem Auftraggeber unverzüglich schriftlich Anzeige zu machen. Übernimmt er einen baugewerblichen Auftrag, so hat er die Anzeige vorher zu erstatten. Zwischenunternehmer haben von der Anzeige unverzüglich ihrem Auftraggeber schriftlich Kenntnis zu geben.

Wer diesen Vorschriften zuwiderhandelt, wird mit Gefängnis bis zu einem Jahre bestraft; daneben kann auf Geldstrafe bis zu dreitausend Mark erkannt werden. Hat er fahrlässig gehandelt, so wird er mit Geldstrafe bis zu einhundert Mark bestraft. Bestrafung tritt nur ein, wenn infolge der Zuwiderhandlung der Auftraggeber geschädigt wird.

Vgl. § 104 Abs. 3 GUVG.; § 39 BUVG.

Durch Abs. 1 Satz 2 ist nunmehr auch vorgeschrieben, daß der Zwischenunternehmer seinem Auftraggeber (Zwischenunternehmer oder Bauherrn) von der Anzeige des Bauunternehmers alsbald Kenntnis gibt.

Der Vorsatz und die Fahrlässigkeit braucht sich nicht auf den Erfolg — die Vermögensbeschädigung — zu erstrecken.

Aufhebung der Anordnung.

§ 768. Das Versicherungsamt hebt die Anordnung auf, sobald ihm durch Bescheinigung des Vorstandes nachgewiesen wird, daß der Unternehmer der Genossenschaft nichts mehr schuldet.

Vgl. § 105 Abs. 1 GUVG.; § 39 BUVG.

Endgültige Entscheidung des OVA.

§ 769. Das Oberversicherungsamt entscheidet endgültig auf Beschwerde gegen die

Anordnung des Versicherungsamts,

Versagung der Anordnung,

Entscheidung des Versicherungsamts über Aufhebung der Anordnung.

Vgl. § 105 Abs. 2 GUVG.; § 39 BUVG.

Das Beschwerdeverfahren regeln die §§ 1784 u. 1791 flg.

Entscheidung von Streitigkeiten.

§ 770. Bei Streit zwischen Genossenschaft und Bauherrn oder Zwischenunternehmer über die Haftung (§ 765) entscheidet das Oberversicherungsamt (Beschlußkammer); der Rechtsweg ist ausgeschlossen.

Vgl. § 105 Abs. 3 GUVG.; § 39 BUVG.

Gegen die Entscheidung des OVA. ist nach § 1793 Beschwerde an das RVA. (LV. Amt) gegeben, worüber nach § 1781 der Beschlußsenat zu entscheiden hat.

Entsprechende Haftung des Fuhrherrn usw.

§ 771. Die §§ 765 bis 770 gelten entsprechend für gewerbliche Fuhrwerks-, Binnenschiffahrts- und Binnenfischereibetriebe. Dabei tritt an Stelle des Bauherrn und des Auftraggebers der Eigentümer der Betriebsmittel. Mehrere Eigentümer haften als Gesamtschuldner.

Diese neue Vorschrift hat durch die Reichstagskommission Aufnahme in das Gesetz gefunden.

Der Begriff des Eigentümers der Betriebsmittel ist ebenso wie der des Bauherrn (Anm. zu § 765) ein wirtschaftlicher. Als Eigentümer im Sinne dieser Bestimmung gilt auch derjenige, der zwar nach den Vorschriften des bürgerlichen Rechts nicht Eigentümer der Betriebsmittel ist, der aber nach den tatsächlichen Verfügungs- und Nutzungsverhältnissen dem Eigentümer wirtschaftlich gleichsteht.

Sicherheitsleistung des Bauherrn (§§ 772 bis 776). — Bauerlaubnis.

§ 772. Die oberste Verwaltungsbehörde des Bundesstaats kann bestimmen, daß die Bauherren vor Beginn des Baues den Baugewerks-Berufsgenossenschaften Sicherheit für die Zahlung der Beiträge oder Prämien leisten.

Sie bestimmt zugleich, für welche Gemeinden und Bauten das gelten soll.

Für solche Bauten darf die Bauerlaubnis erst erteilt werden, wenn die Genossenschaft bescheinigt hat, daß die Sicherheit geleistet ist.

Die im wesentlichen mit dem bisherigen Recht übereinstimmenden §§ 765 bis 768 haben sich nicht als ausreichend erwiesen, um die Baugewerks-BG.en. vor beträchtlichen Beitragsausfällen zu schützen. (Eine Zusammenstellung der Ausfälle dieser BG. an Genossenschaftsbeiträgen und Prämien — vgl. § 807 — befindet sich S. 324 flg. der Begr.). Ebensowenig ist durch die Novelle zur Gewerbeordnung v. 7. Januar 1907, wonach unzuverlässigen Personen der Betrieb des Gewerbes als Bauunternehmer und Bauleiter untersagt werden kann (§ 35 Abs. 5 der Gewerbeordnung), durchgreifender Wandel geschaffen worden, weil die Tatsache der Unzuverlässigkeit im Allgemeinen erst feststellbar ist, nachdem die Gläubiger, auch die BG.en, geschädigt worden sind. Das Gesetz über die Sicherung der Bauforderungen v. 1. Juni 1909 (Reichs-Gesetzbl. S. 449) enthält überhaupt keinen weiteren Schutz der Baugewerks-BG.en, da sie und ihre Zweiganstalten mit ihren Forderungen an Beiträgen, Vorschüssen, Kautionen und Prämien nicht als Baugläubiger (§§ 18 bis 26 a. a. O.) gelten.

Zwecks wirksamerer Sicherung der BG.en, sind die neuen Vorschriften der §§ 772 bis 776 geschaffen worden. Sie haben hauptsächlich die Verhältnisse in den größeren Städten im Auge, wo die Bauspekulation unsichere Unternehmungen hervorruft. Demgemäß sieht § 772 vor, daß die oberste Verwaltungsbehörde die Gemeinden und die Art der Bauten bestimmen kann, für die ein Bedürfnis zur Anordnung der Sicherheitsleistung besteht. Von den Bauten werden insbesondere größere Mietshäuser in Betracht kommen.

Für Tiefbauten — die bei der Tiefbau-BG., nicht bei den örtlich zuständigen Baugewerks-BG.en versichert sind — kann eine Anordnung im Sinne des Abs. 1 nicht getroffen werden. Bei ihnen hat sich ein Bedürfnis für solche Anordnungen nicht herausgestellt (Begr. S. 326).

Art und Höhe der Sicherheit.

§ 773. Die Art und Höhe der Sicherheit hat die Genossenschaft festzusetzen; die Höhe ist nach dem voraussichtlichen Entgelt für die versicherten Bauarbeiter zu bemessen. Das Reichsversicherungsamt erläßt die allgemeinen Bestimmungen.

An die Stelle des RVA. tritt gegebenenfalls das LV.Amt.

Rückforderung der Sicherheit.

§ 774. Der Bauherr kann die Sicherheit von der Genossenschaft zurückfordern, soweit die Bauarbeiten durch Baugewerbtreibende ausgeführt worden sind, für die er nicht haftet (§ 765).

Diese Vorschrift hält sich im Rahmen des § 765.

Der Anspruch auf Rückforderung ist nicht schon dann gegeben, wenn die Bauarbeit an einen zuverlässigen Bauunternehmer übertragen ist, sondern erst wenn und soweit die Bauarbeiten von einem solchen Unternehmer ausgeführt worden sind. Anderenfalls würde der Schutz des § 772 Abs. 3 versagen.

Rücknahme der Bestimmung gemäß § 772.

§ 775. Die oberste Verwaltungsbehörde kann ihre Bestimmung (§ 772) zurücknehmen.

Die Zurücknahme der Bestimmung hat zu erfolgen, wenn ein Bedürfnis für ihre Fortgeltung nicht mehr vorhanden ist.

Entscheidung von Streitigkeiten.

§ 776. Bei Streit zwischen Genossenschaft und Bauherrn in Fällen der §§ 772 bis 775 entscheidet das Oberversicherungsamt; der Rechtsweg ist ausgeschlossen.

Diese Regelung entspricht der des § 770.

IV. Abführung der Beträge an die Post.

Vorbemerkung.

Vgl. Vorbem. zu § 726.

Forderungsnachweise der Postbehörden.

§ 777. Binnen acht Wochen nach Ablauf jedes Geschäftsjahrs weisen die obersten Postbehörden den Genossenschaftsvorständen die für sie geleisteten Zahlungen nach und bezeichnen die Postkassen, an die sie zu erstatten sind.

Nach Anerkennung des Forderungsnachweises durch den Genossenschaftsvorstand teilen die obersten Postbehörden der Rechnungsstelle des Reichsversicherungsamts die Beträge mit, die für jede Berufsgenossenschaft im abgelaufenen Geschäftsjahr gezahlt worden sind.

Die Rechnungsstelle gleicht die tatsächlichen Zahlungen aus, die der Post zu erstatten sind.

Vgl. § 98 GUVG.; § 37 Abs. 1 BUVG.

Hat eine Genossenschaft einen Postvorschuß zu zahlen (§ 728), so erübrigt es sich, die tatsächlichen Zahlungen gegen den Postvorschuß zu verrechnen. Die Rechnungsstelle, der die Berechnung des Postvorschusses obliegt, wird zweckmäßig den Ausgleich bei Mitteilung des neuen Postvorschusses bewirken (Begr. S. 320).

Zahlung an die Post mangels Vorschußleistung.

§ 778. Hat eine Genossenschaft keinen Postvorschuß zu zahlen, so hat der Genossenschaftsvorstand die Beträge, die der Post zu erstatten sind, binnen drei Monaten nach Empfang des Forderungsnachweises an die ihm bezeichnete Postkasse abzuführen.

Vgl. § 106 Abs. 1 GUVG.; § 39 BUVG.

Vgl. Anm. zu § 728.

Die Abführung der der Post zu erstattenden Beträge hat hiernach (vgl. § 777 Abs. 1) bis spätestens 1. Juni jedes Jahres zu geschehen.

Schwebende Schuld.

§ 779. Entschädigungsbeträge, welche die Post im Jahre 1909 für die Genossenschaft verauslagt hat, sind als deren schwebende Schuld zu behandeln, die mit 3½ vom Hundert zu verzinsen und mit 3½ vom Hundert zuzüglich der ersparten Zinsen zu tilgen ist. Zwei Fünftel dieser Beträge an Zinsen und Tilgung trägt das Reich, drei Fünftel haben die Genossenschaften im Juli eines jeden Jahres mit dem dann fälligen Teilbetrage des Postvorschusses an die Post abzuführen.

Über die Entstehung der schwebenden Schuld vgl. die Vorbem. zu § 726.

Art. 55 Einf.-Ges. gibt den Trägern der Unfallversicherung die Möglichkeit, sich von der Last der allmählichen Abtragung der schwebenden Schuld und deren Verzinsung durch eine einmalige Zahlung an die Post zu befreien.

Rechnungsstelle.

§ 780. Die Höhe des Postvorschusses und des nach § 779 zu zahlenden Betrags wird für jede Genossenschaft durch die Rechnungsstelle des Reichsversicherungsamts festgestellt und den Genossenschaften sowie den obersten Postbehörden mitgeteilt.

Zur Ermittlung des Postvorschusses teilen die obersten Postbehörden der Rechnungsstelle mit, welche Zahlungen im abgelaufenen Geschäftsjahr von den Genossenschaftsvorständen angewiesen sind. Bis zur Feststellung des neuen Postvorschusses werden die Teilbeträge in bisheriger Höhe weitergezahlt. Diese Beträge werden verrechnet, sobald der neue Vorschuß festgestellt ist.

Zwangsbeitreibung (§ 781, 782).

§ 781. Werden die Ansprüche der Post von den Genossenschaften nicht rechtzeitig gedeckt, so leitet das Reichsversicherungsamt auf Antrag der Post die Zwangsbeitreibung ein.

Vgl. § 106 Abs. 2 GUVG.; § 39 BUVG.

§ 782. Um die Ansprüche der Post zu decken, kann das Reichsversicherungsamt zunächst über bereite Bestände der Genossenschaftskassen verfügen. Soweit diese Bestände nicht ausreichen, wird die Zwangsbeitreibung gegen die Mitglieder der Genossenschaft eingeleitet und bis zur Deckung der Rückstände durchgeführt.

Vgl. § 106 Abs. 3 GUVG.; § 39 BUVG.

Siebenter Abschnitt.

Zweiganstalten.

Vorbemerkung.

Die BG.en sind Gemeinschaften von Unternehmern versicherter Betriebe. Ihre Organisation ist ganz besonders mit Rücksicht auf die Ständigkeit des Unternehmertums gestaltet. Mit diesem dauernden Faktor kann nicht in gleicher Weise bei nicht gewerbsmäßigen Bauarbeiten, sowie beim Halten von Reittieren und Fahrzeugen gerechnet werden. Für die Versicherung dieser Tätigkeiten hat schon das Gesetz betr. die Unfallversicherung der bei Bauten beschäftigten Personen vom 11. Juli 1887 der Tiefbau-BG. und den Baugewerks-BG.en besondere Versicherungsanstalten angegliedert, welche die RVO. zur Unterscheidung von den Versicherungsanstalten der Invalidenversicherung Zweiganstalten genannt hat.

Da die bei den Zweiganstalten versicherten Tätigkeiten meist einer gewissen Ständigkeit entbehren, erfolgt die Versicherung nach dem Prämiensystem (vgl. Anm. zu § 731 Abs. 3), abgesehen von den sog. kurzen Bauarbeiten (§ 798 Abs. 2), die auf Kosten der Gemeinden versichert werden.

I. Zweiganstalten für Bauarbeiten.

1. Bildung, Umfang und Einrichtung.

Nicht gewerbsmäßige Bauarbeiten.

§ 783. Bei der Zweiganstalt, die einer Berufsgenossenschaft von Baugewerbtreibenden angegliedert ist, sind die Personen versichert, die ein Unternehmer nicht gewerbsmäßiger Bauarbeiten (§ 633 Abs. 2 Nr. 1) im Bezirke der Genossenschaft bei solchen Arbeiten beschäftigt. Das Gleiche gilt von den selbstversicherten Unternehmern solcher Bauarbeiten.

Vgl. § 18 Abs. 1 BUVG.

Zweiganstalten sind den örtlich von einander abgegrenzten 12 Baugewerks-BG.en und der Tiefbau-BG. angegliedert. Die BG.en sind die Träger der Zweiganstalten (§ 629), die sonach keine eigene Rechtspersönlichkeit besitzen.

Der Begriff der nicht gewerbsmäßigen Bauarbeiten ist in Anm. zu § 633 Abs. 2, Nr. 1 erläutert. Inwieweit das Reich, die Bundesstaaten, Gemeinden, Gemeindeverbände oder andere öffentliche Körperschaften Träger der Versicherung auch für solche Bauarbeiten sein können, ergeben die §§ 624, 627, 628.

Recht oft sind Eigen-Bauarbeiten einem anderweit versicherten gewerbl. oder landw. Betriebe ihres Unternehmers zuzurechnen und mit diesem (also nicht bei den Zweiganstalten für Bauarbeiten) versichert. Dies trifft in erster Reihe für die laufenden Ausbesserungen an gewerbl. oder landw. Betrieben dienenden Gebäuden (vgl. hierzu Rek.-Entsch. 1296, A. N. 1893, S. 445) zu. Zu den laufenden Ausbesserungen zählen Arbeiten, die im Gange des Betriebs notwendig werden und von verhältnismäßig kleinem Umfang sind. Solche Ausbesserungsarbeiten gehören auch dann zum Hauptbetrieb, wenn sie mit eigens dazu angenommenen Arbeitern ausgeführt werden. Aber auch Bauarbeiten, die über den Rahmen der laufenden Ausbesserungen hinausgehen, können zum laufenden Betriebe eines Gewerbetreibenden oder Landwirts gerechnet werden, wenn sie im Rahmen dieses Betriebs — insbesondere überwiegend von dessen ständigen Arbeitern — geleistet werden (Rek.-Entsch. 834, A. N. 1890, S. 452). Für die landw. Unfallversicherung vgl. auch § 916. — Unter dem letzterwähnten Gesichtspunkt können auch einem umfangreichen Neubau zugehörige Arbeiten, deren Ausführung sich der Unternehmer eines gewerbl. oder landw. Betriebs vorbehalten, während er den Rest an einen Bauunternehmer vergeben hat, jenem Betriebe angegliedert werden (Rek. Entsch. 1287, 1322, A. N. 1893, S. 441, 1904, S. 197).

Eigenbauten eines Baugewerbtreibenden werden nach § 631 Abs. 3 regelmäßig bei der zuständigen Baugewerks-BG. versichert sein.

Die freiwillige Selbstversicherung der Unternehmer nicht gewerbsmäßiger Bauarbeiten bestimmt sich nach § 550.

Keine anderen Versicherungen.

§ 784. Andere Versicherungen darf die Zweiganstalt nicht übernehmen.

Vgl. § 18 Abs. 3 BUVG.

Die Bestimmung des § 18 Abs. 3 BUVG, wonach die Satzung der Genossenschaft auch versicherte Baugewerbtreibende und andere bei den Bauarbeiten Beschäftigte, die nicht gemäß §§ 544, 545 versichert sind, der Zweiganstalt (oder wie sie früher hieß: Versicherungsanstalt) zuweisen konnte, hat keine Aufnahme in die RVO. gefunden. Entscheidend hierfür war wohl der Umstand, daß bei der Zweiganstalt versicherte Unternehmer auf die Errichtung der Nebensatzung und die Verwaltung der Zweiganstalt keinen Einfluß haben (Kom. Ber. Bd. III, S. 162).

Kurze Tiefbauarbeiten.

§ 785. Den Zweiganstalten der Baugewerks-Berufsgenossenschaften werden außer den Bauarbeiten, für die sie errichtet sind, die Eisenbahn-, Kanal-, Wege-, Strom-, Deich- und andere Bauarbeiten ihres Bezirkes zugewiesen, wenn ein Unternehmer nicht gewerbsmäßiger Bauarbeiten (§ 633 Abs. 2 Nr. 1) sie ausführt und für die einzelne Arbeit nicht mehr als sechs Arbeitstage tatsächlich verwendet werden.

Vgl. § 18 Abs. 2 BUVG.

Die aufgeführten kurzen Arbeiten sind zwar ihrer Natur nach Tiefbauarbeiten, aber der Einfachheit halber (§§ 825 flg.) mit den übrigen kurzen Bauarbeiten bei den Zweiganstalten der örtlich zuständigen Baugewerks-BG.en versichert.

Verwaltung der Zweiganstalt.

§ 786. Die Organe der Genossenschaft verwalten die Zweiganstalt, wenn die Nebensatzung nichts anderes bestimmt (§ 794).

Vgl. § 18 Abs. 4, Satz 2 BUVG.

Die Tragung der Verwaltungskosten ist im § 790 geregelt.

Besondere Verrechnung. — Verwahrung der Bestände. — Rücklage.

§ 787. Die Einnahmen und Ausgaben der Zweiganstalt sind besonders zu verrechnen und ihre Bestände gesondert zu verwahren.

Für die Zweiganstalt ist eine besondere Rücklage anzusammeln. Sie darf nicht zu Zwecken der Genossenschaft verwendet werden.

Vgl. § 19 Abs. 1, 2 BUVG.

Über die Ansammlung der Rücklage hat die Nebensatzung nach § 793 Nr. 3 Bestimmung zu treffen (vgl. die dortige Anm.).

Verwendung des Vermögens der Zweiganstalt.

§ 788. Das übrige Vermögen, das für die Zweiganstalt bestimmt ist, darf nur mit Genehmigung des Reichsversicherungsamts für die Genossenschaft verwendet werden.

Die Genehmigung hierzu darf nur erteilt werden, wenn der Teil dieses Vermögens, der für die Zweiganstalt verbleibt, zur dauernden Befriedigung der bisher erwachsenen Verbindlichkeiten der Zweiganstalt voraussichtlich ausreicht.

Vgl. § 19 Abs. 3 BUVG.

Diese Vorschrift erklärt sich daraus, daß die BG. Träger der Zweiganstalt ist (§ 629 Abs. 1).

Vorschußpflicht der BG.

§ 789. Die Genossenschaft hat, soweit nötig, die Mittel für den Geschäftsbetrieb der Zweiganstalt aus ihrer Rücklage vorzuschießen.

Vgl. § 19 Abs. 4 BUVG.

Der Paragraph betrifft Fälle, in denen die Zweiganstalt vorübergehend nicht die erforderlichen Betriebsmittel hat, was vielleicht in den ersten Zeiten des Bestehens der Zweiganstalten vorgekommen ist.

Verwaltungskosten der Zweiganstalt.

§ 790. An Verwaltungskosten hat die Zweiganstalt so viel aufzubringen, wie tatsächlich für ihre besondere Verwaltung erforderlich gewesen ist.

Daneben kann ihr nach Bestimmung des Reichsversicherungsamts ein Pauschbetrag als Anteil an den gemeinsamen Verwaltungskosten auferlegt werden.

Vgl. § 19 Abs. 6 BUVG.

Über die Berechnung des Pauschbetrages enthält Handbuch Bd. II S. 456 nähere Ausführungen.

Verzicht des Genossenschaftsvorstandes auf die Zahlung des Pauschalbetrags ist mit Zustimmung der Genossenschaftsversammlung zulässig.

Anteil am Postvorschuß.

§ 791. An dem Vorschuß, den die Genossenschaft an die Post abzuführen hat (§ 728), ist die Zweiganstalt nach dem Verhältnis der Entschädigungsbeträge zu beteiligen, welche die Post im abgelaufenen Geschäftsjahr für die Genossenschaft und die Zweiganstalt gezahlt hat.

Bezüglich der Natur des Postvorschusses überhaupt vgl. die Vorbem. zu § 726.

Errichtung der Nebensatzung.

§ 792. Die Genossenschaftsversammlung hat für die Zweiganstalt eine Nebensatzung zu errichten.

Bei den Beratungen darüber muß ein Vertreter des Reichsversicherungsamts zugegen sein und auf sein Verlangen jederzeit gehört werden.

Vgl. § 20 Abs. 1, Satz 1, § 22 Abs. 3 BUVG.

Darüber, wer die Kosten der zur Errichtung der Nebensatzung einberufenen Genossenschaftsversammlung zu tragen hat, vgl. Handbuch Bd. II, S. 455 Anm. 1.

Mußinhalt der Nebensatzung.

§ 793. Die Nebensatzung muß bestimmen über

1. Meldepflicht der im § 633 Abs. 2 Nr. 1 bezeichneten Unternehmer, die sich selbst versichern wollen, so-

wie Höhe und Ermittlung des Jahresarbeitsverdienstes dieser Unternehmer,

2. Abgrenzung der Rechte des Vorstandes und der Genossenschaftsversammlung bei der Verwaltung der Zweiganstalt,
3. Ansammlung der Rücklage,
4. Aufstellung, Prüfung und Abnahme der Jahresrechnung,
5. Veröffentlichung der Rechnungsabschlüsse,
6. Änderung der Nebensatzung.

Vgl. § 20 Abs. 1, Satz 2 BUVG.

Zu Nr. 1: Die im § 633 Abs. 2, Nr. 1 bezeichneten Unternehmer sind solche, für deren Rechnung Bauarbeiten gehen, die in einem nicht gewerbsmäßigen Baubetriebe ausgeführt werden. Das Recht solcher Unternehmer zur Selbstversicherung folgt aus § 550. — Eine Anmeldung zur Selbstversicherung hat das RVA. darin nicht erblickt, daß ein Eigen-Bauunternehmer seinen eigenen Verdienst in den Nachweis (§ 799) mit aufgenommen hatte (Rek.-Entsch. 2195, A. N. 1907, S. 473).

Zu Nr. 3: Zuschläge zur Rücklage sind zur Zeit nur bei einigen Zweiganstalten in der Satzung vorgesehen (Handbuch Bd. II, S. 462 Anm. 2c). Die Rücklage ist nur für die Versicherung der längeren Bauarbeiten (§ 798 Nr. 1) vorgesehen. Die Rücklage steht mit dem für diese Arbeiten geltenden Prämiensystem (vgl. Anm. a zu § 731 Abs. 3) in innerem Zusammenhang, indem sie der unvermeidbaren Unsicherheit bei Bemessung der Prämien ein Gegengewicht schafft.

Das RVA. hat am 29. März 1901 ein „Neues Musternebenstatut für die Baugewerks-BG.en und die Tiefbau-B.G." aufgestellt, das im Handbuch Bd. III, S 196 abgedruckt ist. Die Abfassung einer neuen Musternebensatzung wird sich als erforderlich erweisen.

Verwaltung der Zweiganstalt durch besondere Organe (§§ 794, 795, 797).

§ 794. Die Nebensatzung kann bestimmen, daß die Zweiganstalt durch besondere Organe verwaltet wird.

Sie bestimmt dann auch den Sitz dieser Organe, ihre Zusammensetzung, ihre Bezirke und den Umfang ihrer Rechte.

Vgl. § 21 Abs. 1 BUVG.

Eine solche — schon im früheren Recht zugelassene — Bestimmung ist von den Baugewerks-BG.en und der Tiefbau-BG. nicht getroffen worden.

§ 795. Die Genossenschaftsversammlung kann dem Genossenschaftsvorstand übertragen, die Bezirke der besonderen Organe abzugrenzen und ihre Mitglieder zu wählen.

Vgl. § 21 Abs. 2 BUVG.

Vgl. Anm. zu § 794.

Genehmigung der Nebensatzung.

§ 796. Die Nebensatzung und ihre Änderung bedürfen der Genehmigung des Reichsversicherungsamts. Soll die Genehmigung versagt werden, so entscheidet über sie der Beschlußsenat; die Gründe der Versagung sind mitzuteilen. Wird die Genehmigung versagt, so entscheidet auf Beschwerde der Bundesrat.

Vgl. § 22 Abs. 1, 2 BUVG.

An die Stelle des RVA. tritt nach § 724 gegebenenfalls das LV. Amt.

§ 797. Der Genossenschaftsvorstand hat die Bezirke und die Zusammensetzung der besonderen Organe im Reichsanzeiger bekannt zu machen.

Vgl. § 21 Abs. 3 BUVG.
Vgl. Anm. zu § 794.

Längere und kurze Bauarbeiten.

§ 798. In der Zweiganstalt werden versichert Bauarbeiten

1. auf Kosten des Unternehmers (§ 633 Abs. 2 Nr. 1) gegen feste Prämien nach einem Prämientarif (§§ 799 bis 824), wenn für die einzelne Arbeit mehr als sechs Arbeitstage tatsächlich verwendet worden sind (längere Bauarbeiten),
2. auf Kosten der Gemeinden oder der in den §§ 828 bis 830 bezeichneten Verbände, über deren Bezirke

sich die Genossenschaft erstreckt, gegen Beiträge, die auf diese Gemeinden oder Verbände nach dem Bedarfe des abgelaufenen Geschäftsjahrs jährlich umgelegt werden, wenn für die einzelne Arbeit höchstens sechs Arbeitstage verwendet werden (kurze Bauarbeiten).

Vgl. § 23 BUVG.

Die Bezeichnungen „längere" und „kurze Bauarbeiten" sind neu eingeführt worden; eine sachliche Änderung der früheren Bestimmungen ist nicht erfolgt.

Zu Nr. 1: Die Verwendung von 6 Arbeitstagen liegt sowohl dann vor, wenn ein Arbeiter mehr als 6 Tage tätig gewesen ist, als auch dann, wenn mehr als 6 Arbeiter einen Arbeitstag tätig waren, als auch dann, wenn überhaupt Arbeiter zusammen mehr als 6 Arbeitstage (Arbeitsschichten, Tagewerke) aufgewendet haben (Nr. 2 der Bek. betr. d. Nachweisung von Regiebauarbeiten v. 12. Dezember 1887, A. N. 1888, S. 14 flg., auch Handbuch Bd. III, S. 469 flg. abgedruckt). Ob die Arbeitstage in unmittelbarem zeitlichem Zusammenhang stehen, ist ohne Belang, wenn sie sich nur auf dieselbe einheitliche Bauarbeit beziehen (Nr. 12 der erwähnten Bek.). — Wird ein Bau teilweise von einem gewerbsmäßigen Bauunternehmer, teilweise in Regie ausgeführt, so kommen nur die für den Eigenbau aufgewendeten Arbeitstage in Betracht.

Durch die Heranziehung eines Unternehmers zur Prämienzahlung wird ein formales Versicherungsverhältnis (vgl. darüber Anm. zu § 658) hinsichtlich der aus der Bauarbeit erwachsenen Unfälle aller dabei beschäftigten Arbeiter begründet (Rek.-Entsch. 1572, A. N. 1897, S. 259).

Zu Nr. 2: Kurze Eigenbauarbeiten (Hoch- wie Tiefbauten) gehören stets zu den Zweiganstalten der Baugewerks-BG.en (§ 785). Die Versicherung dieser Arbeiten ist in den §§ 825 bis 835 geregelt.

Die für die Versicherung der längeren und kurzen Bauarbeiten maßgebenden Systeme sind in Anm. zu § 731 Abs. 3 gekennzeichnet.

2. Versicherung auf Kosten der Unternehmer. Prämien.

Vorbemerkung.

Die §§ 799 bis 824 regeln die Versicherung der längeren Bauarbeiten (§ 798 Nr. 1), für welche die Zweiganstalten der Tiefbau-BG. und der Baugewerks-BG.en zuständig sind.

Nachweise der Unternehmer.

§ 799. Die Unternehmer längerer Bauarbeiten haben für jeden Monat spätestens drei Tage nach dessen Ablauf der von der obersten Verwaltungsbehörde bestimmten Behörde, in deren Bezirke die Bauarbeiten ausgeführt werden, einen Nachweis vorzulegen über

1. die verwendeten Arbeitstage,
2. den den Versicherten dafür gewährten Entgelt.

Die Form für den Nachweis schreibt das Reichsversicherungsamt vor.

Vgl. § 24 Abs. 1 BUVG.

In der Bek. v. 12. Dezember 1887 — vgl. Anm. zu § 728 Nr. 1 — hat das RVA. das Formular für den Nachweis vorgeschrieben und eine Anleitung betreffend den Nachweis erlassen. — Als Behörde, welcher der Nachweis einzureichen ist, haben die Bundesstaaten meist die Gemeindebehörden bestimmt, sonst die Polizei- oder die untere Verwaltungsbehörde. Zuständig ist die Behörde, in deren Bezirk der Unternehmer (§ 633 Abs. 2, Nr. 1) seinen Wohnsitz hat. — Zu einer Fehlanzeige ist die Behörde nicht verpflichtet.

In den Nachweis hat der Unternehmer (§ 633 Abs. 2, Nr. 1) auch die Löhne der sonst in seinem gewerblichen oder landwirtschaftlichen Betriebe beschäftigten Arbeiter miteinzustellen. Bei nur teilweiser Beschäftigung dieser Arbeiter für den Eigenbau ist der nachzuweisende Lohnanteil durch Schätzung zu ermitteln.

Der Unternehmer längerer Bauarbeiten wird, auch wenn er sich zur Vorlegung des Nachweises nicht für verpflichtet hält, beim Vorhandensein von Zweifeln zweckmäßig den Nachweis unter Darlegung seiner Meinung einzureichen haben, um den Rechtsnachteil des § 815 Abs. 2 (Einschränkung des Beschwerderechts) zu vermeiden.

Die im § 1581 Abs. 1 vorgeschriebenen fortlaufenden Aufzeichnungen über den von den einzelnen Versicherten verdienten Entgelt hat auch der Unternehmer der längeren Bauarbeiten zu führen.

Aufstellung oder Ergänzung des Nachweises.

§ 800. Ist der Nachweis versäumt oder unvollständig, so stellt ihn die Behörde selbst auf oder ergänzt ihn nach eigener Kenntnis der Verhältnisse.

Sie kann zu diesem Zwecke den Verpflichteten durch Geldstrafen bis zu einhundert Mark anhalten, binnen einer festgesetzten Frist Auskunft zu geben.

Vgl. § 24 Abs. 2 BUVG.

Die Kosten, welche der Behörde aus der Aufstellung oder Ergänzung der Nachweise, z. B. durch Zuziehung von Sachverständigen erwachsen, sind ihr von der Zweiganstalt nicht zu erstatten (Handbuch Bd. II, S. 459, Anm. 2).

Einreichung der Nachweise. — Bescheinigung der Behörde.

§ 801. Die Behörde hat die Nachweise binnen zwei Wochen nach Ablauf des Kalendervierteljahrs durch Vermittlung des Versicherungsamts an den Genossenschaftsvorstand oder das von diesem bezeichnete Organ der Genossenschaft einzureichen.

Dabei bescheinigt die Behörde (§ 799), daß ihr sonst über die Ausführung von Bauarbeiten, die nachzuweisen waren, in ihrem Bezirke nichts bekannt geworden ist.

Vgl. § 24 Abs. 3 BUVG.

Bei einheitlichen Bauarbeiten, die teilweise zum Tiefbau und teilweise zum Hochbau gehören, ist der Nachweis der Tiefbau- oder der örtlich zuständigen Baugewerks-BG. einzureichen, je nachdem die Arbeiten der einen oder der anderen Art überwiegen.

Die Portokosten der Einsendung hat die Behörde zu tragen (Besch. 1423, A. N. 1895, S. 222).

Der Zweiganstalt steht das Recht zu, durch ihre Organe die erschöpfende Nachweisung aller Eigenbauarbeiten zu kontrollieren.

Prämientarif.

§ 802. Der Prämientarif muß ergeben, welcher Einheitssatz an Prämien für jede angefangene halbe Mark des anrechnungsfähigen Entgelts zu entrichten ist.

Vgl. § 25 Abs. 1 BUVG.

Abstufung des Prämientarifs nach dem Gefahrtarif.

§ 803. Stuft die Genossenschaft in dem Gefahrtarife die Beiträge nach den Arten der Bauarbeiten ab, so gilt dasselbe Verhältnis auch für die Einheitssätze der Prämien.

Vgl. § 25 Abs. 2 BUVG.

Sämtliche Baugewerks-BG.en und die Tiefbau-BG. haben in dem Gefahrtarif (§§ 706 flg.) die Beiträge nach den Arten der Bauarbeiten abgestuft. Es ist daher auch bei allen Zweiganstalten der Prämientarif abgestuft.

Eine Abstufung der Beiträge nach der Art der Unternehmer ist unzulässig, da eine derartige Abstufung durch den Gefahrtarif nicht stattfinden kann.

Grundlagen des Prämientarifs.

§ 804. Das Reichsversicherungsamt setzt den Prämientarif mindestens alle fünf Jahre für jede Genossenschaft nach Anhören ihres Vorstandes im voraus fest.

Als Grundlagen dienen

der Kapitalwert der Leistungen, die der Zweiganstalt aus Unfällen bei längeren Bauarbeiten nach dem Jahresdurchschnitte voraussichtlich erwachsen werden,

die Zuschläge für Bildung und Rücklage,

ein Pauschbetrag für die Verwaltungskosten der Zweiganstalt, der nach dem Jahresdurchschnitte der vorangegangenen Tarifzeit unter Abzug des Anteils für kurze Bauarbeiten (§ 832) zu berechnen ist. Das Nähere bestimmt das Reichsversicherungsamt.

Hierbei sind die Zinsen der Rücklage, soweit sie nicht ihr selbst nach der Nebensatzung zufließen, abzurechnen.

Vgl. § 26 Abs. 1, 2 BUVG.

Die Prämien müssen so berechnet werden, daß durch sie gedeckt werden:

a) der Kapitalwert der Renten aus den Unfällen, die der Zweiganstalt in der Tarifzeit aus den gegen Prämie versicherten Bauarbeiten voraussichtlich zur Last fallen werden;

b) die neben den Renten zu zahlenden Entschädigungen (vgl. Anm. zu § 731 Abs. 2);

c) die Verwaltungskosten;

d) die uneinziehbaren Prämien;

e) endlich die Zuschläge zur Rücklage, soweit solche in der Nebensatzung vorgesehen sind (§ 793 Nr. 3).

Die Festsetzung der nach Gefahrklassen abgestuften (vgl. Anm. zu § 803) Prämien erfolgt im voraus nach dem schätzungsweise ermittelten Material, also insbesondere nach der wahrscheinlichen Höhe der Entschädigungslast, die in der kommenden Tarifzeit aus Unfällen bei versicherten längeren Bauarbeiten erwachsen wird, nach der wahrscheinlichen Höhe der in der Tarifzeit bei solchen Bauarbeiten verdienten Lohnsummen und nach der wahrscheinlichen Verteilung dieser Summen auf die einzelnen Klassen des Prämientarifs. Zur Ermittelung dieser Wahrscheinlichkeitsgrößen dienen vornehmlich die Unfallzählkarten (vgl. Anm. zu § 708). Nach dem schätzungsweise ermittelten Material wird der Jahresbetrag an Deckungskapital ebenso wie bei der Tiefbau-BG. ermittelt (Anm. zu § 731 Abs. 2). Bei der Festsetzung der Prämien für die kommende Tarifzeit sind etwa vorhandene Überschüsse oder Fehlbeträge der früheren Tarifzeiten mitanzurechnen oder mitzudecken (vgl. § 818).

Die dreijährige Tarifzeit des BUVG. ist auf mindestens 5 Jahre erhöht worden, weil sich der Prämientarif nach § 803 an den Gefahrtarif anschließen soll, der Gefahrtarif aber nach § 708 mindestens in Zwischenräumen von 5 Jahren nachgeprüft werden soll.

Veröffentlichung des Prämientarifs.

§ 805. Das Reichsversicherungsamt veröffentlicht den Prämientarif im Reichsanzeiger und in den Blättern, die für die amtlichen Bekanntmachungen der obersten oder der höheren Verwaltungsbehörden bestimmt sind, in deren Bezirken der Tarif gelten soll.

Vgl. § 26 Abs. 3 BUVG.

Das Verzeichnis der höheren Verwaltungsbehörden in den einzelnen Bundesstaaten ist A. N. 1906, S. 517 flg. und Handbuch Bd. III, S. 321 flg. abgedruckt.

Die Prämientarife werden auch in den A. N. veröffentlicht (vgl. z. B. A. N. 1908, S. 669).

Inkrafttreten des Tarifs.

§ 806. Der Tarif kann frühestens zwei Wochen nach der Veröffentlichung in Kraft treten.

Vgl. § 26 Abs. 4 BUVG.

Berechnung der Prämien und Aufstellung der Heberolle.

§ 807. Nach jedem Kalendervierteljahre berechnet der Genossenschaftsvorstand auf Grund des Prämientarifs und der Nachweise die Prämie für jeden Unternehmer und stellt die Heberolle auf.

Vgl. § 27 Abs. 1 BUVG.

Die Bestimmungen der §§ 658 flg. über die Aufnahme und Ablehnung von Betrieben sind unanwendbar. Halten sich die Zweiganstalten nicht für zuständig, die in dem Nachweis bezeichneten Arbeiten in Versicherung zu nehmen, so sind sie nicht zur Erteilung eines ablehnenden Bescheides an den Unternehmer genötigt; es genügt, wenn die Zwangsanstalt der Behörde bei Rücksendung der Nachweise von ihrer Auffassung Mitteilung macht und die Behörde ersucht, dem Unternehmer entsprechend zu bescheiden (Besch. 588, A. N. 1888, S. 302).

Berechnung der Prämie nach Entgelt oder Ortslohn.

§ 808. Ist der Entgelt des Versicherten für den Tag der Bauarbeit niedriger als der für den Beschäftigungsort festgesetzte Ortslohn für Erwachsene, so ist die Prämie nach diesem zu berechnen.

Vgl. § 27 Abs. 2 BUVG.

Der Prämienberechnung wird der wirklich verdiente Entgelt zu Grunde gelegt; eine Kürzung gemäß § 732 Abs. 2 findet nicht statt. (Nr. 14 der Anleitung in betreff der Nachweisungen für Regie-Bauarbeiten, A. N. 1888, S. 19 u. Handbuch Bd. III, S. 469).

Über den Begriff des Entgelts und über die Berechnung nach dem Ortslohne vgl. Anm. zu § 732. Die Berechnung nach dem Ortslohn ist namentlich anzuwenden, wenn bei Bauarbeiten (bes. Wegebauarbeiten) Hand- und Spanndienste mittelst Leistung von Fronden ohne Gewährung von Entgelt ausgeführt werden (Besch. 646, A. N. 1889, S. 76).

Einziehung der Prämien durch die Gemeinden.

§ 809. Den Gemeinden sind Auszüge aus der Heberolle mit der Aufforderung zuzustellen, die Prämien von den Unternehmern ihres Bezirkes einzuziehen und binnen einem Monat an das zuständige Organ der Genossenschaft nach Abzug des Postgeldes einzusenden.

Vgl. § 27 Abs. 3 BUVG.

Die Einziehung der Prämien hat nur durch Vermittelung der Gemeindebehörden zu erfolgen. Die direkte Einziehung durch die Zweiganstalt ist unstatthaft (§ 810), es sei denn, daß sie sich mit der Gemeindebehörde verständigt (Besch. 642, A. N. 1888, S. 349).

Zur Prämieneinziehung zuständig ist — abweichend von § 799 — die Gemeindebhörde, in deren Bezirk der Unternehmer seinen Wohnsitz oder seinen gewöhnlichen Aufenthalt hat.

Die Beitreibung der Prämien erfolgt nach § 28 Abs. 1 wie die der Gemeindeabgaben.

Hebegebühren der Gemeinden.

§ 810. Die Genossenschaft hat den Gemeinden für die Einziehung der Prämien eine Vergütung zu gewähren, deren Höhe die oberste Verwaltungsbehörde im Einvernehmen mit dem Reichsversicherungsamte festsetzt.

Für eigene Bauarbeiten der Gemeinde wird keine Vergütung gewährt.

Vgl. § 27 Abs. 4 BUVG.

Die Hebegebühren sind von allen obersten Verwaltungsbehörden auf 4 v. H. der eingezogenen Prämien festgesetzt worden (Handbuch Bd. II, S. 486 Anm. 4). Neben den Hebegebühren haben die Gemeinden nur Anspruch auf Ersatz ihrer Portoauslagen; letzteren Anspruch haben sie auch im Falle des Abs. 2 (Besch. 1081, A. N. 1892, S. 200). Insbesondere steht den Gemeinden auch kein Anspruch auf Erstattung der Kosten fruchtloser Zwangsvollstreckungen zu (Besch. 1650, A. N. 1897, S. 469).

Die Hebegebühr und die Portoauslagen können die Gemeinden von den erhobenen Beträgen alsbald für sich einbehalten (Besch. 2266, A. N. 1908, S. 552).

Haftung der Gemeinden für die Prämien.

§ 811. Die Gemeinde haftet für die Prämien, bei denen sie nicht den wirklichen Ausfall oder die fruchtlose

Zwangsvollstreckung nachweisen kann, und hat sie vorschußweise einzusenden.

Vgl. § 27 Abs. 5 BUVG.

Inhalt des Heberollenauszugs. — Unrichtigkeit des Nachweises.

§ 812. Der Auszug aus der Heberolle muß die Angaben enthalten, die den Zahlungspflichtigen instand setzen, die Prämienberechnung zu prüfen.

Ergibt sich nachträglich, daß der Nachweis des Entgelts unrichtig war, so gelten für die Prämien dieselben Vorschriften wie für die Beiträge an die Genossenschaft (§§ 756, 757).

Vgl. § 28 Abs. 1, Satz 1 BUVG.

Über die Gestalt und den Inhalt der Heberolle und ihrer Auszüge sind abgesehen von Abs. 1 keine Vorschriften erlassen. Die Regiebaunachweise (§ 799) können nach Ausfüllung der Spalten 9 bis 11 durch die Zweiganstalt im allgemeinen als Heberollenauszug verwendet werden.

Die Vorschrift des Abs. 2 ist für die Zweiganstalten neu.

Auslegung des Heberollenauszugs.

§ 813. Die Gemeindebehörde legt den Auszug zwei Wochen lang zur Einsicht der Beteiligten aus und macht den Beginn der Frist auf ortsübliche Weise bekannt.

Sie kann auch den Auszug, statt ihn auszulegen, den Beteiligten zustellen.

Vgl. § 28 Abs. 1, Satz 2 BUVG.

Beteiligte sind diejenigen, die nach der Heberolle Prämien zahlen sollen, wie auch solche, die von der Zweiganstalt nicht in die Heberolle aufgenommene längere Bauarbeiten nachgewiesen hatten (vgl. Anm. zu § 807).

Ist die Bekanntmachung nicht ordnungsgemäß erfolgt oder der Auszug nicht zugestellt, so wird die Einspruchsfrist (§ 814) nicht in Lauf gesetzt.

Prämienstreitigkeiten (§§ 814 bis 817).

§ 814. Binnen zwei Wochen nach Ablauf der Frist des § 813 Abs. 1 oder nach Zustellung kann der Zahlungspflichtige gegen die Prämienberechnung bei dem Genossenschaftsvorstand oder dem zuständigen anderen Organ (§ 794) Einspruch erheben; er bleibt aber zur vorläufigen Zahlung verpflichtet. Dabei gelten § 757 Abs. 2, § 759 entsprechend.

Vgl. § 28 Abs. 1, Satz 3 BUVG.

Die § 757 Abs. 2, § 759 enthalten Bestimmungen für den Fall, daß noch andere Versicherungsträger von dem Unternehmer Beiträge für dieselben Bauarbeiten fordern.

§ 815. Der Einspruch kann, vorbehaltlich des § 814 Satz 2, nur gestützt werden auf

Rechenfehler,
unrichtigen Ansatz des Entgelts,
unrichtige Anwendung des Prämientarifs,
die Behauptung, daß keine Pflicht zur Entrichtung von Prämien bestehe.

Auf unrichtigen Ansatz des Entgelts kann der Einspruch nicht gestützt werden, wenn die Behörde wegen Säumigkeit des Verpflichteten den Nachweis selbst aufgestellt oder ergänzt hat

Vgl. § 28 Abs. 2 BUVG.

Die Aufstellung und Erwägung des Nachweises durch die Behörde erfolgt gemäß § 800, wenn der Nachweis von dem Verpflichteten versäumt oder unvollständig (§ 799) aufgestellt ist. Der Rechtsnachteil des Abs. 2 setzt Säumigkeit des Verpflichteten voraus, die aber durch das Vorhandensein von Zweifeln über die Nachweispflicht nicht ausgeschlossen wird (vgl. Anm. zu § 799).

§ 816. Gegen die Entscheidung, die das Oberversicherungsamt auf Beschwerde erläßt, ist weitere Beschwerde nur zulässig, wenn der Beschwerdeführer geltend macht, daß er zur Entrichtung von Prämien nicht verpflichtet sei.

Vgl. § 28 Abs. 3 BUVG.

Zuständig zur Entscheidung ist das OVA., in dessen Bezirk die versicherte Tätigkeit ausgeführt wird (§ 1784).

Die weitere Beschwerde ist — ebenso wie der bisherige Prämienrekurs — nur dann zulässig, wenn der Beschwerdeführer geltend macht, daß er zur Entrichtung von Prämien nicht verpflichtet sei. Da der Gesetzgeber nicht erkennbar ungleiches Recht für die Parteien schaffen wollte, muß die Zweiganstalt, ebenso wie der Unternehmer für befugt erachtet werden, Streitigkeiten, welche die Rechtsfrage der Verpflichtung zur Errichtung von Prämien betreffen, vor das RVA. (LV. Amt) zur Entscheidung zu bringen (vgl. Handbuch Bd. II, S. 468 Anm. 4).

Darüber, daß die dem Unternehmer im Einspruchs- und Beschwerdeverfahren erwachsenen Kosten nicht erstattungsfähig sind, vgl. Anm. zu § 760.

§ 817. Ergibt sich nachträglich, daß ein ohne Einspruch bezahlter Betrag ganz oder teilweise zu Unrecht erhoben worden ist, so gelten die §§ 814 bis 816 entsprechend.

Vgl. § 28 Abs. 4, Satz 1 BUVG.

Der Anspruch auf Rückerstattung zu Unrecht erhobener Prämien verjährt nach § 29 Abs. 2 in 6 Monaten nach Ablauf des Kalenderjahres, in dem sie entrichtet worden sind.

Uneinziehbare Prämien.

§ 818. Uneinziehbare Prämien sind im Notfall aus der Rücklage der Zweiganstalt zu decken und bei Festsetzung des nächsten Prämientarifs zu berücksichtigen.

Vgl. § 39 BUVG.

Der Anspruch auf Rückstände verjährt in 2 Jahren nach Ablauf des Kalenderjahres der Fälligkeit (§ 29 u. Anm. zu § 755). — Die Ausführungen im § 762 über das Vorrecht der Beitragsrückstände im Konkurs (nicht aber bei Liegenschaftsversteigerungen) gelten auch hier.

Über die Grundlagen der Festsetzung des Prämientarifs vgl. Anm. zu § 804.

Haftung des Bauherrn und Zwischenunternehmers.

§ 819. Für die Prämien und die übrigen Leistungen zahlungsunfähiger Unternehmer haftet der Bauherr während eines Jahres, nachdem die Verbindlichkeit endgültig festgestellt ist.

Zwischenunternehmer haften vor dem Bauherrn.

Vgl. § 29 Abs. 1, 2 BUVG.

Der Begriff des Bauherrn ist in Anm. zu § 765 entwickelt, der die Haftung des Bauherrn gegenüber den Baugewerks-BG.en und der Tiefbau-BG. regelt.

Zahlungsunfähig ist ein Unternehmer oder Zwischenunternehmer, wenn die Zwangsvollstreckung in seine beweglichen Sachen fruchtlos ausgefallen ist. Dies hat das RVA. unter entsprechender Anwendung der §§ 772, 90 BGB. angenommen (Besch. 1889, A. N. 1901, S. 606). Die Zwangsvollstreckung hat das RVA. zur Feststellung der Zahlungsunfähigkeit nicht für erforderlich erachtet, wenn ein überschuldeter Bauunternehmer flüchtig geworden und nicht auffindbar ist.

Mehrere Bauherrn sind Gesamtschuldner der Beiträge.

Wann die Verbindlichkeit endgültig festgestellt ist, ergeben die §§ 814 bis 816.

Streitigkeiten über die Haftung werden nach § 821 entschieden.

Haftung der Sicherheitsleistung des Bauherrn f. Prämien usw.

§ 820. Hat ein Bauherr nach landesbehördlicher Bestimmung der Genossenschaft Sicherheit geleistet (§ 772), so haftet diese auch für die Prämien und die übrigen Leistungen, die der Bauherr nach § 798 Nr. 1 als Unternehmer oder nach § 819 für zahlungsunfähige Unternehmer zu entrichten hat.

Diese neue Vorschrift stellt sich als eine Ergänzung der neuen Vorschriften der §§ 772 bis 776 über die Sicherung der Beitragsforderungen der Baugewerks-BG.en dar.

Entscheidung von Streitigkeiten zwischen Genossenschaft und Bauherrn.

§ 821. Entsteht Streit zwischen Genossenschaft (Zweiganstalt) und Bauherrn oder Zwischenunternehmer über die Haftung, so entscheidet das Oberversicherungsamt (Beschlußkammer); der Rechtsweg ist ausgeschlossen.

Vgl. § 29 Abs. 3 BUVG.

Die Prämienrückstände werden von dem Bauherrn nicht durch Einstellung in die Heberolle (§ 809) eingezogen. Die Zweiganstalt hat vielmehr, wenn der Zwischenunternehmer oder der Bauherr den von ihr erhobenen Anspruch nicht ausdrücklich anerkennt, die Entscheidung des OVA. herbeizuführen. Die Beitreibung der anerkannten oder durch Entscheidung zugesprochenen Prämienforderung erfolgt gemäß § 28 Abs. 1 (wie Gemeindeabgaben). Ausnahmsweise hat jedoch das RVA. auch eine vorläufige Zwangsvollstreckung gegen den Bauunternehmer gestattet (Handbuch Bd. II, S. 472, Anm. 6).

In dem Streitverfahren kann der Zwischenunternehmer oder Bauherr auch die Höhe der Prämien bemängeln (Besch. 1592, A. N. 1897, S. 285).

Gegen die Entscheidung des OVA. ist nach § 1793 Beschwerde an das RVA. (LV. Amt) gegeben, worüber nach § 1781 der Beschlußsenat zu entscheiden hat.

Die Ansprüche auf Erstattung etwa erwachsener außergerichtlicher Kosten bestehen nicht (vgl. Anm. zu § 760).

Grenzen der Zahlungspflicht des Unternehmers.

§ 822. Außer den Prämien, Strafen und Kosten, die nach diesem Gesetz erhoben werden, kann die Genossenschaft für die Zweiganstalt keine Zahlungen von den Unternehmern fordern.

Vgl. § 30 BUVG.

Pauschbeträge der öffentlichen Körperschaften.

§ 823. Führen Gemeinden, Gemeindeverbände, öffentliche Körperschaften und andere Bauherren regelmäßig Bauarbeiten aus, ohne sie anderen Unternehmern zu übertragen, so kann auf ihren Antrag für den Entgelt, nach dem die Prämien zu berechnen sind, ein Pauschbetrag nach der durchschnittlichen Zahl der jährlichen Arbeitstage festgesetzt werden.

Zugleich muß festgesetzt werden, wann die Prämien einzuzahlen sind.

Für solche Fälle sind die Vorschriften über die Monatsnachweise (§§ 799 bis 801) und die vierteljährliche Berechnung und die Einziehung der Prämien (§§ 807 bis 811) nicht anzuwenden.

Vgl. § 31 BUVG.

Auf Grund dieser — dem früheren Recht entsprechenden — Vorschrift haben zahlreiche Gemeinden mit ihren Wege- und sonstigen Tiefbauarbeiten bei der Tiefbau-BG. Pauschalversicherung genommen. Mehrfach haben Kreisverbände durch Vereinbarungen mit der Tiefbau-BG. die Sammlung und Abführung der oft ganz geringfügigen Pauschalbeträge der ihnen angehörigen Gemeinden übernommen.

Das RVA. hat ferner die Pauschalversicherung für Bühnenbaubetriebe empfohlen.

Sind die der Prämienberechnung zugrunde zu legenden Arbeitslöhne pauschaliert, so können Schwankungen in der Beschäftigungszeit der versicherten Arbeiter weder zugunsten noch zu ungunsten der Zweiganstalt Berücksichtigung finden.

Deckung der der Post zu erstattenden Beträge.

§ 824. Soweit der Anteil der Zweiganstalt an den Beträgen, die der Post zu erstatten sind, aus Unfällen bei längeren Bauarbeiten erwachsen ist, werden die Mittel zur Erstattung aus den verfügbaren Beständen an Prämien entnommen.

Vgl. § 38 Abs. 3, Satz 1 BUVG.

Vgl. § 791.

3. Versicherung auf Kosten von Gemeinden.

Vorbemerkung.

Die §§ 825 bis 835 betreffen die Versicherung der kurzen Bauarbeiten (§ 798 Nr. 2), für welche ausschließlich (§ 785) die Zweiganstalten der Baugewerks-BG.en zuständig sind.

Die aufzubringenden Mittel. — Verteilungsmaßstab.

§ 825. Die Mittel zur Deckung der Entschädigungsbeträge und Verwaltungskosten, die der Zweiganstalt aus Unfällen bei kurzen Bauarbeiten erwachsen sind, werden nach Verhältnis der Volkszahl jährlich auf die Gemeinden umgelegt, über deren Bezirke sich die Berufsgenossenschaft erstreckt.

Ist die Zweiganstalt an dem Postvorschuß der Genossenschaft beteiligt, so kann dafür auf die Gemeinden ein Vorschuß in Höhe der Beiträge des abgelaufenen Geschäftsjahrs umgelegt werden.

Maßgebend ist die Zahl von Einwohnern, die bei der letzten Volkszählung amtlich festgestellt ist, von dem Geschäftsjahr an, das auf die Feststellung folgt.

Vgl. § 32 Abs. 1, § 38 Abs. 3, Satz 3 BUVG.

Während längere Bauarbeiten auf Kosten der Unternehmer gegen feste Prämien bei den Zweiganstalten sowohl der Tiefbau BG., wie auch der Baugewerks-BG.en versichert werden, erfolgt die Versicherung kurzer Bauarbeiten auf Kosten der Gemeinden oder Gemeindeverbände nach dem System der Ausgabendeckung nur bei den Zweiganstalten der Baugewerks-BG.en (§§ 785, 798 vgl auch Anm. zu § 731 Abs. 3). Die hiernach für die Gemeinden bedeutungsvolle und besonders im Hinblick auf die Frage des Zusammenhangs mit anderen Bauarbeiten oft recht zweifelhafte Entscheidung darüber, ob eine Bauarbeit als eine kurze anzusehen ist, hat das Gesetz ausschließlich in die Hände der Vorstände der Baugewerks-BG.en gelegt (vgl. hierzu Anm. zu § 827).

Die Mittel zur Deckung der Entschädigungsbeträge, der Verwaltungskosten und des Postvorschusses (vgl. hierzu die §§ 791, 824 sowie Vorbem. zu § 726) müssen auf sämtliche Gemeinden des Bezirks der Genossenschaft umgelegt werden.

Die für die Umlegung maßgebende Einwohnerzahl ist die bei der Volkszählung amtlich festgestellte, einschließlich der Personen des Soldatenstandes.

Auszug aus der Heberolle.

§ 826. Den Gemeinden ist ein Auszug aus der Heberolle mit der Aufforderung zuzustellen, zur Vermeidung der Zwangsbeitreibung den festgesetzten Betrag binnen zwei Wochen einzuzahlen.

Vgl. § 28 Abs. 3, Satz 3 BUVG.

Inhalt des Auszugs. Beitragsstreitigkeiten.

§ 827. Der Auszug muß die Angaben enthalten, die den Zahlungspflichtigen instand setzen, die Berechnung zu prüfen.

Für Einspruch und Beschwerde gelten dieselben Vorschriften wie bei der Berufsgenossenschaft (§ 757 Abs. 1, §§ 758, 760, 761), doch ist die Beschwerde nur zulässig, wenn sie sich auf Rechenfehler oder auf Irrtum bei Ansatz der Volkszahl gründet.

Vgl. § 38 Abs. 3, Satz 4, 5 BUVG.

Das RVA. hat mit Rücksicht darauf, daß die Entscheidung der Frage, ob eine kurze Bauarbeit vorliegt, endgültig von dem mit der Verwaltung der Zweiganstalt betrauten Genossenschaftsvorstand zu treffen ist (vgl. Anm. zu § 825), es für geboten erachtet, daß in die Heberolle und sonach auch in die Heberollenauszüge die Unfälle, die zur Entschädigung geführt haben, wenigstens nach Namen und Wohnort des Verletzten, Datum und Art des Unfalls und Namen usw. des Arbeitgebers aufgenommen werden, um so den beteiligten Gemeinden die Möglichkeit einer Kontrolle zu eröffnen. Auch hat das RVA. empfohlen, die rechnungsmäßigen Unterlagen zur Einsicht der beteiligten Gemeinden während einer gewissen Zeit in den Geschäftsräumen der Genossenschaft auszulegen (Besch. 708, A. N. 1889, S. 318).

Gemeindeverbände an Stelle der Gemeinden.

§ 828. Die oberste Verwaltungsbehörde kann anordnen, daß Gemeindeverbände an Stelle der Gemeinden treten oder in bestimmten Bezirken mehrere Gemeinden die Last gemeinschaftlich übernehmen, die ihnen aus der Unfallversicherung bei der Zweiganstalt erwächst.

Sie bestimmt zugleich, wie eine solche Vereinigung vertreten und verwaltet wird, und nach welchen Grundsätzen die gemeinsame Last auf die einzelnen Gemeinden zu verteilen ist.

Vgl. § 32 Abs. 2 BUVG.

Maßnahmen der im Abs. 1 gedachten Art dienen der Portoersparnis und der Verminderung des Schreibwerks der Zweiganstalten wie der Gemeinden. Sie sind vielfach durch die obersten Verwaltungsbehörden der Bundesstaaten getroffen worden (vgl. § 111).

Verwaltungsbezirke an Stelle der Gemeinden.

§ 829. Die oberste Verwaltungsbehörde kann ferner bestimmen, daß an Stelle der Gemeinden für die Umlegung Verwaltungsbezirke treten, und wie diese die auf sie umgelegten Beträge auf die einzelnen Gemeinden verteilen.

Vgl. § 32 Abs. 3 BUVG.

Vgl. Anm. zu § 828.

Vereinigungen von Gemeinden.

§ 830. Soweit nicht die oberste Verwaltungsbehörde solche Bestimmungen erlassen hat, können sich Gemeinden durch eigenen Beschluß zur Übernahme der Lasten vereinigen, die ihnen aus Unfällen bei kurzen Bauarbeiten erwachsen.

Sie bestimmen dann zugleich, wie die Vereinigung vertreten und verwaltet wird. Die Vereinbarung bedarf der Genehmigung der obersten Verwaltungsbehörde.

Vgl. § 32 Abs. 4 BUVG.

Vgl. Anm. zu § 828.

Mitteilung von Bildung der Verbände usw.

§ 831. Die Anordnungen und Vereinbarungen (§§ 828 bis 830) sind den beteiligten Berufsgenossenschaften und dem Reichsversicherungsamte mitzuteilen.

Vgl. § 32 Abs. 5 BUVG.

Verwaltungskostenbetrag.

§ 832. Der Betrag der Verwaltungskosten, die auf die Gemeinden und die Verbände umzulegen sind, wird entsprechend festgesetzt, wie bei der Versicherung auf Kosten der Unternehmer (§ 804).

Vgl. § 33 BUVG.

Der Betrag der Verwaltungskosten ist für die der Aufsicht des RVA. unterstellten Baugewerks-BG.en durch Bek. v. 29. Jan. 1898, A. N. S. 236 dahin bestimmt worden, daß für jeden Unfall, der zu einer Entschädigung der Zweiganstalt geführt hat, einmal 200 M. zu erstatten sind (näheres vgl. Handbuch II, S. 478, Anm. 1 und 2).

Aufbringung der Lasten wie Gemeindeabgaben.

§ 833. Innerhalb der einzelnen Gemeinden oder Gemeindeverbände werden die Lasten aus der Versicherung kurzer Bauarbeiten wie Gemeindeabgaben aufgebracht.

Vgl. § 34 Abs. 1 BUVG.

Anderweite Aufbringung.

§ 834. Die Landesgesetzgebung oder die statutarische Bestimmung der einzelnen Gemeinde oder des Gemeindeverbandes kann einen anderen Verteilungsmaßstab feststellen, besonders auch bestimmen, daß die Grund- oder Gebäudebesitzer die Lasten tragen.

Statutarische Bestimmungen dieser Art bedürfen der Genehmigung der höheren Verwaltungsbehörde.

Vgl. § 34 Abs. 2 BUVG.

Rücklage der Zweiganstalt.

§ 835. Auf die Rücklage der Zweiganstalt haben die Gemeinden und sonstigen Verbände für die Lasten, die ihnen aus der Versicherung kurzer Bauarbeiten erwachsen, keinen Anspruch.

Vgl. § 36 BUVG.

Die Rücklage der Zweiganstalt ist nur für die Versicherung der längeren Bauarbeiten gebildet (§ 804 Abs. 2).

II. Zweiganstalten für Halten von Reittieren und Fahrzeugen.

Vorbemerkung.

Die Vorschriften der §§ 836 bis 842 sind durch die Einbeziehung des Haltens von Reittieren und Fahrzeugen in die Versicherung notwendig geworden (§ 537 Abs. 1 Nr. 6, 7, vgl. auch Vorbem. zu § 783). Welchen BG.en die zu errichtenden Zweiganstalten anzugliedern sind, bleibt nach § 629 Abs. 2 dem Bundesrat überlassen, der auch anstelle der Zweiganstalten Versicherungsgenossenschaften mit eigener Rechtspersönlichkeit schaffen kann. Insbesondere hinsichtlich der privaten Kutschen, Automobile und Luftschiffe wird die Errichtung einer Versicherungsgenossenschaft in Erwägung zu ziehen sein (Kom. Ber. Bd. III S. 164).

Die Mittel werden ebenso wie bei den längeren Bauarbeiten durch feste im voraus festgesetzte Prämien aufgebracht (vgl. Anm. zu § 731 Abs. 3). Dies gilt auch für etwa zu errichtende Versicherungsgenossenschaften.

Allgemeines.

§ 836. Bei der Zweiganstalt, die einer Berufsgenossenschaft von Unternehmern gewerbsmäßiger Fuhrwerks- oder Binnenschiffahrtsbetriebe angegliedert ist, sind die Personen versichert, die im Bezirke der Genossenschaft bei nicht gewerbsmäßigem Halten von Reittieren oder Fahrzeugen (§ 537 Nr. 6, 7) beschäftigt werden.

Das Gleiche gilt von den selbstversicherten Unternehmern solcher Tätigkeiten.

Die Tätigkeiten werden, wenn es sich um Fahrzeuge zu Wasser handelt, in den Zweiganstalten der Genossenschaften für Binnenschiffahrt versichert, im übrigen in den Zweiganstalten der Genossenschaften für gewerbsmäßigen Fuhrwerbsbetrieb, sofern der Bundesrat nicht nach § 629 Abs. 2 andere Bestimmungen trifft.

Zwischen Arbeiten von 6 Tagen und solchen von geringerer Dauer (vgl. § 798) hat das Gesetz nicht unterschieden. Doch folgt die Ausscheidung geringfristiger Tätigkeiten aus dem Begriff des Haltens der Reittiere und Fahrzeuge (Anm. zu § 633 Abs. 2 Nr. 2).

Unternehmer der im Abs. 1 bezeichneten Tätigkeiten können sich gemäß § 550 versichern.

Räumlich abgegrenzte Zweiganstalten derselben Genossenschaft.

§ 837. Die Genossenschaftsversammlung kann bestimmen, daß statt einer mehrere Zweiganstalten für einzelne räumliche Gebiete ihres Bezirkes errichtet werden.

Solche Bestimmungen bedürfen der Genehmigung des Reichsversicherungsamts; sie sind im Reichsanzeiger bekannt zu machen.

Prämien nach Prämientarif.

§ 838. In der Zweiganstalt geht die Versicherung auf Kosten der Unternehmer (§ 633 Abs. 2 Nr. 2) gegen Prämien nach einem Prämientarif.

Vgl. Vorbemerkung zu § 836.

Nachweise.

§ 839. Die Unternehmer haben der von der obersten Verwaltungsbehörde bestimmten Behörde, in deren Bezirke die Tätigkeiten ausgeführt werden, für jedes Kalendervierteljahr, spätestens drei Tage nach dessen Ablauf einen Nachweis vorzulegen über

1. die verwendeten Arbeitstage,
2. den den Versicherten dafür gewährten Entgelt.

Die Form für den Nachweis schreibt das Reichsversicherungsamt vor.

Gegen Säumige wird verfahren wie bei den Zweiganstalten für Bauarbeiten (§ 800).

Die Bestimmungen des Abs. 1 u. 2 entsprechen dem § 799. § 800 läßt die Behörde versäumte oder unvollständige Nachweise selbst aufstellen oder ergänzen.

Einreichung der Nachweise bei der Genossenschaft.

§ 840. Die Behörde hat die Nachweise binnen zwei Wochen nach Ablauf des Kalendervierteljahrs durch Vermittlung des Versicherungsamts an den Genossenschaftsvorstand oder das von diesem bezeichnete Organ der Genossenschaft einzureichen.

Dabei bescheinigt die Behörde (§ 839), daß ihr sonst über nicht gewerbsmäßiges Halten von Reittieren oder Fahrzeugen (§ 537 Nr. 6, 7) in ihrem Bezirke nichts bekannt geworden ist.

Dieser Paragraph entspricht dem § 801.

Prämientarif.

§ 841. Der Prämientarif muß ergeben, welcher Einheitssatz an Prämie für jede angefangene halbe Mark des anrechnungsfähigen Entgelts zu entrichten ist.

Dieser Paragraph entspricht dem § 802.

Anwendung der Vorschriften für längere Bauarbeiten.

§ 842. Im übrigen gelten für diese Zweiganstalten entsprechend die Vorschriften für die Zweiganstalten für Bauarbeiten (§§ 784, 786 bis 797, 803 bis 818, 822 bis 824).

Tritt an Stelle einer Zweiganstalt eine Versicherungsgenossenschaft, so gelten für diese die §§ 647, 648, 736 sowie von den Vorschriften für Zweiganstalten die §§ 803 bis 818, 822 bis 824, 836 Abs. 1, 2, §§ 838 bis 841 entsprechend. Auch für die Versicherungsgenossenschaft ist eine Rücklage anzusammeln.

Über die Bildung einer Rücklage vgl. § 793 Nr. 3 u. Anm.

Achter Abschnitt.

Weitere Einrichtungen.

Arten der Einrichtungen.

§ 843. Die Genossenschaften können einrichten

1. eine Versicherung gegen Haftpflicht für die Unternehmer (§ 633) und die ihnen in der Haftpflicht Gleichstehenden,
2. Rentenzuschuß- und Ruhegeldkassen für Betriebsbeamte, Mitglieder der Genossenschaft, Versicherte, Genossenschaftsbeamte sowie für die Angehörigen dieser Personen,
3. die Beschaffung von Arbeitsgelegenheit für Unfallverletzte.

Vgl. § 23 Abs. 1 HG.

Die Haftpflicht der Unternehmer und der ihnen in der Haftpflicht Gleichstehenden (§ 899) ist durch die RVO. nur zum Teil, nämlich soweit Versicherte und deren Hinterbliebene in Betracht kommen, beseitigt; aber auch in dieser Beschränkung besteht unter gewissen Umständen noch ein Rest der Haftpflicht fort, in dem die Unternehmer usw. für die Aufwendungen der Genossenschaften und Krankenkassen unter

Umständen aufkommen müssen (§§ 903 bis 907). Die Haftpflicht kann somit auch jetzt noch für die Unternehmer usw. wirtschaftlich verhängnisvoll werden.

Schon das HG. hielt es daher für angebracht, gerade den Genossenschaften, welche die Unternehmer zum Schutze der Arbeiter zusammenfassen, auch die Errichtung von Verbänden zu überlassen, deren Aufgabe die wirtschaftliche Sicherung der Unternehmer gegen Haftpflichtansprüche ist. — Bisher haben 8 landwirtschaftliche BG.en, sowie die Glas- und Tiefbau-BG. Haftpflichtversicherungsanstalten errichtet. — Die frühere Beschränkung, daß Haftpflichtansprüche aus der reichsgesetzlichen Unfallversicherung höchstens mit ⅔ gedeckt werden durften, ist beseitigt.

Die von einer BG. errichtete Haftpflichtversicherungsanstalt kann die Versicherung der Unternehmer und der ihnen in der Haftpflicht Gleichgestellten nicht bloß auf die Entschädigungen, die der Versicherungsnehmer wegen fahrlässiger Herbeiführung von Betriebsunfällen zu zahlen hat, sondern auf alle Entschädigungen ausdehnen, die der Versicherungsnehmer infolge eigenen Verschuldens oder infolge Verschuldens einer Person, für das er nach bürgerlichem Recht haftet, oder auch ohne Verschulden auf Grund des Gesetzes zu zahlen hat. Gegenüber dem Betriebsunternehmer ist also der Wirkungskreis der Anstalt nicht beschränkt. Dagegen ist es unzulässig, etwa auch Angestellten oder Arbeitern des Versicherungsnehmers in der Art Haftpflichtversicherung zu gewähren, daß sie Ersatz bekommen könnten für alle Entschädigungen, die sie an einen Dritten zu zahlen hätten; denn sie können nicht Mitglieder der Anstalt werden und die von ihnen zu zahlenden Entschädigungen können für die Haftpflichtversicherung nur insoweit in Betracht kommen, als für sie nach gesetzlicher Vorschrift der Untnernehmer einzutreten hat. Liegt aber diese Voraussetzung vor, so ist es gleichgültig, ob es sich um einen Vorgang innerhalb desjenigen Betriebs, welcher der BG. angehört, handelt oder nicht (Kom. Ber. Bd. III, S. 237).

Die neue Vorschrift der Nr. 3 hat den BG.en im Rahmen ihres Zwecks, den Unfallverletzten gegen die Folgen der Unfälle Hülfe zu bieten, als weitere Aufgabe die Beschaffung von Arbeitsgelegenheit für Unfallverletzte übertragen. Nach dem Urteil hervorragender ärztlicher Sachverständiger würde manche Unfallneurose im Keime erstickt werden, wenn man dem Unfallkranken von vornherein eine seinen Kräften entsprechende Arbeitsgelegenheit gewährt, die allein aufzufinden ihm oft nur schwer möglich sein wird (Begr. S. 329).

Träger der Einrichtungen. — Teilnahme.

§ 844. Träger der Einrichtungen ist die Genossenschaft.

Die Teilnahme an diesen Einrichtungen ist freiwillig.

Vgl. § 23 Abs. 2 HG.

Die Einrichtungen, also auch die Unfallversicherungsanstalten, entbehren der eigenen Rechtspersönlichkeit.

Aus Abs. 2 ergibt sich, daß einem Verletzten die Rente nicht deshalb gekürzt werden darf, weil er von einer ihm von der Genossenschaft angebotenen Arbeitsgelegenheit keinen Gebrauch macht (Begr. S. 329).

Genehmigung der Einrichtungen.

§ 845. Beschlüsse der Genossenschaftsversammlung über Einrichtungen

der im § 843 Nr. 1, 2 bezeichneten Art und deren Satzungen bedürfen der Genehmigung des Bundesrats,

der im § 843 Nr. 3 bezeichneten Art bedürfen der Genehmigung des Reichsversicherungsamts.

Vgl. § 23 Abs. 3 HG.

Aufsicht.

§ 846. Das Reichsversicherungsamt führt die Aufsicht.

Vgl. § 23 Abs. 4 HG.

An Stelle des RVA. tritt gegebenenfalls das LV. Amt (§ 724).

Gemeinsame Einrichtungen mehrerer Genossenschaften.

§ 847. Genossenschaften können vereinbaren, solche Einrichtungen gemeinsam zu treffen.

Die Vereinbarung darf nur mit Beginn eines Geschäftsjahrs wirksam werden.

Für die Genehmigung solcher Vereinbarungen gilt § 845 entsprechend.

Neunter Abschnitt.

Unfallverhütung. Überwachung.

I. Unfallverhütungsvorschriften.

Vorbemerkung.

Die Unfallverhütungsvorschriften, zu deren Erlaß, soweit sie erforderlich sind, die BG.en und auch die etwa zu errichtenden Versicherungsgenossenschaften (§ 890) verpflichtet sind, stellen sich als autonome Rechtsnormen dar. Als solche gelten sie zunächst für die Mitglieder der Genossenschaften und die von diesen beschäftigten Versicherten; nach der Auffassung des RVA. beginnt für sie die verbindliche Kraft der U.-Verh.-Vorschriften erst mit der Aufnahme in das Betriebsverzeichnis der BG. (vgl. Handbuch Bd. I, S. 592, Anm. 2, auch Bd. III, S. 734). Die U.-Verh.-Vorschriften erstrecken sich ferner auch auf die Unternehmer nicht gewerbsmäßiger Bauarbeiten und des nicht gewerbsmäßigen Haltens von Reittieren und Fahrzeugen, sowie auf die von solchen Unternehmern beschäftigten Versicherten (§ 890). Sie erfassen endlich auch die selbstversicherten Unternehmer (§ 548 Nr. 1, § 550) sowie die etwa gemäß § 552 Abs. 2, 3 versicherten Personen. — Als Schutzgesetze im Sinne des § 823 Abs. 2 BGB. sind die U.-Verh.-Vorschriften nicht anzusehen, sie geben aber, namentlich im Verhältnis der Genossenschaft zu ihren Mitgliedern die Richtschnur, welche Einrichtungen und Anordnungen diese zu treffen und damit welche Sorgfaltpflichten sie gegen die Versicherten und die Genossenschaft zu erfüllen haben, um dem Vorwurf der Fahrlässigkeit (§§ 903 flg.) zu entgehen. (Entsch. des Reichsgerichts, in Arbeiterversorgung 1909, S. 709 abgedruckt.)

Über das Verfahren beim Erlaß von U.-Verh.-Vorschriften enthält das Gesetz eingehende Bestimmungen (vgl. Anm. zu §§ 864, 865). Die endgültige Beschlußfassung liegt ausschließlich der Genossenschaftsversammlung ob, wie sich aus § 867, sowie auch daraus ergibt, daß es sich um einen Fall der Rechtssetzung, nicht aber der Rechtsanwendung (Verwaltung) handelt. — Erweist sich eine einzelne Vorschrift als ein Fehlgriff und führt ihre Befolgung zur Verletzung eines Versicherten, so gibt dies dem Verletzten doch nicht das Recht, eine über die Unfallrente hinausgehende Entschädigung von der BG. zu beanspruchen. Die Erlassung einer in gesetzlicher Weise zustande gekommenen U.-Verh.-Vorschrift ist ein rechtmäßiger öffentlich-rechtlicher Akt, der hinsichtlich der Haftung nicht anders zu beurteilen ist, wie eine im Wege des Gesetzes oder von einer Behörde innerhalb ihrer Zuständigkeit erlassene Verordnung (RG. Bd. 72, S. 107).

Bisher haben alle BG.en U.-Verh.-Vorschriften erlassen. Eine Ausnahme besteht nur für die zur Knappschafts-BG. gehörigen unter staatlicher Aufsicht stehenden Bergwerke, weil für diese Bergwerke alle Einzelheiten des Betriebs bereits durch bergpolizeiliche Verordnung eingehend geregelt sind; Vertreter der Arbeiter, Knappschaftsälteste, werden übrigens auch vor dem Erlaß solcher Verordnungen gehört. — Der Verband der deutschen BG.en hat am 26. Juni 1896 „Normalunfallverhütungsvorschriften" (abgedruckt A. N. 1896, S. 431) als Grundlage für den Erlaß von U.-Verh.-Vorschriften angenommen. Die Neubearbeitung der Normalunfallverhütungsvorschriften steht bevor.

Die U.-Verh.-Vorschriften bezwecken den Schutz der Versicherten und suchen die BG.en von vermeidbaren Unfallentschädigungen zu entlasten. Durch die Vorschriften sind große Fortschritte in der Unfallverhütungstechnik gezeitigt worden. Eine Sammlung bewährter Sicherheitsvorrichtungen befindet sich in der Ständigen Ausstellung für Arbeiterwohlfahrt in Charlottenburg, Frauenhoferstr. 11/12.

U.-Verh.-Vorschriften und ihre Überwachung haben zur Veröffentlichung von Gewerbeunfallstatistiken und der Jahresberichte über die Durchführung der U.-Verh.-Vorschriften (vgl. § 883 Abs. 2) in Beiheften zu den A. N. Anlaß gegeben.

Über die aus dem Nebeneinanderbestehen von staatlichen und genossenschaftlichen U.-Verh.-Vorschriften sich ergebenden Schwierigkeiten und deren Vermeidung vgl. die §§ 865, 871, 872, 883 Abs. 2, §§ 884 bis 886.

Verpflichtung zum Erlaß von U.-Verh.-Vorschriften.

§ 848. Die Berufsgenossenschaften sind verpflichtet, die erforderlichen Vorschriften zu erlassen über

1. die Einrichtungen und Anordnungen, welche die Mitglieder zur Verhütung von Unfällen in ihren Betrieben zu treffen haben,
2. das Verhalten, das die Versicherten zur Verhütung von Unfällen in den Betrieben zu beobachten haben.

Unfallverhütungsvorschriften können auch für einzelne Bezirke, Gewerbszweige und Betriebsarten erlassen werden.

In den Vorschriften ist zu bestimmen, wie sie den Versicherten bekannt zu machen sind.

Wenn in einem Betriebe Arbeiter beschäftigt sind, welche des Deutschen nicht mächtig sind, so sind ihnen, wenn fünfundzwanzig gemeinsam eine andere Muttersprache sprechen, die Unfallverhütungsvorschriften und die diese ersetzenden bergpolizeilichen Verordnungen in dieser bekannt zu machen.

Vgl. § 112 GUVG.; § 40 BUVG.

Während im Hinblick auf die Beratungen der Reichstagskommission für das GUVG. das Recht des RVA. (LV. Amt) bestimmte Unfallverhütungsvorschriften zu oktroyieren, recht zweifelhaft war, ist ein solches Recht nunmehr anzuerkennen. Der § 689 gibt der Aufsichtsbehörde das Recht, nötigenfalls an Stelle der Genossenschaft Unfallverhütungsvorschriften zu erlassen (Kom. Ber. Bd. III, S. 168). Die Aufsichtsbehörde kann aber auch — und dieser Weg wird sich regelmäßig zunächst empfehlen — gemäß § 689 dem Genossenschaftsvorstand an Stelle der Genossenschaftsversammlung die endgültige Beschlußfassung über die U.-Verh.-Vorschriften übertragen.

Die Unfallverhütungsvorschriften sind sämtlich als Forderungen, nicht als Ratschläge aufzustellen. Für unzulässig hat das RVA. die Vorschrift erklärt, daß Arbeiter vor dem Eintritt in den Betrieb ärztlich zu untersuchen, die etwa vorhandenen Gebrechen festzustellen und mit bestimmten Leiden behaftete Personen nicht einzustellen sind. Dagegen hat das RVA. es für zulässig erachtet, unter Umständen Arbeitern, welche die deutsche Sprache nicht beherrschen, von der Beschäftigung in einem bestimmten Betriebe auszuschließen.

Zu den Anordnungen i. S. des Abs. 1 Nr. 1 gehören insbesondere Verbote gefährlicher Handlungen der Versicherten.

Zuwiderhandlungen gegen die U.-Verh.-Vorschriften sind gemäß § 851 mit Geldstrafen bedroht. Die nach § 112 Abs. 1, Nr. 1 GUVG. auch zulässige Einschätzung der Betriebe zuwiderhandelnder Unternehmer in eine höhere Gefahrklasse und danach auch zulässige Bestrafung durch Zuschläge zu den Beiträgen sind in die RVO. nicht aufgenommen worden, nachdem das RVA. schon bisher die Ahndung der Zuwiderhandlungen nur durch Geldstrafen empfohlen hatte. — Unmittelbar die Befolgung der U.-Verh.-Vorschriften selbst oder im Wege der Rechtshilfe zu erzwingen, ist die Genossenschaft nicht berechtigt. Ein entsprechendes Ersuchen der Genossenschaft an die Polizeibehörde kann nur dann Erfolg haben, wenn zugleich ein Verstoß gegen staatliche oder polizeiliche Anordnungen vorliegt.

Den Genossenschaften ist, abgesehen von Abs. 3, freie Hand gelassen, wie sie die Mitteilung der U.-Verh.-Vorschriften an die Versicherten regeln wollen. Sämtliche, auch die nur für die Unternehmer geltenden Vorschriften sind bekannt zu geben. —

Die Ausdehnung der Vorschrift des § 848 Abs. 4 auf bergpolizeiliche Vorschriften fällt eigentlich aus dem Rahmen der U.-Verh.-Vorschriften heraus. Sie ist auf Grund der Erwägung erfolgt, daß bei Bergwerken, die unter bergpolizeilicher Aufsicht stehen, seitens der Knappschafts-BG. keine U.-Verh.-Vorschriften erlassen sind, diese vielmehr durch die bergpolizeilichen Vorschriften ersetzt werden (Vorbem. zu § 848).

Betriebe, die ihrer Art nach einer anderen Genossenschaft angehören würden.

§ 849. Gehören einer Genossenschaft Betriebe an, die ihrer Art nach einer anderen Genossenschaft zuzuteilen wären (§§ 540, 542, 631, 632), so sollen dafür Unfallverhütungsvorschriften erlassen werden, die den Vorschriften derjenigen Berufsgenossenschaft entsprechen, welcher die Betriebe ihrer Art nach angehören würden.

Es handelt sich um Betriebe, die wesentliche Bestandteile verschiedenartiger Gewerbszweige umfassen, um Nebenbetriebe und um zusammengesetzte Betriebe eines Unternehmers, die ihren Sitz im Bezirk desselben OVA. haben und in denen zusammen nicht mehr als 10 Versicherungspflichtige beschäftigt werden (§§ 540, 542, 631, 632).

Über die Überwachung solcher Betriebe vgl. Anm. § 878.

Frist für geforderte Einrichtungen.

§ 850. Den Mitgliedern ist eine angemessene Frist zu setzen, um die zur Verhütung von Unfällen vorgeschriebenen Einrichtungen zu treffen.

Vgl. § 112 GUVG.; § 40 BUVG.

Diese Vorschrift bezieht sich auf neu in den U.-Verh.-Vorschriften vorgeschriebene Einrichtungen (§ 848 Abs. 1, Nr. 1) nicht aber auf Einrichtungen, die für den Betrieb längst vorgeschrieben sind.

Geldstrafen.

§ 851. Zuwiderhandlungen der Mitglieder gegen die Vorschriften können mit Geldstrafen bis zu eintausend Mark, solche der Versicherten mit Geldstrafen bis zu sechs Mark bedroht werden.

Vgl. § 112 GUVG.; § 40 BUVG.

Die Unternehmer haben dafür zu sorgen, daß die durch die U.-Verh.-Vorschriften bestimmten Einrichtungen auch tatsächlich benutzt, daß die danach zu treffenden Anordnungen befolgt werden und daß sich die Verletzten auch so verhalten, wie dies zur Vermeidung von Unfällen vorgeschrieben ist (§ 848 Abs. 1) handelt. Unterlassungen nach dieser Richtung machen den Unternehmer oder, wenn er einen gesetzlichen Vertreter hat, diesen strafbar. — Mit dem Einwand, daß sich die U.-Ver.-Vorschriften nur mit sehr erheblichen Kosten durchführen ließen, wird der Unternehmer nicht gehört.

Inwieweit sich der Unternehmer damit entschuldigen kann, daß er Aufsichtspersonen oder andere Angestellte seines Betriebs mit der Durchführung der U.-Verh.-Vorschriften beauftragt habe, ergibt sich aus § 913.

Den Unternehmern pflegen die U.-Verh.-Vorschriften von den Genossenschaften übersandt zu werden. Die Unternehmer haben aber auch die Pflicht, sich selbst von den bestehenden U.-Verh.-Vorschriften Kenntnis zu verschaffen.

Über die Natur der zu verhängenden Geldstrafen vgl. die Vorbem. zu § 908. — Sind mehrere Betriebsleiter vorhanden, so kann nicht jeder einzelne wegen derselben Zuwiderhandlung bestraft werden.

Die Höhe der Strafe ist verschieden, je nachdem sie sich gegen Mitglieder der Genossenschaften oder gegen Versicherte richtet. Darüber, wer als Mitglied der Genossenschaften anzusehen ist, vgl. die Anm. zu § 650 (u. § 963). — Unternehmer kurzer Bauarbeiten können nur mit Geldstrafen bis 100 M. belegt werden (§ 798 Abs. 2).

In welche Kassen die Strafgelder fließen, bestimmt § 914.

Beschlüsse über die Vorschriften — Vorbereitung (§§ 852 bis 856).

§ 852. Der Entwurf der Vorschriften ist dem Reichsversicherungsamt einzureichen. Ist die Genossenschaft in Sektionen eingeteilt, so haben ihn die Vorstände der beteiligten Sektionen vorher zu begutachten.

Vgl. § 113 Abs. 1 GUVG.; § 40 BUVG.

An die Stelle des RVA. tritt nach § 724 gegebenenfalls das LV. Amt.

Zuziehung von Versichertenvertretern.

§ 853. Zur Beratung und zum Beschluß über die Vorschriften hat der Genossenschaftsvorstand Vertreter der Versicherten mit vollem Stimmrecht und in gleicher Zahl wie die beteiligten Vorstandsmitglieder zuzuziehen.

Dies gilt entsprechend für Gutachten über Schutzvorschriften auf Grund des § 120e Abs. 2 der Gewerbeordnung.

Vgl. § 113 Abs. 2 GUVG.; § 40 BUVG.

Die Beratungen müssen als erweiterte Vorstandssitzungen gelten; die Vorstandsmitglieder sind also zu den Beratungen wie zu anderen Vorstandssitzungen einzuladen (Besch. 373, A. N. 1887, S. 167).

Die Vertreter der Versicherten müssen bei der Beratung und Beschlußfassung in gleicher Zahl wie die Vorstandsmitglieder der Genossenschaft oder der Sektion beteiligt sein. Sind weniger Arbeitervertreter erschienen, als Vorstandsmitglieder anwesend sind, so haben die überzähligen Vorstandsmitglieder auszuscheiden. — Bei der Abstimmung entscheidet Stimmenmehrheit, bei Stimmengleichheit gibt der Vorsitzende den Ausschlag; doch ist stets in dem aufzunehmenden Protokoll besonders ersichtlich zu machen, wie die Vertreter der Versicherten abgestimmt haben (§ 864, vgl. Nr. 2 u. 4 des Rundschr. des RVA. v. 27. April 1887, A. N. S. 145 sowie Besch. 373 a. a. O.).

Der § 120e der Gewerbeordnung lautet:

„Durch Beschluß des Bundesrats können Vorschriften darüber erlassen werden, welchen Anforderungen in bestimmten Arten von Anlagen zur Durchführung der in den §§ 120a bis 120c enthaltenen Grundsätze zu genügen ist.

Soweit solche Vorschriften durch Beschluß des Bundesrats nicht erlassen sind, können dieselben durch Anordnungen der Landes-Zentralbehörden oder durch Polizeiverordnungen der zum Erlasse solcher berechtigten Behörden erlassen werden. Vor dem Erlasse solcher Anordnungen und Polizeiverordnungen ist den Vorständen der beteiligten BG.en oder BG.'sSektionen Gelegenheit zu einer gutachtlichen Äußerung zu geben. Auf diese finden die Bestimmungen des § 113 Abs. 2, 4 und des § 115 Abs. 4, Satz 1 GUVG. Anwendung."

Die im Abs. 1 in Bezug genommenen §§ 120a bis 120c der Gewerbeordnung enthalten Vorschriften über den Schutz des Lebens und der Gesundheit der Arbeiter sowie über die Aufrechterhaltung des Anstands. An die Stelle des § 113 Abs. 2, 4 und des § 115 Abs. 4, Satz 1 GUVG. sind gemäß Art. 104 Einf.-Ges. die entsprechenden Vorschriften der § 853 Abs. 1, §§ 855, 864 Abs. 2 getreten. Die im § 120e Abs. 2 erwähnten gutachtlichen Äußerungen dürfen nur von den Vorständen selbst, nicht etwa von eigens dazu bestimmten Ausschüssen abgegeben werden (Besch. 1934, A. N. 1902, S. 379).

Die über den Erlaß der U.-Verh.-Vorschriften allein endgültig beschließende Genossenschaftsversammlung ist an den gemäß § 853 Abs. 1 gefaßten Beschluß nicht gebunden.

Einladung des RVA.

§ 854. Der Genossenschaftsvorstand hat das Reichsversicherungsamt zu der Sitzung einzuladen, in der über den Entwurf der Vorschriften beraten und beschlossen werden soll.

Vgl. § 113 Abs. 3 GUVG.; § 40 BUVG.

Unfallverhütungsvorschriften für einzelne Sektionen.

§ 855. Sollen Unfallverhütungsvorschriften oder sollen Schutzvorschriften auf Grund des § 120e Abs. 2 der Gewerbeordnung nur für einzelne Sektionen gelten, so haben auch deren Vorstände Vertreter der Versicherten zur Begutachtung zuzuziehen. Dabei gilt § 853 Abs. 1 entsprechend.

Vgl. § 113 Abs. 4 GUVG.; § 40 BUVG.

Sollen die Unfallverhütungs- oder Schutzvorschriften nur für einzelne Sektionen gelten, so haben sich sowohl die Vorstände der Genossenschaften, als auch die Vorstände der betroffenen Sektionen unter Zuziehung von Versichertenvertretern zu äußern. — Vgl. im übrigen Anm. zu § 853.

Einladung der Versichertenvertreter.

§ 856. Der Entwurf der Vorschriften ist den Vertretern der Versicherten zugleich mit der Einladung zu der Sitzung, in der die Vorschriften begutachtet oder beraten und beschlossen werden sollen, mitzuteilen.

Vgl. § 113 Abs. 5 GUVG.; § 40 BUVG.

Die Vertreter der Versicherten sind in der Einladung zu ersuchen, im Behinderungsfalle das Schreiben entweder an den Ersatzmann (§ 861) weiterzugeben oder es mit einem entsprechenden Vermerk an den Vorstand, dem alsdann die Ladung des Ersatzmanns obliegen würde, zurückzureichen (Besch. 373, A. N. 1887, S. 167).

Stellungnahme zu den Berichten der techn. Aufsichtsbeamten.

§ 857. Alljährlich nimmt der Vorstand unter Hinzuziehung der Vertreter der Versicherten (§ 853 Abs. 1) zu den Berichten der technischen Aufsichtsbeamten Stellung und regt die Maßnahmen an, die zur Verbesserung der Unfallverhütungsvorschriften geboten erscheinen. Dabei gilt § 854.

Diese Bestimmung will ein ständiges Zusammenarbeiten zwischen Unternehmerr und Versicherten auf dem Gebiet der Unfallverhütung herbeiführen, das den BG.en manche Anregungen zu geben sowie Meinungsverschiedenheiten und Mißverständnisse zu beseitigen geeignet ist.

Den Vertretern der Versicherten muß der Bericht des technischen Aufsichtsbeamten einige Wochen vor der Vorstandssitzung mitgeteilt werden (Kom. Ber. Bd. III, S. 170).

Die Fassung des Paragraphen läßt zweifelsfrei zum Ausdruck kommen, daß es sich nur um Besprechungen und Anregungen, nicht um endgültige Beschlüsse handelt.

Das R V A. (LV. Amt) ist zu der Vorstandssitzung einzuladen (§ 854).

Wahl der Versichertenvertreter.

§ 858. Die Vertreter der Versicherten werden von den Beisitzern der Oberversicherungsämter gewählt, in deren Bezirke die Genossenschaft oder die Sektion Mitglieder hat. Wahlberechtigt sind jedoch nur solche Beisitzer der Oberversicherungsämter, welche als Vertreter der Versicherten berufen sind und nicht dem Bereiche der landwirtschaftlichen Unfallversicherung oder der See-Unfallversicherung angehören.

Die Knappschafts-Berufsgenossenschaft kann durch die Satzung bestimmen, daß die Vertreter der Versicherten Knappschaftsälteste sein müssen. Wird diese Bestimmung getroffen, so werden die Vertreter der Versicherten von den Knappschaftsältesten der beteiligten Knappschaftsvereine und Knappschaftskassen gewählt.

Vgl. § 114 Abs. 1, § 134 Abs. 2b GUVG.; § 40 BUVG.

Während die Vertreter der Versicherten früher von den Ausschüssen der V. Anstalten gewählt wurden, sind nunmehr die Versichertenbeisitzer der OV. Ämter wahlberechtigt. Der Kreis der Wahlberechtigten ist damit ein größerer geworden.

Im Hinblick auf Art. 5 des Einf.-Ges. wird anzunehmen sein, daß die Ämter der auf Grund des GUVG. und des BUVG. gewählten Versichertenvertreter mit dem Inkrafttreten des 3. Buches erlöschen, zumal die aktive und passive Wählbarkeit (§ 859) wesentlich geändert und die Wahlart (Anm. zu § 860) eine andere geworden ist. Da die zu den Neuwahlen der Versichertenvertreter berechtigten Versichertenbeisitzer der OV. Ämter erst geraume Zeit nach dem Inkrafttreten des 2. Buchs selbst gewählt werden können, wird der Bundesrat die Amtsdauer der auf Grund der früheren Gesetze gewählten Versichertenvertreter gemäß Art. 4 Ein.-Ges. verlängern müssen.

Wählbarkeit zum Versichertenvertreter.

§ 859. Wählbar als Vertreter der Versicherten ist nur, wer selbst nach diesem Gesetze gegen Unfall versichert ist und in einem Betriebe, welcher der Berufsgenossenschaft angehört, beschäftigt wird. Im übrigen gilt § 12.

Vgl. § 114 Abs. 2 GUVG.; § 40 BUVG.

Wählbar sind also nicht die versicherten Unternehmer. Die allgemeinen Voraussetzungen für die Wählbarkeit der Vertreter der Versicherten, die Wahlzeit (4 Jahre), sowie die Enthebung vom Amt sind in den §§ 12 bis 24 geregelt. — Gewählt können nach § 12 insbesondere auch Beschäftigte weiblichen Geschlechts werden.

Wahlordnung, — Wahlleitung.

§ 860. Die Wahlordnung erläßt das Reichsversicherungsamt. Ein Beauftragter dieses Amtes leitet die Wahl.

Vgl. § 114 Abs. 3 GUVG.; § 40 BUVG.

Die Versichertenvertreter werden künftig gemäß § 15 nach dem Grundsatz der Verhältniswahl gewählt. (Kom.-Ber. Bd. III, S. 172).

Ersatzmänner der Versichertenvertreter.

§ 861. Für jeden Vertreter der Versicherten wird ein erster und ein zweiter Ersatzmann gewählt. Sie vertreten ihn, wenn er verhindert ist, und ersetzen ihn für den Rest seiner Amtsdauer, wenn er vor der Zeit ausscheidet, nach der Reihe, die sich durch die Wahl ergibt.

Vgl. § 114 Abs. 3 GUVG.; § 40 BUVG.

Die Ersatzmänner müssen dieselben Eigenschaften besitzen, wie sie für die Versichertenvertreter im § 859 vorgeschrieben sind.

Entscheidung über die Gültigkeit der Wahlen.

§ 862. Bei Streit über die Gültigkeit der Wahlen entscheidet das Reichsversicherungsamt.

Vgl. § 114 Abs. 3 GUVG.; § 40 BUVG.

Vergütung der Versichertenvertreter.

§ 863. Der Vorsitzende des Vorstandes setzt die Vergütung (§ 21) für die Vertreter der Versicherten fest.

Vgl. § 114 Abs. 4 GUVG.; § 40 BUVG.

Nach § 21 erhalten die Versichertenvertreter ihre baren Auslagen erstattet und außerdem Ersatz für entgangenen Arbeitsverdienst oder statt dessen einen Pauschbetrag für Zeitverlust.

Gegen die Festsetzung durch den Vorsitzenden ist gemäß § 1791 die Beschwerde an das OVA. gegeben (Kom.-Ber. Bd. III, S. 173).

Genehmigung der Vorschriften und das vorbereitende Verfahren (§§ 864 bis 868).

§ 864. Die Unfallverhütungsvorschriften bedürfen der Genehmigung des Reichsversicherungsamts; der Beschlußsenat entscheidet darüber.

Dem Antrag auf Genehmigung sind die Niederschriften über die Verhandlungen der Vorstände beizufügen. Aus der Niederschrift muß sich ersehen lassen, wie die Vertreter der Versicherten gestimmt haben; sie muß ferner ein Gutachten der Vorstände der beteiligten Sektionen enthalten.

Vgl. § 115 Abs. 4 GUVG.

Die Genehmigung des RVA. (LV. Amt) ist erst herbeizuführen, nachdem die Genossenschaftsversammlung die Vorschriften beschlossen hat. Beschlußfassung der Genossenschaftsversammlung findet nach der Beratung und Beschlußfassung in der erweiterten Vorstandssitzung (§§ 853, 855, 866) statt. Über den Hergang des vorherigen Verfahrens vgl. Anm. zu § 865.

Bei der Entscheidung des Beschlußsenats wirken Vertreter der Arbeitgeber und Versicherten mit (§ 100 Abs. 2).

Die U.-Verh.-Vorschriften der Ausführungsbehörden unterliegen der Genehmigung des RVA. (LV. Amts) nicht.

Äußerung der beteiligten obersten Verwaltungsbehörden.

§ 865. Vor der Genehmigung wird den beteiligten obersten Verwaltungsbehörden Gelegenheit gegeben, sich zu äußern.

Unfallverhütungsvorschriften für Betriebe, die unter bergpolizeilicher Aufsicht stehen, dürfen nur genehmigt werden, wenn die oberste Verwaltungsbehörde zustimmt.

Vgl. § 115 Abs. 4 GUVG.

Darüber, in welchem Zeitpunkt des Verfahrens den obersten Verwaltungsbehörden Gelegenheit zur Äußerung zu geben ist, bestimmt das Gesetz nichts näheres. Das RVA. pflegt die gemäß § 852 eingereichten Entwürfe nach vorläufiger Durchsicht alsbald den obersten Verwaltungsbehörden mitzuteilen und die eingegangenen Äußerungen dann mit seinen Abänderungsvorschlägen den Genossenschaftsvorständen zu übersenden. Erst dann setzt die Beratung und Beschlußfassung gemäß § 853 ein.

Die Bestimmung des § 865 verfolgt den Zweck, verschiedenartige und vielleicht sogar einander widersprechende U.-Verh.-Vorschriften der Genossenschaften und der Landesbehörden zu vermeiden (vgl. Vorbem. vor § 548).

Die U.-Verh.-Vorschriften der Genossenschaften werden den höheren Verwaltungsbehörden, für deren Bezirk sie gelten, mitgeteilt (§ 869).

Anhörung der Versichertenvertreter bei den Sektionen.

§ 866 Auch wenn Unfallverhütungsvorschriften oder Teile von ihnen nicht lediglich für einzelne Sektionen gelten sollen, kann das Reichsversicherungsamt vor der Genehmigung anordnen, daß die Sektionsvorstände die Vertreter der Versicherten zum Gutachten zuziehen.

Vgl. § 115 Abs. 2 GUVG.; § 40 BUVG.

Vgl. § 855, der Bestimmungen für den Fall trifft, daß die Unfallverhütungsvorschriften nur für einzelne Sektionen gelten. Vgl. auch Abs. 1 der Anm. zu § 864

Änderung der Beschlüsse (§ 853) durch die Genossenschaftsversammlung.

§ 867. Ändert die Genossenschaftsversammlung die Beschlüsse, die der Vorstand und die Vertreter der Versicherten gefaßt haben, so bestimmt das Reichsversicherungsamt, ob der Vorstand mit den Vertretern der Versicherten nochmals beraten und beschließen soll

Vgl. § 115 Abs. 3 GUVG.; § 40 BUVG.

Die Genossenschaftsversammlung ist das Organ, welches die Unfallverhütungsvorschriften endgültig — vorbehaltlich der Genehmigung des RVA. — zu beschließen hat (vgl. Vorbem. vor § 848).

Die Bestimmung des RVA. kann auch schon im vorbereitenden Verfahren, bevor die Sache an den Beschlußsenat gebracht wird, getroffen werden.

Genehmigung des RVA.

§ 868. Macht das Reichsversicherungsamt seine Genehmigung davon abhängig, daß die Vorschriften geändert werden, so bestimmt es auch, ob zur Beratung und zum Beschlusse die Vertreter der Versicherten zugezogen werden sollen.

Vgl. § 115 Abs. 3 GUVG.; § 40 BUVG.

Die Entscheidung gemäß § 868 muß, da sie die Frage der Genehmigung der Vorschriften betrifft, nach § 864 Abs. 1 durch den Beschlußsenat erfolgen.

Mitteilung der U.-Verh.-Vorschriften an die höhere Verwaltungsbehörden.

§ 869. Der Genossenschaftsvorstand hat die Vorschriften den höheren Verwaltungsbehörden mitzuteilen, deren Bezirke beteiligt sind.

Vgl. § 115 Abs. 5 GUVG.; § 40 BUVG.

Ob die Genossenschaftsvorstände die Vorschriften auch den Ortspolizeibehörden und den V. Ämtern (§ 870) mitteilen, bleibt ihrem Ermessen überlassen (vgl. Nr. 1 und 2 des Rundschr. v. 16. April 1887, A. N. S. 139 und Nr. 1 und 2 des Rundschr. v. 11. Juni 1887, A. N. S. 158).

Zuständigkeit für die Straffestsetzung.

§ 870. Zuständig für die Festsetzung der Geldstrafen gegen Genossenschaftsmitglieder ist der Vorstand der Genossenschaft, gegen Versicherte das Versicherungsamt (Beschlußausschuß). Auf Beschwerde gegen Straffestsetzungen des Genossenschaftsvorstandes entscheidet das Oberversicherungsamt (Beschlußkammer).

Vgl. § 116 Satz 1 GUVG.; § 40 BUVG.

Das RVA. hat es für zulässig erachtet, daß die Straffestsetzung durch die Satzung oder durch Beschluß der Genossenschaftsversammlung einem Ausschuß des Genossenschaftsvorstands (nicht aber anderen Personen) übertragen wird.

An die Stelle der früher zur Bestrafung der Versicherten berufenen Vorstände der Betriebs- oder Baukrankenkassen oder der Ortspolizeibehörden ist das V. Amt getreten. Zuständig ist das V. Amt, in dessen Bezirk sich der Sitz des Betriebs befindet, oder die versicherte Tätigkeit ausgeführt wird (§ 1784).

Über die Beschwerde gegen die Entscheidung des Beschlußausschusses entscheidet die Beschlußkammer des OVA., über die Beschwerde gegen die Entscheidung der Beschlußkammer der Beschlußsenat des RVA. (LV. Amt) (§§ 1792, 1793, 1781 Abs. 1). Die Beschwerdefrist beträgt einen Monat (§ 128).

Anordnungen der Landesbehörden zwecks Unfallverhütung.

§ 871. Anordnungen, welche die Landesbehörden für bestimmte Gewerbszweige oder Betriebsarten zur Verhütung von Unfällen erlassen, sollen, wenn nicht Gefahr im Verzug ist, vorher den beteiligten Genossenschafts- oder Sektionsvorständen zur Begutachtung mitgeteilt werden. Dabei sind die Vertreter der Versicherten in gleicher Weise zuzuziehen wie bei Begutachtung von Unfallverhütungsvorschriften.

Vgl. § 117 Abs. 1 GUVG.; § 40 BUVG.

Sollen Anordnungen der Landesbehörden nur für den Bereich einer Sektion gelten, so hat sich nur der Sektionsvorstand zu äußern, was natürlich nicht ausschließt, daß dieser vor Abgabe der Äußerung mit dem Genossenschaftsvorstand Fühlung nimmt.

Die Genossenschafts- oder Sektionsvorstände dürfen sich der Begutachtung nicht entziehen, nachdem nunmehr das Gesetz die Anhörung der Vertreter der Versicherten vorgeschrieben hat. Der Gesetzgeber hat offenbar beabsichtigt, auf diesem Wege die Mitwirkung der Versichertenvertreter auch beim Erlaß der bezeichneten Anordnungen der Landesbehörden einzuführen.

Wenn § 871 auch nur von Anordnungen spricht, welche die Landesbehörden für bestimmte Gewerbszweige oder Betriebsarten erlassen, und deshalb Anordnungen nicht erfaßt werden, die neben der Sicherung der Arbeiter wesentlich allgemeine polizeiliche Zwecke (Sicherung des Verkehrs, Schutz des Publikums überhaupt) verfolgen (vgl. Handbuch Bd. I, S. 604, Anm. 3), so wird es sich im Interesse eines gedeihlichen Zusammenwirkens der staatlichen und genossenschaftlichen Aufsicht dringend empfehlen, auch in solchen Fällen die Vorstände der Genossenschaften oder Sektionen zu hören, wenn Vorschriften in Frage kommen, welche die genossenschaftliche Unfallverhütung nicht unerheblich berühren.

Mitteilung von Anordnungen gemäß § 120d Abs. 1 der Gew.-ordnung an die Genossenschaft.

§ 872. Die Polizeibehörden teilen Anordnungen, die sie nach § 120d Abs. 1 der Gewerbeordnung zur Verhütung von Unfällen treffen, der beteiligten Genossenschaft mit.

Vgl. § 117 Abs. 2 GUVG.; § 40 BUVG.

Der § 120d der Gewerbeordnung lautet:

„Die zuständigen Polizeibehörden sind befugt, im Wege der Verfügung für einzelne Anlagen die Ausführung derjenigen Maßnahmen anzuordnen, welche zur Durchführung der in den §§ 120a bis 120c enthaltenen Grundsätze erforderlich und nach der Beschaffenheit der Anlage ausführbar erscheinen. Sie können anordnen, daß den Arbeitern zur Einnahme von Mahlzeiten außerhalb der Arbeitsräume angemessene, in der kalten Jahreszeit geheizte Räume unentgeltlich zur Verfügung gestellt werden.

Soweit die angeordneten Maßregeln nicht die Beseitigung einer dringenden, das Leben oder die Gesundheit bedrohenden Gefahr bezwecken, muß für die Ausführung eine angemessene Frist gelassen werden.

Den bei Erlaß dieses Gesetzes bereits bestehenden Anlagen gegenüber können, solange nicht eine Erweiterung oder ein Umbau eintritt, nur Anforderungen gestellt werden, welche zur Beseitigung erheblicher, das Leben, die Gesundheit oder die Sittlichkeit der Arbeiter gefährdender Mißstände erforderlich oder ohne unverhältnismäßige Aufwendungen ausführbar erscheinen.

Gegen die Verfügung der Polizeibehörde steht dem Gewerbeunternehmer binnen 2 Wochen die Beschwerde an die höhere

Verwaltungsbehörde zu. Gegen die Entscheidung der höheren Verwaltungsbehörde ist binnen 4 Wochen die Beschwerde an die Zentralbehörde zulässig; diese entscheidet endgültig. Widerspricht die Verfügung den von der zuständigen BG. erlassenen Vorschriften zur Verhütung von Unfällen, so ist zur Einlegung der vorstehend bezeichneten Rechtsmittel binnen der dem Gewerbeunternehmer zustehenden Frist auch der Vorstand der BG. befugt."

Um den BG.en die rechtzeitige Einlegung der Rechtsmittel gemäß Abs. 4 des angeführten § 120d zu ermöglichen, ist die Mitteilung der nach Abs. 1 a. a. O. erlassenen Anordnungen an die Genossenschaften durch § 872 vorgeschrieben.

Eisenbahnbetrieb.

§ 873. Soweit es sich um den Erlaß von Unfallverhütungsvorschriften handelt, die zugleich den Eisenbahnbetrieb zu sichern bestimmt sind, gelten die §§ 852 bis 856, 866 bis 868, 871, 872 nicht.

Vgl. § 118 GUVG.; § 40 BUVG.

Die Motive des GUVG. (§ 118) haben hierzu ausgeführt, daß es, um die Verantwortlichkeit der betriebsleitenden Behörden für die Sicherheit des Eisenbahnbetriebs nicht in unzulässigem Maße einzuschränken, geboten sei, die Mitwirkung der Vertreter der Arbeiter auf solche Unfallverhütungsvorschriften zu beschränken, die sich nicht auf die Sicherheit des Eisenbahnbetriebs im Allgemeinen, sondern nur auf den Schutz der Arbeiter und Beamten gegen Unfälle beziehen.

II. Überwachung.

Vorbemerkung.

Die §§ 874 bis 889 enthalten Vorschriften über die ordnungsmäßige Überwachung der Unfallverehütungsvorschriften, der Richtigkeit der Lohnnachweise (§ 876) und der Rentenempfänger (§ 887).

Durchführung der U.-Verh.-Vorschriften.

§ 874. Die Berufsgenossenschaften haben für die Durchführung der Unfallverhütungsvorschriften zu sorgen.

Vgl. § 119 Abs. 1, Satz 1 GUVG.; § 40 BUVG.

In welcher Weise die BG. die ihnen auferlegte Verpflichtung erfüllen, ist zunächst ihrem Ermessen überlassen. Vgl. jedoch § 875.

Technische Aufsichtsbeamte.

§ 875. Die Genossenschaften sind berechtigt und auf Verlangen des Reichsversicherungsamts verpflichtet, technische Aufsichtsbeamte in der erforderlichen Zahl anzustellen, um die Befolgung der Unfallverhütungsvorschriften zu überwachen und von den Einrichtungen der Betriebe Kenntnis zu nehmen, soweit dies für die Zugehörigkeit zur Genossenschaft oder für die Einschätzung in die Gefahrklasse von Bedeutung ist. Als solche Beamte können auch Personen angestellt werden, die früher den versicherten Betrieben als Arbeiter angehört haben.

Vgl. § 119 Abs. 1, Satz 2, 3 GUVG.; § 40 BUVG.

Schon während der Geltung des GUVG. und des BUVG. hat sich das RVA. auf Grund seines allgemeinen Aufsichtsrechts für befugt erachtet, von den BG.en die Aufstellung der zur wirksamen Durchführung der U.-Verh.-Vorschriften erforderlichen technischen Aufsichtsbeamten zu verlangen. Diese Befugnis des RVA. ist nunmehr im Gesetz ausdrücklich festgelegt worden. Die nötige Handhabe zu ihrer Verwirklichung gibt § 689 sowie das Strafrecht des § 31 Abs. 3.

Zu technischen Aufsichtsbeamten können nur Einzelpersonen (nicht Revisionsvereine) bestellt werden; die Bestellung von Vorstandsmitgliedern oder Vertrauensmännern ist unzulässig. Die dauernde Übertragung der Funktionen des technischen Aufsichtsbeamten auf den Angestellten eines Genossenschaftsmitglieds hat das RVA. beanstandet.

Die Anstellung früherer Arbeiter als technische Aufsichtsbeamte war auch nach dem bisherigen Recht nicht unzulässig. Ob und in welchem Umfang sie sich wird durchführen lassen, kann allgemein nicht gesagt werden. Der anzustellende Arbeiter muß jedenfalls die allgemeinen an die technischen Aufsichtsbeamten zu stellenden Anforderungen erfüllen. Er muß also in allen auf die Auslegung und Durchführung der U.-Verh.-Vorschriften sowie auf die berufsgenossenschaftliche Zugehörigkeit der Betriebe und auf das Tarifwesen bezüglichen Fragen sachverständig sein (Handbuch Bd. I, S. 607, Anm. 3). Daß sich solche Persönlichkeiten unter den deutschen Arbeitern (z. B. unter den Polieren für die Baugewerks-BG.en) finden lassen werden, ist nicht zu bezweifeln.

Rechnungsbeamte.

§ 876. Die Genossenschaften können, um die eingereichten Lohnnachweise zu prüfen, durch Rechnungsbeamte die Geschäftsbücher und Listen einsehen, aus denen die Zahl der beschäftigten Arbeiter und Beamten und die Beträge des verdienten Entgelts hervorgehen.

Vgl. § 119 Abs. 1, Satz 2, 3 GUVG.; § 40 BUVG.

Das Recht, der Genossenschaft durch Rechnungsbeamte die Geschäftsbücher nötigenfalls einschließlich der Kassenbücher und Lohnlisten einsehen zu lassen, gewinnt besondere Bedeutung, durch die Vorschrift des § 1581 Abs. 1, wonach der Unternehmer fortlaufende Aufzeichnungen über den von den einzelnen Versicherten verdienten Entgelt zu führen hat. Auch bei summarischem Lohnnachweis (§ 750 Abs. 2) ist hiernach der Genossenschaft die Möglichkeit ausreichender Kontrolle der Unternehmer gegeben.

Eine vorherige Anmeldung der Revision durch den Rechnungsbeamten ist gesetzlich nicht erforderlich. Wenn sie auf Grund der Geschäftsanweisung der Genossenschaft für den Rechnungsbeamten üblich ist, so kann davon doch im einzelnen Falle, wenn es wünschenswert erscheint, unbedenklich abgegangen werden (Kom. Ber. Bd. III, S. 176).

Die Einsichtnahme der Geschäftsbücher und Listen wird durch den Zweck der Kontrolle beschränkt.

Aufsichts- und Rechnungsbeamter in einer Person.

§ 877. Die Geschäfte des technischen Aufsichts- und des Rechnungsbeamten können mit Genehmigung des Reichsversicherungsamts in einer Person vereinigt werden.

Vgl. § 119 Abs. 2 GUVG.; § 40 BUVG.

Die Vereinigung ist nur dann zulässig, wenn der Beamte sowohl zur Revision der Betriebe, als auch zur Kontrolle der Geschäftsbücher und Lohnlisten die erforderlichen Fähigkeiten besitzt.

Zutritt zu den Betriebsstätten und Vorlegung der Geschäftsbücher.

§ 878. Die Unternehmer sind verpflichtet, den technischen Aufsichtsbeamten ihrer Genossenschaft den Zutritt zu ihren Betriebsstätten während der Betriebszeit zu gestatten und den Rechnungsbeamten die Bücher und Listen (§ 876) an Ort und Stelle zur Einsicht vorzulegen.

Vgl. § 119 Abs. 3 GUVG.; § 40 BUVG.

Die Pflicht, den Zutritt zu den Betriebsstätten zu gestatten, schließt regelmäßig die Pflicht, den Betrieb zu zeigen (den Beamten auf seinem Wege durch die Betriebsstätten zu begleiten) nicht in sich (Besch. 2464 A. N. 1911 S. 393). Der Aufsichtsbeamte hat auch im Allgemeinen das Recht, die Versicherten über Betriebseinrichtungen und -Vorgänge zu befragen (Besch. 2382, A. N. 1910, S. 448).

Der technische Aufsichtsbeamte hat geeignetenfalls die Betriebsunternehmer über die Anbringung der vorgeschriebenen Schutzvorrichtungen zu belehren. Er hat, auch wenn eine — stets alsbald vorzunehmende — Bestrafung nicht angezeigt erscheint, die Unternehmer oder ihre Vertreter auf die vorgefundenen Mängel sofort hinzuweisen. Ist dies aus irgend welchen Gründen nicht angängig, so muß dem Unternehmer alsbald der Revisionsbefund schriftlich mitgeteilt werden, worin die Vorschriften ausdrücklich zu bezeichnen sind, gegen welche verstoßen worden ist (vgl. des Näheren Nr. I des Rundschr. v. 31. Januar 1907, A. N. S. 209). Selbst Anordnungen in dem Betriebe zu treffen, ist der Aufsichtsbeamte nicht befugt, wohl aber kann er in Fällen dringender Gefahr für Leben und Gesundheit der Versicherten sofort die Hilfe der Polizei in Anspruch nehmen, ohne vorher dem Vorstand berichten zu müssen (Kom. Ber. Bd. III, S. 183). — Bei der Besichtigung von Betrieben, die ihrer Art nach einer anderen Genossenschaft zuzuteilen wären (§ 849), wird unter Umständen die Zuziehung des technischen Aufsichtsbeamten dieser anderen BG. angemessen sein. Ist dieser nicht auch zum technischen Aufsichtsbeamten der Genossenschaft des Unternehmers bestellt, wogegen Bedenken nicht bestehen, so kann der Unternehmer diesem technischen Aufsichtsbeamten allerdings den Zutritt in seinen Betrieb verwehren.

Den Vorstandsmitgliedern der Genossenschaft oder Sektion, sowie deren Vertrauensmännern steht ein Recht nicht zu, die Betriebsstätten der Genossenschaftsmitglieder zur Kontrolle zu betreten. — Inwieweit sie im Unfallrentenverfahren den Unfallbetrieb in Augenschein nehmen können, regelt sich nach § 1580.

Eine Pflicht, die Bücher und Listen der Genossenschaft einzusenden, besteht für die Genossenschaftsmitglieder nicht (Kom. Ber. Bd. III, S. 177).

Zwangsstrafen.

§ 879. Das Versicherungsamt kann die Unternehmer zur Erfüllung ihrer Pflichten aus § 878 auf Antrag jedes an der Überwachung Beteiligten durch Geldstrafen bis zu dreihundert Mark anhalten.

Auf Beschwerde entscheidet das Oberversicherungsamt endgültig.

Vgl. § 119 Abs. 3, Satz 2 GUVG.; § 40 BUVG.

Die Strafen dieses Paragraphen sind Zwangsstrafen und können als solche erst verhängt werden, wenn der Unternehmer unter Strafandrohung zur Erfüllung seiner Pflichten von dem V. Amt aufgefordert worden war (vgl. Besch. 590, A. N. 1888, S. 302).

Besondere Sachverständige (§§ 880, 881).

§ 880. Der Unternehmer kann besondere Sachverständige statt des technischen Aufsichtsbeamten verlangen, wenn er von dessen Besichtigung die Verletzung eines Betriebsgeheimnisses oder Schaden für seine geschäftliche Tätigkeit befürchtet.

Vgl. § 120 GUVG.; § 40 BUVG.

Der Nachweis, daß der Unternehmer die Befürchtung nicht ohne Grund hegt, ist in der Regel zur Anwendung der §§ 880, 881 nicht nötig (Besch. 1476, A. N. 1895, S. 264).

§ 881. In diesem Falle hat der Unternehmer dem Genossenschaftsvorstande sobald als möglich einige Personen zu bezeichnen, die geeignet und bereit sind, auf seine Kosten den Betrieb zu besichtigen und die für die Genossenschaft notwendige Auskunft zu geben.

Einigt man sich nicht, so entscheidet auf Anrufen das Reichsversicherungsamt.

Vgl. § 120 GUVG.; § 40 BUVG.

Über die Beeidigung der besonderen Sachverständigen vgl. § 882, und Anm. dazu.

An die Stelle des RVA. tritt gegebenenfalls das LV. Amt (§ 724).

Vereidigung der Aufsichtsbeamten usw.

§ 882. Die Mitglieder der Genossenschaftsorgane, die technischen Aufsichts- und die Rechnungsbeamten sowie die besonderen Sachverständigen werden von dem Versicherungsamt ihres Wohnorts eidlich verpflichtet, über das, was ihnen durch die Überwachung der Betriebe oder durch die Prüfung der Bücher und Listen bekannt wird, zu schweigen sowie Geschäfts- und Betriebsgeheimnisse nicht unbefugt zu verwerten.

Vgl. § 121 Satz 2 GUVG.; § 40 BUVG.

Die eidliche Verpflichtung ist durch die RVO. auch auf die Mitglieder der Genossenschaftsorgane ausgedehnt worden, die von Geschäfts- und Betriebsgeheimnissen und dem Inhalt der Bücher der Genossenschaftsmitglieder Kenntnis erhalten (Begr. S. 331).

Das Verbot für die eidlich Verpflichteten, die ihnen in amtlicher Eigenschaft bekannt gewordenen Geschäfts- oder Betriebsgeheimnisse bekannt zu geben oder zu verwerten, und die Bestrafung von Zuwiderhandlungen ist in den §§ 142, 143 geregelt.

Anzuwendende Eidesformeln sind in dem Besch. 87, A. N. 1885, S. 365 von dem RVA. vorgeschlagen worden.

Mitteilung der Namen der techn. Aufsichts- und Rechnungsbeamten. — Jahresberichte.

§ 883. Der Genossenschaftsvorstand hat Namen und Wohnsitz der technischen Aufsichts- und der Rechnungsbeamten den beteiligten höheren Verwaltungsbehörden anzuzeigen.

Er hat über die Tätigkeit der technischen Aufsichtsbeamten dem Reichsversicherungsamte zu berichten und den staatlichen Aufsichtsbeamten (§ 139b der Gewerbeordnung) auf Ersuchen Mitteilung zu machen.

Vgl. § 122 GUVG.; § 40 BUVG.

Zu Abs. 2: Vgl. die Rundschr. betr. die Erstattung der Jahresberichte über die Durchführung der U.-Verh.-Vorschriften v. 20. Januar 1902 (A. N. S. 251) u. v. 2. Dezember 1907 (A. N. S. 540). — Die Berichte sind dem RVA. auch dann zu erstatten, wenn die Genossenschaft unter der Aufsicht eines LV. Amts steht.

Auf Anforderung des RVA. haben die BG.en auch Angaben über die Durchführung der Unfallverhütung zu machen und die dazu notwendigen Erhebungen anzustellen (Kom. Ber. Bd. III, S 132).

Den staatlichen Aufsichtsbeamten gegenüber haben die technischen Aufsichtsbeamten nur eine Pflicht zur Mitteilung, die von der viel weitgehenderen Berichterstattungspflicht wohl zu unterscheiden ist.

Staatliche und genossenschaftl. Überwachung (§§ 884 bis 886).

§ 884. Hat der genossenschaftliche Aufsichtsbeamte von Anordnungen, die der staatliche Beamte zur Verhütung von Unfällen getroffen hat, Kenntnis erhalten, so darf er Abweichendes nicht bestimmen.

Hält er eine abweichende Bestimmung für nötig oder eine Anordnung des staatlichen Beamten für unvereinbar mit einer Unfallverhütungsvorschrift, so hat er an den Genossenschaftsvorstand zu berichten. Dieser kann die vorgesetzte Behörde des staatlichen Beamten anrufen.

Vgl. § 123 GUVG.; § 40 BUVG.

Die §§ 884 bis 886 sollen den Unzuträglichkeiten begegnen, die sich aus dem Nebeneinander der staatlichen Gewerbeaufsicht und der genossenschaftlichen Kontrolle für die Behörden, Genossenschaften, deren Organe und für die Unternehmer unschwer ergeben können (vgl. Vorbem. vor § 848). Das RVA. hat den Genossenschaftsvorständen wiederholt empfohlen, ein gutes Einvernehmen mit den staatlichen Aufsichtsbehörden zu erstreben. Ähnliche Anordnungen sind auch seitens der obersten Landesbehörden an die unterstellten Aufsichtsbehörden und -Beamten ergangen.

§ 885. Hält der staatliche Aufsichtsbeamte Anordnungen des genossenschaftlichen für zweckwidrig oder für unvereinbar mit den Unfallverhütungsvorschriften, so hat er es dem Genossenschaftsvorstande mitzuteilen.

Hält dieser den Einspruch für unbegründet, so kann er die vorgesetzte Behörde des staatlichen Beamten anrufen.

Vgl. § 123 GUVG.; § 40 BUVG.

Hält der Genossenschaftsvorstand die Stellungnahme des staatlichen Aufsichtsbeamten für zweckwidrig, so empfiehlt es sich, sobald wie möglich von dem Recht der Beschwerde Gebrauch zu machen, damit nicht inzwischen seitens des Beamten die von ihm in Aussicht genommenen Maßnahmen verwirklicht werden. Hierzu ist der staatliche Beamte nach Ablauf einer angemessenen Frist seit der Mitteilung berechtigt.

§ 886. Der Genossenschaftsvorstand hat dem Reichsversicherungsamte von allen Verhandlungen Kenntnis zu geben, welche Meinungsverschiedenheiten zwischen den beiden Aufsichtsbeamten betreffen.

Vgl. § 123 GUVG.; § 40 BUVG.

Das RVA. hat nötigenfalls die Vermittelung des Reichskanzlers herbeizuführen.

Durch Pflichtversäumnis des Unternehmers erwachsene Barauslagen.

§ 887. Erwachsen der Genossenschaft durch Pflichtversäumnis eines Unternehmers bare Auslagen für die Überwachung seines Betriebs oder für die Prüfung seiner Bücher und Listen, so kann der Vorstand dem Unternehmer diese Kosten auferlegen und außerdem gegen ihn Geldstrafe bis zu einhundert Mark verhängen. Auch die Kosten werden wie Gemeindeabgaben beigetrieben.

Vgl. § 124 Abs. 2 GUVG.; § 40 BUVG.

Solche bare Auslagen können z. B. dadurch entstehen, daß ein Betriebsunternehmer die zur Einschätzung seines Betriebs erforderlichen Angaben verweigert und diese nur durch eine Besichtigung des Betriebs ersetzt werden können, oder daß Nachrevisionen infolge wiederholter schwerer Verstöße gegen die U.-Verh.-Vorschriften notwendig werden. Der Vorstand muß dem Unternehmer die aus seiner Pflichtwidrigkeit erwachsenen baren Auslagen im einzelnen nachweisen.

Die Kosten allgemeiner Revisionen können nicht den Betriebsunternehmern auferlegt werden, auch dann nicht, wenn sie zu Beanstandungen geführt haben. In solchen Fällen sind auch Bestrafungen auf Grund des § 887 nicht zulässig (vgl. aber § 851).

Die Besoldung des technischen Aufsichts- und des Rechnungsbeamten ist Sache der Genossenschaft oder nach Satzungsvorschrift auch der Sektionen (Besch. 148, A.N. 1886, S. 73). Die diesen Beamten zu gewährenden Tagegelder sind bare Auslagen im Sinne des § 887.

Gegen die Auferlegung der Kosten und die Verhängung der Geldstrafe ist gemäß § 1791 die Beschwerde an das OVA. gegeben.

Überwachung der Rentenempfänger.

§ 888. Das Versicherungsamt kann die Genossenschaft mit ihrer Zustimmung und unter Vereinbarung über die Kosten bei der Überwachung der Rentenempfänger unterstützen. Hierüber beschließt der Beschlußausschuß. Lehnt er ab, so beschließt auf Beschwerde das Oberversicherungsamt endgültig.

Diese Bestimmung ist durch die RVO. neu eingeführt.

Zutritt der ständigen Mitglieder des RVA. zu den Betriebsstätten.

§ 889. Die Unternehmer sind verpflichtet, den vom Reichsversicherungsamt beauftragten ständigen Mitgliedern des Reichsversicherungsamts während der Betriebszeit den Zutritt zu ihren Betriebsstätten zu gestatten, um die Durchführung und Wirkung der erlassenen Unfallverhütungsvorschriften (§ 848) festzustellen. Zur Erfüllung dieser Pflicht kann sie das Reichsversicherungsamt durch Geldstrafen bis zu dreihundert Mark anhalten.

Das RVA. hatte schon unter der Geltung der früheren Gesetze trotz Fehlens einer ausdrücklichen Bestimmung auf Grund seines allgemeinen Aufsichtsrechts über die technischen Aufsichtsbeamten das Recht für sich in Anspruch genommen, versicherte Betriebe zu Zwecken der Überwachung durch seine zuständigen Mitglieder (§ 85) besichtigen zu lassen.

Durch § 889 wird das Zutrittsrecht den ständigen Mitgliedern des RVA. ausdrücklich gewährt, aber verlangt, daß sie im Auftrage des RVA. handeln. Das Zutrittsrecht ist auf die Fälle beschränkt, in denen es sich darum handelt, die Befolgung der genossenschaftlichen U.-Verh.-Vorschriften und die technischen Aufsichtsbeamten der Genossenschaften zu beaufsichtigen.

Für die bergpolizeilicher Aufsicht unterstellten Bergwerksbetriebe besteht das Zutrittsrecht z. Zeit nicht, da für solche Betriebe bisher keine genossenschaftlichen U.-Verh.-Vorschriften erlassen sind, was künftig auch nur mit Zustimmung der obersten Verwaltungsbehörde geschehen kann (§ 865 Abs. 2). — Der Ausdruck „während der Betriebszeit“ ist, wie in der

Reichstagskommission ausdrücklich festgestellt worden ist, dahin auszulegen, daß sich das Mitglied des RVA. den allgemeinen Anordnungen der Grubenleitung oder der Bergpolizei fügen muß (Kom. Ber. Bd. III, S. 182).

Die ständigen Mitglieder des RVA. sind zur Geheimhaltung der zu ihrer Kenntnis gelangenden Geschäfts- und Betriebsgeheimnisse verpflichtet. Die §§ 142, 143 (vgl. § 141 Abs. 1) sind auch auf diese Mitglieder anwendbar.

III. Besondere Vorschriften für Bauarbeiten sowie für das Halten von Reittieren und Fahrzeugen.

§ 890. Unfallverhütungsvorschriften sind auch zu erlassen für die Tätigkeit bei nicht gewerbsmäßigen Bauarbeiten und bei nicht gewerbsmäßigem Halten von Reittieren oder Fahrzeugen (§ 537 Nr. 6, 7).

Zuständig ist die Berufsgenossenschaft, in deren Zweiganstalt die bei solchen Tätigkeiten Beschäftigten versichert sind. Sind sie bei einer Versicherungsgenossenschaft versichert, so ist diese zuständig.

Vgl. § 40 Nr. 1, 2 BUVG.

Die zu erlassenden U.-Verh.-Vorschriften sind für die Regiebauunternehmer und die bezeichneten Halter von Reittieren und Fahrzeugen, wie auch für die von ihnen Beschäftigten bindend.

Über die zulässige Errichtung von Versicherungsgenossenschaften vgl. § 629 Abs. 2.

§ 891. Die §§ 848 bis 889 gelten, vorbehaltlich der folgenden Vorschriften, auch für diese Tätigkeiten.

Dem Unternehmer von kurzen Bauarbeiten sind im Falle der Zuwiderhandlung gegen die Unfallverhütungsvorschriften Geldstrafen nur bis zu einhundert Mark anzudrohen.

Bei einer Versicherungsgenossenschaft werden die Vertreter der Versicherten von den Beisitzern der Oberversicherungsämter gewählt, auf deren Bezirk sich die Genossenschaft oder Sektion erstreckt; dabei gilt § 858 Absatz 1, Satz 2.

Vgl. § 4 Nr. 1, 2 BUVG.

Zu Abs. 2: Vgl. § 851 u. Anm. dazu. — Die Halter von Reittieren oder von Fahrzeugen können mit Geldstrafen bis zu 1000 M. belegt werden.

Sollte der Bundesrat gemäß § 629 Abs. 2 Versicherungsgenossenschaften errichten, so würde für die Wahl der Versichertenvertreter der Grundsatz der Verhältniswahl maßgebend sein (Anm. zu § 860).

Zehnter Abschnitt.

Betriebe und Tätigkeiten für Rechnung öffentlicher Verbände.

Ausführungsbehörden (§§ 892, 893).

§ 892. Ist das Reich oder ein Bundesstaat Versicherungsträger, so treten sie an Stelle der Genossenschaft und werden Rechte und Pflichten der Genossenschaftsorgane durch Ausführungsbehörden wahrgenommen. Diese bestimmt für die Heeresverwaltungen die oberste Militärverwaltungsbehörde des Heeresteils, im übrigen für die Reichsverwaltungen der Reichskanzler, für die Landesverwaltungen die oberste Verwaltungsbehörde.

Das Gleiche gilt für Gemeinden, Gemeindeverbände und andere öffentliche Körperschaften, die Versicherungsträger sind. Die Ausführungsbehörden bestimmt die oberste Verwaltungsbehörde.

Vgl. § 128 Abs. 3, Satz 1 GUVG.; § 6 Nr. 2, 3, § 42 Satz 1 BUVG.

Inwieweit das Reich, ein Bundesstaat, Gemeinden, Gemeindeverbände und andere öffentliche Körperschaften Träger der Unfallversicherung sind, ergeben die §§ 623 bis 628.

Die Ausführungsbehörden müssen einheitliche Organe sein; eine Teilung ihrer Obliegenheiten zwischen verschiedenen Behörden ist nicht zugelassen (Handbuch Bd. I, S. 620 Anm. 5). Nur zur Feststellung der Leistungen der Unfallversicherung können die Ausführungsbestimmungen (§ 895) gemäß § 1570 eine andere Behörde bezeichnen.

§ 893. Dem Reichsversicherungsamte werden die Ausführungsbehörden mitgeteilt.

Die bisher eingesetzten Ausführungsbehörden bleiben bestehen.

Vgl. § 128 Abs. 3, Satz 2, 3 GUVG.; § 42 Satz 2 BUVG.

Nicht anwendbare Vorschriften der gewerbl. U. Versicherung.

§ 894. Ist das Reich, ein Bundesstaat, ein Gemeindeverband, eine Gemeinde oder eine andere öffentliche Körperschaft Versicherungsträger, so gelten nicht

die Vorschriften über Änderung des Bestandes der Berufsgenossenschaften (§§ 635 bis 648),

von den Vorschriften über die Verfassung der Genossenschaften die §§ 649 bis 720,

die Vorschriften über Aufsicht (§§ 722 bis 725),

die Vorschriften über Aufbringung der Mittel sowie über Umlage- und Erhebungsverfahren (§§ 731 bis 776),

von den Vorschriften über Abführung der Beträge an die Post die §§ 781, 782,

die Vorschriften über Zweiganstalten (§§ 783 bis 842),

die Vorschriften über weitere Einrichtungen (§§ 843 bis 847),

von den Vorschriften über Unfallverhütung und Überwachung die §§ 848 bis 887, 889 bis 891,

von den Strafvorschriften die §§ 908 bis 910, 912, 913.

Vgl. § 129 GUVG.; § 42 BUVG.

Ausführungsbestimmungen.

§ 895. Wer die Ausführungsbehörden bestimmt, erläßt auch die Ausführungsbestimmungen, um die Vorschriften dieses Abschnitts durchzuführen.

Vgl. § 133 GUVG.; § 43 BUVG.

Vorschriften gemäß § 540 Nr. 1, Abs. 2 können in die Ausführungsbestimmungen aufgenommen werden.

Ausdehnung der Versicherungspflicht der Betriebsbeamten.

§ 896. Die Ausführungsbestimmungen können die Versicherungspflicht auf Betriebsbeamte mit mehr als fünftausend Mark Jahresarbeitsverdienst erstrecken, soweit diese nicht nach § 554 versicherungsfrei sind.

Vgl. § 130 GUVG.; § 43 BUVG.

Strafbestimmungen gegen Versicherte.

§ 897. Will die Ausführungsbehörde, um Unfälle zu verhüten, Vorschriften mit Strafbestimmungen gegen Versicherte erlassen, so sind mindestens drei Vertreter der Versicherten zur Beratung und zum Gutachten zuzuziehen.

Ein Beauftragter der Behörde leitet die Beratung; er darf kein unmittelbarer Vorgesetzter dieser Vertreter sein.

Soweit es sich um den Erlaß von Vorschriften handelt, die zugleich den Eisenbahnbetrieb zu sichern bestimmt sind, gilt das nicht.

Vgl. §§ 118, 120, 132 GUVG.; § 43 BUVG.

Die Unfallverhütungsvorschriften der Ausführungsbehörden bedürfen der Genehmigung des RVA. nicht.

Zu Abs. 3 vgl. Anm. zu § 873.

Elfter Abschnitt.

Haftung von Unternehmern und Angestellten.

I. Haftung gegenüber Verletzten und Hinterbliebenen.

Vorbemerkung.

Gegenüber Verletzten und ihren Hinterbliebenen ist die Haftung der Unternehmer und ihrer Angestellten (§ 899) im Allgemeinen ausgeschlossen. Die Haftpflicht gegenüber diesen Personen ist durch die Beiträge der Unternehmer zur Unfallversicherung abgelöst. Den Arbeitern und ihren Hinterbliebenen sind als Ersatz für ihre auf dem allgemeinen Recht beruhenden Entschädigungsansprüche gegen die Unternehmer und deren Angestellte, die oft lange Prozeßführung erforderten und nicht selten zu fruchtloser Zwangsvollstreckung führten, zwar begrenzte, aber vollkommen sichere und auch im Falle eigenen Verschuldens der Arbeiter nicht versagende Ansprüche gegen die Genossenschaft gegeben worden. (Vgl. Einleitung zum 3. Buch.) Nur ausnahmsweise bei vorsätzlicher Herbeiführung des Unfalls haben die Verletzten und ihre Hinterbliebenen Anspruch auf Erstattung des durch die Entschädigung aus der Unfallversicherung nicht gedeckten Schadens.

Voraussetzungen des Ersatzanspruchs gegen Unternehmer.

§ 898. Der Unternehmer (§ 633) ist Versicherten und deren Hinterbliebenen (§§ 588 bis 594), auch wenn sie keinen Anspruch auf Rente haben, nach anderen gesetzlichen Vorschriften zum Ersatz des Schadens, den ein Unfall der in den §§ 544, 546 bezeichneten Art verursacht hat, nur dann verpflichtet, wenn strafgerichtlich festgestellt worden ist, daß er den Unfall vorsätzlich herbeigeführt hat. Dann beschränkt sich die Verbindlichkeit des Unternehmers auf den Betrag, um den sie die Entschädigung aus der Unfallversicherung übersteigt.

Vgl. § 135 Abs. 1, 2 GUVG.; § 45 Abs. 2 BUVG.

Daß die Unfälle von der in §§ 544, 546 bezeichneten Art sein müssen, war in dem § 135 Abs. 1 GUVG. nicht ausdrücklich gesagt, aber von der Rechtsprechung als selbstverständlich angenommen worden (RG. Bd. 24, S. 117).

Hinterbliebene, die keinen Anspruch auf Rente haben, können insbesondere entferntere Verwandte sein, deren Rentenanspruch dadurch bedingt ist, daß der zulässige Höchstbetrag der Rente schon durch nähere Verwandte aufgebracht wird. Für diese seltenen Fälle Entschädigungsansprüche gegen die Unternehmer und die ihnen im § 899 Gleichgestellten zuzulassen, hat der Gesetzgeber nicht für angemessen erachtet (vgl. Vorbem. zu § 898; Kom. Ber. Bd. III, S. 185).

Ansprüche aus Unfällen, die keine Betriebsunfälle sind, oder die sich nicht gegen den Unternehmer oder die ihm Gleichgestellten (§ 899) richten, sowie Ansprüche, die von anderen als den Versicherten (einschließlich der auf Grund der Satzung gemäß § 552 Versicherten) oder deren Hinterbliebenen (§§ 588 bis 594) erhoben werden, bleiben durch den § 898 unberührt und sind daher nach den allgemeinen Bestimmungen zu beurteilen. Insbesondere bleiben also unberührt die Schadensersatzansprüche gegen Eisenbahnen aus Anlaß der Verletzung oder Tötung von Passagieren (§ 1 des Haftpflichtgesetzes v. 7. Juni 1871 — RGBl. S. 207). Desgleichen Ersatzansprüche, die nicht gegen Unfall versicherte Personen gegen die Unternehmer der unter das Haftpflichtgesetz fallenden Betriebe (§§ 1, 2 a. a. O.) erheben; zu den durch die RVO. nicht gegen Unfall Versicherten gehören vornehmlich auch die im § 554 aufgeführten Personen (vgl. aber auch §§ 10, 14 des Unfallfürsorgesetzes für Beamte und für Personen des Soldatenstandes v. 18. Juni 1901, — RGBl. S. 211).

Der Umfang des Schadensersatzes, der durch § 898 regelmäßig ausgeschlossen wird, richtet sich nach den sonstigen gesetzlichen Vorschriften, insbesondere also nach den Vorschriften des Haftpflichtgesetzes und des BGB. — Auch Schmerzensgeld (§ 847 BGB.; vgl. RG. Bd. 74, S. 27) und Buße (§ 231 des Strafgesetzbuchs) werden mitumfaßt.

Die Feststellung des Strafgerichts, daß der Unfall vorsätzlich herbeigeführt worden ist, bindet das Zivilgericht. Dem Zivilprozeß, welcher dem Strafverfahren nachfolgt, bleibt nur die Höhe des Schadensersatzes vorbehalten. — Vorsätzliche Herbeiführung eines Unfalls kann nur angenommen werden, wenn sich der Unternehmer dessen bewußt gewesen ist, daß seine Handlung den Erfolg einer körperlichen Mißhandlung oder Gesundheitsschädigung haben werde, und sich auch der Widerrechtlichkeit seiner Handlung bewußt gewesen ist. — Vgl. auch § 1542 Abs. 1, Satz 2.

Angestellte, die den Unternehmern gleichstehen.

§ 899. Das Gleiche gilt für Ersatzansprüche Versicherter und ihrer Hinterbliebenen gegen Bevollmächtigte oder Repräsentanten des Unternehmers und gegen Betriebs- und Arbeiteraufseher.

Vgl. § 135 Abs. 1, 2 GUVG.; § 45 Abs. 2 BUVG.

Gemeint sind die Bevollmächtigten usw. des Betriebs, in dessen Dienst der Unfall sich ereignet hat.

Zu den Repräsentanten gehören auch die Vorstandsmitglieder von Aktiengesellschaften u. dergl.

Strafgerichtliches Urteil.

§ 900. Die Ansprüche können auch geltend gemacht werden, wenn wegen des Todes, der Abwesenheit oder eines anderen in der Person des Verpflichteten liegenden Grundes kein strafgerichtliches Urteil ergeht.

Vgl. § 139 GUVG.; § 45 Abs. 2 BUVG.

Die Feststellung, daß der Unfall vorsätzlich herbeigeführt ist (Anm. zu § 898), kann nur nach strafrechtlichen Grundsätzen getroffen werden (RG. Bd. 69, S. 345).

Gegen juristische Personen ist der Erlaß eines strafgerichtlichen Urteils nicht möglich. Daraus kann aber nicht etwa gefolgert werden, daß § 898 nicht auf sie anwendbar ist (RG. Bd. 71, S. 4). Die besonderen Gründe, aus denen § 900 von einem vorausgehenden strafgerichtlichen Urteil absieht, treffen auf juristische Personen nicht zu. Man wird annehmen müssen, daß juristische Personen im Wege des Zivilprozesses nur dann wegen Schadensersatzes seitens der Versicherten angegangen werden können, wenn ihr verfassungsmäßiger Vertreter in Ausübung der ihm zustehenden Verrichtungen einen Unfall vorsätzlich herbeigeführt hat, und deshalb Bestrafung eingetreten oder gemäß § 900 unmöglich geworden ist.

Bindung der ordentlichen Gerichte an Entscheidungen der Versicherungsinstanzen.

§ 901. Hat ein ordentliches Gericht über solche Ansprüche zu erkennen, so ist es an die Entscheidung gebunden, die in einem Verfahren nach diesem Gesetze darüber ergeht,

ob ein entschädigungspflichtiger Unfall vorliegt,
in welchem Umfang und von welchem Versicherungsträger die Entschädigung zu gewähren ist.

Das ordentliche Gericht setzt sein Verfahren so lange aus, bis die Entscheidung in dem Verfahren nach diesem Gesetz ergangen ist. Dies gilt nicht für Arreste und einstweilige Verfügungen.

Vgl. § 135 Abs. 3 GUVG.; § 45 Abs. 2 BUVG.

Diese Vorschrift bezieht sich nicht nur auf die — seltenen — Ansprüche wegen strafgerichtlich festgestellter vorsätzlicher Schadenszufügung, sondern auch auf alle Schadensersatzansprüche des versicherten Verletzten und seiner Hinterbliebenen gegen den Betriebsunternehmer und die ihm gleichgestellten Personen. Die Bindung an die Entscheidungen der Versicherungsinstanzen umfaßt notwendig auch die Frage, ob der Unfallverletzte zu den Versicherten gehört (RG. Bd. 71, S. 5 u. 6).

Zu den ordentlichen Gerichten gehören nach § 12, 13 des Gerichtsverfassunggesetzes die Amts- und Landgerichte auch, soweit sie in Strafsachen entscheiden. Kommt die Zuerkennung einer Buße (§ 231 Strafgesetzbuch) in Frage, so wird daher das Strafverfahren gemäß § 261 der Strafprozeßordnung auszusetzen sein.

Die im Abs. 2 geregelte Aussetzungspflicht der ordentlichen Gerichte bestand bisher nicht (RG. Bd. 54, S. 33). Hierin lag die Gefahr widersprechender Entscheidungen der ordentlichen Gerichte und der Instanzen der Unfallversicherung, denen nunmehr vorgebeugt ist.

Stellung der Unternehmer und Angestellten im Feststellungsverfahren.

§ 902. Unternehmer oder ihnen nach § 899 Gleichgestellte, von denen der Verletzte oder seine Hinterbliebenen Schadenersatz fordern, können statt des Berechtigten die Feststellung der Entschädigung nach diesem Gesetz beantragen, auch Rechtsmittel einlegen. Der Ablauf von Fristen, die ohne ihr Verschulden verstrichen sind, wirkt nicht gegen sie; dies gilt nicht für Verfahrensfristen, soweit der Unternehmer oder ein ihm nach § 899 Gleichgestellter das Verfahren selbst betreibt.

Diese Vorschrift ist neu. Sie war erforderlich, weil es unter Umständen für den Verletzten vorteilhaft sein kann, das Verfahren vor den Instanzen der Unfallversicherung entweder überhaupt nicht zu beantragen oder die von der unteren Instanz getroffene Entscheidung rechtskräftig werden zu lassen.

Hat der Verletzte ein Interesse daran, daß ihm auf Grund der Vorschriften des 3. Buches keine Entschädigung gewährt wird, so kann er gegen den ihm eine Entschädigung zusprechenden Bescheid des Versicherungsträgers mit einem entsprechenden Antrage Berufung einlegen.

II. Haftung gegenüber Genossenschaften, Krankenkassen usw.

Vorbemerkung.

Während der Unternehmer und seine Angestellten, die einen Betriebsunfall herbeigeführt haben, im Allgemeinen (§ 900) nur bei strafgerichtlicher Feststellung des Vorsatzes haften, setzt ihre Haftung gegenüber den Gemeinden usw. nur die strafgerichtliche Feststellung der qualifizierten Fahrlässigkeit und ihre Haftung gegenüber den Genossenschaften nur das Vorliegen dieser Fahrlässigkeit voraus.

Haftung der Unternehmer und der ihnen Gleichgestellten (§§ 903, 904).

§ 903. Wird strafgerichtlich festgestellt, daß Unternehmer oder ihnen nach § 899 Gleichgestellte den Unfall vorsätzlich oder fahrlässig mit Außerachtlassung derjenigen Aufmerksamkeit herbeigeführt haben, zu welcher sie vermöge ihres Amtes, Berufs oder Gewerbes besonders verpflichtet sind, so haften sie für alles, was Gemeinden, Armenverbände, Krankenkassen, Knappschaftsvereine, Knappschaftskassen, Ersatzkassen, Sterbe- und andere Unterstützungskassen infolge des Unfalls nach Gesetz oder Satzung aufwenden müssen. Statt der Rente kann der Kapitalwert gefordert werden.

Sie haften auch,

wenn strafgerichtlich festgestellt worden ist, daß sie bei Leitung oder Ausführung eines Baues wider die allgemein anerkannten Regeln der Baukunst gehandelt haben und

wenn durch diese Zuwiderhandlung der Unfall herbeigeführt worden ist.

Die Vorschrift des § 900 über die Haftung ohne strafgerichtliche Feststellung gilt auch für diese Ansprüche.

Unternehmer und ihnen nach § 899 Gleichgestellte haften der Genossenschaft für deren Aufwand auch ohne strafgerichtliche Feststellung.

Vgl. § 136 Abs. 1, Satz 1, 2, Abs. 3, § 139 GUVG.; § 45 Abs. 2, § 46 Abs. 1, Satz 1, 2, Abs. 3 BUVG.

Darüber, wer als Unternehmer oder ein ihm Gleichgestellter anzusehen ist vgl. Anm. zu §§ 898, 899. — Gegen selbstversicherte Unternehmer, die einen Unfall selbst verschuldet haben, ist ein Ersatzanspruch gemäß § 903 nicht gegeben (Rek.-Entsch. 2121, A. N. 1905, S. 511).

Die strafgerichtliche Feststellung ist — abgesehen von Abs. 3 — die Voraussetzung und zwar die einzige Voraussetzung für die Verbindlichkeit der Betriebsunternehmer und der ihnen gleichgestellten Personen zum Schadenersatz. Der Zivilrichter darf nicht etwa trotz strafgerichtlicher Verurteilung des Unternehmers dessen Entschädigungspflicht wegen mangelnden Verschuldens oder wegen konkurrierenden Verschuldens des Verletzten nach den Grundsätzen des Zivilrechts ablehnen; soweit eigenes Verschulden des Verletzten vorliegt, bleibt es ja auch für die Entschädigungspflicht der Genossenschaften, Gemeinden und Kassen außer Betracht (RG. Bd. 33, S. 88; Bd. 62, S. 342). — Feststellungen in einer polizeilichen Strafverfügung stehen einer strafgerichtlichen Verurteilung nicht gleich.

„Vorsätzlich" vgl. Anm. zu § 898. Fahrlässige Herbeiführung eines Unfalls im Sinne des Abs. 1 liegt dann vor, wenn für den Unternehmer oder den ihm Gleichgestellten nach dem Grade von Aufmerksamkeit, den er nach seinem Amt, Beruf oder Gewerbe anzuwenden verpflichtet war, die Möglichkeit des Unfalls eine so naheliegende war, daß er sie hätte bemerken und seine Handlungen darnach hätte einrichten müssen. Ob eine solche Aufmerksamkeit außer Acht gelassen ist, kann nur nach Lage des Einzelfalles beurteilt werden; hierbei werden oft die Unfallverhütungsvorschriften oder Vorschriften der §§ 120a flg. Gewerbeordnung zur Richtschnur dienen können (RG. Bd. 66, S. 246, vgl. auch A. N. 1911, S. 505).

Gegenüber den selbständigen unmittelbar kraft Gesetzes entstehenden Ansprüchen der Gemeinden usw. kann der Unternehmer und der ihm Gleichgestellte nicht mit Erfolg geltend machen, daß er im Strafverfahren zu einer Buße verurteilt ist.

Abs. 2 ist dem § 330 des Strafgesetzbuchs angepaßt. Unter einem Bau im Sinne dieser Bestimmung hat das Reichsgericht auch den Abbruch eines Gebäudes verstanden (Entsch. des Reichsgerichts in Strafsachen Bd. 25, S. 90).

Die — schon dem früheren Recht angehörige — Vorschrift des Abs. 4 soll den Vorständen der BG.en die Verwirklichung der Ansprüche der Genossenschaft ermöglichen, ohne sie in die unerwünschte Zwangslage zu bringen, vorher eine strafgerichtliche Verfolgung des Genossenschaftsmitgliedes oder des ihm in der Haftung Gleichgestellten herbeizuführen. Das Reichsgericht (RG. Bd. 62,

S. 340) hat — unter recht anfechtbarer Begründung — den Ersatzanspruch der BG. auch dann zugelassen, wenn der Betriebsunternehmer im Strafverfahren von der Anklage, den Tod oder die Körperverletzung des Versicherten fahrlässig herbeigeführt zu haben, freigesprochen worden ist. Doch hat das Reichsgericht (Bd. 69, S. 340) daran festgehalten, daß der Zivilrichter die Fragen, ob Vorsatz oder Fahrlässigkeit im Sinne des § 903 Abs. 1 vorgelegen hat, nach strafrechtlichen, nicht aber nach zivilrechtlichen Grundsätzen zu entscheiden hat.

Dem ersatzpflichtigen Unternehmer steht nicht das Recht zu, sich an dem Rentenfeststellungsverfahren zu beteiligen (vgl. § 902).

§ 904. Als Unternehmer haften auch

1. eine Aktiengesellschaft, ein Versicherungsverein auf Gegenseitigkeit, eine eingetragene Genossenschaft, eine Innung oder andere juristische Person für die durch ein Mitglied des Vorstandes,
2. eine Gesellschaft mit beschränkter Haftung für die durch einen Geschäftsführer,
3. eine andere Handelsgesellschaft für die durch einen Gesellschafter, der zur Geschäftsführung berechtigt ist,
4. im Falle der Liquidation eine Handelsgesellschaft, ein Versicherungsverein auf Gegenseitigkeit, eine eingetragene Genossenschaft, eine Innung oder andere juristische Person für die durch einen der Liquidatoren herbeigeführten Unfälle, wenn diese Personen dabei eine ihnen zustehende Verrichtung ausgeführt haben.

Diese Vorschrift gilt für das Reich, die Bundesstaaten, Gemeinden, Gemeindeverbände sowie andere Körperschaften, Stiftungen und Anstalten des öffentlichen Rechts entsprechend.

Vgl. § 136 Abs. 2 GUVG.; § 46 Abs. 2 BUVG.

Neu aufgeführt sind die Versicherungsvereine auf Gegenseitigkeit (Ges. über die privaten Versicherungsunternehmungen v. 12. Mai 1901 — RGBl. S. 139).

Die persönliche Haftung der Vorstandsmitglieder einer Aktiengesellschaft u. dgl. (vgl. § 903 u. Anm. zu § 899) wird durch die Mithaftung der Aktiengesellschaft usw. nicht berührt.

Die Gesellschaften mit beschränkter Haftung (Reichsgesetz v. 20. April 1892 in der Fassung der Bek. v. 20. Mai 1898 — RGBl. 1898, S. 846) haften für alle Unfälle, die ein Geschäftsführer (§§ 6, 35 bis 52 a. a. O.) herbeigeführt hat. Das Gleiche gilt, wenn die Liquidation durch den Geschäftsführer bewirkt wird. Wird die Liquidation durch den Gesellschaftsvertrag oder durch Beschluß der Gesellschafter anderen Personen übertragen (§ 66 a. a. O.), so haftet die Gesellschaft (Nr. 4) auch für die durch einen dieser besonderen Liquidatoren herbeigeführten Unfälle. Diese Vorschrift befreit nicht etwa die Geschäftsführer als Beamte der Gesellschaft von ihrer persönlichen Haftung, sie will vielmehr neben der Haftung der Bevollmächtigten, Repräsentanten usw., zu denen auch die Geschäftsführer gehören, die Haftverbindlichkeit der Gesellschaft selbst begründen (Begr. S. 333).

Die Haftung der in Nr. 3 bezeichneten Handelsgesellschaften ist ausgeschlossen bei Unfällen, die von solchen Gesellschaftern herbeigeführt worden sind, die nicht zur Geschäftsführung berechtigt sind.

Der Schluß des Abs. 1 ist dem § 31 BGB. angepaßt.

Abs. 2 ist neu, er enthält eine dem Gedanken des § 89 BGB. entsprechende Ausdehnung der Haftung auf juristische Personen des öffentlichen Rechts.

Verzicht der Genossenschaft.

§ 905. Ist der Unfall fahrlässig mit Außerachtlassung derjenigen Aufmerksamkeit herbeigeführt, zu welcher der Unternehmer und die ihm Gleichgestellten (§ 899) vermöge ihres Amtes, Berufs oder Gewerbes besonders verpflichtet sind, so kann die Genossenschaftsversammlung auf den Anspruch der Genossenschaft verzichten.

Die Satzung kann dieses Recht auf den Vorstand übertragen.

Vgl. § 136 Abs. 1, Satz 3,4 GUVG.; § 46 Abs. 1, Satz 3, 4 BUVG.

Bei vorsätzlicher Herbeiführung des Unfalls ist der Verzicht unzulässig.

Verfahren bei Erhebung des Ersatzanspruchs durch die Genossenschaft.

§ 906. Will der Vorstand den Ersatzanspruch erheben, so hat er den Beschluß dem Ersatzpflichtigen schriftlich mitzuteilen. Dieser kann dagegen binnen einem Monat die Genossenschaftsversammlung anrufen.

Klage darf, wenn der Ersatzpflichtige binnen dieser Frist die Genossenschaftsversammlung anruft, erst nach deren Beschluß, andernfalls erst nach Ablauf eines Monats seit der Mitteilung angestellt werden.

Vgl. § 137 GUVG.; § 47 BUVG.

Ermangeln diese Voraussetzungen, so ist die Klage abzuweisen (RG. Bd. 62, S. 428).

Verjährung.

§ 907. Die Ansprüche verjähren in achtzehn Monaten nach dem Tage, an dem das strafgerichtliche Urteil rechtskräftig geworden ist. In denjenigen Fällen, in denen kein strafgerichtliches Urteil erforderlich ist, verjähren sie in einem Jahre nach der ersten rechtskräftigen Feststellung der Entschädigungspflicht der Genossenschaft, spätestens aber in fünf Jahren nach dem Unfall. Wird die Genossenschaftsversammlung angerufen, so unterbricht das die Verjährung. Eine neue Verjährung kann erst beginnen, wenn die Genossenschaftsversammlung Beschluß gefaßt hat oder die Anrufung anderweit erledigt ist.

Die Vorschrift des § 901 Abs. 1 über die Bindung des ordentlichen Gerichts gilt auch für diese Ansprüche.

Vgl. § 138 GUVG.; § 48 BUVG.

Die Vorschriften über die Verjährung sind wesentlich abgeändert. Abs. 1 Satz 3 u. 4 sind im Anschluß an die in den §§ 211, 214, 215, 220 BGB. zum Ausdruck gelangten Rechtsgedanken gestaltet worden.

Die Fälle, in denen kein strafgerichtliches Urteil erforderlich ist, ergibt § 903 Abs. 3 u. 4.

Zwölfter Abschnitt.

Strafvorschriften.

Vorbemerkung.

Die in der RVO. angedrohten Strafen sind entweder Kriminalstrafen, die der Strafrichter verhängt (z. B. §§ 141, 142) oder Zwangs- (Exekutiv)-strafen, welche die Erreichung eines bestimmten Zweckes erstreben und bis dahin wiederholt werden dürfen (§ 581 Abs. 2, § 656, 879) oder dem genossenschaftlichen Strafrecht angehörenden „Geldstrafen" (früher auch Ordnungsstrafen genannt).

Auf die Geldstrafen, von denen die §§ 908 bis 914 handeln, sind die Vorschriften des Strafgesetzbuchs nicht allgemein anwendbar. Insbesondere gelten nicht seine Bestimmungen über die niedrigste zulässige Geldstrafe, die Umwandlung der Geldstrafen in Freiheitsstrafen, über den Versuch, die Teilnahme, die Verjährung (§§ 147, 148). Auch ist ein landesherrliches Begnadigungsrecht bei den Geldstrafen nicht anzuerkennen (vgl. Handbuch Bd. I S. 654 Anm. 6b). Die Geldstrafen (Ordnungsstrafen) dürfen aber ebenso, wie die Kriminalstrafen wegen derselben Zuwiderhandlung nur einmal und überhaupt nur dann verhängt werden, wenn ein vom Gesetz oder der Satzung (§ 680) mit Strafe bedrohter Tatbestand vorliegt. Die Geldstrafen können neben Kriminalstrafen auf Grund desselben Tatbestandes verfügt werden. Auch steht ihrer gleichzeitigen Anwendung mit Zwangsstrafen nichts entgegen (vgl. z. B. § 656 und § 909 Nr. 1).

Eine Geldstrafe kann regelmäßig dann nicht festgesetzt werden, wenn ein schuldhaftes Verhalten des Zuwiderhandelnden ausgeschlossen erscheint. (Nr. 3 des Rundschr. v. 8. Februar 1890 A. N. S. 150.) Dies ist bei Unkenntnis der gesetzlichen Bestimmungen nicht anzunehmen. Unkenntnis von Satzungsvorschriften (§ 680) kann bei ungenügender Bekanntmachung entschuldigen; doch ist der Unternehmer auch verpflichtet, sich selbst von den Satzungsvorschriften der Genossenschaft, der er angehört, Kenntnis zu verschaffen.

Die Geldstrafen des dritten Buchs werden von den Genossenschaftsvorständen, wie auch den V.-Ämtern (§ 870) verhängt. Eine gesetzliche Verpflichtung zur Bestrafung besteht für diese Stellen nicht. Sie haben vielmehr stets sorgfältig zu prüfen, ob eine Bestrafung überhaupt angemessen ist. Sie können ihre Strafbescheide zurücknehmen, wenn sie sich nachträglich überzeugt haben, daß die Voraussetzungen einer Bestrafung nicht vorhanden waren. Bei Abwägung des Strafmaßes sind neben der Schwere der Schuld auch die Vermögensverhältnisse des Täters und die Höhe des angerichteten Schadens (also z. B. des entgangenen Mitgliedsbeitrags) mit in Betracht zu ziehen. Eine nachträgliche Erhöhung der festgesetzten Geldstrafe — etwa wegen erst später erlangter Kenntnis strafschärfender Umstände — ist unzulässig. Neben der Strafe darf nicht noch ein besonderer Betrag für Kosten in die Strafverfügung eingestellt werden. Die Strafverfügungen können gegen die „Firma“, den „Magistrat“ gerichtet werden. Sie müssen den Tatbestand der Zuwiderhandlung und die verletzten Vorschriften bezeichnen. — Eine Bestrafung der Rechtsnachfolger als solcher kann nicht erfolgen.

Zur Austragung zweifelhafter Fragen ist im Allgemeinen die Bestrafung nicht der geeignete Weg.

Die genossenschaftliche Strafgewalt dürfen nur die Vorstände oder Vorstandsausschüsse ausüben, nicht etwa der Vorstandsvorsitzende allein. Die Strafverfügungen sind von dem Vorsitzenden, seinem Stellvertreter oder auch einem anderen Vorstandsmitgliede je nach Satzungsbestimmung eigenhändig zu unterschreiben (Abs. 4 und 5 des Rundschr. v. 20. April 1886, A. N. S. 66).

Unrichtige Angaben der Unternehmer.

§ 908. Der Genossenschaftsvorstand kann gegen Unternehmer Geldstrafen bis zu fünfhundert Mark verhängen.

1. wenn sie auf Grund des Gesetzes oder der Satzung Nachweise für die Beitrags- oder Prämienberechnung oder für die Veranlagung zu den Gefahrklassen eingereicht haben, die unrichtige tatsächliche Angaben enthalten,
2. wenn in der Betriebsanzeige (§ 653) als Zeitpunkt der Eröffnung des Betriebs oder des Beginns seiner Versicherungspflicht ein späterer Tag angegeben ist als der, an dem der Betrieb eröffnet oder versicherungspflichtig geworden ist,

vorausgesetzt, daß die Unternehmer die Unrichtigkeit der Angaben kannten oder den Umständen nach kennen mußten.

Vgl. § 146 GUVG.; § 45 Abs. 2 BUVG.

Durch diese Vorschrift sind die Unternehmer, denen die im § 912 bezeichneten Personen gleichstehen, mit Strafe bedroht; auf Angestellte können die Vorschriften nur gemäß § 913 Abs. 1 Anwendung finden. — Die Bestrafung ist auch dann zulässig, wenn die Angaben nicht mit Absicht unrichtig gemacht worden sind (vgl. Vorbem. vor diesem Paragraphen). Sie ist nicht davon abhängig, daß die Genossenschaft durch die unrichtigen Angaben geschädigt vorden ist.

Zu Nr. 1 vgl. §§ 674. 750, 799. Den unrichtigen Angaben stehen (z. B. wegen Nichtberücksichtigung von Trinkgeldern) unvollständige regelmäßig gleich. Strafbar sind falsche Angaben über die Höhe der gezahlten Löhne und über die Gefahrverhältnisse nur dann, wenn sie in den bezeichneten Nachweisen gemacht werden. Mehrere Einreichungen unrichtiger Nachweise stellen stets mehrere selbständige strafbare Handlungen dar (Handbuch Bd. I, S. 654 Anm. 7b). Hatte der Unternehmer die Aufstellung und Einreichung der Nachweise einem Angestellten übertragen, so richtet sich seine Strafbarkeit und seine Haftung für die Geldstrafe nach § 913.

Durch Nr. 2 werden Unrichtigkeiten anderer Angaben, die nach § 653 in der Betriebsanzeige zu machen sind, sowie unrichtige Angaben über den Zeitpunkt der Betriebseinstellung nicht unter Strafe gestellt.

Pflichtwidrigkeiten der Unternehmer.

§ 909. Der Genossenschaftsvorstand kann ferner gegen Unternehmer Geldstrafen bis zu dreihundert Mark verhängen, wenn sie ihren Pflichten

1. zur Anmeldung der Betriebe und Betriebsänderungen sowie zum Aushang in dem Betriebe,
2. zur Führung und Aufbewahrung der Lohnlisten (Lohnbücher),
3. zur Einreichung der Lohnnachweise und der Nachweise für die Berechnung der Prämien,
4. zur Erfüllung der Bestimmungen der Satzung über Betriebseinstellung und Wechsel des Unternehmers.

nicht rechtzeitig nachkommen.

Vgl. § 147 Abs. 1 GUVG.; § 45 Abs. 2 BUVG.

Die Vorschrift bezieht sich auf Unternehmer und deren gesetzliche Vertreter; auf Angestellte kann sie nur gemäß § 913 anwendbar werden. Nicht nur die vorsätzliche Verletzung der bezeichneten Pflichten ist unter Strafe gestellt (vgl. Vorbem.).

Das RVA. hat stets den Standpunkt vertreten, daß es nicht zulässig ist, neben der nach Nr. 1 wegen nicht rechtzeitiger Betriebsanmeldung verfügten Geldstrafe noch weitere Geldstrafen deshalb zu verhängen, weil der Unternehmer auch noch anderweite ihm als Genossenschaftsmitglied obliegenden Pflichten verabsäumt hat, da diese Pflichtwidrigkeiten nur als Folge der unterlassenen Betriebsanmeldung anzusehen sind (Handbuch Bd. I, S. 656 Anm. 3a).

Zu Nr. 1 vgl. §§ 653, 656, 665, 651. Selbstversicherte Kleinmeister, die keine Arbeiter beschäftigen, erfaßt diese Vorschrift nicht (vgl. §§ 653, 650). Betriebsverlegungen müssen nach § 653 nur angemeldet werden, wenn der Betriebssitz in den Bezirk eines anderen V. Amts verlegt wird. Die Betriebsverlegung kann mit einer Betriebsänderung verknüpft sein.

Zu Nr. 2. Vgl. §§ 751, 1581 Abs. 1.

Zu Nr. 3. Vgl. §§ 750, 799. Der Unternehmer kann sich nicht darauf berufen, daß er die Löhne nicht nachweisen könne, etwa deshalb, weil die Arbeiter von einer Mittelsperson (einem Kleinakkordanten) angenommen worden sind. Es ist seine Sache, sich die erforderlichen Unterlagen zu beschaffen. Zu Fehlanzeigen ist der Unternehmer nur auf Grund einer besonderen Vorschrift der Satzung verpflichtet.

Zu Nr. 4. Vgl. § 677 Nr. 10.

Die Strafvorschriften wegen Nichtersattung oder nicht rechtzeitiger Erstattung der Unfallanzeige und wegen nicht rechtzeitiger oder unrichtiger Einreichung der für die Feststellung der Entschädigungen erforderlichen Lohnnachweise sowie wegen unrichtiger Angaben in diesen Nachweisen befinden sich in den §§ 1556, 1581.

Nichterfüllung satzungsgemäßer Pflichten können auch gemäß § 680 durch die Satzung mit Strafe bedroht werden.

Beschwerde.

§ 910. Auf Beschwerden gegen Straffestsetzungen der Genossenschaftsvorstände entscheidet das Oberversicherungsamt (Beschlußkammer) endgültig.

Die Beschlußkammer entscheidet nicht endgültig in den Fällen der §§ 870, 887 sowie des § 891 in Verbindung mit diesen Vorschriften.

Vgl. § 149 GUVG.; § 45 Abs. 2 BUVG.

Die Zuständigkeit des OVA. ist im § 1784 geregelt.

Über die weitere Beschwerde (Abs. 2) entscheidet der Beschlußsenat des RVA. (§ 1781 Abs. 1) oder — § 1800 — des LV. Amts.

Anrechnung von Beiträgen oder Prämien auf den Entgelt.

§ 911. Unternehmer oder Angestellte, die vorsätzlich Beiträge oder Prämien ganz oder teilweise auf den Entgelt anrechnen oder es wissentlich veranlassen, werden mit Geldstrafe bis zu dreihundert Mark oder mit Haft bestraft, wenn nicht nach anderen gesetzlichen Vorschriften härtere Strafe verwirkt ist.

Vgl. § 141 Abs. 3 GUVG.; § 45 Abs. 2 BUVG.

Bestrafung der den Unternehmern Gleichgestellten.

§ 912. Soweit auf Grund dieses Gesetzes Unternehmer mit Strafen bedroht sind, stehen ihnen gleich:

1. wenn eine Aktiengesellschaft, ein Versicherungsverein auf Gegenseitigkeit, eine eingetragene Ge-

nossenschaft, eine Innung oder andere juristische Person Unternehmer ist, die Mitglieder des Vorstandes,

2. wenn eine Gesellschaft mit beschränkter Haftung Unternehmer ist, die Geschäftsführer,
3. wenn eine andere Handelsgesellschaft Unternehmer ist, alle persönlich haftenden Gesellschafter, soweit sie von der Vertretung nicht ausgeschlossen sind,
4. die gesetzlichen Vertreter geschäftsunfähiger und beschränkt geschäftsfähiger Unternehmer sowie die Liquidatoren einer Handelsgesellschaft, eines Versicherungsvereins auf Gegenseitigkeit, einer eingetragenen Genossenschaft, einer Innung, oder einer anderen juristischen Person.

Vgl. § 148 GUVG.; § 45 Abs. 2 BUVG.

Die Neuerungen gegenüber dem früheren Recht sind dieselben wie im § 904.

Bestrafung bei Übertragung der Pflichten des Unternehmers.

§ 913. Der Unternehmer darf die Pflichten, die ihm auf Grund dieses Gesetzes obliegen, Betriebsleitern, soweit es sich nicht um Einrichtungen auf Grund von Unfallverhütungsvorschriften handelt, auch Aufsichtspersonen oder anderen Angestellten seines Betriebs übertragen.

Handeln solche Stellvertreter den Vorschriften zuwider, die Unternehmer mit Strafe bedrohen, so trifft sie die Strafe. Neben ihnen ist der Unternehmer strafbar, wenn

1. die Zuwiderhandlung mit seinem Wissen geschehen ist,
2. er bei der Auswahl oder Beaufsichtigung der Stellvertreter nicht die im Verkehr erforderliche Sorgfalt beobachtet hat; in diesem Falle darf gegen den Unternehmer auf keine andere Strafe als auf Geldstrafe erkannt werden.

Ist die Geldstrafe, die ein Genossenschaftsvorstand festgesetzt hat, von dem Stellvertreter nicht beizutreiben, so haftet der Unternehmer für sie. Seine Haftung ist in der Straffestsetzung auszusprechen.

Die früheren Unfallversicherunggesetze enthielten keine Vorschriften über Stellvertretung für den Unternehmer in der Unfallverhütung oder in seinen anderen Pflichten. Der Unternehmer hatte vielmehr selbst für die Erfüllung der gesetzlichen Pflichten zu sorgen und die Verantwortung dafür tragen müssen. —

Wegen der besonderen Wichtigkeit der Pflichten aus der Unfallverhütung gestattet Abs. 1 die Übertragung, soweit es sich um Einrichtungen auf Grund von Unfallverhütungsvorschriften handelt, nur an Betriebsleiter — also an Personen, welche zur Leitung des ganzen Betriebs oder eines Teiles davon berufen sind (vgl. § 151 Gewerbeordnung. Unter Einrichtungen im Sinne des Abs. 1 sind Einrichtungen nach § 848 Abs. 1, Nr. 1, 850 zu verstehen, im Gegensatz den im § 848 Abs. 1 ebenfalls erwähnten Anordnungen. Kom. B. Bd. III, S. 189.

Nicht vorgeschrieben ist, daß die Übertragung der Pflichten und die Person des Stellvertreters der Genossenschaft mitzuteilen ist.

Dem für haftbar erklärten Unternehmer steht die Beschwerde gemäß § 910 zu.

Kassen, in welche die Strafgelder fließen.

§ 914. Strafgelder der Versicherten fließen, wenn der Bestrafte zur Zeit der Zuwiderhandlung einer Krankenkasse angehört, in diese, sonst aber in die allgemeine Ortskrankenkasse seines Beschäftigungsorts und, wo eine solche nicht besteht, in die Landkrankenkasse. Das gilt auch von Geldstrafen, welche die Ausführungsbehörden gegen Versicherte verhängen (§ 897).

Vgl. § 154 Abs. 1 GUVG.; § 45 Abs. 2 BUVG.

Geldstrafen, die ein Genossenschaftsvorstand erkannt hat, fließen in die Kasse der Genossenschaft (§ 146 Abs. 1).

Zweiter Teil.

Landwirtschaftliche Unfallversicherung.

Einleitung.

Die Unfallversicherung der in der Land- und Forstwirtschaft beschäftigten Personen ist im Allgemeinen nach denselben Grundsätzen geregelt, wie die der gewerblichen Arbeiter und Betriebsbeamten. Besonderheiten bestehen, abgesehen von der Abgrenzung des Kreises der Versicherten vor allem in der anderweiten Berechnung des Jahresarbeitsverdienstes, in der Zulassung der Gewährung der Entschädigung in der Form von Sachleistungen (§§ 953, 954), in der Fürsorgepflicht der Gemeinden während der Wartezeit, d. h. der ersten 13 Wochen nach dem Unfall (§ 942), in der allgemein durchgeführten örtlichen Scheidung der B.G.en (§ 956), in der Aufbringung der Mittel (§ 989 flg.) und in weitgehender Zulassung der Regelung durch die Landesgesetzgebung (§§ 1034 bis 1041).

Erster Abschnitt.

Umfang der Versicherung.

Versicherte Betriebe.

§ 915. Der Unfallversicherung unterliegen die landwirtschaftlichen Betriebe (§ 161).

Das Reichsversicherungsamt kann bestimmen, welche Betriebszweige als landwirtschaftliche Betriebe gelten.

Vgl. § 1 Abs. 1, 8 LUVG.

Die forstwirtschaftl. Betriebe stehen hinsichtlich der Versicherung den landwirtschaftl. gleich (§ 161). Unter einem land- oder forstwirtschaftl. Betrieb ist zu verstehen ein Inbegriff fortdauernder Tätigkeiten, die planmäßiger Bodenbewirtschaftung dienen. Vor allem gehören hierher Acker-, Wiesen-, Wein-, Obst- und Gartenbau. Auf die Größe der bewirtschafteten Bodenfläche, die Absicht der Ertragserzielung, sowie auf die Betriebsart (z. B. Verwendung von Maschinen) kommt es nicht wesentlich an. Der Betrieb muß sich im Inlande befinden (vgl. aber auch Anm. zu § 963); als Inland gelten die deutschen Schutzgebiete nicht. Land- und forstwirtschaftliche Arbeiten fallen nicht unter die landwirtschaftliche Versicherung, wenn sie zum gesamten Betriebe der Eisenbahnen (wie die Anlage, Pflege und Aberntung von Anpflanzungen auf Eisenbahnböschungen, Bahnhofsanlagen usw.), sowie der Post- und Telegraphenverwaltungen gehören (§ 537 Nr. 5), es sei denn, daß die Arbeiten an einen selbstständigen landwirtschaftl. Unternehmer vergeben sind. In gleicher Weise unterstehen Arbeiten, welche die Nutzung der auf Festungswerken wachsenden Bodenerzeugnisse bezwecken, gemäß § 537 Nr. 5 der gewerbl. Unfallversicherung, da die Gewinnung der Früchte gegenüber den anderen Zwecken der Anpflanzung weit im Hintergrunde steht. Endlich gehören landw. Betriebe dann zur gewerbl. Unfallversicherung, wenn sie als Nebenbetriebe versicherter gewerbl. Betriebe satzungsgemäß bei einer gewerbl. BG. versichert sind (§ 540 Nr. 1).

Das Ernten land- und forstw. Erzeugnisse bildet den Abschluß der land- oder forstw. Arbeit und gehört daher noch zum landw. Betriebe (z. B. das Mähen und Abfahren des Heus, Holzfällen, Bewaldrechten und Abfahren; nicht aber die weitere feinere Bearbeitung des Holzes, auch wenn sie im Walde geschieht (Rek. Entsch. 1382, A. N. 1895, S. 125), es sei denn, daß es sich um einen Nebenbetrieb der Forstwirtschaft handelt (Rek. Entsch. 1378, A. N. 1895, S. 124). (Vgl. auch Anm. zu § 959.).

Die weitere Pflege, Behandlung und Lagerung selbstgewonnener Rohprodukte (Kellern, Lagern, Pflegen von Wein oder Obstwein Besch. 645, A. N. 1889, S. 79), sowie der Verkauf solcher Produkte und selbstgezüchteten Viehs sind ebenfalls noch zum landwirtschaftl. Betriebe gehörig.

Als selbständige landw. Betriebe hat die Rechtsprechung anerkannt: die Unterhaltung botanischer Gärten — den Inbegriff der Tätigkeiten, welche die Herstellung der erforderlichen Rasendecke auf Pferderennbahnen dienen —, die Unterhaltung von Bäumen an Straßen und Wegen, wenn die Bäume eine nicht unerhebliche Obst- oder Holznutzung gewähren (Besch. 657, Rek. Entsch. 1721, A. N. 1889, S. 139, 1898 S. 364). Trifft die letzterwähnte Voraussetzung nicht zu, so unterliegen doch die zur Unterhaltung der Bäume dienenden Tätigkeiten der landw. U.-Vers., wenn sie einem landw. Betriebe der als Unternehmer der Baumpflege anzusehenden Person als Teil- oder Nebenbetrieb zugerechnet werden können. (Rek. Entsch. 2310 A. N. 1909, S. 454). Sonst ist die Pflege, Wartung und Aberntung der Bäume regelmäßig als Teil des Straßenunterhaltungsbetriebs anzusehen und mit diesem bei der Tiefbau-BG. versichert (Rek. Entsch. 1721, A. N. 1898, S. 364), vgl. auch Anm. zu § 959). — Über das Sammeln von Tannenzapfen, Beeren, Reisig, Pilzen sowie die Grasgewinnung im Walde vgl. Anm. zu § 959.

Auch soweit von dem Unternehmer für seine Landwirtschaft gemietete oder eigene Maschinen- oder motorische Kraft verwendet wird, greift die landw. U.-Vers. Platz. Hält der Landwirt die Maschinen auch zur Verwendung in fremden Betrieben, so liegt in der Regel ein landwirtschaftlicher Nebenbetrieb vor, wenn die Verwendung im eigenen Betrieb überwiegt, sonst ein selbständiger bei der örtlich zuständigen Eisen- und Stahl-BG. versicherter Betrieb. Entsprechende Grundsätze gelten für die berufsgenossenschaftl. Zugehörigkeit elektrischer Kraftzentralen (vgl. Besch. 2260, A. N. 1908, S. 550).

Die Viehhaltung ist in die landw. U.-Vers. nur dann einbezogen, wenn sie mit einem landwirtschaftl. Betrieb in wirtschaftl. Zusammenhang steht (vgl. aber auch Schluß dieser Anm.). Dies ist regelmäßig schon dann anzunehmen, wenn das Futter durch die Landwirtschaft gewonnen, oder wenn der Dünger für die Landwirtschaft verwendet wird (Rek.-Entsch. 1766, A. N. 1899, S. 582). Ebenso wie die Viehhaltung ist die Imkerei zu behandeln (Rek.-Entsch. 1128, A. N. 1892, S. 301). Die Tierhaltung kann auch gemäß §§ 537, Nr. 6, 7, oder als Nebenbetrieb eines Gewerbebetriebs (z. B. einer Brauerei) der gewerbl. U.-Vers. unterstehen.

Die Jagd ist nur, soweit sie als Teil- oder Nebenbetrieb der Landwirtschaft gelten kann, versichert, also nicht, soweit sie von einem Liebhaber gepachtet ist (Rek. Entsch. 1275, A. N. 1893, S. 433).

Das Vertilgen von Schädlingen (Sammeln von Maikäfern, Ausnehmen von Krähennestern) sowie Maßnahmen zur Abwendung von Gefahren, die landw. Erzeugnissen oder Gebäuden drohen, sind in der Regel dem landw. Betriebe zuzurechnen, dem die Handlung zu Gute kommt (Rek. Entsch. 1769, 1868, A. N. 1899, S. 585, 1901 S. 420).

Von dem — ihm schon nach § 1 Abs. 3 LUVG. zustehenden — Recht des Abs. 2, die Versicherung ganzer Betriebsgattungen mit bindender Wirkung allgemein zu bestimmen, hat das RVA. mehrfach Gebrauch gemacht und demgemäß als landw. Betriebe für versichert erklärt: Viehhaltungsbetriebe, in denen ohne Bodenbewirtschaftung Vieh zur Aufzucht, Milchgewinnung oder Mast gehalten wird, — Anstalten in denen Deckhengste gehalten werden, — ebenso Stier- und Eberhaltungen zu Zuchtzwecken, — Köhlereien, wenn sich die Meiler innerhalb des Waldes befinden (vgl. Handbuch Bd. II, S. 69 bis 73) — Gärtnereien ohne eigene Bodenbewirtschaftung (vgl. Anm. zu § 917).

Teile des landw. Betriebs.

§ 916. Als Teile des landwirtschaftlichen Betriebs gelten

laufende Ausbesserungen an Gebäuden, die zum Betriebe der Landwirtschaft dienen,

Bodenkultur- und andere Bauarbeiten für den Wirtschaftsbetrieb, besonders das Herstellen oder Unterhalten von Wegen, Dämmen, Kanälen und Wasserläufen für diesen Zweck,

wenn ein landwirtschaftlicher Unternehmer die Arbeiten auf seinen Grundstücken oder für seinen eigenen landwirtschaftlichen Betrieb auf fremden Grundstücken ausführt, ohne sie an andere Unternehmer zu übertragen.

Führt ein landwirtschaftlicher Unternehmer Arbeiten, die für die Gemeinde zum Herstellen oder Unterhalten von Gebäuden, Wegen, Dämmen, Kanälen und Wasserläufen kraft öffentlich rechtlicher Pflicht zu leisten sind und ihm als Landwirt obliegen, als Unternehmer aus, so rechnen sie zu seinem landwirtschaftlichen Betriebe.

Vgl. § 1 Abs. 4 LUVG.

Über die laufenden Ausbesserungen vgl. Anm. zu § 783.

Überträgt ein Landwirt den Bau eines landwirtschaftl. Gebäudes einem gewerbsmäßigen Bauunternehmer und behält er sich nur die Leistung gewisser Hilfsarbeiten vor, die er im Rahmen seines Wirtschaftsbetriebs leistet, so sind auch diese Hilfsarbeiten dem landwirtschaftlichen Betriebe zuzurechnen. Diese Hilfsarbeiten können im Heranschaffen des Baumaterials, auch in Steinbruchs- und Gräbereiarbeiten, ja auch in der Herstellung von Ziegeln in einer Feldziegelei bestehen (vgl. Rek. Entsch. 1799, A. N. 1900, S. 533).

Bodenkulturarbeiten, die von Vereinigungen von Grundbesitzern geleistet werden, können als Teile der einzelnen landwirtschaftl. Betriebe gelten; unter Umständen können solche Verbände auch selbst als landwirtschaftliche Unternehmer angesehen werden (vgl. Besch. 713, 2253, 2479, A. N. 1889, S. 321; 1908, S. 534; 1911, S. 414 und Handbuch Bd. II, S. 59 Anm. 51). — Vgl. auch Besch. 2479 A. N. 1911 S. 414, in dem Obstverlade- und Beförderungsarbeiten eines Obstzüchtervereins als Zubehör der einzelnen Obstbaubetriebe angesehen worden sind.

Arbeiten der Deichverbände sind regelmäßig bei der Tiefbau-BG. versichert.

Die Vorschrift des Abs. 2 trifft zu für den landw. Unternehmer, der unmittelbar öffentlich-rechtlich zu den Arbeiten verpflichtet ist, also in solchem Falle auch für den Pächter als Unternehmer. Sie erfaßt aber auch die Fälle, in denen die Arbeiten öffentlich-rechtlich dem landw. Grundbesitzer obliegen und sein Pächter, also der landw. Unternehmer, im Pachtvertrag privatrechtlich diese öffentlich-rechtliche Last des Eigentümers übernommen hat (Kom. Ber. Bd. III, S. 192). Ruht die Wegebaulast auf der Gemeinde, so gilt für solche Arbeiten in der Regel die Gemeinde selbst als Regiebauunternehmerin und die Arbeiten sind als Bauarbeiten bei der Zweiganstalt der Tiefbau-BG. versichert (Begr. S. 336, vgl. auch Rek. Entsch. 2092, 2471 A. N. 1905, S. 272, 1911, S . 408).

Regiebauten eines Landwirts, die über die im § 916 gezogenen Grenzen hinausgehen, sind bei der Zweiganstalt der örtlich zuständigen Baugewerks-BG. oder der Tiefbau-BG. versichert.

Gärtnerei, Park- und Gartenpflege, Friedhofbetrieb.

§ 917. Als landwirtschaftlicher Betrieb im Sinne des § 915 Abs. 1 gilt auch die Gärtnerei, die Park- und Gartenpflege, sowie der Friedhofsbetrieb, soweit er nicht der gewerblichen Unfallversicherung unterliegt.

Kleine Haus- und Ziergärten, die nicht regelmäßig und in erheblichem Umfange mit besonderen Arbeitskräften bewirtschaftet werden und deren Erzeugnisse hauptsächlich dem eigenen Haushalt dienen, gelten nicht als landwirtschaftlicher Betrieb.

Vgl. § 1 Abs. 7 LUVG.

Eine Änderung des Begriffs und des Umfangs der versicherungspflichtigen Gärtnerei hat das Gesetz nicht beabsichtigt. Zur Gärtnerei gehört nach wie vor auch die gewerbl. Gärtnerei (Kunst- und Handelsgärtnerei, Baumschule und Samengärtnerei). Auch das Rundschr. des RVA. v. 28. Oktober 1903, A. N. S. 591, das auf Grund des dem § 915 Abs. 2 entsprechenden § 1 Abs. 8 LUVG. ergangen ist, bleibt in vollem Umfange wirksam. In dem Schreiben hat das RVA. auch die Landschaftsgärtnerei und sonstige gärtnerische Betriebe, die sich mit der Anlage von Gärten auf fremden Grundstücken und mit der Pflege solcher fremden Anlagen befassen, für landw. Betriebe erklärt, auch wenn sie für eigene Rechnung Boden überhaupt nicht bewirtschaften; versicherungspflichtig sollen jedoch nicht sein der bloße Handel mit Blumen, Topfpflanzen, Blumenzwiebeln und Samen, sowie Blumen- und Kranzbindereien, vorübergehendes Ausschmücken von Räumen, Tafeln usw. mit Blumen und Gewächsen, Pflege einzelner Topfgewächse, endlich nicht die außer solchen Tätigkeiten übernommene Pflege von Pflanzenschmuck an Balkonen, Hallen usw. (Begr. S. 336), Kom. Ber. Bd. III, S. 191 u. 192). —

Kein gärtnerischer sondern ein Tiefbau-Betrieb liegt vor, wenn die größere Zahl von Arbeitstagen nicht auf gärtnerische Arbeiten entfällt, sondern auf Bodenbewegungen, die als gärtnerische Arbeiten nicht mehr gelten können. Doch kann ein solcher Betrieb Nebenbetrieb einer Gärtnerei sein.

Ob die Gärtnerei, die Park- und Gartenpflege, sowie der Friedhofsbetrieb von privaten Personen oder von Gemeinden oder Verschönerungsvereinen unternommen ist, bleibt für die Versicherung ohne Belang.

Einige zum Friedhofsbetrieb zählende Tätigkeiten, wie das Ausmauern der Grüfte und der Leichenwagenbetrieb unterstehen der gewerblichen Unfallversicherung (§ 537 Abs. 1, Nr. 3, 7).

Die Bestimmung des Abs. 2 ist der bisherigen Rechtsprechung des RVA. angepaßt (Kom. Ber. Bd. III, S. 193). Wenn der Haus- oder Ziergarten mit einer versicherten Land-, Garten- oder Parkwirtschaft im Zusammenhang steht, so sind auch die Arbeiten in dem Haus- oder Ziergarten in die Versicherung einbezogen.

Landw. Nebenbetriebe.

§ 918. Die Versicherung gilt auch für Unternehmen, die ein landwirtschaftlicher Unternehmer neben seiner Landwirtschaft, aber in wirtschaftlicher Abhängigkeit von ihr betreibt (landwirtschaftliche Nebenbetriebe). Hierher gehören besonders Betriebe, die ganz oder hauptsächlich dazu bestimmt sind,

1. Erzeugnisse der Landwirtschaft des Unternehmers zu be- oder verarbeiten,

2. Bedürfnisse seiner Landwirtschaft zu befriedigen,
3. Bodenbestandteile seines Grundstücks zu gewinnen oder zu verarbeiten.

Vgl. § 1 Abs. 2 LUVG.

Gewerbl. Nebenbetriebe der Landwirtschaft sind mit dieser vor allem deshalb versichert, um die mit der Versicherung bei mehreren BG.en verknüpften Belästigungen der Unternehmer zu vermeiden. Eine Benachteiligung der gewerbl. Arbeiter bei der Berechnung des Jahresarbeitsverdienstes suchen § 923 Abs. 3, §§ 931 bis 935 zu verhüten. Der Gefährlichkeit gewerbl. Nebenbetriebe wird für die Beitragsberechnung, soweit sie nach Maßgabe des Steuerfußes stattfindet, § 1008 gerecht.

Die Rechtsprechung des RVA. hat den Begriff des landw. Nebenbetriebs möglichst weitgehend gezogen. Als Merkmale für diesen Begriff hat es neben der in Nr. 1 bis 3 erwähnten Zweckbestimmung insbesondere angesehen: das Verhältnis der Menge und des Wertes der durch die Landwirtschaft erworbenen und der zugekauften Roherzeugnisse, das Verhältnis des Roh- und Reinertrages, sowie der verwendeten Arbeitszeit, auch die Gemeinsamkeit der Arbeitskräfte und der Betriebsgeräte. Bei den unter Nr. 3 bezeichneten Betrieben wird nicht selten die zur Annahme eines Nebenbetriebs erforderliche Nebenstellung des Betriebs fehlen, wie z. B. bei umfangreichen Steinbrüchen auf kleinem Grundbesitz. Im Handbuch Bd. II, S. 39 flg. sind Arbeiten und Betriebe nach dem ABC aufgeführt, über deren Eigenschaft als Nebenbetriebe sich das RVA. entscheidend ausgesprochen hat. Als Nebenbetrieb sind insbesondere regelmäßig angesehen worden: Gutsbrennereien und Molkereien, soweit sie nicht von Genossenschaften betrieben werden; die Lohndrescherei und Lohn-Dampfpflügerei, soweit sie nicht den Eigendrusch überwiegt (solche Betriebe von Genossenschaften sind unter Umständen wegen des engen Zusammenhangs als Teile der Einzelbetriebe der Genossen aufgefaßt worden); Fuhrwerksbetriebe im allgemeinen dann, wenn dieselben Arbeits- und Zugkräfte, wie in der Landwirtschaft gebraucht werden, wenn Erzeugnisse der Landwirtschaft in dem Fuhrwerksbetrieb und der Dung in der Landwirtschaft verwendet wird, und wenn endlich die Landwirtschaft unter gesamter Berücksichtigung der Einrichtungen, des Arbeitsbedarfs und des Erwerbes der Hauptbetrieb ist; der Handel mit überwiegend in eigener Landwirtschaft gewonnenem Obst; — im allgemeinen nicht Schmiedebetriebe, soweit nicht sog. Gutsschmieden in Frage kommen. — Vgl. im übrigen Anm. zu § 919 Nr. 2.

Keine Nebenbetriebe.

§ 919. Der § 918 gilt nicht für

1. Bergwerke, Salinen, Aufbereitungsanstalten, Werften, Hüttenwerke, Bauhöfe, sowie für Betriebe, die gewerbsmäßig Sprengstoffe oder explodierende Gegenstände erzeugen oder verarbeiten.
2. Betriebe, die vom Reichsversicherungsamte wegen
   ihres erheblichen Umfanges,
   besonderer Einrichtung mit Maschinen,
   der Zahl ihrer gewerblichen Arbeiter
   den Fabriken gleich gestellt werden.

Vgl. § 1 Abs. 3 LUVG.

Die Betriebe der Nr. 1 werden tatsächlich niemals als Nebenbetriebe der Landwirtschaft vorkommen.

Auf Grund des der Vorschrift in Nr. 2 entsprechenden § 1 Abs. 3, Nr. 2 des LUVG. hat das RVA. die „Bestimmungen, betr. die berufsgenossenschaftliche Zugehörigkeit der Nebenbetriebe land- und forstwirtschaftlicher Unternehmer v. 16. Oktober 1901" — A. N. S. 623 — erlassen und darin folgende Unternehmungen den unter das GUVG. fallenden Fabriken zugerechnet:

1. Steinbrüche und Gräbereien (Gruben):
   a) welche unterirdisch betrieben werden,
   b) bei mehr als 1200 jährlichen Arbeitstagen der beschäftigten versicherungspflichtigen Personen;
2. Kalkbrennereien und Kalköfen:
   a) welche kontinuierliche Feuerung haben,
   b) bei mehr als 1200 jährlichen Arbeitstagen;
3. Ziegeleien, in denen im Jahresdurchschnitt mindestens 500 000 Stück (Ziegelsteine u. dergl.) hergestellt werden;
4. Schneidemühlen und Holzbearbeitungsbetriebe:
   a) in denen zur weiteren Bearbeitung der geschnittenen Rohhölzer (Balken, Bretter, Latten) besondere maschinelle Einrichtungen (z. B. Hobelmaschinen) benutzt werden,
   b) bei mehr als 1200 jährlichen Arbeitstagen;
5. Torfstreu- und Brikettfabriken, sowie Zuckerfabriken;
6. Torfgewinnungsbetriebe, — Mahl- und Ölmühlen, — Betriebe der Nahrungsmittelindustrie, soweit sie bisher der Nahrungsmittelindustrie-BG. anzugehören hatten, — sowie Brauereien und Mälzereien, soweit in diesen Betrieben die Zahl der Arbeitstage der beschäftigten versicherungspflichtigen Personen im Jahresdurchschnitt 1200 übersteigt.

Auch Betriebe eines Landwirts, die nach diesen Bestimmungen bei den landw. BG.en versichert sein können, fallen unter die gewerbl. Unfallversicherung, wenn sie (mangels Nebenstellung) nicht als Nebenbetriebe des landw. Betriebs angesehen werden können.

Binnenschiffahrts- und Flößereibetriebe.

§ 920. Binnenschiffahrts- und Flößereibetriebe oder -Tätigkeiten fallen nur dann in die Versicherung des landwirtschaftlichen Hauptbetriebs, wenn sie nicht über den örtlichen Verkehr hinausgreifen.

Diese Vorschrift beruht auf einem Beschluß der Reichstagskommission. Sie überträgt den in § 631 Abs. 2 von der Kommission angenommenen Gedanken auf die Abgrenzung zwischen landwirtschaftlicher und gewerblicher Versicherung. Wie in § 631 Abs. 2 ist unter dem örtlichen Verkehr lediglich ein Nahverkehr zu verstehen. Als solcher kann z. B. das Flößen der Hölzer eines Forstbetriebs bis zum nahen Floßhafen gelten (Kom. Ber. Bd. III, S. 194).

Versicherte Tätigkeiten.

§ 921. Tätigkeiten, die ihrer Art nach der gewerblichen Unfallversicherung bei einer Zweiganstalt oder einer Versicherungsgenossenschaft unterliegen, sind bei der landwirtschaftlichen Berufsgenossenschaft, welcher der Unternehmer mit Betriebstätigkeiten derselben Art angehört, versichert, wenn diese die anderen Tätigkeiten überwiegen.

Das nach § 537 Nr. 6, 7 versicherte Halten von Reittieren und Fahrzeugen soll dann, wenn der Unternehmer solcher Tätigkeiten schon als gewerbl. oder landw. Betriebsunternehmer mit gleichartigen Betriebstätigkeiten versichert ist (so der Fuhrunternehmer mit seinem Fuhrwerksbetrieb, der Landwirt mit den landwirtschaftl. Arbeiten, die er mit Pferden verrichtet), zusammen mit diesen Betriebstätigkeiten einheitlich versichert sein, wenn letztere überwiegen (vgl. § 631 Abs. 3). Das Halten von Reittieren umfaßt auch die Vorführung von Pferden zur militärischen Vormusterung; Angestellte des Landwirts, welche die Pferde vorführen, sind gemäß § 924 gegen ihnen dabei zustoßende Unfälle versichert.

Zuteilung mehrerer Betriebe eines Unternehmers an eine Genossenschaft.

§ 922. Für die Zuteilung von landwirtschaftlichen Betrieben und gewerblichen Betrieben desselben Unternehmers zu einer Genossenschaft gilt § 542.

Vgl. Anm. zu § 542.

Um eine Benachteiligung der hierdurch der landw. Unfallversicherung unterworfenen Personen bei der Feststellung des Jahresarbeitsverdienstes zu vermeiden, hat § 923 Abs. 3, dritter Satz, diese Personen den Facharbeitern gleichgestellt.

Unfälle bei versicherten Betrieben und Tätigkeiten. — Facharbeiter.

§ 923. Gegen Unfälle bei Betrieben, die nach den §§ 915 bis 922 der Versicherung unterliegen (Betriebsunfälle), sind versichert

1. Arbeiter,
2. Betriebsbeamte, deren Jahresarbeitsverdienst nicht fünftausend Mark an Entgelt übersteigt,

wenn sie in diesen Betrieben beschäftigt sind.

Als Arbeiter gelten auch Gehilfen, Gesellen und Lehrlinge.

Facharbeiter im Unterschiede zum gewöhnlichen landwirtschaftlichen Arbeiter ist, wer für seine Stellung besonderer fachlicher Fertigkeiten bedarf. Dies gilt für Förster, Gärtner, Gärtnergehilfen, Müller, Ziegler, Stellmacher, Schmiede, Maurer, Zimmerer, Brenner, Maschinenführer, Heizer, sowie für Gehilfen und Gesellen, die eine fachmäßige Lehr- und Ausbildungszeit durchgemacht haben. Als Facharbeiter gelten auch die nach § 922 der landwirtschaftlichen Unfallversicherung unterstellten Personen. Wer außerdem noch als Facharbeiter gilt, hat die Satzung festzustellen.

Verbotwidriges Handeln schließt die Annahme eines Betriebsunfalls nicht aus.

Vgl. § 1 Abs. 1, 6 LUVG.

Der Entschädigungsanspruch setzt voraus:

I. daß der Verletzte Arbeiter (Gehilfe, Geselle, Lehrling) oder Betriebsbeamter ist. Vgl. die Ausführungen in Anm. I 1, zu § 544, die auch hier zutreffen. Bei Ausgedingern muß geprüft werden, ob die Tätigkeit, bei der sie verunglückt sind, eine ernstliche Arbeitsleistung darstellt und ob sie nach ihrer gesamten wirtschaftlichen und gesellschaftlichen Stellung als Arbeiter oder Betriebsbeamte des Grundstückseigentümers gelten können (vgl. Rek. Entsch. 2482, A. N. 1911, S. 429).

Zu Nr. 1: Zu den Arbeitern gehört auch das Gesinde, soweit es im landw. Betriebe tätig ist. Auch z. B. ein Hausschlächter, der sonst Tagelöhner (nicht selbständiger Gewerbetreibender) ist.

Zu Nr. 2: Die Bestimmung des Begriffs „Betriebsbeamter" ist nicht mehr der Satzung der BG. überlassen. Betriebsbeamte sind Personen, die in dem Wirtschaftsbetrieb oder in einem Teile desselben als Bevollmächtigte des Betriebsunternehmers tätig sind oder vorwiegend in einer leitenden oder beaufsichtigenden Stellung wirken (Administratoren, Inspektoren, Wirtschafter, Revierförster, Schäfermeister, Molkereimeister), — also nicht Vorarbeiter (Großknechte) und meist auch nicht Haussöhne.

II. Der Verletzte muß in einem versicherten Betriebe beschäftigt sein. Über den Betriebsbegriff vgl. Anm. II zu § 544. Darüber, welche Betriebe der landw. Unfallversicherung unterliegen vgl. §§ 915 bis 922.

III. Es muß ein Unfall (vgl. Anm. III zu § 544) vorliegen.

IV. Der Unfall muß sich bei dem versicherten Betriebe ereignet haben (vgl. Anm. IV zu § 544). Dies trifft z. B. zu für Unfälle beim Ernten landw. Erzeugnisse, wie Kirschenpflücken, wenn es auch nur zum Verbrauch im Hause geschieht — beim Sammeln von Hühnereiern (Rek. Entsch. 1652, A. N. 1907, S. 502) — beim Schlachten im Betrieb aufgezogener Tiere (wogegen die weitere Zubereitung des Fleisches zum alsbaldigen oder späteren Genusse regelmäßig als hauswirtschaftliche Verrichtung gelten muß) — beim Zerkleinern von Holz, das zur Bereitung von Viehfutter dienen soll (Rek. Entsch. 1700, A. N. 1898, S. 245), — bei Erfüllung von Leistungen an Ausgedinger (Rek. Entsch. 1416, 1417, A. N. 1895, S. 213, 214). Ferner auch bei Unfällen, die sich aus Anlaß des Beginns oder der Beendigung der Arbeit im unmittelbaren Anschluß an sie innerhalb der Grenzen der Betriebsstätte ereignen (z. B. Unfall beim Betreten des Stalls zur Viehfütterung; Rek. Entsch. 1270, A. N. 1893, S. 430). Die Wege der ständigen landw. Arbeiter vom Hofe zur Feldarbeit und umgekehrt sind versichert; bei ihnen wird im allgemeinen anzunehmen sein, daß sie auch auf dem Gutshofe Betriebsarbeiten verrichtet haben und verrichten wollen. Eigenwirtschaftliche, nicht versicherte Tätigkeiten sind z. B. die von einem ständigen landw. Arbeiter gelegentlich seines Umzugs von einem Gute zu einem andern verrichteten. — In kleinbäuerlichen Betrieben, bei denen die Mitglieder der Familie des Kleinbauern hauptsächlich in der Landwirtschaft sich betätigen und darin auch die Grundlage für ihren Unterhalt erblicken, ist eine Scheidung zwischen der versicherten Landwirtschaft und der unversicherten Hauswirtschaft bei dem Ineinander beider oft kaum möglich, z. B. beim Zerkleinern von Holz, mit dem Essen und Viehfutter gekocht werden soll, — beim Kochen von Mittagessen für die Familie und das Gesinde des Unternehmers — (vgl. auch Rek. Entsch. 2366, A. N. 1910, S. 438). Unfälle in solchen Betrieben werden daher regelmäßig dem Betriebe zuzurechnen sein, wenn nicht die hauswirtschaftliche Natur der Tätigkeit, wobei sich der Unfall ereignet hat, klar zu Tage tritt, wie dies z. B. bei Zubereitung des Essens, beim Waschen der Wäsche für die Familie der Fall ist.

Der Kreis der — bei der Berechnung des Jahresarbeitsverdienstes günstiger gestellten — Facharbeiter ist nunmehr gesetzlich festgelegt und kann durch die Satzung nur erweitert, nicht aber beschränkt werden. Von einer Unterscheidung der Facharbeiter in landw. und gewerbl. ist abgesehen worden. Der Umstand, daß ein landw. Arbeiter erst durch längere Berufsausübung die zu dessen vollkommener Ausübung erforderliche Gewandheit erlangt hat, macht ihn noch nicht zum Facharbeiter. Beim Gärtnergehifen wird nur die Beendigung einer ordnungsmäßigen Lehrzeit, nicht aber die Fähigkeit zu einer betriebsleitenden Stellung verlangt. Betätigt sich ein gewerbl. Facharbeiter als gewöhnlicher landw. Arbeiter, so ist er nur als solcher zu entschädigen. Verrichtet aber z. B. ein Maurer bei gelegentlicher Arbeitslosigkeit Ausbesserungsarbeiten, so ist er als Facharbeiter anzusehen (Kom. Ber. Bd. III, S. 196 bis 201; vgl. auch Anm. zu § 931).

Lehrlinge gelten nie als Facharbeiter.

Zu Abs. 4: vgl. Anm. IV zu § 544.

Häusliche und andere Dienste versicherter Beschäftigter.

§ 924. Die Versicherung erstreckt sich auf häusliche und andere Dienste, zu denen Versicherte, die hauptsächlich im Betriebe oder bei versicherten Tätigkeiten (§§ 920, 921) beschäftigt sind, von dem Unternehmer oder dessen Beauftragten herangezogen werden.

Vgl. § 2 Satz 1 LUVG.

Die Ausführungen in Anm. zu § 546 gelten auch hier. — In der Reichstagskommission ist sowohl von Seiten der Regierung als auch von Seiten der Abgeordneten hervorgehoben worden, daß die Arbeiter gegen jeden Unfall versichert seien, der durch eine vom Arbeitgeber angeordnete Nebentätigkeit oder bei einer solchen entsteht (Kom. Ber. Bd. III, S. 202).

Erstreckung der Versicherungspflicht durch die Satzung.

§ 925. Die Satzung kann die Versicherungspflicht erstrecken auf

1. Unternehmer, deren Jahresarbeitsverdienst nicht dreitausend Mark übersteigt oder die regelmäßig keine oder höchstens zwei Versicherungspflichtige gegen Entgelt beschäftigen,
2. Betriebsbeamte, deren Jahresarbeitsverdienst fünftausend Mark an Entgelt übersteigt.

Vgl. § 4 Abs. 1 LUVG.

Zu Nr. 1. Vgl. § 548 Nr. 1 der gewerbl. UV.

Die Versicherungspflicht kann auf Unternehmergruppen erstreckt werden, bei denen nur die eine oder die andere der beiden Voraussetzungen der Nr. 1 vorliegen. Von der Befugnis der Ausdehnung haben die meisten BG.en Gebrauch gemacht. Die für die einzelnen BG.en maßgebenden Bestimmungen sind in den Spalten 7 bis 13 der in der Vorbem. zu § 971 erwähnten Zusammenstellung (Handbuch Bd. III, S. 323 flg.) aufgeführt.

Die Selbstversicherung beginnt mit dem Zeitpunkt, an dem für den Unternehmer ihre Voraussetzungen zutreffen. (vgl. aber Anm. zu § 998). Sie ergreift regelmäßig (vgl. aber Ende dieser Anm.) die Betriebstätigkeit des Unternehmers in der gesamten Wirtschaft, einschließlich der Nebenbetriebe.

Der Jahresarbeitsverdienst der Unternehmer wird nach den Vorschriften der Satzung berechnet (§ 972 Nr. 14). Im Zweifel ist auch das Einkommen aus mitversicherten Nebenbetrieben mit zu berücksichtigen. Dem Einkommen des Ehemanns wird der Ertrag des Vorbehaltsguts seiner Ehefrau zugerechnet. Die Beitragsleistung der zwangsversicherten Unternehmer richtet sich nach dem für die betreffende BG. geltenden Umlageverfahren (vgl. §§ 990 bezw. 1007 Abs. 2).

Ein formellrechtliches Versicherungsverhältnis (vgl. auch Anm. zu § 992) kann für einen nach Gesetz (§ 1034) oder Satzung der Zwangsversicherung nicht unterliegenden Unternehmer nur anerkannt werden, wenn entweder (außerhalb des Feststellungsverfahrens; §§ 1552 flg.) eine Feststellung der Zwangsversicherung durch das zuständige Genossenschaftsorgan z. B. durch Aufnahme in das Verzeichnis der Selbstversicherten (Anm. zu §§ 998, 1005), oder durch einen entsprechenden Vermerk im Unternehmerverzeichnis (§ 998) oder im Heberollenauszug (§ 1020) stattgefunden und dem Unternehmer diese Feststellung in irgend einer Form mitgeteilt worden ist — oder wenn von dem bezeichneten Unternehmer mit Rücksicht auf die Selbstversicherung Beiträge eingefordert worden sind (vgl. Rek. Entsch. 2314 A. N. 1909, S. 468). Daher ist eine formale Haftung ausgeschlossen in den Fällen, in denen sich der für die Begrenzung der Versicherung maßgebende Jahresarbeitsverdienst (§ 925 Nr. 1) nach der Steuereinschätzung richtet und in denen besondere Beiträge für die Unternehmerversicherung nicht erhoben werden; in solchen Fällen findet nämlich eine Feststellung des Versicherungsverhältnisses außerhalb des Entschädigungsfeststellungsverfahrens nicht statt. Irrtümer bei der Feststellung oder der Einforderung von Beiträgen hat im Allgemeinen die BG. zu vertreten, es sei denn, daß der Unternehmer arglistig die Eintragung erwirkt hat, oder daß er bei Erteilung der Auskunft über die für die Zwangsversicherung maßgebenden Verhältnisse derart grob fahrlässig verfahren ist, daß er bei Anwendung auch nur eines geringen Maßes von Sorgfalt sich der Unrichtigkeit und Unvollständigkeit seiner Angaben und weiterhin ihrer Tragweite für die Entschließung des Genossenschaftsvorstandes bei Heranziehung des Unternehmers zur Selbstversicherung bewußt sein mußte. (Rek. Entsch. 2250, A. N. 1908, S. 531). — Da der Rechtsgrund der Versicherung ein formaler ist, erstreckt sich die Entschädigungspflicht der Genossenschaft nicht über den Umfang hinaus, in welchem die Heranziehung zur Selbstversicherung formell erfolgt ist; es kann also, sofern die Heranziehung nur auf den Hauptbetrieb beschränkt war, die Entschädigung nicht für Unfälle in Nebenbetrieben gefordert werden.

Der Unternehmer hat naturgemäß ein erhebliches Interesse daran, über das Bestehen eines Versicherungsverhältnisses im Klaren zu sein. Den erforderlichen Aufschluß kann er sich unter anderem auch durch Rückfrage bei der BG. verschaffen.

Die Versicherung der Unternehmer erfaßt insbesondere auch nachbarliche Gefälligkeitsleistungen, soweit sie — was regelmäßig anzunehmen sein wird — auf Gegenseitigkeit beruhen und die Unternehmer (besonders kleinerer Betriebe) auf sie angewiesen sind. — Die Wege, die ein versicherter Landwirt im Interesse seines Betriebs unternimmt (z. B. wenn er ein von ihm verkauftes Schwein, das in seiner Landwirtschaft gemästet war, dem Käufer überbringt, oder wenn er nach der Stadt fährt, um den selbstgebauten Roggen zu verkaufen, um Thomasschlacke zu kaufen oder um die Gebühren für die Versicherung zu entrichten), sind ebenfalls dem Betriebe zuzurechnen (Rek. Entsch. 1273, A. N. 1893, S. 431). Nicht aber Wege oder Fahrten zur Kirche oder zum Einkauf von Kolonialwaren für die Hauswirtschaft; doch fällt auch hier die Pflege der zur Fahrt benutzten eigenen Pferde (z. B. das Füttern im Stall des Gasthofes) unter die Versicherung.

Zu Nr. 2. Die für die einzelnen BG.en ergangenen Bestimmungen befinden sich in Spalte 6 der am Anfang dieser Anm. erwähnten Zusammenstellung. — Die Berechnung der Rente und der Beiträge für Betriebsbeamte regeln §§ 931 flg. bezw. §§ 990, 1007 Abs. 1, § 1017.

Hauswirtschftl. Tätigkeiten des Unternehmers.

§ 926. Die Satzung kann die Versicherung der Unternehmer, die hauptsächlich in der Landwirtschaft beschäftigt sind, auf die hauswirtschaftliche Tätigkeit erstrecken, die mit der Landwirtschaft zusammenhängt.

Vgl. § 2 Satz 2 LUVG.

Hauptsächlich ist ein Unternehmer in der Landwirtschaft beschäftigt, wenn diese Beschäftigung den Hauptteil seiner Arbeitskraft ausfüllt und die Grundlage seiner Lebenshaltung bildet. Diese Prüfung ist für jeden Ehegatten (§ 928) besonders anzustellen (Rek. Entsch. 2187, A. N. 1907, S. 456).

Die satzungsgemäße Erstreckung der Versicherungspflicht ist nur auf hauswirtschaftl. Verrichtungen zugelassen. Darunter versteht die Rechtsprechung „Tätigkeiten, die im Rahmen der Haushaltung des Unternehmers zur Befriedigung der leiblichen Bedürfnisse der Haushaltungsangehörigen vorgenommen werden" (Handbuch Bd. II, S. 76 Anm. 11). Erfordert wird weiter, daß die hauswirtschaftl. Verrichtungen mit der Landwirtschaft zusammenhängen. Dies ist z. B. anerkannt worden: beim Zerkleinern von Holz, das auf eigenem Grundstück gewachsen ist, zum Kochen des Essens (Rek. Entsch. 2101, A. N. 1905, S. 409), beim Schneiden einer Speckseite, die von einem selbstgezüchteten Schwein stammte und zur Beköstigung des Gesindes verwendet werden sollte, beim Waschen von Wäsche, unter der sich Säetücher u. dergl. befanden (Rek. Entsch. 2187, A. N. 1907, S. 456) — beim Zubereiten von Mahlzeiten für versicherte Personen (Rek. Entsch. 796, 1536, A. N. 1890, S. 163, 1896 S. 382).

Über die neben § 926 noch geltenden (Rek. Entsch. 2366, A. N. 1910, S. 434) Grundsätze bei kleinbäuerlichen Betrieben vgl. Anm. zu § 923.

Freiwillige Selbstversicherung der Unternehmer.

§ 927. Unternehmer können sich gegen die Folgen von Betriebsunfällen selbst versichern, wenn sie nicht mehr als dreitausend Mark Jahresarbeitsverdienst haben oder wenn sie regelmäßig keine oder höchstens zwei Versicherungspflichtige gegen Entgelt beschäftigen. Dabei gilt auch § 926.

Die Satzung kann sie zur Selbstversicherung auch dann zulassen, wenn sie mehr als dreitausend Mark Jahresarbeitsverdienst haben oder regelmäßig wenigstens drei Versicherungspflichtige gegen Entgelt beschäftigen.

Vgl. § 4 Abs. 2 LUVG.

Die Ausführungnen zu § 925 Nr. 1 treffen im Allgemeinen auch hier zu. Vgl. auch § 972 Nr. 14.

Von der Befugnis, die Versicherung gemäß § 926 auch auf die freiwillig selbstversicherten Unternehmer auszudehnen (vgl. § 4 Abs. 2 LUVG.), haben die meisten BG.en Gebrauch gemacht.

Die Versicherung kann bei Nichtzahlung der Beiträge nach Satzungsbestimmung außer Kraft treten (§ 929 Nr. 2).

Ehegatte des Unternehmers.

§ 928. Die Vorschriften der §§ 925 bis 927 über die Versicherung des Unternehmers gelten auch für seinen im Betriebe tätigen Ehegatten.

Diese Vorschrift entspricht der bisherigen Rechtsübung; die satzungsgemäße Zwangs- oder freiwillige Versicherung des einen Ehegatten erstreckt sich regelmäßig, sofern nicht die Satzung ausdrücklich anderes bestimmt, zugleich auf den andern — im Betriebe tätigen — Ehegatten (Begr. S. 337).

Arbeiter oder Betriebsbeamte im Betriebe eines Ehegatten kann der andere nicht sein (§ 159).

Geltung von Vorschriften aus der gewerbl. UV.

§ 929. Aus der gewerblichen Unfallversicherung gelten entsprechend

1. für die Versicherung anderer im Betriebe Beschäftigter und Betriebsfremder § 552,
2. für die Folgen nicht rechtzeitiger Entrichtung von Beiträgen bei freiwilliger Versicherung § 553,

3. für die Versicherung von Personen des Soldatenstandes und von Beamten § 554.

Vgl. § 4 Abs. 3, § 6 LUVG.

Über die Bemessung der Beiträge für die in Nr. 1 erwähnten Personen hat die Satzung zu bestimmen. Die Renten werden nach § 938 (vgl. auch § 972 Nr. 14 und Anm. zu § 993) berechnet.

Zu Nr. 1 in Verbindung mit § 552 Nr. 1 vgl. auch Anm. zu § 1034 Nr. 2.

Zu Nr. 2 vgl. auch § 1021.

Zweiter Abschnitt.

Gegenstand der Versicherung.

Geltung von Bestimmungen der gewerbl. Unfallversicherung.

§ 930. Für den Gegenstand der Versicherung gelten aus der gewerblichen Unfallversicherung die §§ 555 bis 562 entsprechend.

Vgl. §§ 7, 8 LUVG.

Die §§ 555 bis 562 behandeln den Gegenstand des Entschädigungsanspruchs im Allgemeinen, seine Ausschließung und Versagung, die Gewährnisse bei Verletzungen im Allgemeinen, den Betrag der Rente, die Hilflosenrente, sowie die Entschädigung von Versicherten, die bereits vor dem Unfall völlig erwerbsunfähig waren, und solcher Versicherten, die infolge des Unfalls unverschuldet arbeitslos sind.

Der Grad der durch den Unfall herbeigeführten Erwerbsunfähigkeit (§ 559) bemißt sich auch für landw. Arbeiter nach der Fähigkeit, sich auf dem allgemeinen Arbeitsmarkt erwerblich zu betätigen. Doch bleibt zu berücksichtigen, daß der landw. Arbeiter in weit höherem Maße als der gewerbl. Arbeiter bodenständig ist und es ihm im allgemeinen auch schwerer fällt, zu einem Erwerb in anderen Berufen überzugehen (Rek. Entsch. 914, A. N. 1890, S. 598).

Jahresarbeitsverdienst der Betriebsbeamten und Facharbeiter (§ 931 bis 935, 939, 941).

§ 931. Bei Berechnung der Rente von Betriebsbeamten und Facharbeitern gelten für den Jahresarbeitsverdienst die §§ 563 bis 566, 568.

Ferner gelten hierfür die §§ 932 bis 935, 941.

Vgl. § 9, § 12 Abs. 1 LUVG.

Über den Begriff der Betriebsbeamten und Facharbeiter vgl. Anm. zu § 923.

Als Facharbeiter ist nur zu entschädigen, wer für seine Stellung, in der er verunglückt ist, besonderer fachlicher Fertigkeiten bedarf (§ 923 Abs. 3 Satz 1). Es kommt auf den Gesamtcharakter der Stellung an, nicht auf die einzelne Tätigkeit, wobei der Unfall sich ereignet hat.

Ein Maurer, der sich als landw. Tagelöhner verdingt, ist für einen Unfall bei dieser Tätigkeit nicht als Facharbeiter zu entschädigen.

Die Berechnung des Jahresarbeitsverdienstes ist in den §§ 932 bis 935, 941 für Betriebsbeamte und Facharbeiter genau so geregelt, wie in den §§ 563 bis 571 für gewerbliche Arbeiter. Nur wird — wie bisher — in den Fällen der §§ 567, 570 sowie des § 571 stets der Ortslohn (§§ 149 bis 152) eines Erwachsenen, hier aber der Ortslohn in der Höhe zu Grunde gelegt, wie er der Altersstufe des Verletzten entspricht. Bei Aufsteigen in eine höhere Altersstufe ist die Rente auch entsprechend zu erhöhen (§ 935); der Erteilung eines förmlichen Bescheides (§ 1583) bedarf es dabei nicht. — Es kann daher auf die Anm. zu den §§ 563 bis 571 verwiesen werden.

§ 932. Ist die betriebsübliche Zahl von Arbeitstagen im Jahre so gering, daß die im Betriebe Beschäftigten regelmäßig noch anderweit Arbeit gegen Entgelt verrichten, so wird in den Fällen der §§ 565, 566 für die an dreihundert fehlende Zahl von Arbeitstagen der Ortslohn, der zur Zeit des Unfalls für den Beschäftigungsort des Versicherten festgesetzt ist (§§ 149 bis 152), dem nach § 565 oder § 566 berechneten Betrage zugezählt.

Vgl. § 567 und letzten Abs. der Anm. zu § 931.

§ 933. Die §§ 564 bis 566, 568, 932 sind entsprechend anzuwenden, wenn sich der Jahresarbeitsverdienst aus mindestens wochenweise bestimmten Beträgen zusammensetzt.

Vgl. § 569 und letzten Abs. der Anm. zu § 931.

§ 934. Erreicht der Jahresarbeitsverdienst des Betriebsbeamten oder Facharbeiters nicht das Dreihundertfache des Ortslohns (§ 932), so gilt dieses Dreihundertfache als Jahresarbeitsverdienst.

Vgl. § 12 Abs. 2 LUVG.

Vgl. § 570 und letzten Abs. der Anm. zu § 931.

§ 935. Die Rente für verletzte Jugendliche, die nach dem Ortslohn berechnet wird, richtet sich zunächst nach der Altersstufe, auf der sie den Unfall erleiden, und ist bei Aufsteigen in eine höhere Altersstufe entsprechend zu erhöhen.

Vgl. letzten Abs. der Anm. zu § 931.

Jugendliche im Sinne dieser Bestimmung sind sowohl Personen unter 16 Jahren (Jugendliche im Sinne von § 150 Abs. 2), als auch Personen zwischen 16 und 21 Jahren. Der verschiedene Inhalt des Begriffs „Jugendliche" erklärt sich daraus, daß die Einführung der Altersgrenze von 21 Jahren in den § 150 erst im Laufe der Kommissionsberatungen dem Gesetz eingefügt worden ist.

Durchschnittlicher Jahresarbeitsverdienst (§§ 936 bis 940).

§ 936. Für Arbeiter, die nicht unter die §§ 931 bis 935 fallen, richtet sich die Rente nach dem Jahresarbeitsverdienste, den landwirtschaftliche Arbeiter zur Zeit des Unfalls durch landwirtschaftliche und andere Erwerbstätigkeit am Beschäftigungsorte durchschnittlich erzielen.

Den durchschnittlichen Jahresarbeitsverdienst setzt das Oberversicherungsamt nach Anhören der Versicherungsämter fest, und zwar getrennt für Männer und Frauen, für Versicherte unter sechzehn Jahren, für solche von sechzehn bis einundzwanzig Jahren und für die, welche über einundzwanzig Jahre alt sind. Die Versicherten unter sechzehn Jahren (Jugendliche) können nach § 150 Abs. 2 noch in junge Leute und Kinder geschieden werden. Auch nach Land- und Forstwirtschaft kann getrennt werden.

Das Versicherungsamt hört vor Abgabe seines Gutachtens die hauptsächlich in der Landwirtschaft beschäftigten Versicherungsvertreter.

Vgl. § 10 LUVG.

Für Personen, die in der der landw. Unfallversicherung unterstellten Betrieben beschäftigt und nicht Betriebsbeamte oder Facharbeiter sind, wird die Rente nach dem durchschnittlichen Jahresarbeitsverdienst berechnet, wie er zur Zeit des Unfalls festgesetzt war. Auch für die Hinterbliebenenrente ist der Jahresarbeitsverdienst zur Zeit des Unfalls maßgebend.

Den durchschnittl. Jahresarbeitsverdienst setzt ebenso wie den Ortslohn (§ 149 bis 152) das OVA. fest. Die Unterscheidung der Altersklassen findet wie beim Ortslohn statt.

§ 937. Die Rente richtet sich bei verletzten Jugendlichen zunächst nach dem durchschnittlichen Jahresarbeitsverdienste für die Altersstufe, auf der sie den Unfall erleiden, und ist bei Aufsteigen in eine höhere Altersstufe entsprechend zu erhöhen.

Vgl. § 12 Abs. 3 LUVG.

Die Rente der Jugendlichen (vgl. Anm. zu § 935) ist nach Maßgabe des Jahresarbeitsverdienstes zu erhöhen, der für die erreichte Altersstufe zur Zeit des Unfalls festgesetzt war.

Renten der Unternehmer usw.

§ 938. Die Rente für Unternehmer sowie für andere im Betriebe Beschäftigte und Betriebsfremde (§ 929 Nr. 1) richtet sich nach dem durchschnittlichen Jahresarbeitsverdienste für landwirtschaftliche Arbeiter (§ 936), der zur Zeit des Unfalls für den Betriebssitz festgesetzt ist. Die Satzung kann anders bestimmen.

Vgl. § 11 LUVG.

Zu Satz 2 vgl. Ende der Anm. zu § 940.

Jahresarbeitsverdienst über 1800 M.

§ 939. Soweit der Jahresarbeitsverdienst eintausendachthundert Mark übersteigt, wird er in allen Fällen nur mit einem Drittel angerechnet.

Vgl. § 12 Abs. 1 LUVG.

Der ungekürzt anzurechnende Jahresarbeitsverdienst ist von 1500 M. auf 1800 M. erhöht worden.

Vgl. im übrigen Anm. zu § 563.

Jahresarbeitsverdienst bei dauernd teilweise Erwerbsunfähigen (§§ 940, 941).

§ 940. Trifft der Unfall einen schon dauernd teilweise Erwerbsunfähigen, dessen Rente sich nach dem durchschnittlichen Jahresarbeitsverdienste (§ 936) richtet, so wird davon nur derjenige Teil zu Grunde gelegt, welcher dem Maße der Erwerbsfähigkeit vor dem Unfall entspricht.

Vgl. § 13 LUVG.

Diese Vorschrift findet nur auf d a u e r n d teilweise Erwerbsunfähige Anwendung. Vorübergehende Erwerbsunfähigkeit berechtigt zu einer Kürzung der Rente nicht. Schon aus diesem Grunde ergibt sich, daß die Rentenfeststellungsinstanzen nicht daran gebunden sind, wie hoch die infolge eines früheren Unfalls vorhandene Beeinträchtigung der Erwerbsfähigkeit in dem aus Anlaß dieses Unfalls eingeleiteten Feststellungsverfahren geschätzt worden ist (Rek. Entsch. 2271, A. N. 1908, S. 577).

Die rechtskräftig vorgenommene K ü r z u n g a m d u r c h s c h n i t t l i c h e n J a h r e s a r b e i t s v e r d i e n s t ist — abgesehen von dem Falle des § 1585 Abs. 2 — u n a b ä n d e r l i c h auch bei späterer Abnahme oder Steigerung der sie veranlassenden Erwerbsunfähigkeit (Rek. Entsch. 2270, A. N. 1908, S. 571).

Der § 940 geht — ebenso wie § 13 LUVG. — von der persönlichen Einbuße an der Erwerbsfähigkeit vor dem Unfall aus, bringt aber nur denjenigen Teil des durchschnittl. Jahresarbeitsverdienstes zur Anrechnung. welcher der persönlichen Erwerbsfähigkeit entsprach (Rek. Entsch. 1930, 2270, A. N. 1902, S. 376, 1908, S. 571). Es ist also zunächst festzustellen, um wie viel Prozent die persönliche Erwerbsfähigkeit des Verletzten vor dem Unfall hinter der sog. normalen Erwerbsfähigkeit, d. h. der Erwerbsfähigkeit eines gesunden Durchschnittsarbeiters vor dem Unfall zurückgestanden hat. (Beispiel: 50 Prozent). In diesem Verhältnis ist der durchschnittl. Jahresarbeitsverdienst (Beispiel: 300 M.) zu kürzen; $\frac{2}{3}$ des so ermittelten Jahresarbeitsverdienstes stellen die Vollrente dar (§ 559 Nr. 1). Sodann ist der Prozentsatz zu ermitteln, in welchem die persönliche Erwerbsfähigkeit des Verletzten vor dem Unfall durch die Folgen des Unfalls beeinträchtigt worden ist (Beispiel 90 Prozent). Dieser Prozentsatz der Vollrente ist dem Verletzten zu gewähren. In dem gewählten Beispiel berechnet sich also die Rente wie folgt:

$$\frac{300.50}{100} \cdot \frac{2}{3} \cdot \frac{90}{100} = 90 \text{ Mk.}$$

Der von dem OVA. festgesetzte Jahresarbeitsverdienst ist ein

durchschnittlicher, also nicht der eines kräftigen Arbeiters in den besten Jahren. Er trägt also bereits gewissen Schwankungen in der Erwerbsfähigkeit, die durch das Alter oder geringe Gebrechen verursacht werden, Rechnung. Deshalb ist § 940 nur anzuwenden, wenn die Erwerbsfähigkeit vor dem Unfall erheblich unter die sog. normale Erwerbsfähigkeit gesunken war.

Bestimmt die Satzung gemäß § 938 Satz 2, daß für Unternehmer das Einkommen aus dem land- oder forstw. Betriebe als Jahresarbeitsverdienst zu gelten hat, so findet der § 940 nicht etwa entsprechende Anwendung (Rek. Entsch. 2064, A. N. 1904, S. 544).

§ 941. Als Ortslohn gilt für den schon dauernd teilweise Erwerbsunfähigen nur derjenige Teil, welcher dem Maße der Erwerbsfähigkeit vor dem Unfall entspricht.

Vgl. Anm. zu § 571.

Fürsorge der Gemeinde während der Wartezeit (§§ 942 bis 945, 949).

§ 942. Einem verletzten Arbeiter hat während der ersten dreizehn Wochen nach dem Unfall die Gemeinde Krankenhilfe nach § 182 zu gewähren. Sie kann an Stelle der Krankenhilfe Krankenhauspflege und Hausgeld nach den §§ 184, 186 gewähren. Sie kann mit Zustimmung des Verletzten auch Pflege nach § 185 Abs. 1 gewähren und dafür bis zu einem Viertel des Krankengeldes abziehen. Als Grundlohn gilt der Ortslohn des Beschäftigungsorts (Abs. 2).

Verpflichtet ist die Gemeinde des Beschäftigungsorts (§§ 153 bis 156); der Sitz des Betriebs gilt jedoch nicht als Beschäftigungsort, wenn der Verletzte in einem forstwirtschaftlichen Betriebe beschäftigt war, der sich über die Bezirke mehrerer Gemeinden erstreckt.

Vgl. § 27 Abs. 1, Satz 1, § 28 LUVG.

Da die landwirtsch. Arbeiter regelmäßig der Krankenversicherung unterliegen (§ 943 Abs. 1, Nr. 1), so werden **Fälle**, in denen die Gemeinden gemäß § 942 Krankenhilfe zu gewähren haben, **selten** sein. Immerhin werden sie gemäß §§ 168, 442 Abs. 3 bei unständigen Arbeiten vorkommen können.

Die Gemeinde hat auch dann, wenn die zunächst Verpflichteten ihre Leistungen nicht gewähren, einzutreten unter Vorbehalt des Ersatzes für ihre Aufwendungen (§ 943 Abs. 2).

Die Krankenhilfe (§ 182) umfaßt Krankenpflege und Krankengeld; letzteres wurde unter der Geltung des früheren Rechts nicht gewährt (vgl. Anm. zu § 1042 Abs. 2).

Die Fürsorgepflicht der Gemeinden erstreckt sich nur auf Arbeiter, nicht aber auf Betriebsbeamte (§ 923) und Unternehmer.

Die Gemeinde des Wohnorts, die früher gemäß § 27 Abs. 2 LUVG. einzutreten hatte, ist im Hinblick auf den Wegfall der Gemeindekrankenversicherung aus der Krankenfürsorge für den verletzten Arbeiter ausgeschaltet (Begr. S. 338).

Die Leistungen der Gemeinden gelten für das Verfahren als Leistungen der Krankenversicherung (§ 1551 Abs. 2).

Anderweite Fürsorge während der Wartezeit — Ersatzanspruch der Gemeinde.

§ 943. Die Gemeinde ist nicht nach § 942 zur Gewährung von Krankenhilfe verpflichtet,

1. soweit der Verletzte auf Grund der Krankenversicherung oder nach anderen gesetzlichen Vorschriften Anspruch auf eine gleiche Fürsorge hat,
2. wenn er auf Grund von Leistungen, die denen der Krankenversicherung gleichwertig sind, versicherungsfrei ist, oder
3. solange er sich im Ausland aufhält.

Gewähren die zunächst Verpflichteten dem Verletzten die Krankenhilfe nicht, so hat die Gemeinde sie zu übernehmen. Den Aufwand der Gemeinde dafür haben die Verpflichteten zu ersetzen.

Dabei gelten als Ersatz für Krankenpflege, auch bei Behandlung im Krankenhause, drei Achtel des Grundlohns, nach welchem sich das Krankengeld des Berechtigten bestimmt, für den Unterhalt im Krankenhause die Hälfte des Grundlohns. Ist kein anderer Grundlohn bestimmt, so gilt der Ortslohn des Beschäftigungsorts (§ 942 Abs. 2).

Vgl. § 27 Abs. 1, Satz 2, 3, 4 LUVG.

Durch Abs. 1 Nr. 1 wird die Pflicht der Gemeinde zur Gewährung von Krankenhilfe in den allermeisten Fällen ausgeschaltet (vgl. Anm. zu § 942).

Abs. 2 Nr. 2 trifft die Fälle der §§ 169, 418, 435, 440 Abs. 1.

Die Leistungen der Gemeinde (§ 942 Abs. 2) nach Abs. 2 gelten für das Verfahren als Leistungen der Krankenversicherung (§ 1551 Abs. 2). Der Ersatzanspruch der Gemeinde ist entsprechend der Bestimmung des § 1503 pauschaliert. der Nachweis einer höheren Aufwendung ist nicht zulässig (Begr. S. 338).

Übernahme der Krankenhilfe durch Krankenkassen. — Ersatz.

§ 944. Auf Erfordern der Gemeinde hat die Landkrankenkasse, mangels einer solchen die allgemeine Ortskrankenkasse des Wohn- oder Aufenthaltsorts die Krankenhilfe zu übernehmen.

Den Aufwand dafür hat die Gemeinde zu ersetzen. Dabei gilt, wenn nicht ein höherer Aufwand nachgewiesen wird, § 943 Abs. 3.

Vgl. § 27 Abs. 2 LUVG.

Der Nachweis eines höheren Aufwandes als der Pauschalsätze des § 943 Abs. 3 ist hier — ebenso wie z. B. im Falle des § 1514 Abs. 2 — zugelassen, weil es sich um einen Auftrag oder ein auftragähnliches Verhältnis handelt. (Kom. Ber. Bd. III, S. 208).

Die Leistungen der Krankenkassen gemäß § 944 gelten für das Verfahren als Leistungen der Krankenversicherung (§ 1551 Abs. 2).

Übernahme des Heilverfahrens durch die BG. — Ersatz.

§ 945. Die Berufsgenossenschaft kann das Heilverfahren (§ 942) selbst übernehmen.

Die Gemeinde oder, vorbehaltlich der §§ 1513, 1516, der sonst Verpflichtete (§ 943 Abs. 1 Nr. 1, 2) hat der Genossenschaft insoweit Ersatz zu leisten, als der Verletzte von ihnen Leistungen beanspruchen könnte. Dabei gilt § 943 Abs. 3.

Vgl. § 27 Abs. 3 LUVG.

Die Gemeinde, die Krankenkasse oder der sonst Verpflichtete wird durch die Übernahme des Heilverfahrens während der ersten

13 Wochen entlastet. Sie sind daher zum Ersatz insoweit verpflichtet, als der Verletzte von ihnen Leistungen beanspruchen könnte (§§ 942, 169, 418, 435).

Die §§ 1513, 1516 behandeln den Fall der Übernahme des Heilverfahrens bei Unfallverletzten, die gegen Krankheit (auch bei Ersatzkassen oder knappschaftlichen Krankenkassen) versichert sind, und regeln die Ersatzpflicht für die Leistungen bis zum Ablauf der dreizehnten Woche nach dem Unfall.

Übernimmt der Träger der Unfallversicherung das Heilverfahren, so kann er gemäß §§ 942, 1513 auch statt der Krankenhilfe Krankenhauspflege und Hausgeld, sowie auch Pflege nach § 185 Abs. 1 gewähren.

Zur Übernahme des Heilverfahrens ist mangels einer abweichenden Satzungsvorschrift nur der Genossenschaftsvorstand befugt. Doch ist auch dann den Sektionsvorständen nicht entgegengetreten worden, die in eiligen Fällen aus eigener Entschließung während der Wartezeit die Fürsorge übernommen haben (Besch. 778, A. N. 1890, S. 106).

Heilverfahren während der Wartezeit für Verletzte ohne Fürsorge.

§ 946. Ist bei Verletzten, die nicht auf Grund der Reichsversicherung oder bei einer knappschaftlichen Krankenkasse gegen Krankheit versichert sind und auch nicht den Anspruch auf Krankenhilfe nach § 942 haben, zu besorgen, daß eine Unfallentschädigung zu leisten ist, so kann die Berufsgenossenschaft schon vor Ablauf der ersten dreizehn Wochen nach dem Unfall ein Heilverfahren eintreten lassen, um die Folgen des Unfalls zu beseitigen oder zu mildern.

Sie kann den Verletzten in einer Heilanstalt unterbringen; dabei gilt § 597 Abs. 2 bis 4.

Sie kann dem Verletzten mit seiner Zustimmung Pflege nach § 185 Abs. 1 gewähren.

Der Verletzte kann von der Genossenschaft angemessenen Ersatz für den Verdienst verlangen, der ihm durch das Heilverfahren entgeht.

Verletzte, auf welche § 946 Anwendung findet, sind selbstversicherte Unternehmer und höher gelohnte Betriebsbeamte (§ 165 Abs. 2).

Zu Abs. 2 bis 4 vgl. Anm. zu § 580.

Feststellung der Unfallfolgen während der Wartezeit.

§ 947. Die Berufsgenossenschaft kann innerhalb der ersten dreizehn Wochen, auch ohne dem Verletzten ein Heilverfahren zu gewähren, die Unfallfolgen feststellen; § 581 Abs. 1 gilt entsprechend.

Nur Abs. 1 des § 581 ist für anwendbar erklärt, weil die Strafbefugnis gegenüber der Gemeinde (§ 942) nicht in Frage kommen könne (Kom. Ber. Bd. III, S. 209).

Geltung von Vorschriften der Gewerbe-UV.

§ 948. Für die Gewährung von Unfallrente vor Ablauf der dreizehn Wochen,

für den Übergang des Anspruchs auf Krankengeld,

für die Bindung der Genossenschaft an die Stellungnahme des Trägers der Krankenversicherung

gelten die §§ 582, 583 Abs. 1, § 584. Dabei gilt § 583 Abs. 1 auch für die Leistung der Gemeinde (§ 942).

Vgl. § 15 Abs. 1, Satz 1, Abs. 2, Abs. 3, Satz 1.

Streit wegen Übernahme der Krankenhilfe und über Ersatzansprüche.

§ 949. Bei Streit zwischen der Gemeinde und der Krankenkasse wegen Übernahme der Krankenhilfe (§ 944) entscheidet das Versicherungsamt endgültig, wenn es sich nicht um einen Ersatzanspruch handelt.

Streit über Ersatzansprüche aus den §§ 943 bis 945 wird im Spruchverfahren entschieden.

Vgl. § 29 Abs. 2, 3 LUVG.

Die Regelung entspricht der in den ähnlichen Bestimmungen der §§ 1515, 1520.

Für das Spruchverfahren gelten die §§ 1771 bis 1779.

Für die Ansprüche des kranken Arbeiters bestimmt § 1551, daß für das Verfahren als Leistungen der Krankenversicherung gelten die Leistungen der Gemeinden und Krankenkassen nach §§ 942 bis 944, die Leistungen der Träger der Unfallversicherung an Stelle der Gemeinden und Krankenkassen nach § 945 oder bei Heilverfahren nach § 946. — Sodann gelten nach § 1551 als Leistungen der Krankenversicherung auch die Leistungen der Kassen an den Träger der

Unfallversicherung, auf den der Krankengeldanspruch des Verletzten aus dem Grunde übergegangen ist, weil innerhalb der Wartezeit die Kasse die Zahlung des Krankengeldes vorzeitig eingestellt hat und der Träger der Unfallversicherung deshalb hat Unfallrente zahlen müssen (§ 948 in Verbindung mit § 583 Abs. 1).

Gewährnisse bei Tötungen.

§ 950. Für den Ersatz des Schadens bei Tötung gelten die §§ 586 bis 596 aus der gewerblichen Unfallversicherung.

Jedoch richtet sich der Jahresarbeitsverdienst nach den Vorschriften, die in der landwirtschaftlichen Unfallversicherung im Falle der Körperverletzung gelten, mit Ausschluß der §§ 940, 941. Der § 587 gilt nur, wenn die Rente nicht nach dem festgesetzten durchschnittlichen Jahresarbeitsverdienste (§ 936) berechnet wird.

Vgl. §§ 16 bis 21 LUVG.

Die Regelung durch Abs. 1 entspricht im wesentlichen dem geltenden Recht.

Auch Abs. 2 entspricht dem geltenden Recht. Aus der Ausschließung der Anwendung der §§ 940, 941 folgt, daß — übrigens entsprechend wie in der gewerblichen Unfallversicherung — im Falle der Tötung der Jahresarbeitsverdienst für Sterbegeld und für Rente der Hinterbliebenen ohne Rücksicht darauf berechnet wird, ob der Verstorbene schon vor dem Unfall teilweise erwerbsunfähig war. Da sonach stets der volle durchschnittl. Jahresarbeitsverdienst der Rentenberechnung zu Grunde gelegt wird, ergibt sich die Notwendigkeit, den § 587, der zur Zeit des Todes aus früheren Unfällen laufende Renten dem Jahresarbeitsverdienst zurechnet, auf den Fall zu beschränken, daß die Rente nicht nach dem durchschnittlichen Jahresarbeitsverdienst berechnet wird, wie dies für Betriebsbeamte und Facharbeiter gilt.

Für die Berechnung der Hinterbliebenenrente ist der durchschnittliche Jahresarbeitsverdienst maßgebend, wie er zur Zeit des Unfalls festgesetzt war.

Heilanstaltpflege, Angehörigenrente.

§ 951. An Stelle von Krankenbehandlung und Rente (§ 930 in Verbindung mit § 558) kann die Berufsgenossenschaft Heilanstaltpflege gewähren. Für diese gelten § 597 Abs. 2 bis 5, § 598.

Vgl. § 23 Abs. 1, 2 LUVG.

Heilanstaltpflege ist die Anstaltbehandlung, welche dem Verletzten von dem Träger der Unfallversicherung nach Beginn seiner Entschädigungspflicht gewährt wird. — Vgl. im übrigen Anm. zu § 597 Abs. 2 bis 5, § 598.

Geltung von Vorschriften der Gewerbe-UV.

§ 952. Aus der gewerblichen Unfallversicherung gelten ferner die Vorschriften über

Hauspflege (§ 599),

besondere Unterstützung bei Unterbringung in einer Heilanstalt (§ 602),

Einleitung eines neuen Heilverfahrens (§§ 603, 604),

Wechsel der Heilanstalt (§ 605),

Nachteile für den Verletzten aus unberechtigtem Verhalten gegen Anordnungen über Heilverfahren (§ 606),

Aufnahme des Rentenempfängers in ein Invalidenhaus oder eine ähnliche Anstalt (§ 607).

Vgl. § 23 Abs. 3, § 24 Abs. 1, § 94 Abs. 4, § 14 Abs. 4, § 24 Abs. 2, § 25 LUVG.

Vgl. die Anm. zu den angezogenen Paragraphen.

Sachbezüge statt Renten (§§ 953, 954).

§ 953. Gemeinden oder Gemeindeverbände können mit Genehmigung der höheren Verwaltungsbehörde statutarisch bestimmen, daß Renten bis zu zwei Dritteln nicht bar bezahlt sondern in Sachen gewährt werden. Dies gilt nur für Rentenempfänger, die im Bezirke wohnen, wenn sie oder ihre Ernährer dort als landwirtschaftliche Arbeiter nach Ortsgebrauch ganz oder teilweise in Sachen gelohnt worden und mit der Sachleistung statt Renten einverstanden sind.

Den Wert der Sachen setzt die höhere Verwaltungsbehörde nach Durchschnittspreisen fest.

Vgl. § 26 Abs. 1 LUVG.

Über die Gewährung von Sachleistungen an Trinker treffen die §§ 120, 121 besondere Bestimmungen. Auf die Fälle, in denen der Berechtigte ein Trinker ist, bezieht sich § 953 nicht (Kom. Ber. Bd. III, S. 210).

Die Gewährung von Sachleistung statt Rente ist im § 953 an die Zustimmung des Berechtigten geknüpft. Die Zustimmung kann zurückgenommen werden.

§ 954. Die Sachbezüge gewährt die Gemeinde des Wohnorts. Der Anspruch auf Rente geht im Werte der Sachbezüge auf die Gemeinde über.

Das Versicherungsamt (Beschlußausschuß) entscheidet bei Streit zwischen der Gemeinde und dem Berechtigten. Auf Beschwerde entscheidet das Oberversicherungsamt endgültig.

Ist der Anspruch auf Rente endgültig auf die Gemeinde übergegangen, so benachrichtigt die Berufsgenossenschaft die Post.

Vgl. § 26 Abs. 3, Satz 1 Abs. 5, 6 LUVG.

Geltung von Vorschriften der Gewerbe-Unfallversicherung.

§ 955. Aus der gewerblichen Unfallversicherung gelten ferner die Vorschriften über

neue Feststellung der Rente wegen Änderung der Verhältnisse (§§ 608 bis 611),

Fälligkeit der Leistungen und Dauer des Rentenbezugs (§§ 612, 613),

Bezugsrecht nach dem Tode des Berechtigten (§ 614),

Ruhen der Rente (§ 615),

Kapitalabfindungen (§§ 616 bis 618),

Verzicht auf Rückforderung und Rechtskraft (§§ 619, 620),

Übertragung, Verpfändung, Pfändung und Aufrechnung der Ansprüche (§§ 621, 622).

Vgl. § 94 Abs. 1, 2, § 95 Abs. 3, 4, § 99, § 100 Abs. 1, Nr. 1, 3, Abs. 2, 3, § 101 Abs. 1 Satz 1, Abs. 2, § 92, § 102 Abs. 2, § 96 Abs. 1 Satz 1 LUVG.

Die Rente ist nicht neu festzustellen, wenn der durchschnittliche Jahresarbeitsverdienst später anders bestimmt

wird (Besch. 1072, A. N. 1891, S. 358) oder wenn die von einer gewerbl. BG. festgesetzte Rente auf eine landw. BG. übergeht (Rek. Entsch. 1006, A. N. 1891, S. 232). Die gemäß §§ 940, 941 vorgenommene Kürzung des durchschnittlichen Jahresarbeitsverdienstes und des Ortslohns ist unabänderlich (Rek. Entsch. 2270, A. N. 1908, S. 571), es sei denn, daß § 1585 Abs. 2 anzuwenden ist. — Die Erhöhung der Rente bei Erreichung einer weiteren Altersstufe des durchschnittlichen Jahresarbeitsverdienstes oder Ortslohnes erfordert nicht den Erlaß eines förmlichen Bescheides nach § 1583 (Besch. 1352, A. N. 1894, S. 283).

Das Ruhen der Rente ist für die a. E. der Anm. zu § 615 aufgeführten Grenzgebiete gemäß Abs. 2 dieses Paragraphen ausgeschlossen worden. Die Ausschließung des Ruhens für Angehörige auswärtiger Staaten ist bisher für das Gebiet der landw. Unfallversicherung nicht angeordnet.

Im übrigen vgl. die Anm. zu den bezeichneten Paragraphen.

Dritter Abschnitt.

Träger der Versicherung.

II. Berufsgenossenschaften und andere Träger der Versicherung.

Berufsgenossenschaften — Bildung und Erhaltung ihres Bestandes.

§ 956. Die Berufsgenossenschaften als Träger der Versicherung umfassen die Unternehmer der versicherten Betriebe.

Die Genossenschaften werden nach örtlichen Bezirken gebildet; sie umfassen darin alle Betriebe der Betriebszweige, für die sie errichtet sind.

Genossenschaften, die nach § 18 des Gesetzes, betreffend die Unfall- und Krankenversicherung der in land- und forstwirtschaftlichen Betrieben beschäftigten Personen, vom 5. Mai 1886 (Reichs-Gesetzbl. S. 132) errichtet sind, bleiben in ihrem Bestande, vorbehaltlich der nach § 960 zulässigen Änderungen, erhalten.

Vgl. § 33 Abs. 1 LUVG.

Vgl. §§ 623, 630 der gewerbl. UV.

Abs. 2 weicht insofern von dem früheren Recht ab, als er die Möglichkeit einer Scheidung der BG.en nach Betriebszweigen — also z. B. eine Scheidung der Gärtnerei von den sonstigen landw. Betrieben — nicht mehr von vornherein ausschließt. Eine solche Scheidung würde also künftig im Wege des § 960 möglich sein.

Es bestehen 48 landw. BG.en, die in Preußen je eine Provinz, in Bayern je einen Regierungsbezirk umfassen.

Über die Gliederung der landw. BG.en in Sektionen vgl. die Bek. v. 15. September 1906 — A. N. 1906, S. 547 flg. und Handbuch Bd. III, S. 357.

Reich oder Bundesstaaten.

§ 957. Das Reich oder der Bundesstaat ist Träger der Versicherung, wenn der Betrieb für seine Rechnung geht, es sei denn, daß die Betriebe nach § 109 des im § 956 bezeichneten Gesetzes den für sie errichteten Genossenschaften angehören.

Für den nachträglichen Beitritt zur Genossenschaft, den Wiederaustritt und den Wiedereintritt gilt § 625 Abs. 2 bis 5 aus der gewerblichen Unfallversicherung.

Vgl. § 134 Satz 1, § 140 LUVG.

Vgl. § 625 der gewerbl. UV.

Für Betriebe, die für Rechnung des Reichs oder eines Bundesstaates verwaltet werden, konnte die Reichs- oder Landesregierung nach § 109 des im Abs. 1 bezeichneten Gesetzes vor der Bildung der BG.en für den betreffenden Bezirk erklären, daß solche Betriebe den BG.en angehören sollen. Für den nachträglichen Beitritt solcher Betriebe zur BG. trifft Abs. 2 des § 957 nähere Bestimmungen.

Das Verzeichnis der Ausführungsbehörden (§ 1033 in Verbindung mit § 892) ist A. N. 1906, S. 555 und Handbuch Bd. III, S. 368 flg. abgedruckt.

Unternehmer.

§ 958. Unternehmer eines Betriebs ist derjenige, für dessen Rechnung der Betrieb geht.

Vgl. § 33 Abs. 2 LUVG.

Über den Begriff des Unternehmers vgl. Anm. zu § 633. Der Unternehmer braucht den Boden, auf dem er die Landwirtschaft betreibt, nicht eigentümlich zu besitzen; er kann Pächter, Nießbraucher u. dergl. sein. Als Unternehmer gilt insbesondere auch der Geistliche und Lehrer hinsichtlich der ihnen dienstlich überlassenen landw. oder forstw. Grundstücke.

Geltung von Vorschriften der gewerbl. Unfallversicherung.

§ 959. Für Betriebe, die Bestandteile oder Nebenbetriebe aus verschiedenen Betriebszweigen enthalten, gilt entsprechend § 631 Abs. 1,

für die Zuteilung mehrerer Betriebe desselben Unternehmers zu einer Genossenschaft § 632,

für die Entschädigung von Unfällen in fremden Betrieben § 634

aus der gewerblichen Unfallversicherung.

Vgl. § 65 Abs. 4, § 33 Abs. 3 LUVG.

Vgl. die Anm. zu § 631 Abs. 1, bezw. zu §§ 632, 542, bezw. zu § 634.

Zur Entschädigung von Unfällen in fremden Betrieben ist hier noch folgendes zu bemerken:

Unfälle, welche die Arbeiter eines Holzkäufers beim Fällen, Bewaldrechten, Stöckeausheben, Aufladen und Abfahren des Holzes innerhalb eines forstw. oder auch landw. Grundstücks vor Erreichung eines öffentlichen Fahrwegs oder eines für Lastfuhrwerk geeigneten Privatweges betreffen, sind — nach der Rechtsprechung des RVA. — dem landw. oder forstw. Betriebe des Holzverkäufers zuzurechnen und daher von der örtlich zuständigen landw. BG. zu entschädigen, es sei denn, daß der Holzkäufer zugleich eine dem Abholzen vorausgehende oder nachfolgende Pflege des Waldes (z. B. Aufforstung) übernommen hatte und demnach selbst als landw. Unternehmer anzusehen ist, oder daß der Holzkäufer Unternehmer eines anderen der Unfallversicherung unterstellten Betriebes ist, dem die unfallbringende Tätigkeit zugerechnet werden kann (vgl. Rundschr. d. RVA. v. 10. Januar 1889, A. N. S. 89, Besch. 1205, A. N. 1893, S. 122, Rek. Entsch. 1552, A. N. 1896, S. 462, sowie Rek. Entsch. 2125, A. N. 1905, S. 575). Das RVA. ist davon ausgegangen, daß die bezeichneten Arbeiten als Aberntung des Waldes und somit als wirtschaftlicher Abschluß des auf die Gewinnung des Holzes gerichteten Betriebes anzusehen sind. Solche Arbeiten müssen nach der Absicht des Gesetzes versichert sein, können sie nicht einem versicherten Betriebe des Holzkäufers angegliedert werden, so bleibt für ihre Versicherung kein anderer Weg als der der Zurechnung zum Betriebe des das Holz verkaufenden Landwirts. — Die

Frage, ob auch der Holzkäufer gegen Unfälle der gedachten Art versichert ist, ist nach den in Anm. zu § 634 dargelegten Gesichtspunkten zu entscheiden: danach ist er nur dann versichert, wenn er als Arbeiter des Forstbetriebs gelten kann, oder wenn die Pflege des Forstes einen selbständigen landw. Betrieb des Holzkäufers darstellt und der Käufer als Unternehmer des Betriebs selbst versichert ist, oder wenn er als Unternehmer eines anderweiten Betriebs versichert war und die Holzfällungsarbeiten zu diesem Betriebe gehören (Rek. Entsch. 2279, A. N. 1908, S. 656).

Entsprechende Grundsätze wie für die Holzfällung und Abfuhr hat — bei gleicher Sachlage — das RVA. aufgestellt für andere Erntearbeiten, insbesondere für das Einernten von Obst und Gras (vgl. Besch. 625, A. N. 1888, S. 343, Rek. Entsch. 795, 2279, A. N. 1890, S. 163; 1908, S. 656, sowie Rek.-Entsch. 2125, A. N. 1905, S. 575), sowie für Feldbestellungsarbeiten (Vorspannleistungen) auf fremden Grundstücken (Rek.-Entsch. 2279 unter b, A. N. 1908, S. 656). — Feldbestellungsarbeiten, die ein landw. Unternehmer für einen Nachbarn aus Gefälligkeit vornimmt, sind regelmäßig dem Betriebe des die Arbeit ausführenden Unternehmers schon deshalb zuzurechnen, weil solche stets gegenseitige Gefälligkeitsleistungen den landw. Verhältnissen eigentümlich sind.

Das Sammeln von Tannenzapfen ist dem forstw. Betriebe zuzurechnen, wenn die Zapfen für den Forstwirt gesammelt werden (Rek.-Entsch. 853, A. N. 1890, S. 492). Dagegen ist das Sammeln solcher Zapfen für eigene Rechnung, ebenso wie das Sammeln von Reisig, Beeren, Pilzen u. dergl., sowie die Grasgewinnung im Walde dem Forstbetriebe nicht zugehörig, auch wenn es gegen eine geringe sog. Anerkennungsgebühr geschieht.

Die Bearbeitung des Deputatlandes des landw. Gesindes durch dieses bildet regelmäßig einen Teil des landw. Betriebes des Gutsherrn (Rek.-Entsch. 2083, A. N. 1905, S. 215).

Die Vorschrift des § 634 ist auch für die berufgenossenschaftliche Zugehörigkeit der einzelnen Arbeiter maßgebend, die beim Zusammenwirken einer Lohndampfdrescherei oder Lohndampfpflügerei mit einem landw. Betrieb tätig werden. Die tatsächlichen Verhältnisse liegen hier sehr verschieden. Hilfspersonen, die von dem Unternehmer der Lohndampfdrescherei, aber im Auftrage und für Rechnung des Landwirts vorübergehend angenommen werden und nicht zur eigentlichen Bedienungsmannschaft der Maschine gehören, sind regelmäßig bei der landw. BG. versichert.

II. Änderung des Bestandes der Berufsgenossenschaften.

Geltung von Vorschriften der gewerbl. Unfallversicherung.

§ 960. Für Änderungen des Bestandes der Berufsgenossenschaften gelten aus der gewerblichen Unfallversicherung die §§ 635 bis 646.

Erteilt der Bundesrat die Genehmigung, so wird die Satzung für die neue Genossenschaft nach den §§ 20, 21, 24 Abs. 3 des Gesetzes vom 5. Mai 1886 (Reichs-Gesetzbl. S. 132) beschlossen.

Vgl. §§ 62, 63 LUVG.; § 16 Abs. 1, Nr. 2, § 18 Nr. 2 HG.

Das im Abs. 2 angeführte Gesetz betrifft die Unfall- und Krankenversicherung der in land.- und forstw. Betrieben beschäftigten Personen (vgl. Einleitung zum 3. Buch).

Auflösung der Genossenschaften.

§ 961. Für die Auflösung von Genossenschaften gilt dasselbe wie bei der gewerblichen Unfallversicherung (§§ 647, 648).

Vgl. § 64, § 133 Abs. 4 LUVG.

Vierter Abschnitt.

Verfassung.

I. Mitgliedschaft und Stimmberechtigung.

Mitgliedschaft.

§ 962. Mitglied der Berufsgenossenschaft ist jeder Unternehmer, dessen Betrieb zu den ihr zugewiesenen Betriebszweigen gehört und in ihrem Bezirke seinen Sitz hat.

Vgl. § 65 Abs. 1 LUVG.

Vgl. § 649 der gewerbl. UV.

Über den Begriff des Unternehmers vgl. § 958.

Mitglieder der landw. BG.en sind auch solche landw. Betriebsunternehmer, welche allein oder nur mit Hilfe ihrer Ehefrauen, ohne Mitwirkung anderer (Familienangehöriger oder sonstiger Arbeiter) ihre Landwirtschaft führen, sofern sie auf Grund Landesgesetzes oder der Satzung für ihre Person (mit ihren Ehefrauen) zwangsweise versichert sind, oder sofern sie von dem gesetzlichen oder satzungsgemäßen Rechte der freiwilligen Versicherung Gebrauch gemacht haben (vgl. Besch. 992, A. N. 1891, S. 225, dessen Gründe auch jetzt noch zutreffen). Die Mitgliedschaft hat besondere Bedeutung im Hinblick auf § 851, der nach § 1030 Abs. 1 auch für die landw. Unf.-Vers. Geltung hat.

Mitglieder der Genossenschaft können auch Ausländer werden.

Landw. Gesamtbetrieb — Betriebssitz.

§ 963. Alle Grundstücke eines Unternehmers, zu deren landwirtschaftlichem Gesamtbetriebe gemeinsame Wirtschaftsgebäude dienen, gelten als ein einziger Betrieb.

Erstreckt sich ein landwirtschaftlicher Betrieb in die Bezirke mehrerer Gemeinden, so hat er seinen Sitz da, wo die gemeinsamen oder die zu seinen Hauptzwecken dienenden Wirtschaftsgebäude liegen. Der Unternehmer kann sich mit den Gemeinden über einen anderen Betriebssitz einigen.

Vgl. § 65 Abs. 2 LUVG.

Der Sitz eines landw. Betriebs ist stets die Gemeinde, in deren Bezirk die Wirtschaftsgebäude liegen. Wo der Unternehmer wohnt und von wo aus er den landw. Betrieb leitet, ist ohne Bedeutung. — Den Gemeinden stehen die selbständigen Gutsbezirke und Gemarkungen gleich (§ 114).

Liegen die Wirtschaftsgebäude im Ausland, so erfaßt die Unfallversicherung doch nach § 915 regelmäßig den sich auf den inländischen Wirtschaftsflächen abwickelnden Betrieb. Denn der Umstand, daß eine gewisse im Inland vor sich gehende Betriebstätigkeit als Teil oder Nebenbetrieb eines ausländischen Betriebs anzusehen ist, entzieht diese Betriebstätigkeit nicht dem Wirkungskreis der inländischen Unfallversicherung, sofern nur im Sinne der letzteren jene Betriebstätigkeiten für sich allein betrachtet den Begriff eines inländischen Betriebs erfüllen. Diese Voraussetzung kann bei geringfügigen zu ausländischen Betrieben gehörigen Arbeitsverrichtungen auf kleinen ins Inland hineinragenden Wirtschaftsflächen fehlen, was zur Folge hat, daß diese Arbeitsverrichtungen nicht gegen Unfall versichert sind (Besch. 533, 766, A. N. 1888, S. 243; 1889, S. 390).

Umgekehrt können aber auch Verrichtungen von unbedeutendem Umfang, die auf ausländischem Boden von im Inland wohnhaften Arbeitern vorgenommen werden, dem Schutz der landw. UV. unterliegen, wenn sie einem inländischen Betrieb wesentlich und untrennbar zugehören, sich — wie man auch sagt — als Ausstrahlungen des inländischen Betriebs darstellen.

Forstw. Gesamtbetrieb — Betriebssitz.

§ 964. Mehrere forstwirtschaftliche Grundstücke eines Unternehmers, die derselben unmittelbaren Betriebsleitung (Revierverwaltung) unterstehen, gelten als ein einziger Betrieb.

Forstwirtschaftliche Grundstücke verschiedener Unternehmer gelten als Einzelbetriebe, auch wenn sie zusammen derselben Betriebsleitung unterstehen.

Erstreckt sich ein forstwirtschaftlicher Betrieb über die Bezirke mehrerer Gemeinden, so hat er seinen Sitz da, wo der größte Teil der Forstgrundstücke liegt. Der Unternehmer kann sich mit den Gemeinden über einen anderen Betriebssitz einigen.

Vgl. § 65 Abs. 3 LUVG.

Eine einheitliche unmittelbare Betriebsleitung ist bei beträchtlicher Entfernung der einzelnen forstw. Grundstücke desselben Unternehmers von einander regelmäßig nicht anzunehmen. — Erstreckt sich ein unter einheitlicher unmittelbarer Betriebsleitung stehender Forstbetrieb auf mehrere Kreise oder Bundesstaaten, so ist dem § 964 entsprechend der Betrieb demjenigen Kreis oder Bundesstaat zugehörig, in welchem der Betrieb größtenteils liegt.

Beginn der Mitgliedschaft.

§ 965. Die Mitgliedschaft beginnt mit der Eröffnung des Betriebs oder mit seiner Versicherungspflicht; für das Reich und die Bundesstaaten regelt sich der Beginn der Mitgliedschaft nach § 957.

Vgl. § 66 LUVG.

Vgl. § 650 der gewerbl. UV.

Verlust der bürgerlichen Ehrenrechte.

§ 966. Besitzen Mitglieder oder ihre gesetzlichen Vertreter nicht die bürgerlichen Ehrenrechte, so haben sie kein Stimmrecht.

Vgl. § 65 Abs. 5 LUVG.

Vgl. § 652 der gewerbl. UV.

II. Anmeldung der Betriebe.

§ 967. Jeden neueröffneten Betrieb hat die Gemeindebehörde durch Vermittlung des Versicherungsamts dem Genossenschaftsvorstand anzumelden.

Dieser hat die Zugehörigkeit zur Genossenschaft zu prüfen.

Verneint er die Zugehörigkeit, so teilt er das dem Versicherungsamte mit. Dieses kann die Entscheidung des Reichsversicherungsamts anrufen; auf Antrag der Genossenschaft muß das geschehen.

Vgl. § 67 LUVG.

„Gemeindebehörde" vgl. § 111 Abs. 1, Nr. 2.

Eine Satzungsbestimmung, welche dem Unternehmer die Pflicht der Betriebsanmeldung auferlegt, ist nunmehr — abweichend von früher — gemäß § 972 Nr. 10 zulässig. Für größere Gemeinden hat sich bei Betrieben ohne oder mit nebensächlicher Bewirtschaftung des Bodens die ausschließliche Anmeldung der Betriebseröffnung durch die Gemeinde als unzureichend erwiesen.

Die Vorschriften über die Betriebsanmeldung kann die Landesgesetzgebung abweichend regeln (vgl. § 1037). Bisher war für Preußen bestimmt, daß die Gemeindebehörde die Anmeldung dem Vorstand der örtlich zuständigen Sektion einzureichen hat, dem dann die Prüfung der Zugehörigkeit zur Genossenschaft gemäß Abs. 2, 3 des § 967 zufällt.

III. Wechsel des Unternehmers. Änderung im Betrieb und in seiner Zugehörigkeit zur Genossenschaft.

Pflicht der Anzeige eines Unternehmerwechsels — Haftung für die Beiträge.

§ 968. Der Unternehmer hat jeden Wechsel der Person, für deren Rechnung der Betrieb geht, in der durch die Satzung bestimmten Frist dem Genossenschaftsvorstand anzuzeigen. Für die Beiträge bis zum Ablauf des Geschäftsjahrs, in welchem der Wechsel angezeigt wird, bleibt er haftbar, ohne dadurch den Nachfolger von der Haftung zu befreien.

Vgl. § 68 LUVG.

Vgl. § 664 der gewerbl. UV.

§ 968 trifft die Fälle des Verkaufs, der Verpachtung, der Einräumung des Nießbrauchs und jeder anderen Übertragung an einen anderen Unternehmer, — nicht aber den Fall des Konkurses.

Erhält der Genossenschaftsvorstand bei Gelegenheit der Empfangnahme der Beiträge von der durch den neuen Betriebsunternehmer geleisteten Zahlung von dem Unternehmerwechsel Kenntnis, so wird von diesem Zeitpunkt der frühere Unternehmer von der Haftung für die Beiträge seines Nachfolgers befreit.

Die Vorschrift des § 968 kann durch die Landesgesetze geändert werden (§ 1037).

Geltung von Vorschriften der gewerbl. Unfallversicherung.

§ 969. Für die Meldepflicht des Unternehmers bei Änderungen seines Betriebs, die für die Zugehörigkeit zu einer Genossenschaft wichtig sind, für die Überweisung und Löschung eines Betriebs sowie für den Übergang der Unfallast und eines Teiles der Rücklage gelten die §§ 665 bis 673 aus der gewerblichen Unfallversicherung entsprechend.

Vgl. § 63 Abs. 5, § 69 LUVG.

Der § 969 bezieht sich auch auf landw. Nebenbetriebe. Für die Überweisung solcher Betriebe gelten — was noch besonders hervorgehoben werden soll — die in Anm. zu § 667 entwickelten Grundsätze (vgl. auch Besch. 770, A. N. 1889, S. 394).

Die Vorschriften des § 969 in Verbindung mit den §§ 665, 666, 667 Abs. 2 und den §§ 669 bis 672, über die Anmeldung von Änderungen im Betrieb und über das weitere Verfahren können nach § 1037 durch die Landesgesetzgebung abweichend geregelt werden.

Meldepflicht bei Betriebsänderungen, die für die Umlagen wichtig sind.

§ 970. Die Meldepflicht bei Betriebsänderungen, die für die Umlagen wichtig sind, und das weitere Verfahren sind in der Satzung zu regeln.

Für die Anfechtung der Entscheidung, welche die Genossenschaft auf die Anmeldung der Änderung oder von Amts wegen erläßt, gelten die §§ 999, 1000 entsprechend.

Vgl. § 63 Abs. 5, § 69 LUVG.

Welche Betriebsveränderungen für die Umlagen wichtig sind, richtet sich nach dem Maßstab für die Aufbringung der Mittel (§§ 989 flg.). Beim Maßstab des Arbeitsbedarfs wird auch die Vereinigung mehrerer Betriebe regelmäßig als für die Umlagen wichtig zu gelten haben, da sie auf die Zahl der Arbeitskräfte einzuwirken pflegt. — Der § 970 bezieht sich auch auf die landw. Nebenbetriebe.

Die Meldepflicht bei Betriebsveränderungen der im Abs. 1 bezeichneten Art und das weitere Verfahren kann auch landesgesetzlich geregelt werden (§ 1037).

IV. Satzung.

Vorbemerkung.

Die Vorschriften der §§ 971 bis 974 können durch die Landesgesetzgebung abweichend geregelt werden (§ 1037). Im Handbuch Bd. III S. 323 flg. sind die hauptsächlichsten Vorschriften über die Einrichtung und Verwaltung der einzelnen landw. BG.en zusammengestellt. Diese Zusammenstellung berücksichtigt für die einzelnen BG.en sowohl die Vorschriften der Satzung als auch die etwa maßgebliche landesgesetzliche Regelung (vgl. auch Vorbem. vor § 1034).

Allgemeines.

§ 971. Die Berufsgenossenschaften regeln ihre innere Verwaltung und ihre Geschäftsordnung durch eine Satzung, welche die Genossenschaftsversammlung beschließt.

Vgl. § 38 Abs. 1 LUVG.
Vgl. § 675 der gewerbl. UV.

Mußinhalt der Satzung.

§ 972. Die Satzung muß bestimmen über

1. Namen, Sitz und Bezirk der Genossenschaft,
2. Zusammensetzung, Rechte und Pflichten des Vorstandes,
3. Form der Willenserklärungen des Vorstandes sowie seiner Unterschrift für die Berufsgenossenschaft, Art der Beschlußfassung des Vorstandes und seine Vertretung nach außen,
4. Bildung des Genossenschaftsausschusses zur Entscheidung über Einsprüche (§§ 1000, 1023),
5. Zusammensetzung und Berufung der Genossenschaftsversammlung und Art ihrer Beschlußfassung,
6. Stimmrecht der Mitglieder und Prüfung ihrer Vollmachten,
7. Vertretung der Genossenschaft gegenüber dem Vorstand,
8. Höhe der Sätze für entgangenen Arbeitsverdienst und für Reisekosten, die den Vertretern der Versicherten zu gewähren sind (§ 21),
9. Maßstab für das Umlegen der Beiträge und, soweit diese nicht nach Steuern umgelegt werden, Verfahren beim Abschätzen und Veranlagen,
10. Verfahren bei Eröffnung neuer Betriebe, bei Betriebsänderungen und bei Wechsel der Person des Unternehmers,
11. Folgen von Betriebseinstellung oder von Wechsel der Person des Unternehmers, besonders Sicherstellung seiner Beiträge, wenn er den Betrieb einstellt,
12. Aufstellung, Prüfung und Abnahme der Jahresrechnung,
13. Handhabung des Erlasses von Vorschriften zur Unfallverhütung und zur Überwachung der Betriebe,
14. Verfahren bei Anmeldung und Ausscheiden versicherter Unternehmer und anderer, nach § 925

Nr. 2, § 929 Nr. 1 Versicherter sowie Höhe und Ermittlung des Jahresarbeitsverdienstes der Unternehmer,

15. Art der Bekanntmachungen,
16. Änderung der Satzung, sowie darüber,
17. wer als Facharbeiter gilt.

Vgl. § 38 Abs. 2 LUVG.

Das in der Anm. zu § 677 über die Anpassung dieser Vorschrift an den Mußinhalt der Satzungen der Krankenkassen usw. Gesagte ist zu vergleichen.

Zu Nr. 2: Die Satzung hat nähere Vorschriften über die Gestaltung der Verhältniswahl zu enthalten, nach welcher der Vorstand (nicht aber auch der Vorsitzende des Vorstands und sein Stellvertreter) zu wählen ist. Solche Vorschriften sind nicht erforderlich, insoweit die Vorstandsgeschäfte nach § 977 an Organe der Selbstverwaltung übertragen worden sind oder als die Landesgesetzgebung gemäß § 1037 die Organe bezeichnet hat, welche die Genossenschaft verwalten und die Rechte und Pflichten wahrnehmen, die dieses Gesetz den Vorständen überträgt.

Zu Nr. 5: Da § 976 eine Zusammensetzung der Genossenschaftsversammlung aus sämtlichen Mitgliedern der Genossenschaft ausschließt, so muß die Wahl der Vertreter nach dem Grundsatz der Verhältniswahl (§ 15) erfolgen. Die Satzung hat alsdann auch anzugeben, in welcher Weise sich diese Wahl zu gestalten hat.

Zu Nr. 8, 15, 16 gilt das zu Nr. 6, 14, 15 des § 677 Gesagte.

Zu Nr. 9: Der Maßstab für das Umlegen der Beiträge kann der des Arbeitsbedarfs und der Gefahrklassen (vgl. § 995), der des Steuerfußes oder auch ein anderer sein.

Zu Nr. 10: Vgl. § 967 und Anm., sowie die §§ 968 bis 970. Das RVA. hat im Mai 1901 Neue Musterstatuten sowohl für die allein auf Grund des LUVG. als auch für die auf Grund des preuß. Ausführungsgesetzes dazu errichteten land- und forstw. BG.en abgefaßt. Das Neue Musterstatut ist im Handbuch Bd. III, S. 207 flg. abgedruckt. Die durch die RVO. herbeigeführten Änderungen werden, ebenso wie bei der Gewerbe-Unfallversicherung, zur Abfassung einer neuen Mustersatzung Anlaß geben.

Geltung von Vorschriften der gewerbl. Unfallversicherung.

§ 973. Aus der gewerblichen Unfallversicherung gelten die Vorschriften über

Einteilung in Sektionen und Einsetzung von Vertrauensmännern (§ 678 Nr. 2, 3, § 679),
Strafbefugnis des Genossenschaftsvorstandes (§ 680),
Errichtung der Satzung (§§ 681 bis 683).

Vgl. § 39 Abs. 2, 3, § 40 LUVG.

Die preußischen landw. BG.en sind sämtlich in Sektionen eingeteilt, die den Kreisen entsprechen (Art. 2 bis 5 des preuß. Ausf.-Ges. v. 16. Juni 1902), während sonst eine Gliederung der landw. BG.en in Sektionen bisher nicht stattgefunden hat (vgl. auch Anm. zu § 956).

Die Worte Errichtung der Satzung umfassen alles, was die angezogenen §§ 681 bis 683 über das Zustandekommen der Satzung vorschreiben, einschließlich der Beschwerde und der Änderung der Satzung (Begr. S. 340).

Bekanntmachung.

§ 974. Ist die Satzung genehmigt, so hat der Genossenschaftsvorstand Namen und Sitz der Genossenschaft und die Bezirke der Sektionen im Reichsanzeiger oder, wenn der Bezirk der Genossenschaft nicht über das Gebiet eines Bundesstaats hinausreicht, im Amtsblatt der obersten Verwaltungsbehörde bekannt zu machen.

Das Gleiche gilt für Änderungen.

Vgl. § 41 LUVG.

V. Genossenschaftsorgane.

Vorbemerkung.

Die Vorschriften des § 975 Abs. 1 in Verbindung mit den §§ 685, 686 Nr. 3, 4 und den §§ 687 bis 689, des § 976 Abs. 1, des § 977 Abs. 1 über Genossenschaftsorgane können nach § 1037 durch die Landesgesetzgebung abweichend geregelt werden. Diese kann auch abweichend von den Vorschriften der RVO. die Organe bezeichnen, welche die Genossenschaft verwalten und die Rechte und Pflichten übernehmen, welche die RVO. den Vorständen übertragen hat. (Vgl. auch die Vorbem. zu § 1034.)

Geltung von Vorschriften der gewerbl. Unfallversicherung.

§ 975. Für die Genossenschaftsorgane gelten aus der gewerblichen Unfallversicherung die §§ 685 bis 687, 689.

Das Reichsversicherungsamt ist jedoch nicht berechtigt, an Stelle der Genossenschaften Unfallverhütungsvorschriften zu erlassen und technische Aufsichtsbeamte anzustellen.

Vgl. § 42 Abs. 1, 2, § 45 Abs. 1, Satz 1, § 48 LUVG.

Obwohl gerade landw. BG.en auf dem wichtigen Gebiete der Unfallverhütungsvorschriften mehrfach rückständig geblieben sind, ist doch Abs. 2 als Ausnahmevorschrift für die landw. BG.en gegen den Willen der Reichsregierung ohne stichhaltigen Grund in der Reichstagskommission beschlossen worden (Kom. Ber. Bd. III, S. 227 flg.).

Das RVA. (LV. Amt) ist berechtigt, den Vorstand der landw. BG. durch Geldstrafen gemäß § 31 zu zwingen, technische Aufsichtsbeamte in der erforderlichen Zahl anzustellen und die für notwendig erachteten Unfallverhütungsvorschriften der Genossenschaftsversammlung zur Beschlußfassung erneut vorzulegen.

Zusammensetzung der Genossenschaftsversammlungen. Einberufung.

§ 976. Die Genossenschaftsversammlung besteht aus Vertretern der Mitglieder.

Sie ist mindestens jährlich einmal einzuberufen.

Vgl. § 39 Abs. 1 LUVG.

Während das Gesetz bei den gewerbl. BG.en davon ausgeht, daß die Genossenschaftsversammlung durch die Mitglieder selbst gebildet wird (§ 678 Nr. 1), ist mit Rücksicht auf die große Zahl der landw. Betriebsunternehmer ihre unmittelbare Teilnahme an der Genossenschaftsversammlung ausgeschlossen. Über die Zusammensetzung und Berufung der Genossenschaftsversammlung und die Art ihrer Beschlußfassung hat nach § 972 Nr. 5 (vgl. Anm. dazu) die Satzung zu bestimmen.

Die Vorschrift, daß die Genossenschaftsversammlung mindestens einmal jährlich zusammenzutreten hat, ist neu (Kom. Ber. Bd. III, S. 229).

Übertragung der Prüfung der Jahresrechnung und der Vorstandsgeschäfte an Organe der Selbstverwaltung.

§ 977. Die Genossenschaftsversammlung kann für eine bestimmte Zeit die Prüfung und Abnahme der

Jahresrechnung und die Vorstandsgeschäfte ganz oder teilweise an Organe der Selbstverwaltung übertragen. Dazu ist deren Einverständnis und die Genehmigung der obersten Verwaltungsbehörde nötig.

Die Rechte und Pflichten der Organe der Genossenschaft gehen dann auf die Organe der Selbstverwaltung über.

Vgl. § 42 Abs. 3, 4 LUVG.

In Preußen haben sämtliche konstituierenden Genossenschaftsversammlungen die Verwaltung der Genossenschaft und der Sektionen, soweit sie den Vorständen zustehen würde, an Organe der Selbstverwaltung übertragen Durch das preußische Ausf.-Ges. v. 16. Juni 1902 (vgl. Vorbem. zu § 1034) ist an die Stelle des Genossenschaftsvorstands der Provinzialausschuß, an die Stelle des Sektionsausschusses der Kreis- (Stadt-) Ausschuß, in den Hohenzollernschen Landen der Amtsausschuß gesetzt. Dem Landesdirektor (Landeshauptmann) einerseits und dem Landrat oder Bürgermeister andererseits liegt die Wahrnehmung der laufenden Geschäfte ob. Zu diesen gehören alle Geschäfte, für die nicht durch die Satzung ausdrücklich kollegiale Beschlußfassung vorgeschrieben ist —, abgesehen jedoch von Feststellungsbescheiden (§ 1583), über welche stets kollegial zu entscheiden ist, es sei denn, daß die Satzung Abweichendes bestimmt (vgl. Handbuch II, S. 123, 124). Die Prüfung und Abnahme der Jahresrechnung der BG. erfolgt durch die Provinziallandtage, die auch über Beschwerden des Ersatzpflichtigen gemäß § 906 Abs. 1 in Verbindung mit § 1042 zu entscheiden haben. — Soweit den Organen der Selbstverwaltung berufsgenossenschaftliche Vorstandsgeschäfte übertragen sind, unterliegen sie der Aufsicht des RVA., falls nicht die Zuständigkeit eines LV. Amtes gegeben ist.

Die im Handbuch Bd. III, S. 323 flg. enthaltene Zusammenstellung der hauptsächlichsten Vorschriften über die Einrichtung und Verwaltung (Vorbem. zu § 971) gibt für die einzelnen landw. BG.en in Spalte 3 Auskunft darüber, ob die Verwaltung auf Organe der Selbstverwaltung — oder des Staates (§ 1037) — übertragen worden ist und bejahendenfalls an welche.

VI. Angestellte.

§ 978. Für die Angestellten der Genossenschaft, die nicht staatliche oder gemeindliche Beamte sind, und für die Übertragung von Geschäften an besoldete Geschäftsführer gelten die Vorschriften der gewerblichen Unfallversicherung (§§ 690 bis 705).

Vgl. § 50, § 44 Abs. 4 LUVG.

Für die Angestellten der Genossenschaft kann die Landesgesetzgebung gemäß § 1037 abweichende Vorschriften erlassen.

VII. Bildung der Gefahrklassen.

§ 979. Für die Bildung der Gefahrklassen (§§ 990 bis 1004, 1008) gelten aus der gewerblichen Unfallversicherung die §§ 706 bis 710, 712. Genossenschaften, deren Betriebe sich in der Unfallgefahr nur wenig unterscheiden, können beschließen, keine Gefahrklassen aufzustellen. Der Beschluß bedarf der Genehmigung des Reichsversicherungsamts. Sie kann zurückgenommen werden, wenn die Unfallverzeichnisse für die einzelnen Betriebszweige wesentliche Verschiedenheit aufweisen.

Vgl. § 52 LUVG.

Nur die Minderzahl der landw. BG.en hat bisher Gefahrklassen gebildet, weil deren Bildung die Verwaltung schwieriger und damit teurer gestaltet. Bei dem Maßstabe des Steuerfußes für die Aufbringung der Mittel (§§ 1005 flg.) ist die Bildung von Gefahrklassen — ebenso wie nach dem früheren Recht — im Allgemeinen für Hauptbetriebe nicht zugelassen, wie sich aus der Anziehung nur der §§ 990 bis 1004 ergibt und in der Begr. S. 340 ausdrücklich hervorgehoben worden ist; doch sind, auch bei diesem Maßstabe für Betriebe nach § 917, für landw. und forstw. Nebenbetriebe und für andere Betriebe, die ihrer Art nach der landw. UV. unterliegen würden, sowie für Tätigkeiten der im § 921 bezeichneten Art nach § 1008 Gefahrklassen vorgeschrieben.

Bei Bildung der Gefahrklassen werden in einer Klasse diejenigen Betriebsarten, die eine etwa gleiche Gefahr bieten, zusammengefaßt und gleichmäßig veranlagt; so können z. B. Weidewirtschaft, Bearbeitung der Ländereien nur mit dem Spaten, Acker-, Garten- oder Wiesenwirtschaft ohne Anspannung von Zugtieren eine Klasse, Forstwirtschaft in der Ebene und Forstwirtschaft im Gebirge andere Klassen bilden. Das Verhältnis zwischen den einzelnen Gefahrklassen wird dann für einen möglichst langen Zeitraum durch Gegenüberstellung der — auf irgend eine Art ermittelten — Zahl der Vollarbeiter einerseits und der Belastungen der BG. durch die während der Zeit in den einzelnen Gefahrklassen erwachsenen Unfälle andererseits ermittelt. Die Schwere der einzelnen Unfälle wird durch Belastungsziffern berücksichtigt, deren zahlenmäßiges Verhältnis zu einander angibt, welche Bedeutung leichteren Unfällen gegenüber schwereren Unfällen beizumessen ist. Als Belastungsziffern hat das RVA. empfohlen: 10 für Verletzungen mit tödlichem Verlauf, 30 für Verletzungen mit dauernder völliger, 15 für Verletzungen mit dauernder teilweiser, 1 für Verletzungen mit vorübergehender Erwerbsunfähigkeit. Die Führung von Unfallverzeichnissen ermöglicht es, das Verhältnis zwischen den einzelnen Gefahrklassen richtig zu bemessen (vgl. Rundschr. des RVA. v. 4. Juli 1888 — A. N. S. 250 — und v. 20. Juni 1889 — A. N. S. 331). — Die Grundsätze der gewerbl. UV. über die Ermittelung der Gefahrziffer (vgl. Anm. zu § 706) sind hier, wo es sich um einfachere Verhältnisse handelt, nicht anwendbar.

Im übrigen vgl. die angezogenen §§ 706 bis 710, 712 und die zugehörigen Anm.

Die Landesgesetzgebung kann bei Bestimmungen des Maßstabes für das Umlegen der Beiträge von der Vorschrift des § 979 abweichen (§ 1037).

VIII. Teilung und Zusammenlegung der Last.

Vorbemerkung.

Die Landesgesetzgebung kann gemäß § 1037 Vorschriften erlassen, welche von denen der §§ 980 bis 982 abweichen.

§ 980. Die Satzung kann bestimmen, daß die Sektionen für Unfälle, die in ihren Bezirken eintreten, die Entschädigung bis zu drei Vierteln tragen.

Die Beträge, die dadurch den Sektionen zur Last fallen, sind auf deren Mitglieder nach ihrer Beitragshöhe umzulegen.

Vgl. § 59 LUVG.

Vgl. § 713 der gewerbl. UV.

Nur in Preußen sind die landw. BG.en in Sektionen gegliedert. Für die Vorbelastung einer Sektion ist der Sitz des Betriebes, dem der Unfallverletzte angehörte, maßgebend, nicht aber der Unfallort. Die Vorbelastungen der Sektionen müssen nach dem für die Genossenschaft geltenden Verteilungsmaßstabe umgelegt werden.

§ 981. Werden die Umlagen nach der Grundsteuer berechnet und dabei Sektionen mit mehr als dem Doppelten des Betrags belastet, der wirklich für sie an Entschädigungen und Verwaltungskosten aufgewendet worden ist, so kann die Genossenschaftsversammlung beschließen, das Mehr nach der Grundsteuer auf alle Sektionen zu verteilen.

Vgl. § 60 LUVG.

§ 982. Für die gemeinsame Tragung der Last gelten die Vorschriften der gewerblichen Unfallversicherung (§§ 714 bis 716).

Vgl. § 61 LUVG.

Diese Vorschrift hat bisher noch keine Anwendung gefunden.

IX. Vermögensverwaltung.

Aufbewahrung von Wertpapieren.

§ 983. Das Reichsversicherungsamt kann über die Aufbewahrung von Wertpapieren Bestimmungen erlassen, soweit nicht staatliche Behörden oder Organe der Selbstverwaltung die Geschäfte führen.

Vgl. § 115 Abs. 2 LUVG.
Vgl. § 717 der gewerbl. UV.

Geltung von Vorschriften der gewerbl. Unfallversicherung.

§ 984. Für
die Anlegung des Vermögens,
den Nachweis der Geschäfts- und Rechnungsergebnisse
gelten die Vorschriften der gewerblichen Unfallversicherung (§§ 718 bis 721).

Vgl. § 118, § 119 Abs. 1 LUVG.

Fünfter Abschnitt.

Aufsicht.

Vgl. Vorbem. zu § 722.

RVA. — LV. Ämter.

§ 985. Für die Aufsicht über die Berufsgenossenschaften gelten aus der gewerblichen Unfallversicherung die §§ 722, 723.

Diese Aufsicht erstreckt sich nicht auf die dienstlichen Verhältnisse von staatlichen Behörden oder von Organen der Selbstverwaltung, welche die Genossenschaft verwalten.

Vgl. § 131 Abs. 1, Satz 1, § 132 Abs. 2, § 133 Abs. 1, Satz 1 LUVG.

Die Aufsicht des RVA. erstreckt sich auch auf staatliche Behörden und Organe der Selbstverwaltung, denen die Verwaltung der Genossenschaften übertragen ist, — soweit nicht Abs. 2 dieses Aufsichtsrecht ausschließt. Überhaupt der Aufsicht des RVA. entzogen sind nur die Ausführungsbehörden, welche für die den BG.en nicht angeschlossenen Betriebe des Reichs oder der Bundesstaaten errichtet sind.

Von den landw. BG.en sind der Aufsicht von LV. Ämtern unterstellt: die in Bayern, im Königreich Sachsen, in Württemberg, Baden, Hessen, Mecklenburg-Schwerin, Mecklenburg-Strelitz und Reuß ä. L. Im Hinblick auf § 105 Abs. 1 werden mehrere der bisher vorhandenen LV. Ämter fortfallen.

Sachliche Zuständigkeit der LV. Ämter (§§ 986, 987).

§ 986. Für Genossenschaften, die der Aufsicht des Landesversicherungsamts unterliegen, tritt dieses an die Stelle des Reichsversicherungsamts, wenn es sich handelt um die

Streitigkeiten wegen Zuteilung mehrerer Betriebe zu einer Genossenschaft nach § 922, § 959 in Verbindung mit § 632,

Streitigkeiten zwischen der Genossenschaft und dem Reiche oder einem Bundesstaate bei Auseinandersetzung über das Vermögen in den Fällen des § 957 in Verbindung mit § 625 Abs. 5,

Änderung des Bestandes der Genossenschaften (§§ 960, 961),

Zugehörigkeit eines Betriebs zur Genossenschaft und Änderung in der Zugehörigkeit (§ 967, § 969 in Verbindung mit § 673 Abs. 1, 3),

Genehmigung und Errichtung der Satzung (§ 973),

Übernahme der Geschäfte der Genossenschaft (§ 975),

Dienstordnung für die Angestellten der Genossenschaft sowie Streitigkeiten aus ihrem Dienstverhältnis (§ 978),

Gefahrtarife (§ 979),

Zusammenlegung der Entschädigungslast (§ 982),

Vermögensverwaltung der Genossenschaften in den Fällen des § 983 und des § 984 in Verbindung mit den §§ 718, 719 Abs. 1, § 720,

Erhebung von Beiträgen (§ 1011 in Verbindung mit § 736 Abs. 2, 3) sowie Aufbringung der Rücklage (§ 1013),

Deckung der Ansprüche der Post (§ 1028 in Verbindung mit den §§ 781, 782),

weiteren Einrichtungen der Genossenschaften (§ 1029),

Unfallverhütung und Überwachung in den Fällen des § 1030 in Verbindung mit den §§ 848 bis 889, 890 Abs. 1 mit Ausschluß der Fälle des § 883,

Mitteilung der Ausführungsbehörden (§ 1033 in Verbindung mit § 893).

Vgl. § 133 Abs. 1, Satz 2 LUVG.; § 21 HG.
Vgl. § 724 der gewerbl. UV.

§ 987. Handelt es sich um die

Streitigkeiten wegen Zuteilung mehrerer Betriebe zu einer Genossenschaft nach § 922, § 959 in Verbindung mit § 632,

Änderung des Bestandes der Genossenschaften in den Fällen des § 960,

Zugehörigkeit eines Betriebs zur Genossenschaft und Änderung in der Zugehörigkeit (§ 967, § 969 in Verbindung mit § 673 Abs. 1, 3),

Zusammenlegung der Entschädigungslast (§ 982),

so entscheidet das Reichsversicherungsamt, wenn eine Genossenschaft, die einem anderen Landesversicherungsamt oder dem Reichsversicherungsamt untersteht, mitbeteiligt ist. Das Landesversicherungsamt übergibt dann die Akten dem Reichsversicherungsamte.

Handelt es sich um gemeinsame weitere Einrichtungen mehrerer Genossenschaften (§ 1029), so bleibt das Reichsversicherungsamt für diese weiteren Einrichtungen zuständig, wenn nicht die sämtlichen beteiligten Genossenschaften demselben Landesversicherungsamt unterstehen.

Vgl. § 133 Abs. 2 LUVG.

Vgl. § 725 der gewerbl. UV.

Sechster Abschnitt.

Auszahlung der Entschädigung. Aufbringung der Mittel.

I. Auszahlung durch die Post.

Vgl. Vorbem. vor § 726.

§ 988. Für die Auszahlung durch die Post gelten die Vorschriften der gewerblichen Unfallversicherung (§§ 726 bis 729).

Vgl. § 93, 103 LUVG.

II. Aufbringung der Mittel.

Vorbemerkung.

Für die Höhe der aufzubringenden Mittel ist der jedesmalige Jahresbedarf maßgebend (Grundsatz der Ausgabendeckung § 989). Nach welchen Maßstäben die Beiträge zum jedesmaligen Jahresbedarf umgelegt werden, bestimmen die §§ 990 bis 1010, und zwar behandeln die §§ 990 bis 1004 ausschließlich den Maßstab des Arbeitsbedarfs und der Gefahrklassen, die §§ 1005 bis 1009 ausschließlich den Maßstab des Steuerfußes. Obwohl der Maßstab des Arbeitsbedarfs eine Berücksichtigung der individuellen Betriebsverhältnisse und damit eine gerechtere Umlegung der Beiträge ermöglicht als der Maßstab des Steuerfußes, dessen Einführung Abs. 2 des § 1005 deshalb auch an erschwerende Bedingungen knüpft, ist dieser Maßstab doch wegen der Einfachheit seiner Handhabung bei den meisten BG.en im Gebrauch (vgl. auch Anm. zu § 1005). Gemeinsam für alle Maßstäbe der Beitragsumlegung gelten die §§ 1011 bis 1013.

Die §§ 990 bis 1010 können gemäß § 1037 durch die Landesgesetzgebung abweichend geregelt werden.

1. Allgemeine Vorschrift.

§ 989. Die Berufsgenossenschaften haben die Mittel für ihre Aufwendungen durch Mitgliederbeiträge aufzubringen, die den Bedarf des abgelaufenen Geschäftsjahrs decken.

Vgl. § 34 Abs. 1 LUVG.

Hiernach gilt für die landw. BG. ebenso wie für die gewerbl. BG. — mit der einen Ausnahme der Tiefbau-BG. — der Grundsatz der Ausgabendeckung; nur der Bedarf des abgelaufenen Geschäftsjahrs, nicht aber der Kapitalwert der in demselben erwachsenen Entschädigungslast wird durch die Mitgliederbeiträge aufgebracht. Vgl. Anm. zu § 731 Abs. 1. — Auch die Ansammlung von Rücklagen ist für die landw. BG.en vorgeschrieben (§ 1013).

2. Maßstab des Arbeitsbedarfs und der Gefahrklassen.

Im allgemeinen.

§ 990. Die Beiträge werden umgelegt nach

dem abgeschätzten Durchschnittsmaße der menschlichen Arbeit (Arbeitsbedarf) und ihrem Werte gemäß diesem Gesetze,

dem Entgelt von Betriebsbeamten und Facharbeitern sowie dem Jahresarbeitsverdienst von Unternehmern, soweit die Arbeitsleistungen solcher Versicherten nicht mit abgeschätzt sind, und nach

der Höhe der Unfallgefahr (Gefahrklasse).

Vgl. § 51 LUVG.

Für das Umlegen der Beiträge ist der Arbeitsbedarf nach seinem Werte maßgebend, ebenso wie bei den Betriebsbeamten und Facharbeitern der Entgelt und bei den Unternehmern der Jahresarbeitsverdienst.

Der Entgelt der Betriebsbeamten und Facharbeiter und der Jahresarbeitsverdienst der Unternehmer ist nur anzusetzen, soweit die Arbeitsleistungen solcher Versicherten nicht nach Abs. 1 mit abgeschätzt sind. Dies ist jetzt — abweichend von § 53 Abs. 3 — nach Satzungsvorschrift (§ 993 Abs. 3) zulässig. — Ist eine entsprechende Satzungsvorschrift nicht ergangen, so muß der Entgelt der Betriebsbeamten und Facharbeiter und der Jahresarbeitsverdienst der Unternehmer bei der Umlegung voll angesetzt werden, nicht etwa nur soweit, als er den durchschnittl. Jahresarbeitsverdienst gewöhnlicher land- oder forstw. Arbeiter übersteigt, denn dann wird die Tätigkeit jener Personen bei der Abschätzung des Arbeitsbedarfs überhaupt nicht berücksichtigt.

Bei Nebenbetrieben richtet sich die Beitragsberechnung nach denselben Grundsätzen wie für die landw. Hauptbetriebe, also nach dem Arbeitsbedarf und dem Entgelt der Betriebsbeamten und Facharbeiter, soweit nicht die Satzung (§ 993 Abs. 3) anders bestimmt hat. Doch kann die Satzung nach § 1010 auch einen anderen Maßstab vorschreiben.

Das RVA. hat es für unzulässig erachtet, die Beiträge schlechthin nach der Größe des bewirtschafteten Grundstücks umzulegen (Handbuch Bd. II, S. 129 Anm. 5). Die Berechnung nach Einheitszahlen für ein bestimmtes Flächenmaß ist nur im Rahmen des § 994 statthaft.

Abschätzung der Zahl der erforderlichen jährlichen Arbeitstage.

§ 991. Für jeden Unternehmer wird die Zahl der Arbeitstage abgeschätzt, die zum Bewirtschaften seines Betriebs im Jahresdurchschnitt erforderlich sind; dabei sind die Zahl der Arbeiter im Betrieb und die Dauer ihrer Beschäftigung zu berücksichtigen.

Die Satzung kann bestimmen, daß die hauswirtschaftlichen und anderen Dienste dabei gesondert zu rechnen sind.

Vgl. § 53 Abs. 1 LUVG.

Die Abschätzung soll ermitteln, wie viele Arbeitstage normaler männlicher Arbeiter zum Bewirtschaften des Betriebes eines Unternehmers erforderlich sind. Die Zahl der tatsächlich beschäftigten Arbeiter, die ja zum Teil erwerbsunfähig sein können, ist nicht allein maßgebend, wenn sie auch regelmäßig auf den Grad der Intensität der Bewirtschaftung schließen läßt, der für die Bemessung des Arbeitsbedarfs ein wesentlicher Faktor ist.

Tatsächlich gestaltet sich die Abschätzung in der Weise, daß unter Berücksichtigung der Größe und Kulturart der Grundstücke, mit Rücksicht auf die Viehhaltung und ähnliche Gesichtspunkte der Arbeitsbedarf nach gewissen, für die Gegend üblichen oder auch in besondern Abschätzungstarifen der BG. bestimmten Einheitssätzen berechnet wird. Diese — in der Praxis unentbehrlichen — Einheitssätze binden aber im einzelnen Falle weder die Unternehmer noch die BG. Sie stellen sich lediglich als Vermutungen dar, gegen welche der Nachweis eines höheren oder geringeren Arbeitsbedarfs nicht ausgeschlossen ist und auch durch die Satzung nicht ausgeschlossen werden kann.

Bei der Anwendung der Einheitssätze für die Abschätzung des Arbeitsbedarfs sind regelmäßig die Arbeitstage in Abzug zu bringen, die auf nicht selbstversicherten Unternehmer (und deren Ehegatten) entfallen. Geschieht dies nicht, so kann ein formellrechtliches Versicherungsverhältnis dieser Unternehmer (und ihrer Ehegatten) zur BG. in Frage kommen (vgl. Anm. zu § 925).

Unternehmerverzeichnis.

§ 992. Beim Abschätzen ist das Unternehmerverzeichnis zu Grunde zu legen, das bei Errichtung der Genossenschaft (§ 34 des Gesetzes vom 5. Mai 1886, Reichs-Gesetzblatt S. 132) oder später aufgestellt ist.

Betriebsänderungen sind zu berücksichtigen.

Vgl. § 53 Abs. 2 LUVG.

Der angeführte § 34 des Ges. betr. die Unfall- und Krankenversicherung der in land- und forstw. Betrieben beschäftigten Personen (vgl. Einleitung zum 3. Buch) hat in seinem Abs. 2 die erstmalige Aufstellung von Unternehmerverzeichnissen durch die Gemeindebehörden vorgeschrieben. Das Verzeichnis ist von den BG.en durch Eintragung der gemäß §§ 967 bis 970 oder anderweit zu ihrer Kenntnis gelangten Veränderungen auf dem Laufenden zu erhalten. — Für BG.en, welche die Beiträge nach dem Maßstabe des Grundsteuerfußes umlegen, bedarf es der Führung eines Unternehmerverzeichnisses nicht (Anm. zu § 1005). Die in der Vorbem. zu § 971 erwähnte Zusammenstellung ergibt in Sp. 19, bei welchen BG.en ein Unternehmerverzeichnis geführt wird.

Das Unternehmerverzeichnis faßt die Grundstücke einheitlich nach dem Betriebssitz (§§ 963, 964) zusammen (Besch. 2197, A. N. 1907, S. 474). In das Verzeichnis sind die Unternehmer (auch Pächter, Nießbraucher) aufzunehmen.

Nur die erstmalige Anfertigung des Unternehmerverzeichnisses war den Gemeinden auferlegt. Die Fortführung der

Unternehmerverzeichnisse oder ihre Ergänzung ist Sache der Genossenschafts- oder Sektionsvorstände, die sich der Mithilfe der Gemeinden nur im Wege der Rechtshilfe, also nur gegen Kostenersatz gemäß § 117, bedienen können.

Ein besonderes Betriebsverzeichnis ist neben dem Unternehmerverzeichnis nicht zu führen.

Über die Entstehung formellrechtlicher Versicherungsverhältnisse vgl. Anm. zu § 925 (auch Rek. Entsch. 2250, A. N. 1908, S. 531).

Abschätzung.

§ 993. Dauernd beschäftigte Arbeiter sind mit dreihundert Arbeitstagen anzusetzen, weibliche nach Verhältnis des durchschnittlichen Jahresarbeitsverdienstes auf männliche umzurechnen.

Die Arbeitsleistung von Betriebsbeamten und Facharbeitern, von Unternehmern und ihren nicht versicherten Angehörigen ist beim Abschätzen nicht mitzurechnen.

Die Satzung kann anders bestimmen.

Vgl. § 53 Abs. 3 LUVG.

Vgl. Anm. zu § 990.

Nicht berücksichtigt werden die nach § 929 in Verbindung mit § 552 Nr. 1 versicherten Personen. Die Bemessung der Beiträge für diese Personen hat im Falle ihrer Einbeziehung in die Versicherung die Satzung zu regeln.

Einheitliche Beiträge kleinerer Betriebe.

§ 994. Für Betriebe, in denen regelmäßig höchstens fünf Versicherte voll beschäftigt werden, kann die Satzung einheitliche Beiträge nach einem Maßstab, den sie festsetzt, bestimmen.

Vgl. § 53 Abs. 4 LUVG.

Betriebe, in denen regelmäßig höchstens 5 Versicherte voll beschäftigt werden, sind solche, die einen jährlichen Arbeitsbedarf von nicht mehr als 1500 Arbeitstagen normaler männlicher Arbeiter aufweisen. Die satzungsgemäß bestimmten einheitlichen Beträge, deren Maßstab ein verschiedenartiger sein kann (vgl. Ende der Anm. zu § 990) und bei deren Normierung die Sonderberücksichtigung der Betriebsbeamten und Facharbeiter ganz oder teilweise ausgeschlossen werden kann, sind sowohl für die BG., als auch für die Unternehmer bindend, so daß der Nachweis eines höheren oder geringeren Arbeitsbedarfs nicht zugelassen ist.

Nach § 994 ist es statthaft, durch Satzungsbestimmung Mindestsätze und Höchstsätze für die Beitragsentrichtung (z. B. eine Mindestzahl von Arbeitstagen) einzuführen (Kom. Ber. Bd. III, S. 226).

Bei der Bestimmung einheitlicher Beiträge kann ein besonderer Zuschlag für die Unternehmerversicherung vornehmlich auch im Hinblick auf § 924 (vgl. auch § 1006) erhoben werden. Auch wenn ein solcher Zuschlag nicht vorgeschrieben ist und die BG. entsprechend ihrer Satzung die einheitlichen Beiträge ungekürzt erhebt, so entsteht doch kein formellrechtliches Versicherungsverhältnis (Rek. Entsch. 2489 A. N. 1911, S. 433).

Zuständigkeit für die Abschätzung und Veranlagung.

§ 995. Die Organe der Genossenschaft haben das Abschätzen zu besorgen und die Betriebe zu den Gefahrklassen zu veranlagen. Das Nähere hat die Satzung zu bestimmen.

Vgl. § 54 Abs. 1 LUVG.

In Preußen liegt die Abschätzung den Sektionsvorständen nach näherer Bestimmung der Satzung ob (Anm. zu § 977).

Auskunftspflicht des Unternehmers (§§ 996, 997).

§ 996. Die Gemeindebehörde kann den Unternehmer zu einer Auskunft über die Verhältnisse, die für das Abschätzen des Arbeitsbedarfs maßgebend sind, durch Geldstrafen bis zu einhundert Mark anhalten.

Erteilt der Unternehmer die Auskunft nicht rechtzeitig oder unvollständig, so hat die Gemeindebehörde nach eigener Kenntnis das Verzeichnis zu berichtigen.

Vgl. § 56 Abs. 2 LUVG.

§ 997. Die Unternehmer haben den Organen der Genossenschaft auf Verlangen binnen zwei Wochen über ihre Betriebs- und Arbeiterverhältnisse die weitere Auskunft zu geben, die für das Abschätzen und Veranlagen erforderlich ist.

Vgl. § 54 Abs. 2 LUVG.

Mitteilung der Unternehmerverzeichnisse an die Gemeindebehörden.

§ 998. Die Genossenschaft hat den Gemeindebehörden Verzeichnisse mitzuteilen, in denen

die ihr zugehörigen Betriebe in der Gemeinde,

die wesentlichen Grundlagen und das Ergebnis des Abschätzens und Veranlagens

angegeben sind.

Die Gemeindebehörde hat diese Verzeichnisse zwei Wochen lang zur Einsicht der Beteiligten auszulegen und den Beginn der Frist auf ortsübliche Weise bekannt zu machen.

Vgl. § 55 Abs. 1 LUVG.

Die Verzeichnisse werden gemeindeweise regelmäßig auf Grund des Unternehmerverzeichnisses aufgestellt. Das Unternehmerverzeichnis selbst kann auch unmittelbar dazu verwendet werden. Auch steht nichts im Wege, die gemeindeweise aufgestellten Verzeichnisse mit den Heberollenauszügen (§ 1020) zu verbinden.

Die den Gemeinden mitzuteilenden Verzeichnisse enthalten zweckmäßiger Weise auch Vermerke über die Selbstversicherung der Unternehmer, wenn nicht etwa besondere Verzeichnisse über die selbstversicherten Unternehmer geführt werden. Eine solche Kennzeichnung der selbstversicherten Unternehmer kann, wenn von den Beteiligten trotz ausreichender Bekanntmachung kein Widerspruch erhoben worden ist, auf Grund besonderer Satzungsvorschrift für die Frage der Selbstversicherung entscheidend sein (vgl. Handbuch Bd. II Seite 142 Anm. 3).

Die — früher in § 53 Abs. 2, § 55 Abs. 1 LUVG vorgeschriebene — Angabe der „dauernd" und der „vorübergehend beschäftigten" Arbeiter in dem Unternehmerverzeichnis hat sich als ungeeignet herausgestellt und ist deshalb fallen gelassen. Es ist vielmehr im § 998 die allgemeine Fassung gewählt, wonach aus den in der Gemeinde auszulegenden Verzeichnissen ersichtlich sein soll, worin die wesentlichen Grundlagen und das Ergebnis des Veranlagens und Abschätzens bestehen (Begr. S. 341).

Widerspruch, Einspruch und Beschwerde (§§ 999 bis 1001).

§ 999. Binnen einem Monat nach Ablauf der Frist können die Unternehmer bei dem Genossenschaftsorgane, das abgeschätzt oder veranlagt hat, Widerspruch dagegen erheben,

daß ihr Betrieb in das Verzeichnis aufgenommen oder nicht aufgenommen ist,

daß oder wie der Arbeitsbedarf abgeschätzt oder der Betrieb veranlagt ist.

Vgl. § 55 Abs. 3 LUVG.

Das Verfahren kann gemäß § 1037 durch die Landesgesetzgebung abweichend geregelt werden. Dies ist z. B. für Preußen geschehen.

§ 1000. Das Genossenschaftsorgan bescheidet den Unternehmer auf seinen Widerspruch schriftlich.

Der Unternehmer kann Einspruch an den Genossenschaftsausschuß (§ 972 Nr. 4) und gegen dessen Entscheidung Beschwerde an das Oberversicherungsamt erheben.

Vgl. § 55 Abs. 3 LUVG.

Den Einspruch — früher Beschwerde — an den Genossenschaftsausschuß hat die Begr. (S. 342) als Rechtsmittel im Sinne des § 128 angesehen und die dortige Fristbestimmung (1 Monat) für anwendbar erachtet. Für das Verfahren vor dem Genossenschaftsausschuß finden die Vorschriften des 6. Buches keine Anwendung. (Einleitung zum 6. Buch.)

Die Beschwerde geht an das nach § 1784 zuständige OVA., die weitere Beschwerde an das RVA. (LV. Amt).

§ 1001. Die Mitglieder des Genossenschaftsausschusses dürfen bei dem ersten Abschätzen und Veranlagen nicht mitwirken.

Vgl. § 55 Abs. 5 LUVG.

Nachprüfung der Veranlagung und Abschätzung.

§ 1002. In den Fristen, in denen der Gefahrtarif nachzuprüfen ist, sind auch die Veranlagung und die Abschätzung nachzuprüfen (§ 979 in Verbindung mit § 708).

Vgl. § 56 Abs. 1, Satz 1 LUVG.

Vgl. Anm. zu § 708.

Neu-Abschätzung oder -Veranlagung vor der regelmäßigen Nachprüfung (§§ 1003, 1004).

§ 1003. Schon vor der regelmäßigen Nachprüfung kann die Genossenschaft den Arbeitsbedarf eines Betriebs neu abschätzen oder den Betrieb neu veranlagen, wenn sich herausstellt, daß die Angaben des Unternehmers unrichtig waren.

Vgl. § 55 Abs. 6, Satz 1, 3 LUVG.

Nach der Fassung des § 1003 kann die Neu-Abschätzung oder -Veranlagung vor der regelmäßigen Nachprüfung nur dann erfolgen, wenn der Unternehmer unrichtige Angaben gemacht hat, nicht aber auch, wenn die Gemeindebehörde bei der Berichtigung des Verzeichnisses (§ 996) unrichtige Angaben gemacht hat. Hierin liegt eine Abweichung von dem früheren Recht (vgl. Handbuch Bd. II, S. 144 Anm. 11).

§ 1004. Für die neue Abschätzung und die neue Veranlagung gelten die §§ 990 bis 1001 entsprechend.

Vgl. § 55 Abs. 6, Satz 2, § 56 Abs. 1 Satz 2 LUVG.

3. Maßstab des Steuerfußes.

Einführung des Maßstabs.

§ 1005. Wenn das Landesgesetz die Angehörigen des Unternehmers von der Versicherung nicht ausschließt und der Maßstab des Arbeitsbedarfs und der Gefahrklassen unzweckmäßig ist, so kann die Satzung bestimmen, daß die Beiträge der Berufsgenossen durch Zuschläge zu direkten Staats- oder Gemeindesteuern aufgebracht werden.

Für eine solche Vorschrift ist mindestens die Zweidrittelmehrheit der Genossenschaftsversammlung nötig. Die Satzung muß dann auch bestimmen, wie Mitglieder zu den Genossenschaftslasten heranzuziehen sind, welche die zu Grunde gelegte Steuer für ihren gesamten Betrieb oder einen Teil nicht zu zahlen haben.

Vgl. § 57 Abs. 1 LUVG.

Nach dem Maßstab des Steuerfußes ist nur das Einkommen, der Ertrag, von maßgebender Bedeutung, der von dem Umfang des Betriebs abhängig ist; Betriebe von gleichem Umfange erfordern aber regelmäßig die gleiche Anzahl von Arbeitskräften. Da es für das Risiko der BG. regelmäßig gleichgültig ist, in welchem Verwandtschaftsverhältnis die beschäftigten Personen zu dem Betriebsunternehmer stehen, so wäre die — nach dem Maßstab des Steuerfußes unabweisbare — gleichmäßige Heranziehung der Betriebe mit beschäftigten aber nicht versicherten Verwandten und der Betriebe mit nur fremden und daher sämtlich versicherten Arbeitern unbillig. Deshalb ist der Maßstab des Steuerfußes nur dann zugelassen, wenn nicht durch Landesgesetz gemäß § 1034 die Angehörigen des Unternehmers von der Versicherung ausgeschlossen sind.

Die Frage, ob der Maßstab des Steuerfußes einzuführen ist, unterliegt lediglich der Prüfung der Genossenschaftsversammlung (§ 1005 Abs. 2). Insbesondere berechtigt die Einschränkung „wenn der Maßstab des Arbeitsbedarfs und der Gefahrklassen unzweckmäßig ist" die Aufsichtsbehörde nicht, die Genossenschaft zur Einführung des Maßstabes des Arbeitsbedarfs und der Gefahrklassen anzuhalten.

Steuerzuschläge sind von denjenigen Unternehmern nicht zu erheben, die nicht Mitglieder der Genossenschaft sind, weil sie weder Arbeiter beschäftigen noch selbstversichert sind (§ 1014).

Ungeeignet als Maßstab für die Aufbringung der Mittel ist die Einkommensteuer, weil eine Umlegung nach dieser Steuer zu einer ungerechtfertigten Belastung derjenigen Unternehmer führen würde, deren besteuertes Einkommen nicht lediglich aus der Landwirtschaft, sondern auch aus anderen Einnahmequellen herrührt (Besch. 2232, A. N. 1908, S. 496). Ungeeignet wäre auch eine Grundwertsteuer, weil sie von dem gemeinen Werte, dem Verkaufswerte, der Grundstücke ausgeht, dieser aber zu dem Unfallrisiko der Genossenschaft oft außer Zusammenhang steht. Bisher hat sich nur die Grundsteuer als eine halbwegs brauchbare Grundlage für die Beitragsumlegung erwiesen und nur sie ist als solche Grundlage praktisch angewendet worden. Auch gegen diese Steuer bestehen erhebliche Bedenken, wie sie auch in den Beratungen der Reichstagskommission (Kom. Ber. Bd. III, S. 213 flg.) zum Ausdruck gekommen sind. Doch hat die Umlegung nach dem Maßstab der Grundsteuer den Vorzug der Einfachheit, der zu einer Ersparnis an Verwaltungskosten führt. Sie ist deshalb bei der Mehrzahl der landw. BG.en in Gebrauch.

Die Anwendung des Steuerfußes nötigt nicht zur Führung eines Unternehmerverzeichnisses. Die Grundlage der Beitragserhebung bildet regelmäßig das Grundsteuerkataster (die Grundsteuermutterrolle — vgl. Anm. zu § 1009). Daneben werden besondere Verzeichnisse für diejenigen Grundeigentümer, die zur Grundsteuer nicht veranlagt sind, sowie für solche Betriebsunternehmer, die Facharbeiter oder Betriebsbeamte beschäftigen oder bei der BG. versicherte Nebenbetriebe haben und hierfür Beitragszuschläge entrichten müssen, endlich für Betriebsunternehmer, die — nach Vorschrift der Satzung — für die Selbstversicherung oder für die Versicherung anderer Personen (§ 929 Nr. 1) zu Beitragszuschlägen herangezogen werden. Eine Auslegung, wie bei den Verzeichnissen nach § 998, findet bei der Veranlagung nach dem Steuerfuß nicht statt. Nur die erwähnten Sonderverzeichnisse werden regelmäßig nach Satzungsvorschrift ausgelegt.

Die Veranlagung zur Grundsteuer ist auch dann zu berücksichtigen, wenn die Grundstücke selbst steuerfrei sind. Für Grundstücke, die zur Grundsteuer, wie z. B. im Ausland belegene Grundflächen (Anm. zu § 963) nicht veranlagt sind, sowie für Betriebe ohne Bodenbewirtschaftung (wie Viehhaltungsbetriebe) und für landw. Betriebe, die in der Pflege von Bäumen an Straßen bestehen, hat die Satzung Grundsätze für eine angenommene (fingierte) Grundsteuer aufzustellen (z. B. 3 M. für den ha).

Mindestbeiträge.

§ 1006. Die Satzung kann einen einheitlichen Mindestbeitrag, höchstens eine Mark und, wenn Unternehmer versichert oder mitversichert sind (§§ 925 bis 928), höchstens zwei Mark jährlich, bestimmen.

Bei dem Maßstab des Steuerfußes ergeben sich für Betriebe mit geringer Grundsteuer oft so niedrige Beiträge, daß sie zu der geschäftlichen und finanziellen Belastung, die der BG. durch solche Betriebe erwächst, durchaus nicht im richtigen Verhältnis stehen. Es ist daher der Satzung überlassen, einen einheitlichen mäßigen Mindestbeitrag für jeden Betrieb vorzusehen, der für Bezirke mit stark geteiltem Besitz und vielen Betrieben zugleich zu einer erheblichen Vereinfachung des Umlageverfahrens dienen wird.

Zuschläge für Betriebsbeamte, Facharbeiter und Unternehmer.

§ 1007. Für Betriebsbeamte und Facharbeiter sind zu den Beiträgen besondere Zuschläge zu erheben. Das Nähere hat die Satzung zu bestimmen. Sie hat auch die Anmeldung zu ordnen und die Zuwiderhandlung mit Strafe zu bedrohen.

Das Gleiche gilt für Unternehmer, wenn für ihre Rente ein höherer als der durchschnittliche Jahresarbeitsverdienst landwirtschaftlicher Arbeiter angesetzt wird.

Vgl. § 57 Abs. 2 LUVG.

Über den Begriff der Betriebsbeamten und Facharbeiter vgl. § 923 u. Anm. — Zuschläge zu den Beiträgen sind für Betriebsbeamte und Facharbeiter nur dann — aber dann stets — zu erheben, wenn ihre Dienste tatsächlich dem landw. Betriebe zuzurechnen sind, nicht aber wenn diese Dienste etwa einem nicht bei der landw. BG. versicherten gewerbl. Betriebe — z. B. einer Lohndampfdrescherei — zugehören.

Bei Bemessung der Zuschläge, die des näheren in der Satzung zu regeln sind (vgl. auch die in Anm. zu § 972 erwähnten Mustersatzungen), ist zu berücksichtigen, daß sie nur das Mehr an Risiko decken sollen, welches der BG. aus der Beschäftigung höher zu entschädigender Arbeiter gegenüber der Beschäftigung gewöhnlicher landw. Arbeiter erwächst.

Wird die Rente der Unternehmer satzungsgemäß nach dem durchschnittlichen Jahresarbeitsverdienst landw. Arbeiter (§ 936) berechnet, so ist die Erhebung besonderer Beiträge für die Versicherung der Unternehmer und ihrer Ehegatten unzulässig. Auch die freiwillige Versicherung ist dann von einer besonderen Beitragserhebung frei, so daß eine kostenlose freiwillige Versicherung lediglich durch die Beobachtung der gemäß § 972 Nr. 14 ergangenen Satzungsvorschriften entsteht. Vgl. auch Anm. zu § 994).

Abstufung der Beiträge nach der Unfallgefahr.

§ 1008. Für Betriebe nach § 917, für landwirtschaftliche Nebenbetriebe und für andere Betriebe, die ihrer Art nach der gewerblichen Unfallversicherung unterliegen würden, sowie für Tätigkeiten der im § 921 bezeichneten Art sind die Beiträge nach der Unfallgefahr abzustufen.

Die Satzung hat die Voraussetzungen hierfür sowie die Höhe dieser Beiträge und das Verfahren zu regeln.

Vgl. § 57 Abs. 3 LUVG.

Während nach dem früheren Recht — § 57 Abs. 3 LUVG. — nur Zuschläge zur Grundsteuer bei höherer Unfallgefahr für Nebenbetriebe zugelassen waren, gibt § 1008 jetzt auch die Möglichkeit, im umgekehrten Falle, also wenn die Unfallgefahr von Betrieben der im § 1008 Abs. 1 bezeichneten Art geringer ist als die bei den eigentlichen landw. Betrieben, auch Nachlässe an den Beiträgen zu ermöglichen. Der dem § 1008 zu Grunde liegende Antrag wollte hauptsächlich eine Berücksichtigung der angeblich eine geringere Unfallgefahr bietenden Verhältnisse der Gärtnereien ermöglichen (Kom. Ber. Bd. III, S. 226).

Für Nebenbetriebe, die teilweise in besonderen Verzeichnissen geführt wurden, sind bisher Zuschläge zur Grundsteuer erhoben worden. Die Zuschläge wurden nach einer angenommenen Grundsteuer berechnet, die z. B. zu der für den landw. oder forstw. Hauptbetrieb anzusetzenden Grundsteuer in das Verhältnis des Reineinkommens aus dem Nebenbetriebe zu demjenigen aus dem Hauptbetriebe oder in das Verhältnis des Arbeitsbedarfs des Hauptbetriebs zu dem Arbeitsbedarf des Nebenbetriebs gesetzt, oder auch nach Prozenten des Reineinkommens aus dem Nebenbetriebe bestimmt wurde. Inwieweit die bisherigen Berechnungsarten werden beibehalten werden dürfen, nachdem das Gesetz für die im Absatz 1 des § 1008 bezeichneten Betriebe die Abstufung der Beiträge nach der Unfallgefahr vorgeschrieben hat, wird eingehender Prüfung bedürfen. Näher darauf einzugehen, würde hier zu weit führen. Es sei nur bemerkt, daß die Abstufung der für die Betriebe des Abs. 1 zu entrichtenden Beiträge nach der Unfallgefahr augenscheinlich am besten durch Anwendung des Maßstabs des Arbeitsbedarfs in Verbindung mit einem Gefahrtarif bewirkt wird, der sich auf der normalen Gefahrklasse aller im § 1008 Abs. 1 nicht verzeichneten bei der BG. versicherten Betriebe aufbaut. Für diese nicht im Abs. 1 des § 1008 aufgeführten Betriebe können beim Maßstab des Steuerfußes nicht mehrere Gefahrklassen gebildet werden. — Bei der Berechnung des Arbeitsbedarfs für einen Nebenbetrieb ist die Tätigkeit des selbstversicherten Unternehmers in gleicher Weise wie für Hauptbetriebe zu berücksichtigen.

Zahlung der Zuschläge durch den Grundsteuerpflichtigen.

§ 1009. Bestimmt die Satzung als Maßstab die Grundsteuer, so kann sie die Zahlung der Zuschläge dem auflegen, der gesetzlich zur Grundsteuer für die Grundstücke der genossenschaftlichen Betriebe veranlagt ist oder veranlagt sein würde, wenn die Grundstücke nicht von der Steuer befreit wären.

Zahlt danach ein anderer den Beitrag als der Unternehmer, so hat dieser ihn zu erstatten.

Bei Streit über die Erstattung entscheidet das Versicherungsamt, in dessen Bezirk der versicherungspflichtige Betrieb seinen Sitz hat. Auf Beschwerde entscheidet das Oberversicherungsamt endgültig.

Vgl. § 58 LUVG.

Diese — schon dem früheren Recht bekannte — Vorschrift soll der BG. die Beitragseinziehung erleichtern. Fast alle BG.en, die den Maßstab des Steuerfußes anwenden, haben in die Satzung eine entsprechende Vorschrift aufgenommen, meist in der Weise, daß die Heranziehung des Grundeigentümers zur Zahlung der Zuschläge zur Grundsteuer in das Ermessen der Genossenschaftsvorstände gestellt wird. Als Zuschläge zur Grundsteuer im Sinne des § 1009 müssen nicht nur die Zuschläge für Betriebsbeamte und Facharbeiter (§ 1007), sondern auch die nach der Unfallgefahr abgestuften Beiträge nach § 1008 gelten, wenn sie auch im Gesetz nicht als solche ausdrücklich bezeichnet sind. Denn es ist nicht ersichtlich, daß durch die Ersetzung des dem § 58 Abs. 3 LUVG. entsprechenden § 1000 des Entwurfs einer RVO. durch den § 1008 des Gesetzes (Kom. Ber. Bd. III S. 226) die durch den § 1009 den BG.en gewährte Erleichterung der Beitragseinziehung eine Einschränkung erfahren sollte. — Eine Satzungsbestimmung gemäß Abs. 1 erfaßt nicht nur die Mitglieder der BG., sondern auch den Fiskus, wenn er ihm gehörige landw. benutzte Grundstücke verpachtet hat.

Soweit die BG.en eine dem § 1009 entsprechende Satzungsbestimmung erlassen haben, sind sie nur verpflichtet, die Grundsteuerpflichtigen, nicht aber auch die Pächter, Nießbraucher und dergl. Personen in die Heberolle (§ 1019) aufzunehmen (Besch. 1993, A. N. 1903, S. 357). — Ist hiernach nur der Grundsteuerpflichtige in die Heberolle eingetragen, so kann er in dem Verfahren gemäß § 1023 flg. doch dem nach § 1009 Abs. 2 erstattungspflichtigen Unternehmer den Streit verkünden. Wenn der Unternehmer daraufhin keine Einwendungen erhebt, so wird er auch beim Streit über die Erstattung (§ 1009 Abs. 3) mit Einwendungen über die Beitragspflicht oder Beitragshöhe regelmäßig nicht zu hören sein. Unterliegt der Grundstückseigentümer in dem Erstattungsverfahren wegen nachträglicher begründeter Einwendungen des Unternehmers, so ist ihm der Ausfall gemäß § 1025 von der BG. zu ersetzen.

4. Andere Maßstäbe.

§ 1010. Die Satzung kann, wenn die Voraussetzungen nach § 1005 Abs. 1 vorliegen für die Aufbringung der

Beiträge einen anderen angemessenen Maßstab bestimmen, zum Beispiel

die Kulturart,

die Fläche in Verbindung mit der Grundsteuer,

den Reinertrag, den die Grundstücke als solche, einschließlich der dazu gehörenden, denselben Zwecken dienenden Gebäude und des Zubehörs, nach ihrer bisherigen wirtschaftlichen Bestimmung bei gemeinüblicher Bewirtschaftung im Durchschnitt nachhaltig gewähren können,

den Ertragswert, der sich aus dem Fünfundzwanzigfachen dieses Reinertrages ergibt.

Die §§ 996 bis 1009 sind entsprechend anzuwenden; das nähere bestimmt die Satzung.

Diese durch die Reichstagskommission aufgenommene Vorschrift will den BG.en eine noch größere Freiheit geben, einen den jeweiligen Verhältnissen entsprechenden und doch möglichst einfachen Maßstab zu wählen. Die Vorschrift gestattet z. B. den Maßstab der Kulturart allein, oder auch kombinierte Maßstäbe. Je nachdem sich der gewählte Maßstab dem des Arbeitsbedarfs oder dem des Steuerfußes nähert, sind nach Abs. 2 des § 1010 die einen oder anderen Vorschriften entsprechend anzuwenden (Kom. Ber. Bd. III, S. 224, 226).

Die beiden letzten Beispiele des Abs. 1 für einen anderen Maßstab lehnen sich an § 16 Abs. 2 und § 15 Abs. 1 des Erbschaftssteuergesetzes v. 3. Juni 1906 (RGBl. S. 654) und an Art. II des Preuß. Gesetzes, betr. die Abänderung des Einkommensteuergesetzes und des Ergänzungssteuergesetzes v. 26. Mai 1909 (Preuß. Ges. S. 349) an.

5. Gemeinsame Vorschriften.

Geltung von Vorschriften der gewerbl. UV.

§ 1011. Aus der gewerblichen Unfallversicherung gelten die Vorschriften über

Zwecke, zu denen Beiträge erhoben und Mittel verwendet werden dürfen (§ 736),

Vorschüsse auf die Beiträge sowie Vorauszahlung von Beiträgen (§§ 737 bis 739).

Vgl. § 34 Abs. 2, § 35 LUVG.

Auf die Anm. zu den angezogenen §§ wird verwiesen.

Befreiung kleiner Betriebe von Beiträgen.

§ 1012. Die Satzung kann Unternehmer kleiner Betriebe mit geringer Unfallgefahr, die nur ausnahmsweise Versicherungspflichtige gegen Entgelt beschäftigen, von Beiträgen ganz oder teilweise befreien und zugleich das Verfahren für die Ermittlung solcher Unternehmer bestimmen.

Mit Genehmigung der obersten Verwaltungsbehörde kann das auch die Genossenschaftsversammlung tun.

Bei Streit zwischen der Genossenschaft und dem Unternehmer über Befreiung entscheidet das Oberversicherungsamt endgültig.

Vgl. § 36 LUVG.

Das RVA. hat es nicht für zulässig erachtet, durch die Satzung Betriebe bis zu einer gewissen Größe schlechthin — ohne Abhängigmachung von den im Abs. 1 angegebenen Voraussetzungen — für beitragsfrei zu erklären.

Über die Befugnis der Landesgesetzgebung Betriebe ganz oder teilweise von Beiträgen zu befreien und das Verfahren für die Ermittelung solcher Unternehmen zu bestimmen vgl. § 1035.

Rücklagen.

§ 1013. Die Genossenschaften haben Rücklagen anzusammeln.

Bis diese das Doppelte des Jahresbedarfs erreichen, werden jährlich zwei vom Hundert der jeweiligen Umlage zugeschlagen. Die Satzung kann einen höheren Betrag bestimmen.

Für die Rücklage gelten entsprechend die §§ 745 bis 747 aus der gewerblichen Unfallversicherung.

Vgl. § 37 LUVG.

Die Umlage, von welcher die Zuschläge zur Rücklage zu berechnen sind, umfaßt auch die Hebegebühren des § 1020 Abs. 2 (Besch. 1855 Abs. 2, A. N. 1901, S. 364).

Die Zinsen der Rücklage sind dieser bei ihrer Fälligkeit sofort zuzuschlagen (vgl. Handbuch Bd. I, S. 390 Anm. 12).

Die §§ 745 bis 747 enthalten Vorschriften über die Ansetzung bei Feststellung des Bestandes, über das Angreifen der Rücklage in Notfällen und über freiwillige weitere Zuschläge zur Rücklage.

III. Umlage- und Erhebungsverfahren.

Vorbemerkung.

Von den §§ 1014 bis 1027 beziehen sich § 1015 ausschließlich auf die Umlegung nach der Steuer, §§ 1016 bis 1018 ausschließlich auf die Umlegung nach dem Arbeitsbedarf (vgl. aber auch die Anm. zu diesen Paragraphen). Alle übrigen Paragraphen gelten für die verschiedenen Maßstäbe der Umlegung in gleicher Weise.

Die Landesgesetzgebung kann nach § 1037 das Verfahren bei dem Umlegen und Erheben der Beiträge abweichend von den Vorschriften der §§ 1014 bis 1027 regeln.

Umlegung im Allgemeinen.

§ 1014. Für das Umlegen des Bedarfs auf die Mitglieder gilt § 749 Abs. 1 aus der gewerblichen Unfallversicherung entsprechend.

Vgl. § 105 LUVG.

Die umgelegten Beiträge werden an die Genossenschaft durch Vermittelung der Gemeindebehörde bezahlt.

Umlage der Beiträge nach der Steuer.

§ 1015. Bei der Umlage der Beiträge nach der Steuer ist die Steuer für den Zeitraum zu Grunde zu legen, für den die Beiträge umgelegt werden.

Vgl. § 106 LUVG.

Für kleinere Betriebe können nach § 1006 Mindestbeiträge erhoben werden.

Die Beitragsleistung für die nach § 929 Nr. 1 Versicherten hat nach § 972 Nr. 14 die Satzung zu regeln.

Umlage der Beiträge nach Arbeitsbedarf und Gefahrklassen (§§ 1016 bis 1018). — Nachweis des Entgelts für Betriebsbeamte und Facharbeiter.

§ 1016. Bei der Umlage der Beiträge nach Arbeitsbedarf und Gefahrklassen hat jedes Mitglied, das im verflossenen Geschäftsjahr Betriebsbeamte oder Facharbeiter beschäftigt hat, binnen sechs Wochen nach Ablauf des Geschäftsjahrs dem Vorstand einen Nachweis darüber einzureichen, wieviel jeder von ihnen während dieser Zeit an Entgelt tatsächlich bezogen hat oder wieviel für ihn anzurechnen ist.

Die Satzung kann einen summarischen Lohnnachweis nach § 750 Abs. 3 zulassen.

Für Mitglieder, die den Lohnnachweis nicht rechtzeitig oder unvollständig einreichen, stellt ihn der Genossenschafts- oder Sektionsvorstand selbst auf oder ergänzt ihn.

Vgl. § 108 LUVG.

Diese Vorschrift gilt, ebenso wie die §§ 1017, 1018, nur für die Umlage der Beiträge nach Arbeitsbedarf und Gefahrklassen, doch sind ähnliche Vorschriften durch die Satzung auch für die Beitragserhebung nach dem Steuerfuß erlassen worden.

Ansätze zur Beitragsberechnung (§§ 1017, 1018).

§ 1017. Zum Berechnen der Beiträge werden angesetzt für

einen Betriebsbeamten und einen Facharbeiter der Entgelt, den er im Betriebe tatsächlich bezogen hat oder der für ihn anzurechnen ist,

einen Arbeitstag eines Arbeiters der dreihundertste Teil des festgesetzten durchschnittlichen Jahresarbeitsverdienstes für erwachsene Männer über einundzwanzig Jahre am Betriebssitz,

den Unternehmer der gleiche Jahresarbeitsverdienst, wenn die Satzung nichts anderes bestimmt.

Soweit der Jahresarbeitsverdienst eintausendachthundert Mark übersteigt, wird er nur mit einem Drittel angerechnet.

Vgl. § 107, 109 LUVG.

Wenn im Abs. 1 gesagt ist, daß für einen Betriebsbeamten und einen Facharbeiter der verdiente oder der anzurechnende Entgelt anzusetzen ist, so erklärt sich dies im Hinblick auf § 1018.

Die Beitragsleistung für die nach § 929 Nr. 1 versicherten Personen unterliegt gemäß § 972 Nr. 14 der Regelung durch die Satzung.

Für kleinere Betriebe können gemäß § 994 einheitliche Beiträge bestimmt werden.

§ 1018. Wird beim Abschätzen die Arbeitsleistung der Betriebsbeamten und Facharbeiter nach der Satzung mitgerechnet (§ 993 Abs. 3), so ist von dem Entgelt dieser Versicherten nur der Betrag anzusetzen, der den durchschnittlichen Jahresarbeitsverdienst eines Arbeiters übersteigt.

Vgl. § 107, 109 LUVG.

Diese — neue — Vorschrift beruht darauf, daß nunmehr, abweichend vom bisherigen Gesetz, nach Satzungsvorschrift die Arbeitsleistungen von Betriebsbeamten und Facharbeitern beim Abschätzen mitgerechnet werden können. In solchem Falle kann ihr Entgelt zur Berechnung der Beiträge nicht uneingeschränkt, sondern nur insoweit angesetzt werden, als er den durchschnittlichen Jahresarbeitsverdienst eines Arbeiters übersteigt. — Für Unternehmer bedurfte es im Hinblick auf § 1017 Abs. 1 einer solchen besonderen Vorschrift nicht (Begr. S. 342).

Aufstellung der Heberolle.

§ 1019. Der Genossenschaftsvorstand berechnet, in den Fällen der §§ 994, 1006 unter Beachtung der einheitlichen Beiträge, den Beitrag, der auf jeden Unternehmer zur Deckung des Gesamtbedarfs entfällt, und stellt die Heberolle auf.

Vgl. § 110 Abs. 1 LUVG.

In der Heberolle können die Beiträge auf Pfennigzahlen abgerundet werden, die durch 5 oder 10 teilbar sind (Handbuch Bd. I, S. 574 Anm. 1).

Einziehung der Beiträge durch die Gemeindebehörde.

§ 1020. Jeder Gemeindebehörde sind über die in ihren Bezirk gehörigen Mitglieder Auszüge aus der Heberolle mit der Aufforderung mitzuteilen, die Beiträge unter Verrechnung erhobener Vorschüsse einzuziehen und in ganzer

Summe binnen vier Wochen an den Genossenschaftsvorstand einzusenden.

Die Genossenschaft zahlt dafür eine Vergütung, deren Höhe die oberste Verwaltungsbehörde festsetzt.

Vgl. § 110 Abs. 2 LUVG.

Die Einziehung der Beiträge durch die Gemeindebehörde ist angeordnet, um die Abführung der oft nur geringfügigen Beiträge den Unternehmern und BG.en zu erleichtern.

Welcher Gemeindebehörde die in §§ 1020 flg. bezeichneten Geschäfte obliegen, bestimmt nach § 111 die oberste Verwaltungsbehörde des Bundesstaates.

Statt eines Heberollenauszuges kann den Gemeindebehörden auch — im Interesse der Verminderung des Schreibwerks — der betreffende Teil der Heberolle oder der Grundsteuermutterrolle (vgl. Anm. zu § 1005) mitgeteilt werden. Soweit nicht besondere Verzeichnisse der selbstversicherten Unternehmer geführt und ausgelegt werden und soweit auch die gemeindeweise aufgestellten Unternehmerverzeichnisse (§ 998) Vermerke über die Selbstversicherung der Unternehmer enthalten, empfiehlt es sich — im Interesse der Unternehmer — solche Vermerke in die Heberollenauszüge aufzunehmen. Bei Bekanntmachung der Auslegung des Auszugs würde dann auch darauf hinzuweisen sein, daß die Auszüge auch diese Vermerke enthalten. Über die Bedeutung solcher Vermerke für die Frage der Selbstversicherung vgl. Anm. zu § 998.

Die Hebegebühr (Abs. 1) ist vielfach — so in Preußen — auf 2 Prozent der Beitragssumme festgesetzt worden. Durch diese feste Gebühr, welche den Gemeinden auch für die von ihnen selbst als Unternehmern landw. Betriebe zu entrichtenden Beiträge zusteht, werden alle Auslagen der Gemeinden einschließlich der Portokosten entgolten.

Das Recht die Umlageforderungen anzufechten, steht nicht den Gemeinden, sondern nur den betroffenen Unternehmern oder Grundstückseigentümern zu.

Heberollenauszug. — Auslegung.

§ 1021. Der Auszug aus der Heberolle muß die Angaben enthalten, die den Zahlungspflichtigen instand setzen, die Beitragsberechnung zu prüfen.

Die Gemeindebehörde legt den Auszug zwei Wochen lang zur Einsicht der Beteiligten aus und macht den Beginn dieser Frist auf ortsübliche Weise bekannt. An Stelle der Auslegung des Auszugs kann die Zustellung an die Beteiligten treten.

Bestimmt die Satzung, daß die freiwillige Versicherung außer Kraft tritt, wenn der Beitrag nicht rechtzeitig bezahlt worden ist, und daß eine Neuanmeldung solange unwirksam bleibt, bis der rückständige Beitrag entrichtet worden ist (§ 929 Nr. 2), so ist in dem Auszug oder in der Zustellung darauf hinzuweisen.

Vgl. § 111 Abs. 1 LUVG.

Bei dem Maßstab des Arbeitsbedarfs muß der Heberollenauszug den abgeschätzten Arbeitsbedarf (Zahl der Arbeitstage männlicher Arbeiter über 21 Jahre), den durch 300 geteilten durchschnittlichen Jahresarbeitsverdienst (also den durchschnittlichen Tagesarbeitsverdienst) männlicher Arbeiter über 21 Jahre, sowie den auf eine bestimmte Lohneinheit entfallenden Beitrag (den Beitragskoeffizienten) enthalten. Außerdem ist noch für Betriebe, die Betriebsbeamte und Facharbeiter beschäftigen, der auf die Betriebsbeamten entfallende Betrag ihrer für die Umlage in Betracht kommenden Löhne besonders anzugeben (Besch. 1244, A. N. 1893, S. 195).

Daß bei dem Maßstab des Grundsteuerfußes die Heberolle — und demnach auch der Heberollenauszug — nur die Grundsteuerpflichtigen zu umfassen braucht, ist bereits zu § 1009 ausgeführt worden. — Der Heberollenauszug muß auch die Berechnung der Zuschläge für Betriebsbeamte und Facharbeiter (§ 1007) sowie die Beiträge für die im § 1008 bezeichneten Betriebe und Tätigkeiten erkennen lassen.

Neufeststellung des Beitrags nach Zustellung des Heberollenauszugs.

§ 1022. Für eine neue Feststellung des Beitrags, nachdem der Auszug aus der Heberolle zugestellt worden ist, gelten die §§ 755, 756 aus der gewerblichen Unfallversicherung. Die neue Feststellung ist auch zulässig, wenn wegen unrichtiger Angaben des Unternehmers der Arbeitsbedarf nachträglich neu abgeschätzt worden ist (§ 1003).

Vgl. § 112 LUVG.

Die Zustellung des Heberollenauszugs erfolgt regelmäßig durch seine Auslegung (§ 1021).

Dem § 1003 entsprechende Vorschriften sind in der Regel auch in den Satzungen der BG.en enthalten, die nach dem Steuerfuß umlegen. Auf solche satzungsgemäße Bestimmungen bezieht sich § 1022 Satz 2 ebenfalls.

Widerspruch gegen die Beitragsberechnung und weiteres Verfahren (§§ 1023 bis 1025).

§ 1023. Binnen zwei Wochen nach Ablauf der Frist oder nach Zustellung (§ 1021 Abs. 2) kann der Unternehmer gegen die Beitragsberechnung bei dem Genossenschaftsvorstande Widerspruch erheben; er bleibt aber zur vorläufigen Zahlung verpflichtet. Dabei gilt § 757 Abs. 2.

Die Veranlagung und die Abschätzung können dadurch nicht angefochten werden. Das weitere Verfahren richtet sich nach § 1000. Für den Einspruch gilt dabei § 759 entsprechend.

Vgl. § 111 Abs. 2 LUVG.

§ 757 Abs. 2 betrifft den Fall, daß für denselben Betrieb von mehreren Genossenschaften Beiträge beansprucht werden.

Die Veranlagung und Abschätzung (Abs. 2) findet nach dem Gesetz nur bei der Umlegung nach dem Arbeitsbedarf statt. Soweit die Satzungen der BG., die nach dem Steuerfuß umlegen, im Hinblick auf §§ 1007, 1008 ein entsprechendes Verfahren vorschreiben, wird auch dieses von § 1023 Abs. 2 betroffen.

Bei Unklarheiten der Veranlagung und Abschätzung ist eine Nachprüfung auch in dem Verfahren gemäß § 1023 nicht zu entbehren (vgl. Handbuch Bd. II, S. 192 Anm. 11).

§ 1024. Wird auf Widerspruch, Einspruch oder Beschwerde der Beitrag ermäßigt, so gilt für die Deckung des Ausfalls und den Ausgleich der Überzahlung § 760.

Vgl. § 111 Abs. 3 LUVG.

§ 1025. Ergibt sich nachträglich, daß ein ohne Widerspruch bezahlter Beitrag ganz oder teilweise zu Unrecht erhoben worden ist, so gelten die §§ 1023, 1024 entsprechend.

Vgl. § 111 Abs. 4 LUVG.

Vgl. § 761 der gewerbl. UV., sowie auch Anm. zu § 1009.

Haftung der Gemeinden für die Beiträge.

§ 1026. Kann die Gemeinde den wirklichen Ausfall der Beiträge oder die fruchtlose Zwangsvollstreckung nicht nachweisen, so haftet sie für die Beiträge und muß sie mit einsenden.

Vgl. § 110 Abs. 3 LUVG.

Ausfälle, welche durch nachgewiesene Unrichtigkeiten des Unternehmerverzeichnisses und der Heberolle verursacht werden, sind von der Gemeinde auch nicht vorschußweise zu decken (Besch. 2307 unter b, A. N. 1909 S. 445).

Uneinziehbare Beiträge.

§ 1027. Für das Aufbringen uneinziehbarer Beiträge gilt § 762 entsprechend. Solche Beiträge sind der Gemeinde, die sie schon eingesandt hat, zu erstatten.

Vgl. § 113 Abs. 3 LUVG.

Die Verjährungsvorschrift des § 29 Abs. 2 gilt für den Erstattungsanspruch der Gemeinde nicht (Besch. 2307 unter c, A. N. 1909, S. 445).

V. Abführung der Beträge an die Post.

§ 1028. Für die Abführung der Beträge an die Post gelten die Vorschriften der gewerblichen Unfallversicherung (§§ 777 bis 782).

Vgl. §§ 104, 114 LUVG.

Vgl. die angezogenen Paragraphen und die zugehörigen Anm.

Siebenter Abschnitt.

Weitere Einrichtungen.

§ 1029. Für weitere Einrichtungen der Berufsgenossenschaften gelten die Vorschriften der gewerblichen Unfallversicherung (§§ 843 bis 847).

Vgl. § 23 HG.

Achter Abschnitt.

Unfallverhütung. Überwachung.

Vorbemerkung.

Für die Unfallverhütung und Überwachung gelten die gleichen Vorschriften wie im Gebiet der gewerbl. UV. (Vgl. daher Vorbem. vor § 848). Abweichungen sind nur in § 975 Abs. 2, § 1030 (Wahl der Vertreter der Versicherten), § 1031 und 1032 vorgesehen. — Vgl. auch § 975 Abs. 2 und Anm. dazu.

Geltung von Vorschriften der gewerbl. UV. — Versichertenvertreter.

§ 1030. Für Unfallverhütung und Überwachung gelten aus der gewerblichen Unfallversicherung die §§ 848 bis 857, 859 bis 889, 890 Abs. 1, § 891 Abs. 2 entsprechend.

Die Vertreter der Versicherten werden von den Versicherungsvertretern der Versicherungsämter gewählt, auf deren Bezirk sich die Genossenschaft oder die Sektion erstreckt. Wahlberechtigt sind jedoch nur solche Versicherungsvertreter der Versicherungsämter, welche als Vertreter der Versicherten berufen sind und dem Bereiche der landwirtschaftlichen Unfallversicherung zugehören.

Vgl. § 18 Nr. 3 HG., §§ 120, 121, 122 Abs. 1, §§ 123—130 LUVG.

Die Festsetzung von Geldstrafen kann einem Ausschuß des Genossenschaftsvorstands übertragen werden.

Der § 858 der gewerbl. UV., der in Abs. 1 nicht mitaufgeführt ist, wird durch den Abs. 2 des § 1030 ersetzt. Als Vertreter der Versicherten — die nach dem früheren Recht aus den dem Arbeiterstande angehörigen landw. und forstw. Beisitzern der Schiedsgerichte des Bezirks der Genossenschaft durch das Los bestimmt wurden, — können auch Betriebsbeamte und Facharbeiter gewählt werden, nicht aber die selbstversicherten Unternehmer (§ 859).

Wahlberechtigt sind nicht, wie bei der gewerbl. UV. die Beisitzer der OV. Ämter, sondern die Versicherungsvertreter der V. Ämter. — Die Wahlen erfolgen auf Grund einer vom RVA.

zu erlassender Wahlordnung nach dem Prinzip der Verhältniswahl (§ 860 u. Anm.).

Arbeitgebervertreter bei Verwaltung der BG. durch staatl. Behörden oder Selbstverwaltungsorgane.

§ 1031. Verwalten staatliche Behörden oder Organe der Selbstverwaltung die Berufsgenossenschaft, so ziehen sie zur Beratung und zum Beschluß über Unfallverhütungsvorschriften Vertreter der Arbeitgeber und Vertreter der Versicherten in gleicher Zahl zu.

Die Vertreter der Arbeitgeber werden aus den landwirtschaftlichen Arbeitgeberbeisitzern bei den Oberversicherungsämtern des Bezirks der Genossenschaft in einer Sitzung des Organs der Selbstverwaltung oder der Behörde durch das Los bestimmt, das der Vorsitzende zieht.

Für diese Vertreter gelten die §§ 861, 863 entsprechend; für sie und ihre Ersatzmänner gilt ferner entsprechend, was die §§ 16 bis 21, 24 für Vertreter der Arbeitgeber vorschreiben.

Vgl. § 122 Abs. 2, 3 LUVG.

Vgl. §§ 977, 1037.

Zutrittsrecht der Mitglieder der Genossenschaftsorgane zu den Betriebsstätten.

§ 1032. Die Unternehmer sind verpflichtet, den von ihrer Genossenschaft beauftragten Mitgliedern der Genossenschaftsorgane während der Betriebszeit den Zutritt zu ihren Betriebsstätten zu gestatten. § 879 gilt entsprechend.

Diese Vorschrift ist neu (Kom. Ber. Bd. III, S. 236). Das Zutrittsrecht der Mitglieder der Genossenschaftsorgane ist an die Voraussetzung geknüpft, daß sie von der Genossenschaft beauftragt worden sind. Das Zutrittsrecht der Mitglieder der Genossenschaftsorgane kann ebenso, wie das der technischen Aufsichtsbeamten (§ 878 in Verbindung mit § 1030 Abs. 1), durch Geldstrafen erzwungen werden.

Neunter Abschnitt.

Reichs- und Staatsbetriebe.

§ 1033. Ist das Reich oder ein Bundesstaat Versicherungsträger, so gelten aus der gewerblichen Unfallversicherung die §§ 892, 893, 895 bis 897.

Aus der landwirtschaftlichen Unfallversicherung gelten nicht

die Vorschriften über Änderung des Bestandes der Berufsgenossenschaften (§§ 960, 961),

von den Vorschriften über die Verfassung die §§ 962 bis 983 und der § 984 in Verbindung mit den §§ 718 bis 720,

die Vorschriften über Aufsicht (§§ 985 bis 987),

die Vorschriften über Aufbringung der Mittel sowie über Umlage- und Erhebungsverfahren (§§ 989 bis 1027),

von den Vorschriften über Abführung der Beträge an die Post der § 1028 in Verbindung mit den §§ 781, 782,

die Vorschriften über weitere Einrichtungen (§ 1029),

von den Vorschriften über Unfallverhütung und Überwachung der § 1030 in Verbindung mit den §§ 848 bis 887, 889, 890 Abs. 1 und dem § 891 Abs. 2 sowie die §§ 1031, 1032,

von den Strafvorschriften die §§ 1043, 1044 und der § 1045 in Verbindung mit den §§ 910, 912, 913.

Die Ausführungsbestimmungen setzen an Stelle der Satzung fest, wer als Facharbeiter gilt.

Vgl. §§ 134, 135, § 136 Abs. 1, § 138, 139 LUVG.

Nach Abs. 1 sind alle Vorschriften des zehnten Abschnitts der gewerbl. UV. anwendbar bis auf den § 894, der durch den Abs. 2 des § 1033 ersetzt ist.

Als Facharbeiter in Reichs- und Staatsbetrieben gelten die im § 923 Abs. 3 als solche aufgeführten sowie außerdem solche Personen, welche die Ausführungsbestimmungen als Facharbeiter bezeichnen.

Inwieweit das Reich oder die Bundesstaaten Träger der Unfallversicherung sind, wird im § 957 geregelt.

Zehnter Abschnitt.

Landesgesetzliche Regelung.

Vorbemerkung.

Von der — schon nach früherem Recht in etwa demselben Umfange (vgl. Anm. zu § 1037) — zulässigen landesgesetzlichen Regelung haben die Bundesstaaten mehrfach Gebrauch gemacht. Die auf Grund des früheren Rechts ergangenen Ausführungsgesetze sind zwar nach Art. 104 Einf.-Ges. nicht ohne weiteres unwirksam geworden, doch wird das Inkrafttreten der RVO. im Allgemeinen entweder vollkommen neue Ausführungsgesetze oder doch wenigstens eine Ergänzung und teilweise Abänderung der bisherigen Bestimmungen erforderlich machen. Auf die alten Ausführungsgesetze ist daher nur gelegentlich und auch nur insoweit eingegangen worden, als ihre Bestimmungen voraussichtlich nicht abgeändert werden. Die wichtigsten neuen Ausführungsgesetze werden im Ergänzungsband dieser Handausgabe abgedruckt werden, soweit sie vor der Herausgabe dieses Bandes erlassen werden.

Vgl. auch die Vorbem. zu § 971.

Zwangsversicherung von Unternehmern. — Ausschließung der Angehörigen von der Versicherung.

§ 1034. Die Landesgesetzgebung kann bestimmen, wieweit und unter welchen Voraussetzungen

1. Unternehmer, einschließlich der Ehegatten, versichert,
2. andere Angehörige des Unternehmers versicherungsfrei

sein sollen. Weitergehende Bestimmungen der Satzung im Falle der Nr. 1 werden dadurch nicht ausgeschlossen.

Vgl. § 1 Abs. 5 LUVG.

Nach § 1034 Nr. 1 und § 925 Nr. 1 kann sowohl Landesgesetz als Satzung, diese in beschränkterem Maße, die Versicherungspflicht auf Unternehmer und deren Ehegatten ausdehnen. Die

Ausdehnung, die auf dem einen Wege erfolgt ist, kann auf dem anderen Wege noch weiter erstreckt werden. Es kann also nicht etwa das Landesgesetz bestimmen, daß eine weitere Ausdehnung der Versicherung der Unternehmer durch die Satzung, wofür der Beschluß der Genossenschaftsversammlung und die Genehmigung der Aufsichtsbehörde erforderlich sind, nicht geschehen darf (§ 1034 Satz 2 und Begr. S. 343). — Soweit die Landesgesetze von der Befugnis der Ausdehnung der Unternehmerversicherung Gebrauch gemacht haben, ist die Erstreckung teils (in Bayern, Königreich Sachsen, Württemberg, Baden, Hessen und Sachsen-Meiningen) auf alle Unternehmer land- und forstw. Betriebe ohne Rücksicht auf die Höhe ihres Einkommens aus diesen Betrieben und aus sonstigen Quellen, teils bis zu gewissen Grenzen erfolgt, die nach verschiedenen Gesichtspunkten (Größe des Betriebs, Höhe des Gesamteinkommens) gezogen worden sind.

Nach Nr. 2 können andere Angehörige der Unternehmer — nicht aber, wie die Vergleichung von Nr. 2 mit Nr. 1 ergibt (vgl. auch Begr. S. 343), Ehegatten — durch die Landesgesetzgebung von der Versicherung ausgeschlossen werden. Auf Grund dieser Befugnis hat nur Bremen alle Familienangehörigen ausgeschlossen, die aber dort auf Grund der Satzung (vgl. § 929 Nr. 1 in Verbindung mit § 552 Nr. 1) freiwillige Versicherung nehmen können. Mehrfach sind Kinder vor dem 12. (Württemberg, Baden, Hamburg), oder vor dem 8. (Königreich Sachsen) Lebensjahre kraft Landesgesetzes unversichert.

Befreiung kleinerer Betriebe von Beiträgen.

§ 1035. Auch die Landesgesetzgebung kann Unternehmer wegen geringer Unfallgefahr oder wegen geringen Umfanges des Betriebs ganz oder teilweise von Beiträgen befreien und das Verfahren für die Ermittlung solcher Unternehmer bestimmen.

Bei Streit zwischen der Genossenschaft und dem Unternehmer über Befreiung entscheidet das Oberversicherungsamt endgültig.

Vgl. § 36 LUVG.

Auch durch die Satzung können kleine Betriebe von Beiträgen befreit werden (§ 1012). — Die Befreiung von Beiträgen schließt die Entschädigungspflicht der BG. für Unfälle in den befreiten Betrieben nicht aus.

Höhere Rücklagen.

§ 1036. Ebenso kann die Landesgesetzgebung höhere Rücklagen vorschreiben (§ 1013).

Vgl. § 37 Abs. 1 LUVG.

Zulässigkeit abweichender landesgesetzlicher Regelung.

§ 1037. Die Landesgesetzgebung kann
die Abgrenzung der Berufsgenossenschaften,
ihre Verfassung und Verwaltung,
das Verfahren bei Betriebsänderungen,
den Maßstab für das Umlegen der Beiträge,
das Verfahren bei dem Umlegen und Erheben
abweichend von den Vorschriften
der §§ 5 bis 7 über Organe,
der §§ 12, 13, 14 Abs. 2 Satz 2, der §§ 17 bis 21, 23, 24 über Ehrenämter,
des § 28 Abs. 1, 2, des § 29 Abs. 1, 2 über Vermögen,
des § 967 über Betriebsanmeldung,
des § 968, des § 969 in Verbindung mit den §§ 665, 666, 667 Abs. 2 und den §§ 669 bis 672, des § 970 über Wechsel des Unternehmers, über Anmeldung von Änderungen im Betrieb und über das weitere Verfahren,
der §§ 971 bis 974 über die Satzung,
des § 975 Abs. 1 in Verbindung mit den §§ 685, 686 Nr. 3, 4 und den §§ 687 bis 689, des § 976 Abs. 1, des § 977 Abs. 1 über Genossenschaftsorgane,
des § 978 über Angestellte der Genossenschaft,
des § 979 über Bildung von Gefahrklassen,
der §§ 980 bis 982 über Teilung und Zusammenlegung der Last,
der §§ 990 bis 1010 über Aufbringung der Mittel,
der §§ 1014 bis 1027 über Umlage- und Erhebungsverfahren,
regeln, auch abweichend von den Vorschriften dieses Gesetzes

die Organe bezeichnen, welche die Genossenschaften verwalten und die Rechte und Pflichten wahrnehmen, die dieses Gesetz den Vorständen überträgt, sowie

die Aufklärung des Sachverhalts bei Unfällen dem Versicherungsamt übertragen.

Vgl. § 141 LUVG

Während nach § 141 LUVG. die Befugnis einer vom Reichsgesetz abweichenden Regelung der landw. UV. den Bundesstaaten nur zustand, soweit in ihnen vor dem 5. Mai 1888, also in den ersten beiden Jahren nach dem Erlaß des ersten landw. UVG., solche Vorschriften erlassen waren, hat die RVO. diese Einschränkung der landesgesetzlichen Regelung fallen gelassen. Der Gesetzgeber ist dabei von der Erwägung ausgegangen, daß das Bedürfnis nach einer den besonderen örtlichen Verhältnissen angepaßten landesgesetzlichen Regelung, das einmal anerkannt sei, auch erst in späterer Zeit hervortreten könne, wenn sich die praktischen Wirkungen der reichsgesetzlichen Regelung besser übersehen ließen. — Es soll insbesondere der Landesgesetzgebung nicht verschlossen sein, sofern sie dazu imstande ist, unter Berücksichtigung der örtlichen Verhältnisse die Last der U.-Versicherung auf die Mitglieder der Genossenschaft so umzulegen, daß die Unfallgefahr, welche die einzelnen Betriebe bieten, dabei in einem tunlichst wenig umständlichen Verfahren zutreffender erfaßt wird. Bei BG.en mit stark geteiltem Landbesitz und häufigem Unternehmerwechsel, so bei kurzzeitiger Pachtung kleiner Grundstücke, macht oft auch das Laufenderhalten des Unternehmerverzeichnisses und der Heberolle insofern Schwierigkeiten, als die Grundstücke einheitlich in den berufsgenossenschaftlichen Registern nach dem Betriebssitz zusammengefaßt sind. Liegen die Grundstücke eines Unternehmers bei einheitlichem Betriebssitz (§§ 963, 964) in verschiedenen Gemeinden, so entgehen damit leicht Grundstücke, die nicht in der Gemeinde des Betriebssitzes liegen, der Heranziehung. Die Landesgesetzgebung soll daher vornehmlich auch gestatten können, daß das Unternehmerverzeichnis statt nach Betriebseinheiten, nach den je in einem Gemeindebezirke belegenen Einzelgrundstücken desselben Unternehmers geführt wird (Begr. S. 343).

Die Landesgesetzgebung kann nur den Maßstab zum Umlegen der Beiträge auf die Mitglieder der BG. regeln, nicht aber etwa Personen, die nicht Mitglieder der BG. sind, also Personen ohne einen der landw. UV. unterliegenden Betrieb zu den Lasten der landw. BG. heranziehen. Dagegen würde es zulässig sein, die den Unternehmern obliegende Last aus der landw. UV., statt durch besondere Beiträge dieser Unternehmer, etwa durch Verwendung der Jagdpachtgelder zu decken, die ihnen auf Grund ihres Landbesitzes zustehen (Begr. S. 344).

Nach § 1572 hat auf Ersuchen des Versicherungsträgers der Vorsitzende des V. Amts den gesamten Sachverhalt aufzuklären. Diese Aufklärung kann dem V. Amt durch die Landesgesetzgebung ein für allemal übertragen werden.

Bestimmungen, welche die landesgesetzliche Regelung enthalten muß.

§ 1038. Gebraucht die Landesgesetzgebung das Recht aus § 1037, so bestimmt sie über

1. die Vertretung der Genossenschaft bei der Unfalluntersuchung (§ 1562),
2. das Organ, bei dem der Entschädigungsanspruch anzumelden ist (§§ 1546, 1548, 1584, 1585) und das die Entschädigung feststellt und darüber den Bescheid oder Endbescheid erteilt (§§ 1568, 1569, 1583, 1606),
3. die Vermögensverwaltung (§ 25 Abs. 2, §§ 26, 27, 983 und § 984 in Verbindung mit den §§ 718 bis 720)

sowie darüber,

4. welche Personen außer den technischen Aufsichtsbeamten und den besonderen Sachverständigen (§ 1030 in Verbindung mit den §§ 875, 880, 881) den Strafvorschriften über Verletzung von Betriebsgeheimnissen (§§ 142 bis 144) unterliegen.

Vgl. § 142 LUVG.

Änderung im Bestande von Genossenschaften.

§ 1039. Hat die Landesgesetzgebung ihr Recht zur Abgrenzung von Berufsgenossenschaften gebraucht, so tritt bei Änderung im Bestande von Genossenschaften die oberste Verwaltungsbehörde an Stelle des Bundesrats, wenn die beteiligten Betriebe sämtlich ihren Sitz in dem Bundesstaate haben.

Vgl. § 143 LUVG.

Vgl. § 960 in Verbindung mit §§ 635 bis 646.

Leistungsunfähigkeit einer Genossenschaft.

§ 1040. Wenn eine nach Landesgesetz gebildete Genossenschaft wegen Leistungsunfähigkeit aufzulösen ist und ihre Betriebe anderen Genossenschaften zugeteilt werden sollen, deren Betriebe sämtlich ihren Sitz in dem Bundesstaate haben, so ist dessen oberste Verwaltungsbehörde für die Auflösung und Zuteilung zuständig.

Mit Auflösung der Genossenschaft gehen ihre Rechte und Pflichten auf den Bundesstaat über.

Vgl. § 144 LUVG.
Vgl. § 647.

Zugehörigkeit der Gebiete verschiedener Bundesstaaten zu einer Genossenschaft.

§ 1041. Hat ein Bundesstaat sein Gebiet ganz oder teilweise der Genossenschaft eines andern Bundesstaats, der sein Recht aus § 1037 gebraucht hat, mit dessen Einverständnis angeschlossen, so gelten für die Genossenschaft die landesgesetzlichen Vorschriften des bezeichneten anderen Bundesstaats.

Hat auch der angeschlossene Bundesstaat sein Recht aus § 1037 gebraucht, so gelten die Vorschriften des Bundesstaats, in dem die Genossenschaft ihren Sitz hat. Diesen vereinbaren die beiden Landesregierungen.

Löst der Bundesrat eine Genossenschaft dieser Art als leistungsunfähig auf, so gehen ihre Rechte und Pflichten auf die beteiligten Bundesstaaten nach dem Verhältnis der Beiträge, die im letzten Geschäftsjahr gezahlt worden sind, über.

Einigen sich die beteiligten Bundesstaaten nicht, so entscheidet auf Anrufen der Bundesrat.

Vgl. § 145 LUVG.

Auf Grund dieser — im wesentlichen dem früheren Recht entsprechenden — Bestimmung sind den preußischen landw. BG.en angeschlossen worden: die oldenburgischen Fürstentümer Lübeck und Birkenfeld, die Hansestadt Lübeck, Waldeck und Pyrmont.

Elfter Abschnitt.

Haftung von Unternehmern und Angestellten.

§ 1042. Für die Haftung von Unternehmern und Angestellten gelten die Vorschriften der gewerblichen Unfallversicherung (§§ 898 bis 907).

Ansprüche auf Ersatz des durch den Unfall erlittenen Schadens, die der Verletzte nach Gesetz für die ersten dreizehn Wochen nach dem Unfall hat, bleiben vorbehalten, wenn nicht der Verletzte gegen eine Krankenkasse, eine knappschaftliche Krankenkasse oder eine Ersatzkasse Anspruch auf die Leistungen der Krankenversicherung hat oder wegen gleichwertiger Leistungen versicherungsfrei ist.

Vgl. §§ 146 bis 150 LUVG.

Abs. 2 ist wohl nur durch ein Versehen in das Gesetz aufgenommen worden. Der § 942 gewährte in der Fassung des Entwurfs einer RVO. dem Unfallverletzten während der Wartezeit — ebenso wie § 27 LUVG. — nur Krankenpflege, nicht aber auch Krankengeld. Mit Rücksicht hierauf waren den Unfallverletzten für die Wartezeit ihre Ansprüche auf Schadensersatz vorbehalten worden. Nachdem in der Reichstagskommission die Fürsorgepflicht der Gemeinde für Arbeiter auf die Gewährunng von Krankengeld ausgedehnt worden war, lag wohl keine Veranlassung mehr vor, die Ausnahmevorschrift des Abs. 2 beizubehalten. Denn die Fälle des § 946 Abs. 1 stehen im Allgemeinen (vgl. Anm. zu § 942) denen des § 580 Nr. 1 gleich, und war für die gewerbl. UV. kein Bedürfnis für eine dem § 1042 Abs. 2 entsprechende Vorschrift vorhanden, so lag wohl ein solches Bedürfnis auch für die landw. UV. nicht vor.

Wenn nun auch nach dem Wortlaut des § 1042 Abs. 2 den Unfallverletzten, welchen die Gemeinde nach § 942 Krankenhilfe zu gewähren hat, der Anspruch auf Schadensersatz vorbehalten ist, so ist doch ein solcher Anspruch nach der Absicht des Gesetzgebers auszuschließen, da die Krankenfürsorge der Gemeinde nunmehr der Krankenversicherung gleichwertige Leistungen bietet und dieser vollkommen gleichsteht. Abs. 2 des § 1042 ist daher lediglich auf die nicht sehr zahlreichen Fälle des § 946 anwendbar, in denen die Verletzten weder auf Grund der RVO. oder bei einer knappschaftl. Krankenkasse oder Ersatzkasse versichert sind, noch einen Anspruch auf Krankenhilfe haben.

Vgl. auch § 1219 Abs. 4 der See-UV.

Da Abs. 2 des § 1042 nur einen Ersatz dafür bieten will, daß dem Verletzten während der ersten 13 Wochen nicht Krankenhilfe zu teil wird, behält diese Vorschrift dem Arbeiter nur solche Ansprüche gegen den Betriebsunternehmer und die ihm in der Haftung Gleichgestellten vor, für welche sich der Gegenstand der Leistung der Zeitdauer nach bestimmt abgrenzen läßt, also nicht etwa Ansprüche auf Ersatz des Schadens, der nicht Vermögensschaden ist (§ 847 BGB.) oder auf Buße (RG. Bd. 74, S. 27).

Zwölfter Abschnitt.

Strafvorschriften.

Vorbemerkung. Vgl. die Vorbem. vor § 908.

§ 1043. Der Genossenschaftsvorstand kann gegen Unternehmer Geldstrafen bis zu fünfhundert Mark verhängen, wenn

1. Gehalt- oder Lohnnachweise, die sie nach § 1016 für das Umlegen der Beiträge eingereicht haben,
2. Erklärungen, die den zuständigen Genossenschaftsorganen für das Veranlagen zu den Gefahrklassen abgegeben sind,
3. eine Auskunft, die sie nach § 996 für das Abschätzen des Arbeitsbedarfs oder nach § 997 über ihre Betriebs- und Arbeiterverhältnisse erteilt haben,
4. eine Anzeige oder Anmeldung, die nach § 968 über Wechsel des Unternehmers oder nach den §§ 969, 970 über Betriebsänderungen erstattet worden ist,

tatsächliche Angaben enthalten, deren Unrichtigkeit sie kannten oder den Umständen nach kennen mußten.

Abs. 1 gilt entsprechend für Nachweise, Erklärungen und Auskünfte, die Unternehmer für das Veranlagen zu den Beiträgen bei einem Maßstab nach § 1010 zu geben haben.

Vgl. § 156 LUVG.

Vgl. § 908 der gewerbl. UV.

§ 1044. Der Genossenschaftsvorstand kann ferner gegen Unternehmer Geldstrafen bis zu dreihundert Mark verhängen, wenn sie ihren Pflichten,

1. die im § 1043 Abs. 1, Nr. 1, 3, 4, Abs. 2 bezeichneten Äußerungen abzugeben,
2. die Bestimmungen der Satzung über Betriebseinstellungen und Wechsel des Unternehmers zu erfüllen,

nicht rechtzeitig nachkommen.

Vgl. § 157 Abs. 1.

Vgl. § 909 der gewerbl. UV.

Geltung von Vorschriften der gewerbl. UV.

§ 1045. Aus der gewerblichen Unfallversicherung gelten entsprechend die Vorschriften

des § 910 über Beschwerden gegen Straffestsetzungen der Genossenschaftsvorstände,

des § 911 über Anrechnen von Beiträgen auf den Entgelt,

des § 912 über Bestrafung der den Unternehmern Gleichgestellten,

des § 913 über Bestrafung bei Übertragung der Pflichten des Unternehmers,

des § 914 über die Kassen, denen die Strafgelder zufließen.

Vgl. § 152 Abs. 3, §§ 158, 159, § 164 Abs. 1 LUVG

Dritter Teil.

See-Unfallversicherung.

Erster Abschnitt.

Umfang der Versicherung.

Vorbemerkung.

In diesem Abschnitt sind alle Vorschriften über den Umfang der See-Unfallversicherung zusammengefaßt; im SUVG. befanden sie sich teils am Anfang teils am Ende des Gesetzes.

Versicherte Personen (§§ 1046, 1049).

§ 1046. Gegen Unfall versichert sind Personen, die

1. auf deutschen Seefahrzeugen als Schiffer, Schiffsleute, Maschinisten, Aufwärter oder in anderer Eigenschaft zur Schiffsbesatzung gehören (Seeleute), Schiffer jedoch nur, wenn sie gegen Entgelt beschäftigt werden,
2. auf deutschen Seefahrzeugen in inländischen Häfen oder auf inländischen Kanälen oder Flüssen beschäftigt werden, ohne zur Schiffsbesatzung zu gehören, wenn sie nicht anderweit auf Grund der Reichsversicherung gegen Unfall versichert sind,
3. in inländischen Betrieben schwimmender Docks und ähnlicher Einrichtungen sowie in inländischen Betrieben für den Lotsendienst, für Retten oder Bergen von Menschen oder Sachen bei Schiffbrüchen, für Bewachen, Beleuchten oder Instandhalten von Gewässern beschäftigt sind, die dem Seeverkehr dienen.

Vgl. § 1 Abs. 1, § 152 Nr. 1, 2 SUVG.

Die hier aufgeführten Personen können sowohl bei der BG., als auch bei der Zweiganstalt (§ 1120) versichert sein.

Der Begriff des d e u t s c h e n S e e f a h r z e u g s ist im § 163 bestimmt. Voraussetzung dafür, daß Personen zur S c h i f f sbesatzung gehören, ist ein nicht lediglich ganz vorübergehendes Dienstverhältnis zu dem Betriebsunternehmer oder dem Schiffer (Kapitän); das Dienstverhältnis muß mit dem Schiffsbetrieb im Zusammenhang stehen (Rev. Entsch. 587, A. N. 1897, S. 380). Vorübergehend an Bord beschäftigte Personen werden meist nach Nr. 2 dieses Paragraphen versichert sein; für selbständige Lotsen besteht nach § 1061 das Recht der Selbstversicherung.

Welchem Staate die Seeleute angehören, ist für die Versicherung gleichgültig; auch farbige Seeleute sind versichert. Nur bei dem Schiffer ist die Versicherung von der Gewährung eines Entgelts (§ 160) abhängig gemacht. Reeder (§ 1060) sind nach Maßgabe der Nr. 1 nicht versichert; über ihre Versicherung bestimmen die §§ 1058, 1059, 1061 näheres. Ein Mitreeder kann auf Grund eines besonderen Dienstvertrages in die Schiffsbesatzung eintreten (Rek. Entsch. 1512, A. N. 1896, S. 286).

Durch Nr. 2 werden als Arbeiter oder Betriebsbeamte auf deutschen Seefahrzeugen beschäftigte, aber nicht zur Schiffsbesatzung gehörige Personen, soweit sie nicht schon anderweit versichert sind, in die Versicherung einbezogen, also z. B. Personen, welche die Schiffe im Hafen zu bewachen, zu reinigen und auszubessern haben.

Die Worte „auf inländischen Kanälen oder Flüssen" waren im § 1 Abs. 1, Nr. 2 SUVG. nicht enthalten. Die deutschen Schutzgebiete gelten nicht als Inland im Sinne von Nr. 2 und 3.

Durch die Nr. 1 und 2 wird auch die Fischerei versichert, soweit sie auf deutschen Seefahrzeugen ausgeübt wird, also auf Fahrzeugen, die unter deutscher Flagge fahren und ausschließlich oder vorzugsweise zur Seefahrt benutzt werden (§ 163). Darüber hinaus wird die Fischerei noch durch § 1049 der See-Unf.-Vers. unterstellt. Stets, auch im Falle des § 1049, wird ein Fahrzeug zur Ausübung der Fischerei verlangt. Die Fischerei vom Lande aus und die Eisfischerei ist daher nicht versichert, soweit nicht § 1057 Platz greift. Die zur Besatzung eines Fischereifahrzeugs gehörigen Personen bleiben nicht nur während der Fahrt, sondern auch an Land versichert, wenn sie dies im Interesse des Fischereibetriebes, z. B. zum Netzeflicken, betreten haben (vgl. § 1056).

Die in den zu Nr. 3 aufgeführten Hilfsbetrieben der Seeschiffahrt beschäftigten (also nicht die aus bloßer Liebhaberei oder zur Vorbereitung für eine Prüfung sich darin aufhaltenden) Personen sind in die See-Unf.-Vers. selbst dann einbezogen, wenn sich die Tätigkeit nicht auf der See oder auf den zur See gerechneten Gewässern vollzieht.

Seefahrt (§§ 1047. 1048).

§ 1047. Als Seefahrt (§ 163) gilt

1. der Verkehr auf See außerhalb der Grenzen, die § 1 der Ausführungsbestimmungen vom 10. November 1899 zum § 25 des Flaggengesetzes vom 22. Juni 1899 festsetzt,
2. die Fahrt auf Buchten, Haffen und Watten der See.

Vgl. § 3 Abs. 2 SUVG.

Zu Nr. 1: Die Bek. v. 10. November 1899 befindet sich im Zentralblatt für das deutsche Reich S. 380.

Zu Nr. 2: Haffen der See sind nicht Binnenhaffe entgegenzusetzen. Unter Haffen der See sind die als Haffe allgemein bezeichneten zu verstehen (Beschl. 539, A. N. 1888, S. 258), das Kurische, Frische und Stettiner. Die Haffschiffahrt gilt als Seeschiffahrt, weil sie dieser nach ihren gesamten Verhältnissen viel näher steht, als der Binnenschiffahrt. Das gleiche gilt von der Schiffahrt auf Buchten und Watten.

§ 1048. Nicht als Seefahrt gilt die Fahrt auf anderen Gewässern, die mit der See verbunden sind, auch wenn sie von Seeschiffen befahren werden.

Vgl. § 3 Abs. 2 SUVG.

Demnach gilt nicht als Seefahrt die Fahrt auf Flußmündungen und mit der See verbundenen Binnenseen.

Versicherte Personen (Fischerei).

§ 1049. Gegen Unfall ist auch versichert die Besatzung von Fahrzeugen, die zur Fischerei auf Gewässern der im § 1048 bezeichneten Art innerhalb der vom Bundesrate festgesetzten Grenze dienen.

Vgl. § 152 Nr. 3 SUVG.

Die Grenze ist duch die Bek. v. 1. Juli 1908 (Zentralblatt S. 259 u. A. N., S. 547) festgesetzt. Nicht auch auf die Schiffahrt, sondern nur auf die — meist ähnlich wie die Seefischerei — betriebene Fischerei in diesen Gewässern ist die See-Unfallversicherung ausgedehnt. Die Fischerei auf Fahrzeugen der hier bezeichneten Art ist nach § 1120 Nr. 3, §§ 1186, 1187 bei der Zweiganstalt versichert.

Die Unternehmer gewerblicher Fischereibetriebe der im § 1049 bestimmten Art sind gemäß § 1058 Abs. 1, Nr. 3 zwangsversichert.

Die Fischerei auf den im § 1047 bezeichneten Gewässern ist gemäß § 1046 versichert.

Bestimmungsrecht des RVA.

§ 1050. Ist es zweifelhaft, ob Betriebe der See-Unfallversicherung unterliegen, so bestimmt darüber nach Anhören des Genossenschaftsvorstandes das Reichsversicherungsamt.

Vgl. § 1 Abs. 3 SUVG.

Nur allgemeine Bestimmungen sind zulässig. Nicht aber ist das RVA. befugt, nur eine einzelne Streitsache im Wege des § 1050 zu entscheiden.

Geltung der gewerbl. Unfallversicherung.

§ 1051. Für Seeschiffahrts- und andere unter die §§ 1046, 1049 fallende Betriebe, die als wesentliche Bestandteile anderer Betriebe der gewerblichen Unfallversicherung unterliegen, gilt die See-Unfallversicherung nicht (§ 540 Nr. 2).

Vgl. § 1 Abs. 2, Satz 1 SUVG.

Für Seeschiffahrts- und andere unter die §§ 1046, 1049 fallende Betriebe, die wesentliche Bestandteile eines gemäß §§ 537, 538 der gewerblichen Unfallversicherung unterliegenden Betriebs, z. B. eines Tiefbaubetriebs, sind und nicht über den örtlichen Verkehr hinausreichen, gilt die gewerbliche Unfallversicherung (vgl. Anm. zu § 540 Nr. 2). Sind die Seeschiffahrt und die bezeichneten anderen Betriebe Nebenbetriebe eines versicherten Hauptbetriebs, so unterliegen sie doch stets der See-U.-Vers. Soweit Seeschiffahrtsbetriebe und die anderen bezeichneten Betriebe überhaupt wesentliche Bestandteile eines landw. oder forstw. Betriebs sein können, unterstehen sie ebenfalls der See-U.-Vers.

Für Nebenbetriebe eines Seeschiffahrts- oder anderen unter die §§ 1046, 1049 fallenden Betriebs, z. B. für die von einem Reeder betriebene Schiffbau- und Schiffsausbesserungsanstalt, gelten die Bestimmungen der See-Unfallversicherung nicht (Rek. Entsch. 1022, A. N. 1891, S. 242).

Betriebsunfälle.

§ 1052. Die Versicherung gilt für Unfälle beim Betrieb einschließlich der Unfälle, die während des Betriebs durch Elementarereignisse eintreten (Betriebsunfälle).

Verbotwidriges Handeln schließt die Annahme eines Betriebsunfalles nicht aus.

Vgl. § 1 Abs. 1 SUVG.

Die allgemeinen zu § 544 entwickelten Grundsätze gelten auch hier. — Auf die eigenartigen Verhältnisse der Seefahrten ist gebührende Rücksicht zu nehmen. So hat das RVA. entschädigt die Hinterbliebenen eines Seemanns, der in geringem Grade herzkrank war und während eines Typhons infolge der dadurch verursachten Aufregungen einen todbringenden Schlaganfall erlitt (Rek. Entsch. 1044, A. N. 1891, S. 252) — eines Seemanns, der infolge des Genusses frischer auf hoher See geangelter giftiger Fische starb (Rek.-Entsch. 1543, A. N. 1896, S. 422) — eines Seemanns, der an Skorbut zugrundeging, den der längere Genuß von Wasser verursacht hatte, das bei einem Seesturm durch Eindringen von Seewasser verdorben worden war (Rek. Entsch. 1390, A. N. 1895, S. 148); im letzteren Falle hat das RVA. den Unfall in der plötzlichen Schaffung des Notstandes erblickt, das verdorbene Wasser zu genießen.

Klimatische Erkrankungen begründen einen Entschädigungsanspruch nur dann, wenn sie durch einen als Unfall anzusehenden Betriebsvorgang ausgelöst oder in ihrem Verlauf wesentlich ungünstig beeinflußt worden sind. — Folgen ansteckender Krankheiten, deren Erreger bei Landurlaub in eigener Sache (§ 1056 Nr. 2) aufgenommen worden sind, hat die Berufsgenossenschaft nicht zu entschädigen.

Auch diejenigen Arbeiten, welche vor der Eröffnung des Seeschiffahrtsbetriebs zu seiner Vorbereitung und nach der Einstellung des Betriebs zu seiner Auflösung vorgenommen werden, sind bei der See-BG. versichert, wenn diese Vor- oder Nacharbeiten den eigentlichen Betriebsarbeiten im wesentlichen gleichartig sind und von denjenigen Personen ausgeführt werden, die auch dem Betriebe selbst dienen oder gedient haben (Rek.-Entsch. 2012, A. N. 1903, S. 510).

Beförderung vom Lande zum Fahrzeug und umgekehrt.

§ 1053. Die Versicherung gilt für die Zeit von Anfang bis Ende des Dienstverhältnisses einschließlich der

Beförderung vom Lande zum Fahrzeug und vom Fahrzeug zum Lande.

Vgl. § 4 Abs. 1, Satz 1 SUVG.

Die Beförderung vom Lande zum Fahrzug und vom Fahrzeug zum Lande, ist stets in die Versicherung einbezogen, auch wenn sich der Seemann in eigener Sache an Land (oder auch unmittelbar an ein anderes im selben Hafen liegendes Schiff) begeben hatte. Die Versicherung erfaßt auch schon den erforderlichen Aufenthalt an der Anlegestelle zum Schiff oder an der Stelle des Ufers, an der das Schiff liegt (Rek. Entsch. 2191, A. N. 1907, S. 471).

Reist ein Seemann, der in eigener Sache Urlaub genommen hatte, zu seinem Schiff zurück, so gelangt er erst dann wieder unter den Schutz der Versicherung, wenn er „vom Lande zum Fahrzeug befördert wird".

Weitere versicherte Unfälle.

§ 1054. Die Versicherung erstreckt sich auch auf

1. Unfälle, welche die nach den §§ 1046, 1049 Versicherten auf einem der See-Unfallversicherung unterliegenden Fahrzeug, auf dem sie beschäftigt sind, ohne zu dessen Besatzung zu gehören, bei dem Betrieb erleiden,
2. Unfälle deutscher Seeleute bei freier Zurückbeförderung oder Mitnahme auf deutschen Seefahrzeugen, die ihnen nach dem Handelsgesetzbuch oder nach der Seemannsordnung (Reichs-Gesetzbl. 1902, S. 175), oder nach dem Gesetz, betreffend die Verpflichtung der Kauffahrteischiffe zur Mitnahme heimzuschaffender Seeleute (Reichs-Gesetzbl. 1902 S. 212) gewährt wird.

Vgl. § 4 Abs. 1, Satz 2 SUVG.

Flaggenwechsel.

§ 1055. Bei Flaggenwechsel gilt das Dienstverhältnis in dem Zeitpunkt als beendet, in welchem der Versicherte seine Entlassung verlangen durfte. Der Flaggenwechsel ist dem Versicherten mitzuteilen. Die Mitteilung hat der

Kapitän ins Schiffstagebuch einzutragen, und die Versicherten haben den Eintrag zu bestätigen.

Vgl. § 4 Abs. 1, Satz 2 SUVG.

Satz 2 u. 3 enthalten neue Vorschriften, die auf Veranlassung der Reichstagskommission aufgenommen worden sind (Kom. Ber. Bd. III, S. 242).

Ausschluß von der Versicherung.

§ 1056. Ausgeschlossen von der Versicherung sind Unfälle, die der Versicherte erleidet, während er

1. sich pflichtwidrig von Bord entfernt hält,
2. in eigener Sache an Land beurlaubt ist.

Vgl. § 4 Abs. 2 SUVG.

Zu Nr. 1: Nicht jedes objektiv pflichtwidrige Verlassen des Schiffsmanns reicht aus, um den Entschädigungsanspruch auszuschließen. Die pflichtwidrige Handlung muß dem Versicherten auch subjektiv zuzurechnen sein. Dabei sind die Umstände des Falles, insbesondere die hohe Gefahr des Augenblicks, in dem die Pflichtwidrigkeit begangen wird, gebührend zu berücksichtigen (vgl. Rek. Entsch. 814, A. N. 1890, S. 189).

Pflichtwidrig handelt auch, wer verbotswidrig handelt. § 1056 Nr. 1 schließt die Anwendung des § 1052 Abs. 2 für den Fall der Entfernung von Bord aus.

Zu Nr. 2: Hat der Versicherte an Land einen dienstlichen Auftrag oder einen nach § 1057 versicherten anderen Dienst zu erledigen, so ist er während des Aufenthalts an Land versichert. Wenn sich an den Betriebsgang eine Tätigkeit in eigener Angelegenheit von längerer Dauer anschließt, so ist der Rückweg zur Anlagestelle des Schiffes nicht versichert (Rek. Entsch. 2191, A. N. 1907, S. 471, vgl. auch Anm. zu § 1053). — Dem Urlaub in eigener Sache an Land kann Urlaub in eigener Sache zu Fahrten auf dem Wasser gleichstehen.

Häusliche und andere Dienste. Retten und Bergen.

§ 1057. Die Versicherung erstreckt sich auch auf

1. häusliche und andere Dienste, zu denen Versicherte, die hauptsächlich im Betriebe beschäftigt sind, von dem Unternehmer oder dessen Beauftragten herangezogen werden,

2. Dienstleistungen Versicherter bei Retten oder Bergen von Menschen oder Sachen.

Vgl. § 2 SUVG.

Zu Nr. 1 vgl. § 546.

Dienstleistungen im Sinne von Nr. 2 (auf See, oder auch im Hafen) sind auch dann versichert, wenn sie ohne Auftrag des Unternehmers oder dessen Beauftragten, ja gegen deren Willen, ausgeführt werden.

Nach Gesetz versicherte Unternehmer.

§ 1058. Versichert sind auch Unternehmer gewerblicher Betriebe der

1. Seeschiffahrt, wenn das Seefahrzeug nicht mehr als fünfzig Raummeter Gesamtraum hält und weder Zubehör eines größeren Fahrzeugs noch zur Fortbewegung durch Dampf oder andere Maschinenkräfte eingerichtet ist,
2. Seefischerei mit Fahrzeugen, die der Bundesrat nicht schon nach § 1 Abs. 5 des Gesetzes vom 13. Juli 1887 (Reichs-Gesetzbl. S. 329) als Hochseefischereidampfer oder Heringslogger der Unfallversicherung unterstellt hat,
3. Fischerei der im § 1049 bezeichneten Art.

Die Versicherungspflicht besteht nur, wenn der Unternehmer zur Besatzung des Fahrzeugs gehört und bei dem Betriebe regelmäßig keine oder höchstens zwei Versicherungspflichtige gegen Entgelt beschäftigt.

Vgl. § 153 SUVG.

Voraussetzung für die Versicherungspflicht des Unternehmers kraft Gesetzes (§ 1058) und nach der Satzung (§ 1059) ist, daß er zur Besatzung des Fahrzeugs gehört und regelmäßig keine oder höchstens 2 Versicherte gegen Entgelt (§ 160) beschäftigt; Lehrlinge, die kein Entgelt erhalten, werden nicht mitgezählt. Versicherungspflichtig kraft Gesetzes ist der Unternehmer der oben in Nr. 1 bis 3 aufgeführten, nach § 1120 der Zweiganstalt zugeteilten Betriebe, sofern die Betriebe gewerbliche sind. Das ist der einzige Fall, in dem Betriebsunternehmen durch die RVO. unmittelbar der Unfallversicherung unterstellt sind.

Wer als Unternehmer zu gelten hat, ist nach den zum § 633 gegebenen Erläuterungen zu entscheiden. Die Feststellung, ob eine Person zur Besatzung gehört oder Unternehmer ist, unterliegt bei den sog. Anteilschiffern und Anteilfischern oft erheblichen Schwierigkeiten (vgl. Handbuch Bd. II, S. 573). — Gewerblich wird die Fischerei und Schifferei nur dann betrieben, wenn die Absicht besteht, aus ihr eine regelmäßige Einnahme zu erzielen, nicht aber, wenn sie den Zwecken des Sports oder der Zerstreuung dient.

Zu Nr. 1: Gewerbsmäßig ist ein Schiffahrtsbetrieb nur dann, wenn er betrieben wird, um unmittelbar daraus einen dauernden Erwerb zu erzielen (vgl. Anm. zu § 537 Abs. 1, Nr. 7). Ein gewerbsmäßiger Schiffahrtsbetrieb ist aber auch dann anzunehmen, wenn die Schiffahrt nach ihrer besonderen Bedeutung für den Betrieb, dem sie dient, namentlich wegen ihrer finanziellen Erheblichkeit, (z. B. durch beträchtliche Wertsteigerung der beförderten Waren) einen wesentlichen und hervorstechenden Bestandteil des Unternehmens bildet, wie dies bei umherfahrenden Obst- und Fischhändlern der Fall sein kann (Rek. Entsch. 1802, A. N. 1900, S. 632).

Zu Nr. 2: Maßgebend sind hier die Bekanntmachungen des Reichskanzlers über die Versicherungspflicht der Besatzung von Hochseefischereidampfern vom 14. Juni 1895 (RGBl. S. 351) und über die Ausdehnung der Unfallversicherung auf die große Heringsfischerei v. 6. Februar 1896 (RGBl. S. 53). Die durch diese Bekanntmachungen betroffenen Betriebe sind bei der BG. versichert, während die andern Seefischereibetriebe der Zweiganstalt zugeteilt sind (§ 1120).

Unternehmer von nicht gewerbsmäßigen Betrieben der im § 1058 Abs. 1 bezeichneten Art können sich nach § 1061 bei der Zweiganstalt selbst versichern (§§ 1120, 1187).

Nach der Satzung versicherte Unternehmer.

§ 1059. Die Satzung kann die Versicherungspflicht auch sonst auf Reeder erstrecken, die zur Besatzung des Fahrzeugs gehören und bei dem Betriebe regelmäßig keine oder höchstens zwei Versicherungspflichtige gegen Entgelt beschäftigen.

Vgl. § 5 Abs. 1 SUVG.

Beschäftigt ein Reeder keinen Versicherungspflichtigen, so ist die Erstreckung nur unter der Voraussetzung zulässig, daß sein Betrieb bei Beschäftigung eines Versicherungspflichtigen der Versicherung unterworfen wäre.

Reeder, Reederei.

§ 1060. Reeder sind die Eigentümer der Seefahrzeuge, sofern eine Reederei besteht (§ 489 des Handelsgesetzbuchs), die Reederei.

Vgl. § 3 Abs. 4 SUVG.

Eine Reederei besteht, wenn von mehreren Personen ein ihnen gemeinschaftlich zustehendes Schiff zum Erwerbe durch die Seefahrt für gemeinschaftliche Rechnung verwendet wird (§ 489 Handelsgesetzbuch).

Der Reeder gilt nach § 1121 bei Seeschiffahrtsbetrieben als Unternehmer im Sinne der See-Unf.-Vers.

Freiwillige Selbstversicherung der Unternehmer.

§ 1061. Solche Unternehmer versicherter Betriebe, welche nicht schon nach diesen Vorschriften versichert sind, und Lotsen, die ihr Gewerbe für eigene Rechnung betreiben, können sich selbst gegen die Folgen von Betriebsunfällen versichern.

Vgl. § 5 Abs. 2 SUVG.

Sind die Unternehmer nach §§ 1058, 1059 nicht versicherungspflichtig, so sind sie zur Versicherung berechtigt. Die Berechtigung, sich selbst zu versichern, gilt auch für die nicht schon versicherungspflichtigen Unternehmer solcher Betriebe, die der Zweiganstalt zugeteilt sind (§ 1120 Nr. 1 bis 3, Begr. S. 345).

Ehegatten der Unternehmer.

§ 1062. Die Vorschriften der §§ 1058, 1059, 1061 über die Versicherung des Unternehmers gelten auch für seinen im Betriebe tätigen Ehegatten.

Für die Ehefrau des Unternehmers gilt also, wenn sie zur Besatzung des Schiffes gehört und im Betriebe tätig ist, grundsätzlich dasselbe, wie für die Ehefrau des landwirtschaftl. oder gewerbl. Unternehmers (§§ 928, 551).

Begrenzung der Versicherung nach dem Jahresarbeitsverdienste.

§ 1063. Die Versicherung erstreckt sich auf einen Jahresarbeitsverdienst bis einschließlich fünftausend Mark. Die Satzung kann sie darüber hinaus erstrecken.

Vgl. § 6 SUVG.

Abweichend von der Gewerbe- und der landw. Unf.-Versicherung unterwirft dieser Paragraph die Arbeitgeber (§1058) und das sämtliche Personal ohne Rücksicht auf die Höhe des Einkommens der Pflichtversicherung.

Der Mehrverdienst wird bei der Berechnung des Jahresarbeitsverdienstes nicht angerechnet. Der Unterschied zwischen 5000 M. und 1800 M. wird nur mit einem Drittel angerechnet (vgl. § 1073 bezw. § 1074 in Verbindung mit § 563, bezw. § 1079).

Anwendung von Vorschriften der gewerbl. UV.

§ 1064. Aus der gewerblichen Unfallversicherung gelten entsprechend

1. für die Versicherung anderer im Betriebe Beschäftigter und Betriebsfremder § 552,
2. für die Folgen nicht rechtzeitiger Entrichtung von Beiträgen bei freiwilliger Versicherung § 553,
3. für die Versicherung von Personen des Soldatenstandes und von Beamten § 554.

Vgl. § 1 Abs. 2, Satz 2, § 7 SUVG.

Zweiter Abschnitt.

Gegenstand der Versicherung.

Geltung von Bestimmungen der gewerbl. UV. — Beginn der Entschädigungspflicht der See-B.G.

§ 1065. Für den Gegenstand der Versicherung gelten aus der gewerblichen Unfallversicherung entsprechend die §§ 555 bis 562; die Verletzung des § 93 Abs. 2, 3, der §§ 95 bis 97 der Seemannsordnung gilt nicht als Vergehen im Sinne des § 557 Abs. 1.

Soweit die gesetzliche Pflicht des Reeders zur Krankenfürsorge besteht, tritt die Entschädigungspflicht der Berufsgenossenschaft mit dem Ende der Pflicht des Reeders ein.

Vgl. § 8, 9 SUVG.

Die §§ 555 bis 562 behandeln den Gegenstand des Entschädigungsanspruchs im Allgemeinen, seine Ausschließung und Versagung, die Gewährnisse bei Verletzungen im Allgemeinen, den Betrag der Rente, die Hilflosenrente, sowie die Entschädigung von Versicherten, die bereits vor dem Unfall völlig erwerbsunfähig waren, sowie solcher Versicherten, die infolge des Unfalls unverschuldet arbeitslos sind.

Abs. 2 trifft den Fall, daß dem Reeder die Krankenfürsorgepflicht gegnüber dem Schiffer (Kapitän), gemäß §§ 553 bis 553b Handelsgesetzbuch, oder gegenüber der Schiffsmannschaft, gemäß §§ 59 bis 62 Seemannsordnung, obliegt (vgl. Anfang der Anm. zu § 1083). Hier kommen der § 553 HGB. und der § 59 der Seemannsordnung in Betracht, die im wesentlichen gleichlauten:

§ 59 der Seemannsordnung bestimmt:

„Falls der Schiffsmann nach Antritt des Dienstes oder nach der Anmusterung erkrankt oder eine Verletzung erleidet, trägt der Reeder die Kosten der Verpflegung und Heilbehandlung. Vorbehaltlich der Vorschrift in Abs. 2 erstreckt sich diese Verpflichtung:

1. wenn der Schiffsmann wegen der Krankheit oder Verletzung die Reise nicht antritt, bis zum Ablaufe von 26 Wochen seit der Erkrankung oder Verletzung;
2. wenn er die Reise angetreten hat, bis zum Ablaufe von 26 Wochen nach dem Verlassen des Schiffes.

Bei Verletzung infolge eines Betriebsunfalls werden die Fristen im Abs. 1 auf 13 Wochen beschränkt, im Falle der Nr. 2 jedoch nur, wenn der Schiffsmann das Schiff in einem deutschen Hafen verläßt, oder wenn er aus einem außerdeutschen Hafen in die Krankenanstalt eines deutschen Hafens überführt wird. Die Verpflichtung des Reeders hört dem Verletzten gegenüber auf, sobald und soweit die Berufsgenossenschaft die Fürsorge übernimmt.

Der Reeder ist berechtigt, die Verpflegung und Heilbehandlung dem Schiffsmann in einer Krankenanstalt zu gewähren.

Ein Schiffsmann, der wegen Krankheit oder Verletzung außerhalb des Reichsgebiets zurückgeblieben ist, kann mit seiner Einwilligung und der des behandelnden Arztes oder des Seemannsamts nach einem deutschen Hafen in eine Krankenanstalt überführt werden. Ist der Schiffsmann außerstande, die Zustimmung zu erteilen, oder verweigert er sie ohne berechtigten Grund, so kann sie nach Anhörung eines Arztes durch dasjenige Seemannsamt ersetzt werden, in dessen Bezirke der Schiffsmann sich zur Zeit befindet.

Der Schiffsmann, welcher sich der Heilbehandlung ohne berechtigten Grund entzieht und hierdurch nach ärztlichem Gutachten die Heilung vereitelt oder wesentlich erschwert hat, verliert den Anspruch auf kostenfreie Verpflegung und Heilbehandlung. Über die Berechtigung des Grundes sowie über Beginn und Dauer des Verlustes entscheidet vorläufig das Seemannsamt.

Dem Schiffsmanne gebührt, falls er nicht mit dem Schiffe nach dem Hafen der Ausreise (§ 14) zurückkehrt, freie Zurückbeförderung (§ 78, 79) nach diesem Hafen oder nach Wahl des Kapitäns eine entsprechende, im Streitfalle vom Seemannsamte vorläufig festzusetzende Vergütung."

Für den selbstversicherten Reeder hat die BG. oder die Zweiganstalt stets vom Beginn der 13. Woche an einzutreten.

Jahresarbeitsverdienst der bei der BG. Versicherten (§§ 1066 bis 1079, 1081, 1082).

§ 1066. Bei der Berechnung der Rente der Versicherten, die zur Berufsgenossenschaft gehören (§ 1118), bestimmt sich der Jahresarbeitsverdienst nach den §§ 1067 bis 1079, 1081, 1082.

Bei der Berechnung der Rente wird zunächst unterschieden zwischen den zur BG. gehörigen und zwischen den zur Zweiganstalt gehörigen Versicherten. Die Berechnung der bei den zur BG. gehörigen Versicherten ist wieder verschieden, je nachdem sie zur Besatzung von Seefahrzeugen gehören (mit Ausnahme jedoch der in Schlepper- und Leichterbetrieben Beschäftigten; vgl. Anm. zu § 1074) — §§ 1067 bis 1073, 1081 — oder sonst nach § 1046 versichert sind (§§ 1074 bis 1078, 1082), oder Unternehmer, Lotsen, sowie andere im Betriebe Beschäftigte oder Betriebsfremde sind (§ 1079).

Die Berechnung der Rente von Versicherten, die zur Zweiganstalt gehören (§§ 1186, 1187) ist in den §§ 1080, 1082 geregelt.

Jahresarbeitsverdienst von Personen, die zur Besatzung von Seefahrzeugen gehören (§§ 1067—1073, 1081).

§ 1067. Als Jahresarbeitsverdienst der Personen, die zur Besatzung von Seefahrzeugen gehören, mit Ausnahme der in Schlepper- und Leichterbetrieben Beschäftigten, gilt das Elffache des Durchschnittsatzes, der zur Zeit des Unfalls bei Anmustern oder Anwerben an barem Entgelt (Heuer) für den Monat gewährt wird; dazu werden zwei Fünftel des Durchschnittsatzes für Vollmatrosen als Geldwert der auf Seefahrzeugen gewährten Beköstigung gerechnet.

Vgl. § 10 Abs. 1, Satz 1, Abs. 5 SUVG.

Monatlicher Durchschnitt (§§ 1069—1072).

§ 1068. Den monatlichen Durchschnitt setzt der Reichskanzler nach Anhören der obersten Verwaltungsbehörden einheitlich für die ganze deutsche Küste fest, und zwar nach den Lohnsätzen, die Vollmatrosen auf deutschen Fahrzeugen während der letzten drei Kalenderjahre, in denen deutsche Streitkräfte nicht mobil gemacht worden sind, erhalten haben.

Für die Klassen der Schiffsbesatzung, die neben Lohn oder Gehalt regelmäßige Nebeneinnahmen haben, wird auch deren durchschnittlicher Geldwert bei Festsetzung des Durchschnitts eingerechnet.

Vgl. § 10 Abs. 1, Satz 2, Abs. 2 Satz 1, 2 SUVG.

Den Durchschnittssatz des monatlichen Lohnes (Heuer) oder Gehalts, der bei Bemessung des Jahresarbeitsverdienstes der zur Besatzung deutscher Seefahrzeuge gehörenden Personen zugrundezulegen ist, hat zuletzt die Bek. des Reichskanzlers v. 31. Dezember 1908 — A. N. 1909, S. 229 — einheitlich für die ganze deutsche Küste festgesetzt. Der Durchschnittssatz ist nach den im § 1069 angegebenen Grundsätzen abgestuft.

Neben dem festgesetzten Durchschnittssatz und dem Pauschalzuschlag für Beköstigung werden Nebeneinnahmen irgend welcher Art nicht angerechnet; diese sind schon in dem Durchschnittssatz mit berücksichtigt (Rek. Entsch. 1734, A. N. 1898, S. 556).

§ 1069. Der Durchschnitt wird für Vollmatrosen, Steuerleute, Maschinisten, andere Schiffsoffiziere und für Schiffer besonders festgesetzt. Er kann auch noch nach der Gattung der Schiffe oder nach Klassen der Schiffsbesatzung abgestuft werden.

Vgl. § 10 Abs. 3 SUVG.

§ 1070. Bei Personen der Schiffsbesatzung, für die kein besonderer Durchschnitt festgesetzt ist, werden drei Viertel des für Vollmatrosen festgesetzten Durchschnitts gerechnet.

Vgl. § 10 Abs. 4 SUVG.

§ 1071. Mindestens alle fünf Jahre wird die Festsetzung nachgeprüft.

Vgl. § 10 Abs. 2, Satz 3 SUVG.

Das Verzeichnis der Durchschnittssätze (§ 1068) kann jederzeit ergänzt werden, wenn sich neue Gruppen von Mannschaften oder Schiffsoffizieren bilden.

§ 1072. Die Rente ist vom Ablauf des siebzehnten Lebensjahrs nach dem Durchschnittsatze für Leichtmatrosen und vom Ablauf des neunzehnten Lebensjahrs nach dem für Vollmatrosen zu erhöhen, wenn sie nach einem geringeren Durchschnittsatz berechnet war.

Vgl. § 12 Abs. 3 SUVG.

Jahresarbeitsverdienst über 1800 M.

§ 1073. Soweit der Jahresarbeitsverdienst eintausendachthundert Mark übersteigt, wird er nur mit einem Drittel angerechnet.

Vgl. § 12 Abs. 1 SUVG.

Der 5000 M. überschießende Betrag wird bei allen versicherten Personen überhaupt nicht angerechnet (§ 1063). (Vgl. Kom. Ber. Bd. III, S. 243).

Jahresarbeitsverdienst der übrigen nach § 1046 Versicherten, die zur BG. gehören (§§ 1074—1078, 1082).

§ 1074. Für den Jahresarbeitsverdienst der übrigen nach § 1046 Versicherten, die zur Berufsgenossenschaft gehören, gelten die §§ 563 bis 566, 568 aus der gewerblichen Unfallversicherung.

Ferner gelten hierfür die §§ 1075 bis 1078, 1082.

Vgl. § 11 Abs. 1, 2, § 12 Abs. 1 SUVG.

Die Berechnung des Jahresarbeitsverdienstes ist für die übrigen nach § 1046 Versicherten, die zur BG. gehören, — einschließlich der im Schlepper- und Leichterbetrieben Beschäftigten (§ 1067) — in den §§ 1074 bis 1078, 1082 genau so geregelt, wie in den §§ 563 bis 571 für gewerbliche Arbeiter. Nur wird in den Fällen der §§ 567, 570, sowie des § 571 stets der Ortslohn (§§ 149 bis 152)

Erwachsener, hier aber der Ortslohn in der Höhe zugrunde gelegt, wie er der Altersstufe des Verletzten entspricht.

Vgl. die Anm. zu §§ 563 bis 566, 568, sowie auch Ende der Anm. zu § 931.

§ 1075. Ist die betriebsübliche Zahl von Arbeitstagen im Jahre so gering, daß die im Betriebe Beschäftigten regelmäßig noch anderweit Lohnarbeit verrichten, so wird in den Fällen der §§ 565, 566 für die an dreihundert fehlende Zahl von Arbeitstagen der Ortslohn, der zur Zeit des Unfalls für den Beschäftigungsort des Versicherten festgesetzt ist (§§ 149 bis 152), dem nach § 565 oder § 566 berechneten Betrage zugezählt.

Vgl. § 567 und Anm. zu § 1074.

§ 1076. Die §§ 1074, 1075 gelten entsprechend, wenn sich der Jahresarbeitsverdienst aus mindestens wochenweise bestimmten Beträgen zusammensetzt.

Vgl. § 569 und Anm. zu § 1074.

§ 1077. Erreicht der nach dem §§ 1074 bis 1076 berechnete Jahresarbeitsverdienst nicht das Dreihundertfache des Ortslohns (§ 1075), so gilt dieses Dreihundertfache als Jahresarbeitsverdienst.

Vgl. § 12 Abs. 2, 3 SUVG.

Vgl. § 570 und Anm. zu § 1074.

§ 1078. Die Rente für verletzte Jugendliche, die nach dem Ortslohn berechnet wird, richtet sich zunächst nach der Altersstufe, auf der sie den Unfall erleiden, und ist bei Aufsteigen in eine höhere Altersstufe entsprechend zu erhöhen.

Vgl. § 935 (landw. UV.).

Jahresarbeitsverdienst der Unternehmer, Lotsen usw., die zur BG. gehören.

§ 1079. Über die Ermittlung des Jahresarbeitsverdienstes von Unternehmern und Lotsen sowie von anderen im Betriebe Beschäftigten und Betriebsfremden (§ 1064 Nr. 1), die zur Berufsgenossenschaft gehören, hat die Satzung zu bestimmen. Soweit der Jahresarbeitsverdienst eintausendachthundert Mark übersteigt, wird er auch hier nur mit einem Drittel angerechnet.

Vgl. § 11 Abs. 3, § 12 Abs. 1 SUVG.

Bei der BG. sind nur die durch § 1061 zur freiwilligen Versicherung berechtigten Unternehmer und Lotsen versichert, die nicht gemäß § 1187 zur Zweiganstalt gehören.

Soweit der Jahresarbeitsverdienst 5000 Mark übersteigt, wird er überhaupt nicht angerechnet, es sei denn, daß die Satzung eine abweichende Vorschrift enthält (§ 1063).

Jahresarbeitsverdienst von Versicherten, die zur Zweiganstalt gehören (§§ 1080, 1082).

§ 1080. Bei Berechnung der Rente von Versicherten, die zur Zweiganstalt (§ 1120) gehören, gilt als Jahresarbeitsverdienst das Dreihundertfache des Ortslohns, der zur Zeit des Unfalls für den Sitz des Betriebs festgesetzt ist. Bei Jugendlichen steigt die Rente nach § 1078.

Vgl. § 154, § 12 Abs. 3 SUVG.

Vgl. §§ 1168, 1187.

Ortslohn vgl. §§ 149 bis 152.

Jahresarbeitsverdienst bei dauernd teilweise Erwerbsunfähigen (§§ 1081, 1082).

§ 1081. Trifft der Unfall einen schon dauernd teilweise Erwerbsunfähigen, dessen Rente sich nach dem festgesetzten monatlichen Durchschnitt (§ 1068) richtet, so wird davon nur derjenige Teil zu Grunde gelegt, welcher dem Maße der Erwerbsfähigkeit vor dem Unfall entspricht.

Vgl. § 13 SUVG.

Vgl. § 940 (landw. UV.).

§ 1082. Als Ortslohn gilt für den schon dauernd teilweise Erwerbsunfähigen nur derjenige Teil, welcher dem Maße der Erwerbsfähigkeit vor dem Unfall entspricht.

Vgl. § 571 (gewerbl. UV.) und § 941 (landw. AV.)

Fürsorge während der Wartezeit bei gegen Krankheit Versicherten.

§ 1083. Ist der Verletzte auf Grund der Reichsversicherung oder bei einer knappschaftlichen Krankenkasse gegen Krankheit versichert, so sind auf die Fürsorge während der ersten dreizehn Wochen nach dem Unfall entsprechend die §§ 573 bis 576, 578 aus der gewerblichen Unfallversicherung anzuwenden. Dabei gilt die Verletzung des § 93 Abs. 2, 3, der §§ 95 bis 97 der Seemannsordnung nicht als Vergehen im Sinne des § 557 Abs. 1.

Vgl. § 14 Abs. 1 SUVG.

Die §§ 1083 bis 1085 schließen sich im Wesentlichen an den § 14 SUVG. an.

Für den Geltungsbereich des Handelsgesetzbuchs (HGB.) und der Seemannsordnung (SO.) hat der Reeder (§ 1060) während der ersten 13 Wochen, unter Umständen sogar während der ersten 26 Wochen die Pflicht zur Krankenfürsorge für Seeleute, und zwar für den Schiffer (Kapitän) nach § 553 bis 553b HGB. und für den Schiffsmann nach §§ 59 bis 62 SO. (beide Gesetze in der Fassung v. 12. Mai 1904 — RGBl. S. 167. — § 59 SO. ist bei § 1065 abgedruckt). Darnach hat der Reeder besonders auch die Kosten der Verpflegung und Heilbehandlung für die Erkrankten oder Verletzten zu tragen. Nicht einzutreten hat der Reeder für solche Seeleute, die sich die Krankheit oder Verletzung durch eine strafbare Handlung zugezogen oder den Dienst widerrechtlich verlassen haben (§ 553b bezw. § 62). Die Pflicht des Reeders zur Fürsorge für Seeleute während der Wartezeit nach den bezeichneten Vorschriften des HGB. und der SO. wird durch die RVO. — ebenso wie auch früher durch das SUVG. — nicht berührt. Insbesondere sind für die Fälle, in denen der Seemann der Krankenfürsorge des Reeders in dem Umfange unterliegt, in welchem sie das HGB. und die SO. vorsehen, weitere Leistungen für die Wartezeit nicht bestimmt, wie sie in der Gewerbe-Unfallversicherung (zu vgl. §§ 573, 576, 577) insbesondere von der fünften Woche nach dem Unfall an vorgeschrieben sind (§ 1085 Abs. 1, Nr. 1) — vgl. Begr. S. 347.

Soweit das Anwendungsgebiet der See-UV. über die Anwendungsgebiete des HGB. und der SO. hinausreicht und daher die §§ 553 bis 553b, bezw. §§ 59 bis 62 nicht anwendbar sind, greift zunächst die Krankenversicherung ein. Nach § 165 Abs. 1, Nr. 7 ist die Schiffsbesatzung deutscher Seefahrzeuge gegen Krankheit versichert, soweit sie nicht unter die angeführten Paragraphen des HGB. oder der SO. fällt, weiter wird noch erfordert für die Seeleute, daß sie gegen Entgelt beschäftigt werden, für den Schiffer außerdem, daß sein regelmäßiger Jahresarbeitsverdienst 2500 M. an Entgelt nicht übersteigt. Seeleute ohne Entgelt und Schiffer mit einem Jahresarbeitsverdienst über 2500 M. sind danach nicht gegen Krankheit versichert. Ebenso können Seeleute, für die im einzelnen Falle die an sich nach dem HGB. und der SO. bestehende Fürsorgepflicht des Reeders auf Grund der bezeichneten §§ 553b, 62 wegfällt, nicht etwa deshalb die Leistungen der Krankenversicherung beanspruchen; denn sie sind nicht nach § 165 gegen Krankheit versichert. Sie genießen also weder die Fürsorge des Reeders während der Wartezeit auf Grund des HGB. oder der SO., noch die auf Grund der Krankenversicherung. Für solche Fälle setzen die §§ 1084, 1085 eine besondere Pflicht des Reeders zur Fürsorge fest (Begr. S. 347). Die Fürsorge erstreckt sich aber nur auf Versicherte, deren Jahresarbeitsverdienst nicht 2500 M. übersteigt. In den Fällen, in denen die Fürsorge des HGB. und der SO. nicht Platz greift, also sowohl bei Seeleuten, die der Krankenversicherung unterliegen, als auch bei anderen Personen (§ 1085 Abs. 1, Nr. 2) treten während der Wartezeit auch die erhöhten Leistungen, wie in der Gewerbe-UV., ein, bei Seeleuten der bezeichneten Art seitens der Krankenkasse, bei anderen als Seeleuten seitens der Krankenkasse oder des Unternehmers. Für den Ersatzanspruch der Krankenkasse und des Unternehmers gegen die BG. gilt § 576.

Zu § 1083 vgl. im übrigen die in ihm bezeichneten Paragraphen und deren Anm. Die entsprechende Anwendung der in der Anm. zu § 578 vermerkten Bek. v. 30. September 1885 war durch die Bek. des RVA. v. 21. Dezember 1887 — A. N. 1888, S. 14 — vorgeschrieben.

Fürsorgepflicht des Unternehmers während der Wartezeit (§§ 1084, 1085).

§ 1084. Wenn die nach den §§ 1046, 1049 Versicherten nicht auf Grund der Reichsversicherung oder bei einer knappschaftlichen Krankenkasse gegen Krankheit versichert sind und auch keinen gesetzlichen Anspruch gegen den Reeder auf Krankenfürsorge während der dreizehn Wochen nach dem Unfall haben, so hat der Unternehmer während dieser Zeit Fürsorge zu gewähren. Dies gilt nicht für Versicherte, deren Jahresarbeitsverdienst zweitausendfünfhundert Mark übersteigt.

Vgl. § 14 Abs. 2, Satz 1 SUVG.

Vgl. Anm. zu § 1083.

„Unternehmer" vgl. § 1121.

§ 1085. Das Maß der Fürsorge des Unternehmers richtet sich

1. bei Seeleuten nach den §§ 553, 553a des Handelsgesetzbuchs und den §§ 59 bis 61 der Seemannsordnung,
2. bei anderen nach § 577 Abs. 1, § 578 aus der gewerblichen Unfallversicherung.

Für den Ersatzanspruch des Unternehmers gegen die Berufsgenossenschaft gilt entsprechend § 576.

An Stelle des Unternehmers tritt der Arbeitgeber oder der Träger der anderen Fürsorge nach § 577 Abs. 2, 3.

Vgl. § 14 Abs. 2, Satz 2 SUVG.
Vgl. die Anm. zu § 1083.

Der Begriff des Unternehmers umfaßt auch den des Reeders (§ 1121).

Abs. 3 will die — seltenen — Fälle treffen, in denen der zur Krankenhilfe verpflichtete Arbeitgeber nicht auch gleichzeitig Unternehmer ist (Kom. Ber Bd. III, S. 249).

Übernahme der Leistungen des Unternehmers durch die BG. Ersatz.

§ 1086. Die Berufsgenossenschaft kann die Leistungen des Unternehmers ganz oder teilweise übernehmen.

Bei Seeleuten hat der Unternehmer den Aufwand der Genossenschaft zu ersetzen. Dabei gilt als Ersatz für die Kosten der Heilbehandlung (§ 553 des Handelsgesetzbuchs, § 59 der Seemannsordnung) die Hälfte des Betrags, der für Heilanstaltpflege am Sitze der zuständigen Sektion aufzuwenden wäre.

Bei anderen als Seeleuten ist auf den Ersatz § 579 Abs. 1, Satz 2, 3 anzuwenden.

Dies gilt entsprechend, wenn in den Fällen des § 1085 Abs. 3 in Verbindung mit § 577 Abs. 2, 3 der Arbeitgeber oder der Träger der anderen Fürsorge an Stelle des Unternehmers tritt.

Vgl. § 14 Abs. 2, Satz 3, 4, 5 SUVG.

Entsprechend wie in der Gewerbe-UV. kann auch in der See-UV. die BG. von dem Unternehmer (Reeder, vgl. § 1121), dessen Leistungen während der Wartezeit übernehmen und auch an Stelle dieser Leistungen Kur und Verpflegung in einem Krankenhaus (§ 1104) gewähren.

Bei Seeleuten, die der Fürsorgepflicht des Reeders nach §§ 553, 553a HGB. bezw. nach §§ 59 bis 61 SO. unterliegen, ist die Ersatzpflicht des Reeders gegenüber der BG. in § 1086 Abs. 2, wie auch in § 1104 Abs. 2 — ebenso wie schon nach dem SUVG. — eigenartig geregelt. Diese Regelung erklärt sich aus der Gestaltung der Fürsorgepflicht des Reeders selbst in den angeführten Paragraphen des HGB. und der SO. (Begr. S. 348).

Zu Abs. 4 vgl. Anm. zu § 1085 Abs. 3.

Fürsorgepflicht der Gemeinde während der Wartezeit (§§ 1087 bis 1090).

§ 1087. Bei Verletzten, die zur Zweiganstalt gehören, richtet sich die Fürsorge für die ersten dreizehn Wochen nach dem Unfall nicht nach den §§ 1083 bis 1086.

Solchen Verletzten hat die Gemeinde, in deren Bezirk der Betrieb seinen Sitz hat, Krankenhilfe nach § 182 zu gewähren. Sie kann an Stelle der Krankenhilfe Krankenhauspflege und Hausgeld nach den §§ 184, 186 gewähren; sie kann mit Zustimmung des Verletzten auch Pflege nach § 185 Abs. 1 gewähren und dafür bis zu einem Viertel des Krankengeldes abziehen. Als Grundlohn gilt der Ortslohn des Betriebsitzes.

Vgl. § 155 SUVG.

Wer bei der Zweiganstalt versichert ist, ergeben die §§ 1186, 1187.

Die Fürsorge der Gemeinde ist nicht mehr wie früher auf Krankenpflege (§ 182 Nr. 1) beschränkt.

Die Leistungen der Gemeinden nach Abs. 2 gelten für das Verfahren als Leistungen der Krankenversicherung (§ 1551 Abs. 2).

Im übrigen vgl. § 942 (landw. UV.).

Ersatzanspruch der Gemeinde.

§ 1088. Die Gemeinde ist nicht nach § 1087 zur Gewährung von Krankenhilfe verpflichtet,

1. soweit der Verletzte auf Grund der Krankenversicherung oder nach anderen gesetzlichen Vorschriften Anspruch auf eine gleiche Fürsorge hat,
2. wenn er auf Grund von Leistungen, die denen der Krankenversicherung gleichwertig sind, versicherungsfrei ist, oder
3. solange er sich im Ausland aufhält.

Gewähren die zunächst Verpflichteten dem Verletzten die Krankenhilfe nicht, so hat die Gemeinde sie zu übernehmen. Den Aufwand der Gemeinde dafür haben die Verpflichteten zu ersetzen.

Dabei gelten als Ersatz für Krankenpflege, auch bei Behandlung im Krankenhause, drei Achtel des Grundlohns, nach welchem sich das Krankengeld des Berechtigten bestimmt, für den Unterhalt im Krankenhause die Hälfte des Grundlohns. Ist kein anderer Grundlohn bestimmt, so gilt der Ortslohn des Betriebsitzes.

Vgl. § 155 SUVG.

Vgl. § 943 (landw. UV.).

Die Leistungen der Gemeinde nach Abs. 2 gelten nach § 1551 Abs. 2 für das Verfahren als Leistungen der Krankenversicherung.

Übernahme der Krankenhilfe durch die allg. Ortskrankenkasse. Ersatz.

§ 1089. Auf Erfordern der Gemeinde hat die allgemeine Ortskrankenkasse, mangels einer solchen die Landkrankenkasse des Wohn- oder Aufenthaltsorts die Krankenhilfe zu übernehmen.

Den Aufwand dafür hat die Gemeinde zu ersetzen. Dabei gilt, wenn nicht ein höherer Aufwand nachgewiesen wird, § 1088 Abs. 3.

Vgl. § 155 SUVG.

Vgl. § 944 (landw. UV.).

Die Leistungen der Gemeinden gelten für das Verfahren gemäß § 1551 Abs. 2 als Leistungen der Krankenversicherung.

Übernahme des Heilverfahrens durch die Zweiganstalt. Ersatz.

§ 1090. Die Zweiganstalt kann das Heilverfahren (§ 1087) selbst übernehmen.

Die Gemeinde oder, vorbehaltlich der §§ 1513, 1516, der sonst Verpflichtete (§ 1088 Abs. 1, Nr. 1, 2) hat der Zweiganstalt insoweit Ersatz zu leisten, als der Verletzte von ihnen Leistungen beanspruchen könnte. Dabei gilt § 1088 Abs. 3.

Vgl. § 155 SUVG.

Vgl. § 945 landw. UVG.).

Übertragung der Fürsorge von der Zweiganstalt auf Gemeinde oder Krankenkasse. Ersatz.

§ 1091. Die Zweiganstalt kann die Fürsorge für den Verletzten der Gemeinde, die zur Gewährung von Krankenhilfe für die ersten dreizehn Wochen verpflichtet ist, oder der Krankenkasse (§ 1089) bis zum Ende des Heilverfahrens übertragen.

Den Aufwand dafür hat die Zweiganstalt der Gemeinde oder der Krankenkasse zu ersetzen. Dabei gilt, wenn nicht ein höherer Aufwand nachgewiesen wird, § 1088 Abs. 3.

Vgl. § 155 SUVG.

Der — der See-UV. eigentümliche — Fall der Übertragung des Heilverfahrens auf die Gemeinde ist dem bisherigen Recht entnommen, während die — im Hinblick auf § 1089 gerechtfertigte — unmittelbare Übertragung der Fürsorge auf die Krankenkasse neu eingeführt ist.

Mit Rücksicht darauf, daß es sich um einen ausdrücklichen Auftrag des Trägers der Unfallversicherung handelt, ist hier wie in den §§ 944, 1089 Abs. 2, 1514 Abs. 2 der Nachweis eines höheren Aufwands zugelassen.

Heilverfahren während der Wartezeit für Verletzte ohne Fürsorge.

§ 1092. Ist bei Verletzten, die nicht auf Grund der Reichsversicherung oder bei einer knappschaftlichen

Krankenkasse gegen Krankheit versichert sind und auch nicht den Anspruch auf Krankenhilfe nach § 1087 haben, zu besorgen, daß eine Unfallentschädigung zu leisten ist, so kann die Berufsgenossenschaft schon vor Ablauf der ersten dreizehn Wochen nach dem Unfall ein Heilverfahren eintreten lassen, um die Folgen des Unfalls zu beseitigen oder zu mildern.

Sie kann den Verletzten in einer Heilanstalt unterbringen; dabei gilt § 597 Abs. 2 bis 4.

Sie kann dem Verletzten mit seiner Zustimmung Pflege nach § 185 Abs. 1 gewähren.

Der Verletzte kann von der Genossenschaft angemessenen Ersatz für den Verdienst verlangen, der ihm durch das Heilverfahren entgeht.

Vgl. § 946 (landw. UV.).

Die Fürsorge der Krankenversicherung versagt beim Schiffer der einen regelmäßigen Jahresarbeitsverdienst von über 2500 M. hat (§ 165 Abs. 2), die Fürsorge des Unternehmers versagt überhaupt bei einem solchen Einkommen (§ 1084 Satz 2).

Feststellung der Unfallfolgen während der Wartezeit.

§ 1093. Die Berufsgenossenschaft kann innerhalb der ersten dreizehn Wochen, auch ohne dem Verletzten ein Heilverfahren zu gewähren, die Unfallfolgen feststellen. § 581 Abs. 1 gilt entsprechend.

Vgl. § 947 u. Anm. dazu.

Geltung von Vorschriften der Gewerbe-UV.

§ 1094. Für die Gewährung von Unfallrente vor Ablauf der dreizehn Wochen

für den Übergang des Anspruchs auf Krankengeld,

für die Bindung der Genossenschaft an die Stellungnahme des Trägers der Krankenversicherung

gelten die §§ 582, 583 Abs. 1, § 584. Dabei gilt § 583 Abs. 1 auch für die Leistung der Gemeinde (§ 1087).

Vgl. § 15 Abs. 1, Satz 1, Abs. 2, 3 SUVG.

Vgl. § 948 (landw. UV.).

Gewährnisse bei Tötungen im Allgemeinen.

§ 1095. Bei Tötung ist außerdem zu gewähren
1. ein Sterbegeld nach den §§ 1096, 1097,
2. vom Todestage ab den Hinterbliebenen eine Rente.

Vgl. § 21 Abs. 1 SUVG.
Vgl. § 586 Abs. 1 u. Anm. dazu.

Sterbegeld (§§ 1096, 1097).

§ 1096. Das Sterbegeld wird gewährt, falls
1. nicht der Reeder nach § 554 des Handelsgesetzbuchs oder § 64 der Seemannsordnung die Beerdigungskosten zu tragen hat, und
2. der Verstorbene an Land bestattet wird.

Der § 203 ist entsprechend anzuwenden.

Vgl. § 21 Abs. 1, Nr. 1, Abs. 2, § 157 SUVG.

Zu Nr. 1 vgl. Anm. zu 1083.
§ 203 regelt die Verwendung des Sterbegeldes und bezeichnet die Personen der Bezugsberechtigten.

§ 1097. Das Sterbegeld beträgt
1. bei der Berufsgenossenschaft
   a) für Seeleute zwei Drittel des monatlichen Durchschnitts (§ 1067 bis 1073),
   b) für andere den fünfzehnten Teil des Jahresarbeitsverdienstes. Dieser wird in gleicher Weise berechnet wie im Falle der Körperverletzung; dabei gilt jedoch nicht § 1082,
2. bei der Zweiganstalt das Zwanzigfache des Ortslohns nach § 1080.

In allen Fällen beträgt das Sterbegeld mindestens fünfzig Mark.

Vgl. § 21 Abs. 1, Nr. 2, § 157 SUVG.

Die Verschiedenheit der Berechnung des Sterbegeldes entspricht der verschiedenartigen Berechnung des der Rentenfestsetzung zu Grunde zu legenden Jahresarbeitsverdienstes (vgl. Anm. zu § 1066).

Auch in der See-UV. findet für Sterbegeld und für Hinterbliebenenrenten eine Kürzung des Jahresarbeitsverdienstes aus dem Grunde, daß der Getötete schon vor dem Unfall teilweise erwerbsunfähig war, allgemein nicht statt; denn zu 1 a ist § 1081 nicht angezogen, zu § 1 b ist die Geltung von § 1082 ausgeschlossen und zu 2 ist § 1082 nicht mit angeführt (vgl. Anm. zu § 586).

Hinterbliebenenrenten.

§ 1098. Die Hinterbliebenenrente besteht in einem Bruchteil des Jahresarbeitsverdienstes (§§ 1067 bis 1073, 1097 Abs. 1, Nr. 1b, § 1080).

Im übrigen gelten für sie die §§ 588—596 aus der gewerblichen Unfallversicherung; dabei steht der Aufenthalt an Bord eines deutschen Schiffes dem Aufenthalt im Inland gleich.

Vgl. § 21 Abs. 1, Nr. 2, §§ 22 bis 26, 27 SUVG.

Vgl. Anm. zu § 1097.

War der Getötete zur Zeit des Unfalls bereits dauernd völlig erwerbsunfähig, so steht seinen Hinterbliebenen kein Rentenanspruch zu (vgl. Anm. zu § 561).

Die §§ 588 bis 596 betreffen die Witwen-, Witwer-, Kinder-, Aszendenten-, Enkelrenten, sowie die Rentenansprüche der Hinterbliebenen eines Ausländers.

Zu § 596 ist noch besonders zu bemerken, daß für das Gebiet der See-UV. bisher nur hinsichtlich der in der Anm. zu diesem Paragraphen bezeichneten Grenzgebiete, nicht aber für Angehörige auswärtiger Staaten die Versagung der Rente für Hinterbliebene eines Ausländers ausgeschlossen worden ist.

Todesvermutung (§§ 1099, 1100).

§ 1099. Ist der Versicherte auf einem Fahrzeug in See gegangen, so haben seine Hinterbliebenen auch dann Anspruch auf die Rente, wenn das Fahrzeug untergegangen oder nach den §§ 862, 863 des Handelsgesetzbuchs als verschollen anzusehen und während eines vollen Jahres nach dem Untergang oder nach den letzten Nachrichten über das Fahrzeug keine glaubhafte Kunde vom Leben des Vermißten eingegangen ist.

Das Versicherungsamt kann von den Hinterbliebenen die eidesstattliche Versicherung verlangen, daß sie von dem Leben des Vermißten keine anderen als die angezeigten Nachrichten erhalten haben.

Vgl. § 28 Abs. 1 SUVG.

Für die Berechnung der Rente von Hinterbliebenen der im § 1067 bezeichneten Personen der Schiffsbesatzung ist der Durchschnittssatz maßgebend, der zur Zeit des Rentenbeginns (§ 1100) galt (Rek. Entsch. 1813, A. N. 1900, S. 684).

Für die Verjährung trägt § 1546 Abs. 2 der Bestimmung des § 1099 Rechnung.

§ 1100. In solchen Fällen beginnt die Rente mit dem Tage des Untergangs des Fahrzeugs oder, wenn es verschollen war, einen halben Monat von dem Tage ab, bis zu dem die letzte Nachricht über das Fahrzeug reicht (§ 53 der Seemannsordnung).

Der Anspruch auf fernere Rentenbezüge erlischt, wenn nachgewiesen wird, daß der Totgeglaubte noch lebt.

Vgl. § 28 Abs. 2 SUVG.

Sondervorschrift für d. Jahresarbeitsverdienst, wenn der Getötete aus einem früheren Unfall Rente bezogen hat.

§ 1101. Ist der Jahresarbeitsverdienst (§ 1097 Abs. 1, Nr. 1b, § 1080) infolge eines früheren Unfalls geringer als der vor ihm bezogene Entgelt, so ist dem Jahresarbeitsverdienste die früherer Rente zuzurechnen; dabei darf jedoch der Betrag nicht überschritten werden, welcher der früheren Rente als Jahresarbeitsverdienst zu Grunde liegt.

Dies gilt nicht, wenn die Rente nach dem festgesetzten monatlichen Durchschnitt (§ 1068) berechnet wird.

Vgl. § 21 Abs. 3 SUVG.

§ 1101 Abs. 1 ist nicht anwendbar für die Seeleute, deren Jahresarbeitsverdienst nach dem festgesetzten monatlichen Durchschnittssatz berechnet wird. Dies ergibt sich daraus, daß die §§ 1067 bis 1073, die auf den monatlichen Durchschnitt hinweisen, im Abs. 1 nicht angeführt sind (Begr. S. 350) — vgl. auch § 587 u. Anm., sowie Anm. zu § 950 Abs. 2.

Abs. 2 trifft den Fall, daß etwa die Satzung nach § 1079 vorschreibt, daß der Jahresarbeitsverdienst von Unternehmern, Lotsen usw. nach den vom Reichskanzler für Seeleute festgesetzten Durchschnitt berechnet werden soll.

Heilanstaltpflege (Kur und Verpflegung an Bord). Angehörigenrente.

§ 1102. An Stelle von Krankenbehandlung und Rente (§ 1065 in Verbindung mit § 558) kann die Berufsgenossenschaft Heilanstaltpflege gewähren. Für diese gelten § 597 Abs. 2 bis 5, § 598.

Die Genossenschaft kann mit Zustimmung des Verletzten an Stelle der Heilanstaltpflege freie Kur und Verpflegung an Bord eines Fahrzeugs gewähren.

Vgl. § 17 SUVG.

Hauspflege.

§ 1103. Für Hauspflege gilt § 599.

Krankenhauspflege im Falle des § 1086. Ersatz.

§ 1104. Übernimmt die Genossenschaft nach § 1086 die Leistungen des Unternehmers, so kann sie an Stelle der in den §§ 1084, 1085 bezeichneten Fürsorge Kur und Verpflegung in einem Krankenhaus sowie in den Fällen des § 1085 Abs. 1, Nr. 2 Hausgeld nach den §§ 186, 577 Abs. 1 gewähren. Dabei gilt § 1102 Abs. 2 entsprechend.

Bei Seeleuten hat der Unternehmer für die Kur und Verpflegung den Betrag zu ersetzen, der für Heilanstaltpflege am Sitze der zuständigen Sektion aufzuwenden wäre.

Bei anderen als Seeleuten ist auf den Ersatz § 579 Abs. 1, Satz 2, 3 anzuwenden.

Dies gilt entsprechend, wenn in den Fällen des § 1085 Abs. 3 in Verbindung mit § 577 Abs. 2, 3 der Arbeitgeber oder der Träger der anderen Fürsorge an Stelle des Unternehmers tritt.

Die Genossenschaft kann mit Zustimmung des Verletzten auch Pflege nach § 185 Abs. 1 gewähren und dafür bis zu einem Viertel des Krankengeldes abziehen.

Vgl. § 17 SUVG.

Vgl. § 600 (gewerbl. UV.).

Zu Abs. 2 vgl. Anm. zu § 1086 Abs. 2.

Besondere Unterstützung bei Unterbringung in einer Heilanstalt.

§ 1105. Für besondere Unterstützung bei Unterbringung in einer Heilanstalt gilt § 602.

Vgl. § 17 Abs. 4 SUVG.

Übertragung der Pflichten der BG. auf den Unternehmer. Ersatz.

§ 1106. Die Berufsgenossenschaft kann die Erfüllung ihrer Pflichten gegen den Verletzten und dessen Angehörige dem Unternehmer, der die Pflicht zur Fürsorge für die ersten Wochen nach dem Unfall hatte oder noch hat, bis zum Ende des Heilverfahrens in dem Umfang übertragen, den sie für geboten hält. Dies gilt nicht, wenn der Betrieb bei der Zweiganstalt versichert ist.

Sie hat dem Unternehmer die daraus erwachsenden Kosten zu ersetzen. Als Ersatz sind zu gewähren, aufs Jahr berechnet, für die Leistungen, die der Krankenbehandlung (§ 558 Nr. 1) entsprechen, drei Achtel des Jahresarbeitsverdienstes (§§ 1067 bis 1073, 1097 Abs. 1, Nr. 1 b) und außerdem bei Heilanstaltpflege oder bei Kur und Verpflegung an Bord eines Fahrzeugs für den Unterhalt die Hälfte des Jahresarbeitsverdienstes, wenn nicht ein höherer Aufwand nachgewiesen wird.

Vgl. § 16 Abs. 1 SUVG.

Dieser Paragraph behandelt den der See-UV. eigentümlichen — schon dem SUVG. bekannten — Fall der Übertragung der Leistungen der BG. an den Unternehmer (§ 1121). Grundsätzlich ist der Fall entsprechend wie bei der Übertragung an die Krankenkasse geregelt, die nach der Anordnung des Gesetzes im 5. Buch (§ 1514) behandelt ist.

Durch Abs. 1, Satz 2 wird die Übertragung der Pflichten der BG. an die kleineren Unternehmer ausgeschlossen, denen die Erfüllung dieser Pflichten nicht zugemutet werden kann.

Der Maßstab des Ersatzes — der Jahresarbeitsverdienst — ist eine Besonderheit der See-UV. Da die Zweiganstalt ausscheidet, sind im Abs. 2 bei J.-A.-V. nur die beiden Fälle des § 1097 Abs. 1, Nr. 1 a u. b angezogen. Die Kürzung des J.-A.-V. bei schon teilweise Erwerbsunfähigen (§ 1081, 1082) gilt hier — entsprechend dem früheren Recht — nicht.

Entscheidung von Streitigkeiten (§§ 1107—1111). Vorläufige Regelung im Ausland.

§ 1107. Entsteht im Ausland Streit über freie Kur und Verpflegung in einer Heilanstalt oder an Bord eines Fahrzeugs, so trifft das Seemannsamt, das zuerst angerufen wird, eine vorläufige Regelung. Jeder Teil hat die Anordnung des Seemannsamts bis zur Entscheidung der zuständigen Stelle zu befolgen.

Die Freiheit von Gebühr und Stempel (§§ 137, 138) gilt auch hier.

Vgl. § 20 Abs. 1, § 142 Satz 2 SUVG.

Diese Bestimmung lehnt sich in der Fassung an § 129 Abs. 2, 3 der Seemannsordnung an.

Entscheidungen des Seemannsamts (§§ 1108, 1109).

§ 1108. Bei Streit über Ansprüche von Seeleuten aus den §§ 1083 bis 1086, 1092, 1104 sowie aus § 1106, wenn dieser Streit nicht im Feststellungsverfahren der Unfallversicherung zu erledigen ist, entscheidet das Seemannsamt. Es entscheidet auch bei Streit über Ansprüche von Seeleuten auf Krankengeld, die nach § 1094 auf die Berufsgenossenschaft übergegangen sind.

Zuständig ist, wenn es sich darum handelt, Fürsorge zu gewähren, das Seemannsamt, das zuerst angerufen wird, und, wenn es sich um eine Erstattung handelt, das Seemannsamt des Heimathafens.

Die Freiheit von Gebühr und Stempel gilt auch hier.

Vgl. § 17 Abs. 3, Satz 2, § 20 Abs. 2, Satz 1, 2, § 142 Satz 2 SUVG,

Die Vorschriften über die Entscheidung von Streitigkeiten auf der Grundlage der §§ 1108 bis 1110 (§ 20 Abs. 2, 3 und § 17 Abs. 3, Satz 2 SUVG.) sind tunlichst im Einklang mit denen der §§ 585, 601 für die Gew. UV. und des § 1515 des 5. Buches gestaltet (Begr. S. 351).

Der § 1108 behandelt die Fälle, in denen es sich um Ansprüche von Seeleuten (§ 1046 Nr. 1) handelt. Hier ist das Seemannsamt zur Entscheidung berufen (vgl. § 1551 Abs. 4, § 1770). „Seemannsämter sind im Reichsgebiet die landesrechtlich, in den Schutzgebieten die vom Reichskanzler bestellten Behörden, im Auslande die Konsulate des Reichs für Hafenplätze" (§ 5 Seemannsordnung). Die Seemannsämter haben aber nur dann zu entscheiden, wenn der Streit nicht, wie nach Ablauf der Wartezeit in den Fällen der §§ 1102, 1106, im Feststellungsverfahren der Unfallversicherung (durch Bescheid der BG.) zu entscheiden ist.

Erheben andere Versicherte als Seeleute derartige Ansprüche, so ist der Streit über solche Ansprüche nicht in dem Teile, der von der See-UV. handelt, sondern im 6. Buch über das Verfahren geregelt, insbesondere im § 1551, in dem die einzelnen im § 1108 Abs. 1 aufgeführten Paragraphen ebenfalls angeführt sind. — Die Verweisung der Vorschriften über Ansprüche der Versicherten in verschiedene Bücher, je nachdem das Seemannsamt zuständig ist oder nicht, beruht darauf, daß das 6. Buch grundsätzlich nur das Verfahren vor den Versicherungsbehörden behandelt; zu diesem gehört aber das Seemannsamt nicht (Begr. S. 351).

§ 1109. Die Entscheidung des Seemannsamts steht einem Urteil des Versicherungsamts gleich; die Berufung bewirkt keinen Aufschub, wenn es sich darum handelt, Fürsorge zu gewähren.

Zuständig in zweiter Instanz ist das Oberversicherungsamt, in dessen Bezirk das Fahrzeug seinen Heimathafen oder, wenn ein deutscher Heimathafen nicht vorhanden ist, der Betrieb seinen Sitz hat.

Für die Zulässigkeit der Revision gelten die im § 1108 Abs. 1 bezeichneten Ansprüche als Ansprüche auf Leistungen der Krankenversicherung.

Vgl. § 20 Abs. 2, Satz 2, 3, 4 SUVG.

Indem das Gesetz die Entscheidung des Seemannsamts einem Urteil des V. Amts gleichstellt, wird die Entscheidung für das weitere Verfahren den entsprechenden Vorschriften des 6. Buchs unterstellt (Begr. S. 351).

Der Heimathafen — der auch für die Eintragung in das Schiffsregister maßgebend ist — ist der Hafen, von dem aus die Seefahrt mit dem Schiff betrieben wird (§ 480 Abs. 1 Handelsgesetzbuch, § 6 Abs. 1 des Ges. betr. das Flaggenrecht der Kauffahrteischiffe, v. 22. Juni 1899 — RGBl. S. 319).

Die Zulässigkeit der Revision bestimmt sich also nach § 1695.

Streit zwischen dem Unternehmer und der BG.

§ 1110. Bei Streit zwischen dem Unternehmer und der Berufsgenossenschaft aus der Übertragung ihrer Leistungen (§ 1106) entscheidet das Versicherungsamt endgültig, wenn es sich nicht um einen Ersatzanspruch handelt.

Streit über Ersatzansprüche aus den §§ 1083 bis 1086, 1104, 1106 wird im Spruchverfahren entschieden.

Vgl. § 17 Abs. 3, Satz 2, § 20 Abs. 3 SUVG.

Vgl. Abs. 1 der Anm. zu § 1106.

Die Regelung im § 1110 ist entsprechend wie im § 1515. — Wenn die Ersatzansprüche dem Spruchverfahren (§§ 1771 bis 1779) überwiesen werden, so entspricht dies der allgemeinen Regel.

Streit zwischen Gemeinde und Krankenkasse.

§ 1111. Bei Streit zwischen der Gemeinde und der Krankenkasse wegen Übernahme der Krankenhilfe (§ 1089) sowie bei Streit zwischen der Zweiganstalt und der Gemeinde oder der Krankenkasse aus der Übertragung der Fürsorge (§ 1091) entscheidet das Versicherungsamt endgültig, wenn es sich nicht um einen Ersatzanspruch handelt.

Streit über Ersatzansprüche aus den §§ 1088 bis 1091 wird im Spruchverfahren entschieden.

Vgl. § 156 Abs. 2 SUVG.

Vgl. § 949 (landw. UV.).

Neues Heilverfahren.

§ 1112. Für ein neues Heilverfahren gelten die §§ 603, 604 aus der gewerblichen Unfallversicherung und § 1106.

Vgl. § 18 Abs. 1, § 92 Abs. 4 SUVG.

Wechsel der Heilanstalt.

§ 1113. Für den Wechsel der Heilanstalt gilt § 605. Jedoch kann bei Seeleuten in ausländischen Krankenhäusern das Seemannsamt, in dessen Bezirk das Krankenhaus liegt, ihre Zustimmung ersetzen.

Vgl. § 16 Abs. 3. § 18 Abs. 1 SUVG.

Geltung von Vorschriften aus der gewerbl. UV. (§§ 1114, 1115, 1117).

§ 1114. Aus der gewerblichen Unfallversicherung gelten die Vorschriften über

Nachteile für den Verletzten aus unberechtigtem Verhalten gegen Anordnungen über Heilverfahren (§ 606),

Aufnahme des Rentenempfängers in ein Invalidenhaus oder eine ähnliche Anstalt (§ 607).

Vgl. § 18 Abs. 2, § 19 SUVG.

§ 1115. Aus der gewerblichen Unfallversicherung gelten ferner die Vorschriften über

neue Feststellung der Rente wegen Änderung der Verhältnisse (§§ 608 bis 611),

Fälligkeit der Leistungen und Dauer des Rentenbezugs (§§ 612, 613),

Bezugsrecht nach dem Tode des Berechtigten (§ 614),

Ruhen der Rente bei Freiheitsstrafe oder Unterbringung in einem Arbeitshaus oder einer Besserungsanstalt (§ 615 Abs. 1, Nr. 1, Abs. 4).

Vgl. § 92 Abs. 1, 2, § 93 Abs. 3, 4, § 94 Abs. 1, Satz 1, § 97, § 98 Abs. 1, Nr. 1 SUVG.).

Ruhen der Rente.

§ 1116. Das Recht auf den Bezug der Rente ruht auch, solange der Berechtigte

1. auf fremden Kriegsschiffen Dienste tut,
2. ohne auf einem deutschen Schiffe angemustert zu sein, sich freiwillig gewöhnlich im Ausland aufhält und es unterläßt,

   der Berufsgenossenschaft seinen Aufenthalt mitzuteilen,

   als Verletzter auf Verlangen der Genossenschaft sich von Zeit zu Zeit bei einem Seemannsamt vorzustellen.

Das Nähere über Mitteilung und Vorstellung bestimmt das Reichsversicherungsamt.

Weist der Berechtigte nach, daß er ohne sein Verschulden die vorgeschriebene Mitteilung und Vorstellung unterlassen hat, so lebt insoweit das Recht auf die Rente wieder auf.

3. als Ausländer wegen Verurteilung in einem Strafverfahren aus dem Reichsgebiet ausgewiesen ist. Das Gleiche gilt für einen berechtigten Ausländer, der aus Anlaß der Verurteilung in einem Strafverfahren aus dem Gebiet eines Bundesstaats ausgewiesen ist, so lange er sich nicht in einem anderen Bundesstaat aufhält.

Der Bundesrat kann das Ruhen der Rente für ausländische Grenzgebiete oder für Angehörige solcher auswärtiger Staaten ausschließen, deren Gesetzgebung Deutschen und ihren Hinterbliebenen eine entsprechende Fürsorge gewährleistet.

Ist die Ausweisung des berechtigten Ausländers (Abs. 1 Nr. 3) nicht wegen Verurteilung oder aus Anlaß der Verurteilung in einem Strafverfahren angeordnet, so gilt für ihn Abs. 1 Nr. 2.

Deutsche Schutzgebiete gelten im Sinne dieser Vorschriften als Inland.

Vgl. § 98 Abs. 1, Nr. 2, 3, Abs. 2, 3 SUVG.

Vgl. § 615 und Anm. dazu. Abs. 1 Nr. 1 des § 615 hat gemäß § 1115 ebenfalls Geltung.

§ 1117. Aus der gewerblichen Unfallversicherung gelten ferner die Vorschriften über

Kapitalabfindungen (§§ 616 bis 618),

Verzicht auf Rückforderung und auf Rechtskraft (§§ 619, 620),

Übertragung, Verpfändung, Pfändung und Aufrechnung der Ansprüche (§§ 621, 622).

Vgl. § 99 Abs. 1, Satz 1, Abs. 2, § 90, § 100 Abs. 2 SUVG.

Dritter Abschnitt.
Träger der Versicherung.

Die See-BG.

§ 1118. Die Berufsgenossenschaft als Träger der Versicherung umfaßt die Unternehmer der versicherten Betriebe, die nicht bei der Zweiganstalt versichert sind (§ 1120).

Vgl. § 32 Abs. 1 SUVG.

Vgl. § 623 der gewerbl. UV.

Über die Gliederung der See-BG. in Sektionen vgl. die Bek. des RVA. vom 15. September 1906 — A. N. 1906, S. 547 und Handbuch Bd. III, S. 357.

Reich oder Bundesstaaten.

§ 1119. Das Reich oder der Bundesstaat ist Träger der Versicherung, wenn der Betrieb für seine Rechnung geht. Dies gilt nicht, soweit Reich oder Bundesstaat durch eine Erklärung des Reichskanzlers oder der obersten Verwaltungsbehörde in die Genossenschaft eintritt. Die Eintrittserklärung bestimmt auch den Zeitpunkt, mit dem der Eintritt wirksam wird.

Für den Wiederaustritt aus der Genossenschaft und den Wiedereintritt gilt § 627 Abs. 2, für den Wiederaustritt auch § 625 Abs. 3 bis 5 aus der gewerblichen Unfallversicherung.

Vgl. § 129 Abs. 1, Satz 1, Abs. 2 SUVG.

Vgl. § 627 der gewerbl. UV.

Der Beitritt zur BG. ist erklärt allgemein von Bremen und Mecklenburg-Schwerin und außerdem von dem Reiche für einige besondere Fälle (Handbuch Bd. II, S. 561, Anm. 1).

Das Verzeichnis der Ausführungsbehörden (§§ 1218 in Verbindung mit § 892) ist A. N. 1906, S. 559 und Handbuch Bd. III, S. 374 abgedruckt.

Zweiganstalt.

§ 1120. Betriebe der

1. Seeschiffahrt mit Fahrzeugen der im § 1058 Abs. 1, Nr. 1 bezeichneten Art (Kleinbetrieb der Seeschiffahrt),

2. Seefischerei mit Fahrzeugen, die der Bundesrat nicht schon als Hochseefischereidampfer oder Heringslogger der Unfallversicherung unterstellt hat (§ 1058 Abs. 1, Nr. 2),
3. Fischerei mit Fahrzeugen der im § 1049 bezeichneten Art

werden durch eine besondere Einrichtung (Zweiganstalt) versichert, die der Genossenschaft angegliedert ist. Träger der Zweiganstalt ist die Genossenschaft.

Vgl. § 152, § 158 Abs. 1, Abs. 2, Satz 1 SUVG.

Die Zweiganstalt hat keine eigene Rechtspersönlichkeit (vgl. Anm. zu § 629, Abs. 1).

Über die Betriebe der im § 1120 bezeichneten Art vgl. Anm. zu §§ 1058 und 1049. Die genannten Betriebe sind bei der Zweiganstalt versichert, seien sie gewerblicher oder nicht gewerblicher Art (§§ 1186, 1187).

Unternehmer — Reeder.

§ 1121. Als Unternehmer gilt derjenige, für dessen Rechnung der Betrieb geht, bei Seeschiffahrtsbetrieben der Reeder.

Vgl. § 32 Abs. 2 SUVG.

Über den Begriff des Unternehmers vgl. § 633 (gewerbl. UV.) und auch Anm. zu § 1058.
„Reeder" vgl. § 1060.

Geltung von Vorschriften der gewerblichen UV.

§ 1122. Aus der gewerblichen Unfallversicherung gelten die Vorschriften des

§ 630 Abs. 3 über Erhaltung des Bestandes der Genossenschaft,

§ 634 über Entschädigung von Unfällen in fremden Betrieben,

§ 647 Abs. 1, 3 über Auflösung der Genossenschaft.

Die Organe der aufgelösten Genossenschaft wickeln unter Aufsicht des Reichsversicherungsamts die Geschäfte ab.

Vgl. § 32 Abs. 1, Abs. 3, § 57 SUVG.

Vierter Abschnitt.

Verfassung.

I. Mitgliedschaft und Stimmberechtigung. Bevollmächtigte.

Mitgliedschaft.

§ 1123. Mitglied der Berufsgenossenschaft ist jeder Unternehmer eines bei ihr versicherten Betriebs.

Vgl. § 58 Abs. 1, Satz 1 SUVG.
Vgl. § 649 der gewerbl. UV.

Beginn der Mitgliedschaft.

§ 1124. Die Mitgliedschaft beginnt mit der Eröffnung des Betriebs oder mit seiner Versicherungspflicht; für das Reich und die Bundesstaaten regelt sich der Beginn der Mitgliedschaft nach § 1119.

Vgl. § 58 Abs. 1, Satz 2 SUVG.
Vgl. § 650 der gewerbl. UV.

Bekanntmachung auf dem Fahrzeug und im Betrieb.

§ 1125. Auf jedem Fahrzeug und in jedem anderen Betriebe hat der Unternehmer durch einen Aushang bekannt zu machen,

welcher Sektion das Fahrzeug oder der Betrieb angehört,
wo die Geschäftsstelle des Genossenschafts- und des Sektionsvorstandes ist.

Vgl. § 61 Abs 2 SUVG.
Vgl. § 651 der gewerbl. UV.

Verlust der bürgerlichen Ehrenrechte.

§ 1126. Besitzen Mitglieder oder ihre gesetzlichen Vertreter nicht die bürgerlichen Ehrenrechte, so haben sie kein Stimmrecht.

Vgl. § 58 Abs. 3 SUVG.
Vgl. § 652 der gewerbl. UV.

Bestimmung der Stimmenzahl der Reeder.

§ 1127. Die Satzung hat die Stimmenzahl der Reeder nach der Personenzahl, die nach § 1148 abgeschätzt ist, zu bestimmen.

Vgl. § 58 Abs. 3 SUVG.

Bestellung von Bevollmächtigten im Heimathafen des Fahrzeugs (§§ 1128 bis 1131).

§ 1128. Hat der Reeder seinen Wohnsitz nicht im Heimathafen des Fahrzeugs, so hat er für dieses im Heimathafen einen Bevollmächtigten zu bestellen.

Der Name des Bevollmächtigten und Wechsel in der Person sind der Genossenschaft mitzuteilen. Stimmrecht und Wählbarkeit des Reeders ruhen, bis er dies tut. Solange wird er auch nicht zu den Genossenschaftsversammlungen geladen und können ihm in Sachen der Genossenschaft deren Organe oder Behörden Schriftstücke dadurch zustellen, daß sie diese eine Woche lang öffentlich in ihren Geschäftsräumen aushängen. Ist sein Name unbekannt, so kann dieser im Aushang durch Bezeichnung des Fahrzeugs ersetzt werden. Die Satzung kann den Reeder in der Ausübung seiner Mitgliedsrechte weiter beschränken.

Vgl. § 33 SUVG.

Heimathafen ist derjenige Hafen, von dem aus die Schiffahrt mit dem Fahrzeug betrieben wird (Anm. zu § 1109 Abs. 2).

Unterbleibt die Ernennung des Bevollmächtigten oder die Mitteilung seines Namens oder eines Wechsels in seiner Person pflichtwidrig, so greift die Strafbefugnis des Genossenschaftsvorstandes gemäß § 1221 Nr. 1 Platz.

§ 1129. Der Bevollmächtigte vertritt den Reeder in dessen Eigenschaft als Mitglied der Genossenschaft dieser gegenüber gerichtlich und außergerichtlich. Eine Beschränkung des Umfanges der Vertretungsmacht ist der Genossenschaft gegenüber unwirksam.

Zustellungen an den Bevollmächtigten in Sachen der Genossenschaft wirken unmittelbar für und gegen den Reeder.

Vgl. § 33 SUVG.

§ 1130. Mitreeder haben gemeinschaftlich einen Bevollmächtigten zu bestellen, auch wenn sie ihren Wohnsitz sämtlich im Heimathafen haben. § 1128 ist anzuwenden.

Ein von den Mitreedern bestellter Reedereileiter gilt der Genossenschaft gegenüber als Bevollmächtigter, solange kein solcher bestellt wird.

Vgl. § 33 SUVG.

§ 1131. Die §§ 1128 bis 1130 gelten nicht für die Zweiganstalt.

Vgl. § 160 SUVG.

II. Anmeldung der Betriebe.

§ 1132. Von Vermessungen und Eintragungen neuer Fahrzeuge haben die Schiffsregister- und Schiffsvermessungsbehörden dem Genossenschaftsvorstande, von Eröffnung anderer Betriebe die Unternehmer dem Versicherungsamte des Betriebsitzes unverzüglich Mitteilung zu machen.

Vgl. § 58 Abs. 2 SUVG.

Die Schiffsregister werden auf Grund des Gesetzes, betr. das Flaggenrecht der Kauffahrteischiffe, vom $\frac{\text{22. Juni 1899}}{\text{29. Mai 1901}}$ (RGBl. S. 319 bezw. S. 184) bei den Amtsgerichten oder anderen landesgesetzlich damit betrauten Behörden geführt. Schiffsvermessungsbehörden sind die durch die Landesregierungen auf Grund der Schiffsvermessungsordnung vom 1. März 1895 (RGBl. S. 160) zur Vermessung bestellten Behörden.

Die den Schiffsregister- und Vermessungsbehörden durch die Anmeldung entstehenden Kosten haben diese selbst zu tragen (Handbuch Bd. II, S. 523, Anm. 2).

III. Betriebsverzeichnis.

Betriebsverzeichnis im Allgemeinen.

§ 1133. Der Genossenschaftsvorstand hat ein Betriebsverzeichnis zu führen auf Grund

des Verzeichnisses deutscher Kauffahrteischiffe in der neuesten Ausgabe des Handbuchs für die deutsche Handelsmarine,

der Unternehmerverzeichnisse, die ihm das Reichsversicherungsamt nach § 22 des Gesetzes vom 13. Juli 1887 (Reichs-Gesetzbl. S. 329) mitgeteilt hat.

der Mitteilungen über die Eröffnung neuer Betriebe (§ 1132).

Für die Zweiganstalt wird kein Betriebsverzeichnis geführt.

Vgl. § 59 Abs. 1, § 160 SUVG.

Die Unternehmerverzeichnisse sind der See-BG. bei ihrer Errichtung auf Grund des § 22 des Gesetzes betr. die UV. der Seeleute und anderer bei der Seeschiffahrt beteiligter Personen vom 13. Juli 1887 (vgl. Einleitung zum 3. Buch) mitgeteilt worden.

Geltung von Vorschriften der gewerbl. UV. über das Betriebsverzeichnis.

§ 1134. Für das Betriebsverzeichnis gelten aus der gewerblichen Unfallversicherung die §§ 658, 659, 660 Satz 1, 2, §§ 661, 663.

Vgl. § 59 Abs. 2, 3, § 60, § 61 Abs. 1 SUVG.

Die angezogenen Paragraphen betreffen die Aufnahme in das Betriebsverzeichnis, den Mitgliedschein, die Beschwerde gegen die Aufnahme in das Betriebsverzeichnis oder gegen die Ablehnung der Aufnahme, die Befugnis des V. Amts, die Sache dem RVA. vorzulegen, sowie die Mitteilung von Auszügen der Betriebsverzeichnisse an die Sektionsvorstände.

IV. Änderungen in den Verhältnissen des Betriebs.

Mitteilungen der Schiffsregisterbehörden.

§ 1135. Die Schiffsregisterbehörden teilen dem Genossenschaftsvorstand alle Veränderungen und Löschungen im Schiffsregister mit.

Vgl. § 62 Abs. 1 SUVG.

Den Schiffsregisterbehörden (Anm. zu § 1132) sind gemäß § 14 des Flaggengesetzes alle Tatsachen und Rechtsverhältnisse anzuzeigen, die eine Eintragung oder Löschung im Schiffsregister erforderlich machen (vgl. § 1137).

Anzeigepflicht der Reeder, Reedereileiter u. Bevollmächtigten (§§ 1136, 1137).

§ 1136. Für die nach § 1046 versicherten Fahrzeuge, die nicht im Schiffsregister eingetragen sind, haben die Reeder, Reedereileiter und Bevollmächtigten in einer durch die Satzung bestimmten Frist dem Genossenschaftsvorstand anzuzeigen

den Verlust (§ 1174),

Änderungen des Heimathafens, des Namens, der Gattung und Größe,

Wechsel der Person und der Staatsangehörigkeit der Reeder oder Mitreeder.

Vgl. § 62 Abs. 2, Satz 1 SUVG.

Vgl. § 664 der gewerbl. UV.

„Schiffsregister" vgl. Anm. zu § 1132.

Verletzungen der Anzeigepflicht sind durch § 1221 Nr. 2 unter Strafe gestellt.

§ 1137. Unterbleibt diese Anzeige an den Vorstand oder die Anzeige an die Registerbehörde (§ 14 des Flaggengesetzes, Reichs-Gesetzbl. 1899, S. 319), so haftet der Reeder oder Mitreeder, der in das Betriebsverzeichnis eingetragen ist, für die Beiträge, die auf die Mitglieder umzulegen sind. Seine Haftung umfaßt noch das Geschäftsjahr, in welchem die Anzeige erstattet wird.

Der neue Reeder wird dadurch von der Haftung nicht befreit.

Vergl. § 62 Abs. 2, Satz 2, 3, 4 SUVG.

Vgl. § 664 der gewerbl. UV. Vgl. auch Anm. zu § 1135.

Anzeigepflicht der Unternehmer der nach § 1046 Nr. 3 versicherten Betriebe.

§ 1138. Die Unternehmer von schwimmenden Docks, Lotsenbetrieben und anderen im § 1046 Nr. 3 bezeichneten Betrieben haben jeden Wechsel der Person, für deren Rechnung der Betrieb geht, und alle Änderungen des Betriebs, die für seine Zugehörigkeit zur Genossenschaft von Bedeutung sind, dem Genossenschaftsvorstand anzuzeigen. Die Anzeige ist in der Frist zu erstatten, die nach der Satzung für Anzeigen gemäß § 1136 gilt. Unterbleibt die Anzeige, so erleiden sie dieselben Rechtsnachteile wie die Reeder nach § 1137.

Vgl. § 62 Abs. 3 SUVG.

Vgl. § 664 der gewerbl. UV.

Geltung von Vorschriften der gewerbl. UV.

§ 1139. Hält der Vorstand der Genossenschaft auf die Mitteilung oder Anzeige hin oder von Amts wegen für geboten, den Betrieb einer anderen Genossenschaft zu überweisen oder wegen Einstellung zu löschen, so gelten für die Überweisung und die Löschung sowie für den Übergang der Unfallast und eines Teiles der Rücklage die §§ 666 bis 673 aus der gewerblichen Unfallversicherung entsprechend.

Vgl. § 63 SUVG.

Meldepflicht bei Betriebsänderungen, die für die Abschätzung Bedeutung haben.

§ 1140. Die Meldepflicht bei Betriebsänderungen, die für die Abschätzung (§ 1148) von Bedeutung sind, und das weitere Verfahren sind in der Satzung zu regeln.

Gegen den Bescheid, den die Genossenschaft auf die Anmeldung der Änderung oder von Amts wegen erläßt, hat der Unternehmer die Beschwerde.

Vgl. § 64 SUVG.

Meldepflicht von Betriebsänderungen, die nach dem Gefahrtarif von Bedeutung sind.

§ 1141. Hat die Genossenschaft einen Gefahrtarif, so gilt für die Meldepflicht bei Betriebsänderungen, die auf die Einschätzung des Betriebs zu den Gefahrklassen wirken, und für das weitere Verfahren § 674.

Vgl. § 64 SUVG.

Bisher ist ein Gefahrtarif nicht aufgestellt worden.

V. Satzung.

Allgemeines.

§ 1142. Die Berufsgenossenschaft regelt ihre innere Verwaltung und ihre Geschäftsordnung durch eine Satzung, welche die Genossenschaftsversammlung beschließt.

Vgl. § 37 Abs. 1 SUVG.

Vgl. § 675 der gewerbl. UV.

Mußinhalt der Satzung.

§ 1143. Die Satzung muß bestimmen über

1. Namen und Sitz der Genossenschaft,
2. Zusammensetzung, Rechte und Pflichten des Vorstandes,
3. Form der Willenserklärungen des Vorstandes sowie seiner Unterschrift für die Berufsgenossenschaft, Art der Beschlußfassung des Vorstandes und seine Vertretung nach außen,
4. Berufung der Genossenschaftsversammlung und Art ihrer Beschlußfassung,
5. Stimmrecht der Mitglieder und Prüfung ihrer Vollmachten,
6. Vertretung der Genossenschaft gegenüber dem Vorstand,

7. Höhe der Sätze für entgangenen Arbeitsverdienst und für Reisekosten, die den Vertretern der Versicherten zu gewähren sind (§ 21),
8. Verfahren der Genossenschaftsorgane beim Abschätzen der Seefahrzeuge,
9. Verfahren bei Betriebsänderungen und bei Wechsel der Person des Unternehmers,
10. Folgen von Betriebseinstellung oder von Wechsel der Person des Unternehmers, besonders Sicherstellung seiner Beiträge, wenn er den Betrieb einstellt,
11. Aufstellung, Prüfung und Abnahme der Jahresrechnung,
12. Handhabung des Erlasses von Vorschriften zur Unfallverhütung und zur Überwachung der Betriebe,
13. Verfahren bei Anmeldung und Ausscheiden von Unternehmern, Lotsen und anderen nach § 1064 Nr. 1 Versicherten, die zur Berufsgenossenschaft gehören, sowie Höhe und Ermittlung des Jahresarbeitsverdienstes der Unternehmer und Lotsen,
14. Art der Bekanntmachungen,
15. Änderung der Satzung.

Vgl. § 37 Abs. 2, § 58 Abs. 3 SUVG.
Vgl. § 677 der gewerbl. UV.

Anwendung von Vorschriften der gewerbl. UV.

§ 1144. Aus der gewerblichen Unfallversicherung gelten die Vorschriften über

Zusammensetzung der Genossenschaftsversammlung aus Vertretern, Einteilung der Genossenschaft in Sektionen und Einsetzung von Vertrauensmännern (§§ 678, 679),

Strafbefugnis des Genossenschaftsvorstandes (§ 680),

Errichtung der Satzung (§§ 681 bis 683).

Vgl. § 38, 39 SUVG.

Bekanntmachung.

§ 1145. Ist die Satzung in bezug auf

1. den Namen oder den Sitz der Genossenschaft,
2. die Bezirke der Sektionen

mit Genehmigung des Reichsversicherungsamts geändert, so hat der Genossenschaftsvorstand dies durch den Reichsanzeiger bekannt zu machen.

Vgl. § 40 SUVG.

Vgl. § 684 der gewerbl. UV.

VI. Genossenschaftsorgane.

§ 1146. Für die Genossenschaftsorgane gelten die Vorschriften der gewerblichen Unfallversicherung (§§ 685 bis 689).

Wählbar zu den Genossenschaftsorganen sind auch die Reedereileiter.

Vgl. § 41 Abs. 1, 3, § 43 Abs. 1, Satz 1, § 46 SUVG.

VII. Angestellte.

§ 1147. Für die Angestellten der Genossenschaft und für die Übertragung von Geschäften an besoldete Geschäftsführer gelten die Vorschriften der gewerblichen Unfallversicherung (§§ 690 bis 705).

Vgl. § 42 Abs. 4, § 48 SUVG.

VIII. Abschätzung. Gefahrtarif. Besondere Belastung.

Abschätzung — Gefahrtarif (§§ 1148 bis 1154).

§ 1148. Für jedes Seefahrzeug wird die durchschnittliche Zahl der Seeleute abgeschätzt, die als Besatzung erforderlich sind.

Abgeschätzt wird nach Klassen (§§ 1067 bis 1071) auf Grund

des Handbuchs für die deutsche Handelsmarine,

der Unternehmerverzeichnisse, die nach den §§ 21, 22 des Gesetzes vom 13. Juli 1887 (Reichs-Gesetzbl.

S. 329) bei Errichtung der Berufsgenossenschaft aufgestellt sind,

der Änderungen in den Verhältnissen des Betriebs.

Dies gilt nicht für die Zweiganstalt.

Vgl. §§ 49, 160 SUVG.

§ 1149. Die Satzung kann bestimmen, daß Gefahrklassen gebildet werden. Dann gelten aus der gewerblichen Unfallversicherung die §§ 706 bis 709. Die Satzung muß dann auch über das Verfahren beim Veranlagen zu den Gefahrklassen bestimmen.

Vgl. §§ 50, 51 SUVG.

Bisher ist ein Gefahrtarif nicht aufgestellt worden.

§ 1150. Die Genossenschaftsorgane haben die Fahrzeuge abzuschätzen und die Betriebe zu den Gefahrklassen zu veranlagen, wie es die Satzung bestimmt.

Vgl. § 52 Abs. 1 SUVG.

§ 1151. Die Mitglieder haben den Organen der Genossenschaft auf Verlangen binnen zwei Wochen die Auskunft zu erteilen, die für das Abschätzen und Veranlagen erforderlich ist. Dies gilt auch für den Reedereileiter, den Bevollmächtigten und den Führer des Fahrzeugs.

Vgl. § 52 Abs. 3 SUVG.

Hier kommen gegebenenfalls die Strafvorschriften der § 1220 Nr. 2, § 1221 Nr. 4 in Betracht.

§ 1152. In den Fristen, in denen der Gefahrtarif nachzuprüfen ist, sind regelmäßig auch Abschätzung und Veranlagung nachzuprüfen.

Vgl. § 52 Abs. 2 SUVG.

Vgl. § 711 der gewerbl. UV.

§ 1153. Jedem Mitglied ist seine Veranlagung zu Gefahrklassen und jedem Reeder das Ergebnis des Abschätzens seiner Schiffahrtsbetriebe mitzuteilen.

Schon vor der regelmäßigen Nachprüfung kann die Genossenschaft die Schiffsbesatzung neu abschätzen und den Betrieb neu veranlagen, wenn sich herausstellt, daß die Angaben des Unternehmers unrichtig waren, oder wenn eine Änderung im Betrieb eingetreten ist.

Gegen die Abschätzung und die Veranlagung hat der Unternehmer die Beschwerde.

Vgl. § 53 SUVG.

§ 1154. Die Genossenschaftsversammlung kann auf Antrag des Vorstandes Unternehmern nach den Unfällen, die auf ihren Fahrzeugen vorgekommen sind, für die nächste Tarifzeit oder für einen Teil von ihr Zuschläge auflegen oder Nachlässe bewilligen.

Gegen die Festsetzung von Zuschlägen hat der Unternehmer die Beschwerde.

Vgl. § 54 SUVG.
Vgl. § 712 der gewerbl. UV.

Besondere Belastungen einzelner Reisen (§§ 1155, 1156).

§ 1155. Die Satzung kann bestimmen, daß für Reisen mit besonders gefährlicher Ladung oder in besonders gefährlichen Gewässern oder Jahreszeiten höhere Beiträge gezahlt werden.

Über die Grundsätze dafür und über das Anmelden und Feststellen der maßgebenden Tatsachen hat die Genossenschaftsversammlung zu bestimmen.

Diese kann das auch einem Ausschuß oder dem Vorstand übertragen.

Die Bestimmungen bedürfen der Genehmigung des Reichsversicherungsamts. Für die Nachprüfung gelten entsprechend die §§ 708, 709 aus der gewerblichen Unfallversicherung.

Vgl. § 55 SUVG.

Solche Bestimmungen sind bisher nicht getroffen worden.

§ 1156. Für die einzelne Reise (§ 1155) erhöhen die Genossenschaftsorgane die Beiträge nach Verhältnis der

Reisen, die in jedem Geschäftsjahr zurückgelegt sind. Das Nähere bestimmt die Satzung.

Für die Auskunftspflicht gilt § 1151.

Die Auflegung solcher Beiträge kann im Wege des Widerspruchs gegen die Festsetzung der Beiträge (§§ 1178 bis 1182) angefochten werden.

Vgl. § 56 SUVG.

IX. Vermögensverwaltung.

§ 1157. Für die Vermögensverwaltung gelten die Vorschriften der gewerblichen Unfallversicherung (§§ 717 bis 721).

Vgl. § 113 Abs. 2, § 116, § 117 Abs. 1 SUVG.

Fünfter Abschnitt.

Aufsicht.

§ 1158. Das Reichsversicherungsamt führt die Aufsicht über die Berufsgenossenschaft.

Vgl. § 127 Abs. Satz 1 SUVG.

Vgl. Vorbem. zu § 722 der gewerbl. UV. LV. Ämter kommen nicht in Betracht.

Sechster Abschnitt.

Auszahlung der Entschädigung. Aufbringung der Mittel.

I. Auszahlung durch die Post.

Vorbemerkung.

Vgl. die Vorbemerkung vor § 726.

§ 1159. Die Berufsgenossenschaft zahlt die Entschädigung auf Anweisung des Genossenschaftsvorstandes durch deutsche Postanstalten, und zwar in der Regel durch diejenige, in deren Bezirk der Heimathafen des Schiffes liegt, auf dem der Unfall sich ereignet hat.

Die Zahlstelle wird dem Empfänger vom Vorstand mitgeteilt.

Er kann bei dem Vorstand oder bei der ihm mitgeteilten Zahlstelle beantragen, daß die Zahlung an die Postanstalt seines Wohnortes überwiesen wird.

Vgl. §§ 91, 101 SUVG.

Vgl. § 726 der gewerbl. UV.

Anwendung von Vorschriften der gewerbl. UV.

§ 1160. Auf die für die Zahlungen erforderlichen Bescheinigungen ist § 727,

auf die Einziehung eines Vorschusses durch die Post

§ 728

aus der gewerblichen Unfallversicherung anzuwenden.

Aufenthalt im Ausland.

§ 1161. Das Reichsversicherungsamt kann bestimmen, wie an Empfänger zu zahlen ist, die sich gewöhnlich im Ausland aufhalten.

Vgl. § 729 der gewerbl. UV.

II. Aufbringung der Mittel.

Bei der BG.

§ 1162. Die Berufsgenossenschaft hat die Mittel für ihre Aufwendungen und für die Verwaltungskosten der Zweiganstalt (§ 1192) durch Mitgliederbeiträge aufzubringen, die den Bedarf des abgelaufenen Geschäftsjahrs decken.

Vgl. § 34 Abs. 1, § 159 Abs. 5 SUVG.

Für die See-BG. gilt sonach ebenso wie für alle anderen BG.en — abgesehen von der Tiefbau-BG. — der Grundsatz der Ausgabendeckung (vgl. Anm. zu § 731 Abs. 1).

Bei der Zweiganstalt.

§ 1163. Bei der Zweiganstalt haben Gemeindeverbände und die ihr angehörigen Unternehmer feste, im voraus bemessene Beiträge aufzubringen (§§ 1195 bis 1197).

Diese müssen neben den anderen Aufwendungen, welche die Zweiganstalt zu tragen hat, den Kapitalwert der Renten decken, die ihr voraussichtlich zur Last fallen.

Vgl. § 162 SUVG.

Bei der Zweiganstalt werden feste Beiträge erhoben (vgl. Anm. zu § 731 Abs. 3). Diese Beiträge sind im voraus fest so bemessen, daß sie voraussichtlich den Kapitalwert der während der Zeit ihrer Festsetzung aus den versicherten Unfällen erwachsenen Renten sowie die sonstigen Aufwendungen (§ 736), zu denen Verwaltungskosten nach § 1192 nicht gehören, gerade decken (§§ 1195 bis 1197). — Eine Rücklage ist nicht zu bilden (§ 1164).

Geltung von Vorschriften der gewerbl. UV.

§ 1164. Aus der gewerblichen Unfallversicherung gelten die Vorschriften über

Zwecke, zu denen Beiträge erhoben und Mittel verwendet werden dürfen (§ 736),

Vorschüsse auf die Beiträge sowie Vorauszahlung von Beiträgen (§§ 738, 739),

Ansammlung einer Rücklage (§§ 741 bis 747).

Diese Vorschriften, mit Ausnahme des § 736, gelten nicht für die Zweiganstalt.

Vgl. § 34 Abs. 2, §§ 35, 36 SUVG.

Der § 736 bezeichnet die Zwecke, zu denen Beiträge von den Mitgliedern erhoben und Mittel aus dem Vermögen der BG. verwendet werden dürfen.

III. Umlage- und Erhebungsverfahren.

Verrechnung zwischen BG. und Zweiganstalt.

§ 1165. Der Genossenschaftsvorstand stellt fest, welcher Teil der von den obersten Postbehörden nachgewiesenen Zahlungen der Berufsgenossenschaft, und welcher Teil der Zweiganstalt zur Last fällt.

Für das Umlegen und Erheben der Mitgliederbeiträge gelten die §§ 1166 bis 1184.

Vgl. § 103 Abs. 1 SUVG.

Zu Abs. 1: vgl. § 763 der gewerbl. UV.

Lohnnachweis.

§ 1166. Jedes Mitglied der Genossenschaft hat binnen sechs Wochen nach Ablauf des Geschäftsjahrs dem Genossenschaftsvorstand einen Lohnnachweis einzureichen.

Dieser hat zu enthalten

1. für jedes Seefahrzeug die nicht zur Besatzung gehörigen während des abgelaufenen Geschäftsjahrs auf dem Fahrzeug beschäftigten Versicherten (§ 1046 Nr. 2),
2. für Betriebe schwimmender Docks, Lotsenbetriebe und andere in § 1046 Nr. 3 bezeichnete Betriebe die während des abgelaufenen Geschäftsjahrs im Betriebe beschäftigten Versicherten;

ferner für alle diese

den von ihnen verdienten Entgelt,

wenn nicht der wirklich verdiente Entgelt maßgebend ist, eine Berechnung des Entgelts, der beim Umlegen der Beiträge anzurechnen ist.

Die Satzung kann einen summarischen Lohnnachweis nach § 750 Abs. 3 zulassen.

Vgl. § 103 Abs. 2 SUVG.

Vgl. § 750 der gewerbl. UV.

Für Seefahrzeuge wird die zur Besatzung erforderliche durchschnittliche Zahl der Seeleute gemäß § 1148 abgeschätzt.

Verstöße gegen die Pflicht zur Einreichung der Lohnnachweise und unrichtige Angabe in den Nachweisen sind durch § 1221 Nr. 3, § 1220 Nr. 1 unter Strafe gestellt.

Früheres Einreichen der Lohnnachweise, — Führen und Aufbewahren von Lohnlisten.

§ 1167. Für

früheres Einreichen der Lohnnachweise,

Führen und Aufbewahren von Lohnlisten

gelten die Vorschriften der gewerblichen Unfallversicherung (§ 751).

Vgl. § 103 Abs. 3 SUVG.

Vorschriften der bezeichneten Art können nach § 751 durch die Satzung erlassen werden.

Aufstellung oder Ergänzung des Lohnnachweises durch die BG.

§ 1168. Für Mitglieder, die den Lohnnachweis nicht rechtzeitig oder unvollständig einreichen, stellt ihn die Genossenschaft selbst auf oder ergänzt ihn.

Vgl. § 103 Abs. 4 SUVG.

Vgl. § 752 der gewerbl. UV.

Umlegung der Beiträge.

§ 1169. Die Beiträge der Mitglieder werden umgelegt nach deren Veranlagung zu Gefahrklassen und

1. für Seefahrzeuge nach den Beträgen, die sich je aus der Summe des durchschnittlichen Entgelts (§§ 1067 bis 1070) für die abgeschätzte Mannschaftszahl und aus dem Lohnnachweis ergeben; Zuschläge, Nachlässe oder Beitragserhöhungen (§§ 1154, 1155) sind dabei zu berücksichtigen,
2. für andere Betriebe nach dem Lohnnachweis.

Vgl. § 104 Abs. 1 SUVG.

Vgl. § 1166 und Anm.

Anrechnung des 1800 M. übersteigenden Jahresarbeitsverdienstes.

§ 1170. Übersteigt der Entgelt während der Beitragszeit im Jahresbetrag eintausendachthundert Mark, so wird vom Überschusse nur ein Drittel angerechnet; übersteigt er fünftausend Mark, so wird der Überschuß nur angerechnet, soweit die Satzung die Versicherung auf einen höheren Jahresarbeitsverdienst erstreckt hat.

Vgl. § 104 Abs. 1 SUVG.

Vgl. § 1063.

Außerbetriebsetzung eines Fahrzeuges (§§ 1171, 1172).

§ 1171. Fahrzeugen, die erweislich ununterbrochen länger als vierzehn Tage außer Betrieb gewesen sind, ist der Beitrag für diejenige Dauer der Untätigkeit, welche über die vierzehn Tage hinausgeht, verhältnismäßig zu kürzen.

Er wird für das Geschäftsjahr gekürzt, in welchem das Fahrzeug außer Betrieb war. Reicht die Untätigkeit ununterbrochen in das folgende Geschäftsjahr hinüber, so wird die Kürzung, soweit nötig, auf dieses verschoben.

Vgl. § 105 Abs. 1 SUVG.

Ob ein Fahrzeug außer Betrieb ist, kann nur nach Lage des Einzelfalles entschieden werden. Ein Fahrzeug gilt nicht ohne weiteres während seines Stilliegens in einem Hafen als außer Betrieb befindlich. Die Beschäftigung von Personen, die das Fahrzeug bewachen oder instandhalten sollen, steht der Annahme der Außerbetriebstellung nicht entgegen (Handbuch Bd. II, S. 546, Anm. 1).

Der Umstand, daß ein Fahrzeug außer Betrieb gestellt ist und daher keine Beiträge zu zahlen sind, schließt die Entschädigung des Unfalls einer versicherten Person nicht aus.

§ 1172. Der Beitrag wird nur gekürzt, wenn der Reeder, Reedereileiter oder Bevollmächtigte binnen sechs Wochen nach Ablauf des Geschäftsjahrs dem Genossenschaftsvorstand in glaubhaft bescheinigter Form die ununterbrochene Dauer der Untätigkeit nachweist.

Kehrt das Fahrzeug erst nach Ablauf des Geschäftsjahrs in den Heimathafen zurück, so kann der Nachweis noch sechs Wochen nach der Rückkehr erbracht werden; der Beitrag ist aber vorläufig voll zu entrichten.

Vgl. § 105 Abs. 2 SUVG.

Verlust oder Verschollenheit eines Fahrzeugs (§§ 1173, 1174).

§ 1173. Bei Fahrzeugen, die im Laufe des Geschäftsjahrs verloren gegangen oder verschollen sind (§§ 862, 863 des Handelsgesetzbuchs), hat der Genossenschaftsvorstand von Amts wegen zu kürzen, sobald ihm die maßgebenden Tatsachen bekannt werden.

Die Kürzung beginnt mit dem Tage des Verlustes oder einen halben Monat nach dem Tage, bis zu dem die letzte Nachricht über das Fahrzeug reicht.

Werden bei Verlust eines Schiffes deutsche Seeleute auf deutschen Seefahrzeugen frei zurückbefördert oder mitgenommen (§ 1054 Nr. 2), so wird für diese Zeit der Beitrag nicht gekürzt.

War der Beitrag schon gezahlt, so ist er nach Verhältnis zurückzuerstatten.

Vgl. § 106 Abs. 1, 2 SUVG.

§ 1174. Als verloren gilt ein Fahrzeug auch dann, wenn es untergegangen, als reparaturunfähig oder reparaturunwürdig kondemniert und deswegen unverzüglich öffentlich verkauft wird, wenn es geraubt, aufgebracht oder angehalten und für gute Prise erklärt worden ist.

Vgl. § 106 Abs. 3 SUVG.

Berechnung des Einzelbeitrags.

§ 1175. Der Genossenschaftsvorstand berechnet den Beitrag, der auf jedes Mitglied zur Deckung des Gesamtbedarfs entfällt.

Vgl. § 103 Abs. 1, § 107 Abs. 1 SUVG.
Vgl. § 753 der gewerbl. UV.

Auszug aus der Heberolle.

§ 1176. Für den Auszug aus der Heberolle, seine Zustellung und die Zahlungsaufforderung gelten die Vorschriften der gewerblichen Unfallversicherung (§ 754); ist ein Reedereileiter oder Bevollmächtigter bestellt, so ist diesem zuzustellen.

Vgl. § 107 Abs. 2 SUVG.

Nachträgliche anderweite Beitragsfeststellung.

§ 1177. Für eine neue Feststellung des Beitrags, nachdem der Auszug zugestellt worden ist, gelten die §§ 755, 756 entsprechend. Die neue Feststellung ist auch zulässig, wenn nachträglich wegen unrichtiger Angaben des Unternehmers die Schiffsbesatzung neu abgeschätzt worden ist (§ 1153) oder Tatsachen bekannt werden, wegen deren einzelne Reisen besonders zu belasten sind (§ 1155).

Vgl. § 107 Abs. 3 bis 5 SUVG.

Beitragsstreitigkeiten (§§ 1178 bis 1182).

§ 1178. Der Bevollmächtigte oder der Reedereileiter und, wenn solche nicht bestellt sind, das Mitglied, hat gegen die Festsetzung der Beiträge den Einspruch. Die §§ 757, 758 Abs. 1, § 759 aus der gewerblichen Unfallversicherung gelten entsprechend.

Die Veranlagung und Abschätzung (§§ 1150, 1152) können auf diesem Wege nicht angefochten werden.

Vgl. § 108 Abs. 1 SUVG.

Die in Abs. 1 Satz 2 angezogenen Bestimmungen regeln den Fall, daß mehrere Genossenschaften von dem Unternehmer Beiträge für denselben Betrieb oder dieselben Tätigkeiten verlangen.

§ 1179. Die Beschwerde gegen die Entscheidung des Vorstandes kann nur gegründet werden auf

Rechenfehler,
irrtümlichen Ansatz des abgeschätzten Bedarfs an Besatzung,
irrtümlichen Ansatz einer anderen Klasse des Gefahrtarifs, als zu welcher der Betrieb veranlagt ist,
ungenügende Berücksichtigung der Nachlässe (§ 1154),
unrichtige Feststellung der Beschäftigungsdauer und des Jahresarbeitsverdienstes Versicherter, die in anderen als Seeschiffahrtsbetrieben beschäftigt sind,
ungenügende Abzüge wegen Untätigkeit des Fahrzeugs.

Aus den letzten beiden Gründen ist die Beschwerde unzulässig, wenn wegen Säumigkeit des Verpflichteten der Vorstand den Lohnnachweis selbst aufgestellt oder ergänzt oder den Beitrag nicht gekürzt hat.

Vgl. § 108 Abs. 2, 3 SUVG.
Vgl. § 758 der gewerbl. UV.

§ 1180. Sind einzelne Reisen besonders belastet worden (§ 1155), so kann die Beschwerde darauf gegründet werden, daß die tatsächlichen Voraussetzungen für den höheren Beitrag nicht vorliegen.

Dies gilt nicht, wenn der Verpflichtete die angeordneten Nachweise versäumt hat.

Vgl. § 109 SUVG.

§ 1181. Wird auf Einspruch oder Beschwerde der Beitrag ermäßigt, so gilt für die Deckung des Ausfalls und den Ausgleich der Überzahlung § 760. Dies gilt auch, wenn der Verlust eines Fahrzeugs erst nachträglich festgestellt wird.

Vgl. § 110 SUVG.

Der Ausfall ist bei der Umlage des nächsten Geschäftsjahres zu decken, Überzahlungen sind zu erstatten oder auf den Beitrag für das nächste Geschäftsjahr zu verrechnen (§ 760).

§ 1182. Ergibt sich nachträglich, daß ein ohne Einspruch bezahlter Beitrag ganz oder teilweise zu Unrecht erhoben worden ist, so gelten die §§ 1178 bis 1181 entsprechend.

Vgl. § 108 Abs. 4 SUVG.
Vgl. § 761 der gewerbl. UV.

Haftung der Reeder und Mitreeder für die Beiträge.

§ 1183. Für die Beiträge, für die Vorschüsse auf sie und für die Beträge zur Sicherstellung (§ 1143 Nr. 10) haftet der Reeder nicht nur mit Schiff und Fracht, sondern auch persönlich. Mitreeder haften nach dem Verhältnis ihrer Anteile am Schiffe.

Vgl. § 111 Abs. 1 SUVG.

Uneinziehbare Beiträge. — Beitreibung von Beiträgen einer Reederei oder der Mitreeder.

§ 1184. Für die Aufbringung uneinziehbarer Beiträge gilt § 762.

Die Genossenschaft kann das Beitreiben der Beträge, die einer Reederei oder einem Mitreeder zur Last fallen, dem Reedereileiter oder Bevollmächtigten übertragen.

Vgl. § 111 Abs. 2, Satz 2, Abs. 4 SUVG.

Uneinziehbare Beiträge fallen nach § 762 der Gesamtheit der Mitglieder zur Last und sind wie andere Aufwendungen bei der Umlage des nächsten Geschäftsjahrs mit zu berücksichtigen.

IV. Abführung der Beträge an die Post.

§ 1185. Für die Abführung der Beträge an die Post gelten die Vorschriften der gewerblichen Unfallversicherung (§§ 777 bis 782).

Vgl. §§ 102, 112 SUVG.
Vgl. auch Vorbem. vor § 726.

Siebenter Abschnitt.

Zweiganstalt für den Kleinbetrieb der Seeschiffahrt sowie für See- und Küstenfischerei.

Vorbemerkung.

Vgl. Vorbem. Abs. 1 vor § 783 der gewerbl. UV. — Für die Unfallanzeige gilt bei den bei der Zweiganstalt versicherten Betrieben die besondere Vorschrift des § 1750.

Besatzungspersonen.

§ 1186. Bei der Zweiganstalt sind die Personen versichert, die in Schiffahrts- und Fischereibetrieben der im § 1120 bezeichneten Art beschäftigt sind.

Vgl. §§ 152, 158 SUVG.

Über die Ermittelung solcher Personen sind Anordnungen der obersten Landesbehörden ergangen, für Preußen die Bek. vom 5. März 1903 (Hand. Min. Blatt 1903, S. 76), der vom RVA. zusammengestellte Grundsätze beigefügt sind.

Ob die im § 1120 bezeichneten Betriebe gewerblicher oder nicht gewerblicher Art sind, ist für die Versicherung der Besatzungspersonen gleichgültig. Vgl. auch die im § 1120 angezogenen Paragraphen und die zugehörigen Anm.

Versicherte Unternehmer.

§ 1187. Bei der Zweiganstalt sind auch versichert

1. die nach § 1058 versicherungspflichtigen Unter-

nehmer gewerblicher Schiffahrts- und Fischereibetriebe,

2. solche Unternehmer von Schiffahrts- und Fischereibetrieben der im § 1120 bezeichneten Art, welche sich selbst versichert haben.

Vgl. §§ 153, 158 SUVG.

Die zu Nr. 1 bezeichneten Unternehmer sind nach § 1058 zwangsversichert. Werden Unternehmen der in den Nr. 1 bis 3 des Abs. 1 § 1058 bezw. in den übereinstimmenden Nr. 1 bis 3 des § 1120 nicht gewerblich betrieben, so sind die Unternehmer gemäß § 1061 zur Selbstversicherung berechtigt. Auch diese freiwillig selbstversicherten Unternehmer sind bei der Zweiganstalt versichert.

Über die Meldepflicht der versicherungspflichtigen und der zur Selbstversicherung berechtigten Unternehmer, sowie über die Höhe und Ermittelung ihres Jahresarbeitsverdienstes hat, gemäß § 1194 Satz 3 in Verbindung mit § 793 Nr. 1, die Nebensatzung Bestimmung zu treffen.

Keine andere Versicherungen.

§ 1188. Andere Versicherungen darf die Zweiganstalt nicht übernehmen.

Vgl. § 159 Abs. 4 SUVG.

Vgl. § 784 der gewerbl. UV.

Verwaltung der Zweiganstalt.

§ 1189. Die Organe der Genossenschaft verwalten die Zweiganstalt, wenn die Nebensatzung nichts anderes bestimmt (§ 1194).

Vgl. § 158 Abs. 2, Satz 2 SUVG.

Vgl. § 786 der gewerbl. UV. — Über die Tragung der Verwaltungskosten vgl. § 1192.

Besondere Verrechnung und Verwahrung der Bestände — Vorschußpflicht der BG.

§ 1190. Die Einnahmen und Ausgaben der Zweiganstalt sind besonders zu verrechnen und ihre Bestände gesondert zu verwahren.

Die Genossenschaft hat, soweit nötig, die Mittel für den Geschäftsbetrieb der Zweiganstalt aus ihrer Rücklage vorzuschießen.

Vgl. § 159 Abs. 1, 3 SUVG.

Vgl. §§ 787 Abs. 1, § 789 der gewerbl. UV. — Eine Rücklage ist für die Zweiganstalt nicht zu bilden.

Verwendung des Vermögens der Zweiganstalt.

§ 1191. Das Vermögen, das für die Zweiganstalt bestimmt ist, darf nicht für die Genossenschaft verwendet werden.

Vgl. § 159 Abs. 2 SUVG.
Vgl. § 788 Abs. 1 der gewerbl. UV.

Verwaltungskosten der Zweiganstalt.

§ 1192. Die Verwaltungskosten der Zweiganstalt trägt die Genossenschaft.

Vgl. § 159 Abs. 5 SUVG.

Diese — dem bisherigen Recht entsprechende — Vorschrift beruht auf der Erwägung, daß die Zweiganstalt in sich leistungsschwache Betriebe vereinigt und daß es daher bedenklich ist, die Verwaltungskosten der Zweiganstalt selbst aufzuerlegen, zumal sie in ihrer ganzen Verwaltung von der BG. abhängig ist (Kom Ber. Bd. III, S. 259).

Zu den von der BG. zu tragenden Verwaltungskosten gehören sowohl die Aufwendungen für Beamtengehälter, Miete, Heizung, Beleuchtung, Inventar usw., wie auch die Kosten der Unfalluntersuchung, der Feststellung der Entschädigung (einschließlich der im § 80 Abs. 2 erwähnten).

Anteil am Postvorschuß.

§ 1193. Für die Beteiligung der Zweiganstalt an dem Postvorschuß gilt § 791.

Die Beteiligung ist im § 791 nach dem Verhältnis der von der Post gezahlten Entschädigungsbeträge geregelt.

Nebensatzung.

§ 1194. Die Genossenschaftsversammlung hat für die Zweiganstalt eine Nebensatzung zu errichten. Für diese gelten entsprechend aus der gewerblichen Unfallversicherung § 792 Abs. 2, § 793 Nr. 1, 2, 4, 6, §§ 794, 796. Der § 793 Nr. 1 ist auch auf versicherungspflichtige Unternehmer entsprechend anzuwenden.

Vgl. § 161 SUVG.

Zu Satz 3 vgl. Ende der Anm. zu § 1187.

Festsetzung und Entrichtung der Beiträge.

§ 1195. Das Reichsversicherungsamt stellt im voraus mindestens alle fünf Jahre die Beiträge fest.

Sie sind von denjenigen Gemeindeverbänden der Seeuferstaaten, welche Küstenbezirke umfassen, zu entrichten und werden auf die Verbände nach der Zahl der Versicherten, die in ihren Bezirken tätig sind, verteilt. Das Nähere bestimmt die oberste Verwaltungsbehörde.

Der Bundesrat kann anordnen, daß bei der Verteilung der Beiträge die Dauer der Beschäftigung und die Verschiedenheit der ortsüblichen Tagelöhne zu berücksichtigen sind.

Vgl. § 162 SUVG.

Das RVA. hat zuletzt durch Bek. vom 30. November 1907 — A. N. 1908, S. 435 — den jährlichen Beitrag für jede erwerbstätige Person, die in einem bei der V. Anst. (jetzt Zweiganstalt) versicherten Betrieb beschäftigt gewesen ist, auf 10 M. 70 Pf. festgesetzt. Der Beitrag ist für jede Person nur einmal zu zahlen, gleichgültig ob sie in einem oder wechselnd in mehreren Betrieben tätig war.

Die Bestimmung der obersten Verwaltungsbehörde darüber, welche Verbände als Gemeindeverbände zu gelten haben, ist nach § 111 im Reichsanzeiger zu veröffentlichen.

Eine dem Abs. 3 entsprechende Anordnung (Bek. vom 13. Juli 1905) hatte der Bundesrat auf Grund des § 162 Abs. 1 SUVG. erlassen (A. N. 1905, S. 484 abgedruckt).

Aufbringung der Beiträge und Haftung der Gemeinden für die Beiträge.

§ 1196. Der einzelne Verband bringt die Beiträge zur Hälfte wie seine übrigen Lasten auf.

Die andere Hälfte bringen die beteiligten Unternehmer unter Vermittlung des Verbandes oder der Gemeinden auf. Das Nähere bestimmt der Verband.

Die Gemeindeverbände oder Gemeinden haften für uneinziehbare Beiträge. Sie können mit Genehmigung ihrer Aufsichtsbehörde die Lasten ganz oder teilweise aus eigenen Mitteln bestreiten.

Sie können bestimmen, daß der Unternehmer ihrem Vorstand jeden Wechsel der Person, für deren Rechnung der Betrieb geht, anzeigt. Unterbleibt die Anzeige, so haftet der Unternehmer nach § 1137.

Vgl. § 163 Abs. 1 SUVG.

Beschwerde gegen die Heranziehung.

§ 1197. Gegen die Heranziehung zu Beiträgen hat der Unternehmer Beschwerde an das Oberversicherungsamt.

Vgl. § 163 Abs. 2, Satz 1 SUVG.

Die Beschwerde an das nach § 1784 zuständige OVA. ist nicht nur bei Streit darüber, ob der Unternehmer zur Entrichtung von Beiträgen überhaupt verpflichtet ist, sondern auch bei Streit über die Höhe des Beitrags gegeben. Die weitere Beschwerde geht nach § 1797 an das RVA. — Die Beschwerdefrist beträgt einen Monat (§ 128).

Achter Abschnitt.

Weitere Einrichtungen.

§ 1198. Für weitere Einrichtungen der Berufsgenossenschaft gelten die Vorschriften aus der gewerblichen Unfallversicherung (§§ 843 bis 847).

Vgl. § 23 HG.

Neunter Abschnitt.

Unfallverhütung. Überwachung.

I. Unfallverhütungsvorschriften.

Vorbemerkung.

Die Vorschriften über die Unfallverhütung für die See-UV. stimmen im Wesentlichen mit denen der gewerblichen UV. überein (vgl. Vorbem. vor § 848). Den Unfallverhütungsvorschriften der See-BG. sind besondere „Vorschriften über den Freibord für Dampfer und Segelschiffe in der langen und atlantischen Fahrt, sowie in der großen Küstenfahrt", also über die Tiefladelinie angeschlossen; diese Vorschriften sind nach Übereinkunft mit anderen Staaten (insbesondere England), erlassen worden, um die deutschen Schiffe nicht der Gefahr auszusetzen, trotz Befolgung der inländischen Freibordvorschriften von dem Anlaufen ausländischer Häfen mit abweichenden Freibordvorschriften ausgeschlossen zu werden.

Verpflichtung zum Erlaß von UVerh.-Vorschriften.

§ 1199. Die Berufsgenossenschaft ist verpflichtet, die erforderlichen Vorschriften zu erlassen

1. für die Unternehmer über Einrichtungen und Anordnungen zur Verhütung von Unfällen sowie über Ausrüstung von Fahrzeugen,
2. über das Verhalten, das die Versicherten zur Verhütung von Unfällen in den Betrieben zu beobachten haben.

Die Unfallverhütungsvorschriften können auch für einzelne Bezirke oder für bestimmte Klassen von Fahrzeugen oder Betrieben erlassen werden.

Vgl. § 118 SUVG.

Das SUVG. sah — abweichend von den anderen Unfallversicherungsgesetzen — keine Unfallverhütungsvorschriften über das Verfahren, das die Versicherten zur Vermeidung von Unfällen zu beobachten haben, und demgemäß auch keine Strafvorschrift gegen die Versicherten für ein Zuwiderhandeln vor. Nunmehr ist die See-UV. hierin den anderen Zweigen der UV. gleichgestellt.

Im übrigen vgl. § 848 der gewerbl. UV.

Frist für die geforderten Einrichtungen.

§ 1200. Den Unternehmern ist eine angemessene Frist zu setzen, um die zur Verhütung von Unfällen vorgeschriebenen Einrichtungen zu treffen.

Vgl. § 118 SUVG.

Vgl. § 850 der gewerbl. UV.

Geldstrafen.

§ 1201. Zuwiderhandlungen der Unternehmer gegen die Vorschriften können mit Geldstrafen bis zu eintausend Mark, solche der Versicherten mit Geldstrafen bis zu sechs Mark bedroht werden. Der Versicherte ist straflos, wenn er in Ausführung eines Befehls seines Vorgesetzten den Vorschriften zuwidergehandelt hat.

Vgl. § 118 SUVG.

Satz 2 trägt dem Umstande Rechnung, daß der Seemann Befehlen des Kapitäns folgen muß, auch wenn sie den Unfallverhütungsvorschriften zuwiderlaufen (Kom. Ber. Bd. III, S. 259).

Die für die Bestrafung zuständigen Stellen sind in §§ 1207, 1208 bezeichnet.

Verantwortlichkeit des Schiffsführers.

§ 1202. Die Genossenschaft kann neben dem Reeder auch den Schiffsführer dafür verantwortlich erklären, daß die erlassenen Vorschriften befolgt werden. Sie kann ihm für jede Nachlässigkeit Geldstrafen bis zu dreihundert Mark androhen.

Vgl. § 118 SUVG.

Von dieser Befugnis hat die See-BG. Gebrauch gemacht. Der Schiffsführer ist insbesondere auch zur Beobachtung der über die erforderliche Zahl der Schiffsbesatzung und über die Einhaltung der Tiefladelinie erlassenen Vorschriften verpflichtet; denn § 1202 erstreckt die Verantwortlichkeit des Schiffsführers allgemein darauf, daß die erlassenen Unfallverhütungsvorschriften befolgt werden.

Bei der großen Bedeutung der Verantwortlichkeit des Schiffsführers ist die zulässige Höchststrafe von 100 auf 300 M. erhöht worden.

Beschlüsse über die Vorschriften — Stellungnahme zu den Berichten der techn. Aufsichtsbeamten.

§ 1203. Für die Beschlüsse über die Vorschriften und für die Vorbereitung gelten die §§ 852 bis 856,

für die Stellungnahme zu den Berichten der technischen Aufsichtsbeamten gilt § 857

aus der gewerblichen Unfallversicherung.

Vgl. § 119 SUVG.

Die §§ 852 bis 856 bestimmen insbesondere, daß der Entwurf der Vorschriften dem RVA. einzureichen ist, daß zur Beratung und zum Beschluß über die Vorschriften Vertreter der Versicherten zuzuziehen sind.

Nach § 857 hat der Genossenschaftsvorstand unter Zuziehung der Versichertenvertreter alljährlich zu den Berichten der technischen Aufsichtsbeamten Stellung zu nehmen.

Auslosung der Versichertenvertreter.

§ 1204. Die Vertreter der Versicherten bestimmt aus den für die Seeschiffahrt berufenen Beisitzern der Oberversicherungsämter das Los, das in einer Sitzung des Vorstandes der Vorsitzende zieht.

Vgl. § 120 Abs. 1, Satz 1 SUVG.

Bestimmungen betr. Versichertenvertreter, Genehmigung der Vorschriften.

§ 1205. Aus der gewerblichen Unfallversicherung sind entsprechend anzuwenden auf

die Berufung der Vertreter der Versicherten § 859,
die Berufung von Ersatzmännen für die Vertreter der Versicherten § 861,
die Vergütung für die Vertreter der Versicherten § 863,
die Genehmigung der Vorschriften und das vorbereitende Verfahren die §§ 864 bis 868.

Ferner gilt für diese Vertreter der Versicherten und ihre Ersatzmänner entsprechend, was die §§ 16, 19 bis 22, 24 für gewählte Vertreter der Versicherten vorschreiben.

Vgl. § 120 Abs. 1, Satz 3, Abs. 2, § 121 Abs. 1 bis 4 SUVG.

Mitteilung und Aushang der U.-Verh.-Vorschriften.

§ 1206. Der Genossenschaftsvorstand hat die genehmigten Vorschriften den beteiligten höheren Verwaltungsbehörden und sämtlichen Seemannsämtern mitzuteilen und in den Geschäftsräumen dieser und in den Mannschaftsheimen öffentlich auszuhängen.

Vgl. § 121 Abs. 5, Satz 1 SUVG.

Vgl. § 869 der gewerbl. UV.

Zuständigkeit für die Straffestsetzung (§§ 1207, 1208). — Genossenschaftsvorstand.

§ 1207. Zuständig für die Festsetzung der Geldstrafen gegen Unternehmer ist der Genossenschaftsvorstand.

Vgl. § 122 Abs. 1, Satz 1 SUVG.

Vgl. § 870 der gewerbl. UV.

Seemannsamt, V. Amt.

§ 1208. Die Geldstrafen gegen den Schiffsführer setzt das Seemannsamt fest, dem die Nachlässigkeit (§ 1202) zuerst bekannt wird, und trägt sie in das Schiffstagebuch ein. Sie wird sofort vollstreckbar.

Gegen die Straffestsetzung hat der Schiffsführer und der Reeder, Reedereileiter oder Bevollmächtigte binnen einem Monat nach dem Ende der Reise die Beschwerde an die Aufsichtsbehörde des Seemannsamts.

Dasselbe oder ein anderes Seemannsamt kann nochmals eine Strafe festsetzen, wenn die Anordnung inzwischen nicht befolgt ist, ohne daß dies nachweisbar unmöglich war

Zuständig für die Festsetzung der Geldstrafen gegen Versicherte (§ 1199 Abs. 1 Nr. 2) ist das Versicherungsamt.

Vgl. § 122 Abs. 2, 3 SUVG.

Vgl. § 870 der gewerbl. UV.

II. Überwachung.

Durchführung der Vorschriften — Techn. Aufsichtsbeamte.

§ 1209. Für die Durchführung der Unfallverhütungsvorschriften gelten die §§ 874, 875 aus der gewerblichen Unfallversicherung.

Vgl. § 123 Abs. 1, Satz 1, 2 SUVG.

Rechnungsbeamte.

§ 1210. Die Genossenschaft kann, um die nach Gesetz oder Satzung eingereichten Nachweise durch Rechnungsbeamte zu prüfen, die Schiffstagebücher, Musterrollen, Ausweise (Zertifikate), Meßbriefe und anderen Schiffspapiere und die Listen einsehen, aus denen die Zahl der Versicherten sowie der Umfang und die Dauer der zurückgelegten Reisen ersichtlich werden.

Auch das Versicherungsamt kann diese Prüfung vornehmen.

Vgl. § 123 Abs. 1, Satz 3 SUVG.
Vgl. § 876 der gewerbl. UV.

Aufsichts- und Rechnungsbeamter in einer Person.

§ 1211. Die Geschäfte des technischen Aufsichts- und des Rechnungsbeamten können mit Genehmigung des Reichsversicherungsamts in einer Person vereinigt werden.

Vgl. § 123 Abs. 2 SUVG.
Vgl. § 877 der gewerbl. UV.

Vorlegungspflicht der Behörden.

§ 1212. Die Behörden sind verpflichtet, in ihren Geschäftsräumen den Rechnungsbeamten der Genossenschaft die Verhandlungen und Urkunden, die sich auf die Verhältnisse des Fahrzeugs und der Besatzung beziehen, zur Einsicht vorzulegen.

Vgl. § 123 Abs. 3, Satz 1 SUVG.

Zutritt zum Fahrzeug — Vorlegung der Schiffspapiere.

§ 1213. Die Reeder, Reedereileiter und Bevollmächtigten, auch die Schiffsführer haben den technischen Aufsichtsbeamten den Zutritt zu den Fahrzeugen und deren Besichtigung zu gestatten und den Rechnungsbeamten die Schiffspapiere und Listen an Ort und Stelle zur Einsicht vorzulegen.

Ebenso haben die anderen Unternehmer die Besichtigung ihres Betriebs zu gestatten und die Listen zur Einsicht vorzulegen.

Vgl. § 123 Abs. 3, Satz 2, 4 SUVG.
Vgl. § 878 der gewerbl. UV.

Untersuchungsrecht der Seemannsämter.

§ 1214. Die Seemannsämter können die Fahrzeuge auf die Befolgung der Unfallverhütungsvorschriften untersuchen lassen.

Die Pflichten aus den §§ 1212, 1213 gelten auch dem Seemannsamt gegenüber. Dem Seemannsamte muß gestattet werden, die von ihm verhängten Strafen in das Schiffstagebuch einzutragen.

Vgl. § 121 Abs. 5, Satz 2, § 123 Abs. 3, Satz 3 SUVG.

Zwangsstrafen des Seemannsamts.

§ 1215. Das Seemannsamt kann die nach den §§ 1210, 1213, 1214 Verpflichteten auf Antrag der technischen Aufsichts- oder der Rehnungsbeamten durch Geldstrafen bis zu dreihundert Mark anhalten, ihre Pflicht zu erfüllen.

Vgl. § 123 Abs. 4 SUVG.

Vereidigung — Mitteilung der Namen der techn. Aufsichtsbeamten.

§ 1216. Aus der gewerblichen Unfallversicherung gelten die Vorschriften über

Vereidigung (§ 882),

Mitteilung von Name und Wohnsitz der technischen Aufsichtsbeamten, sowie deren Tätigkeit (§ 883).

Jedoch treten für die Mitteilung an Stelle des staatlichen Aufsichtsbeamten die höheren Verwaltungsbehörden oder die von ihnen bezeichneten Behörden oder Beamten.

Vgl. § 124 Satz 2, § 125, § 126 Abs. 2, Abs. 3 Satz 2 SUVG.

Durch Pflichtversäumnis erwachsene Barauslagen — Überwachung der Rentenempfänger — Unklassifizierte Fahrzeuge.

§ 1217. Aus der gewerblichen Unfallversicherung gelten ferner die Vorschriften über die

Nachteile für den Unternehmer bei Pflichtversäumnis in der Überwachung (§ 887),

Überwachung durch das Versicherungsamt und das Reichsversicherungsamt (§§ 888, 889).

Auch ist die Berufsgenossenschaft berechtigt, bei der Überholung unklassifizierter Fahrzeuge von deren Reedern diejenigen Kosten, welche durch die Feststellung des Zustandes des Schiffskörpers und der Maschinenanlagen erwachsen und ein Mehr gegenüber den Kosten der Besichtigung klassifizierter Fahrzeuge darstellen, wieder einzuziehen. Derartige Kosten werden gleichfalls wie Gemeindeabgaben beigetrieben.

Vgl. § 124 Satz 2, § 125, § 126 Abs. 2, Abs. 3 Satz 2 SUVG.

Abs. 2 ist auf Veranlassung der Reichstagskommission aufgenommen worden (Kom. Ber. Bd. III, S. 261). Dort ist ausgeführt worden, daß bei der Kontrolle unklassifizierter Fahrzeuge der See-BG. besonders hohe Kosten erwachsen, indem die BG. die Überholung (Untersuchung) auch auf den sonst durch die Klassifikationsgesellschaften unter ständiger Beobachtung genommenen Zustand des Schiffskörpers, sowie auf die Maschinenanlagen, soweit solche nicht durch die Kesselrevisionsvereine beaufsichtigt würden, ausdehnen müsse. Wenn die Reeder eine Klassifikation ihrer Schiffe mit Rücksicht auf die hierdurch erzielte Kostenersparnis unterließen, so sei es unbillig, diese Kosten auf die See-BG. abzuwälzen.

Zehnter Abschnitt.

Reichs- und Staatsbetriebe.

§ 1218. Soweit das Reich oder ein Bundesstaat an die Stelle der Berufsgenossenschaft tritt, sind die §§ 892, 893, 895, 897 entsprechend anzuwenden.

Aus der See-Unfallversicherung gelten nicht

die Vorschriften über Auflösung der Berufsgenossenschaft (§ 1122 in Verbindung mit § 647 Abs. 1, 3),

von den Vorschriften über die Verfassung die §§ 1123 bis 1156 und der § 1157 in Verbindung mit den §§ 717 bis 720,

die Vorschrift über Aufsicht (§ 1158),

die Vorschriften über Aufbringung der Mittel sowie über Umlage- und Erhebungsverfahren (§§ 1162 bis 1184), von den Vorschriften über Abführung der Beträge an die Post der § 1185 in Verbindung mit den §§ 781, 782,

die Vorschriften über die Zweiganstalt (§§ 1186 bis 1197),

die Vorschriften über weitere Einrichtungen (§ 1198),

von den Vorschriften über Unfallverhütung und Überwachung die §§ 1199 bis 1216 und der § 1217 Abs. 1 in Verbindung mit den §§ 887, 889 sowie der § 1217 Abs. 2,

von den Strafvorschriften die §§ 1220 bis 1223 und der § 1224 in Verbindung mit § 910.

Vgl. § 129 Abs. 1, Satz 2, 3, §§ 130, 132 SUVG.

Darüber, in wie weit das Reich oder die Bundesstaaten Träger der Unfallversicherung sind, vgl. § 1119 und Anm.

Die Rechte und Pflichten, die bei den BG. an die Genossenschaftsorgane haben, werden durch Ausführungsbehörden wahrgenommen (Anm. zu § 1119).

Elfter Abschnitt.

Haftung von Unternehmern und Angestellten.

§ 1219. Für die Haftung von Unternehmern und Angestellten gelten die Vorschriften aus der gewerblichen Unfallversicherung (§§ 898 bis 907).

Dabei sind den Unternehmern auch gleichgestellt (§ 899) Mitreeder, Lotsen und Personen der Schiffsbesatzung.

Diese Vorschriften gelten bei Zusammenstoß mehrerer Fahrzeuge, die unter die See-Unfallversicherung fallen, für die Reeder aller dabei beteiligten Fahrzeuge und für alle diesen Reedern Gleichgestellten.

Ansprüche auf Ersatz des durch den Unfall erlittenen Schadens, die ein bei der Zweiganstalt Versicherter bei Körperverletzung nach Gesetz für die ersten dreizehn

Wochen nach dem Unfall hat, bleiben vorbehalten, wenn nicht der Verletzte gegen eine Krankenkasse, eine knappschaftliche Krankenkasse oder eine Ersatzkasse Anspruch auf die Leistungen der Krankenversicherung hat oder wegen gleichwertiger Leistungen versicherungsfrei ist.

Unberührt bleibt die Fürsorgepflicht des Reeders auf Grund der §§ 553 bis 553 b des Handelsgesetzbuchs und der §§ 59 bis 62 der Seemannsordnung.

Vgl. §§ 133 bis 137, § 138 Abs. 1 SUVG.

Die Vorschrift des Abs. 3 war schon im Entwurfe enthalten und damit begründet, daß die Fürsorge für die bei der Zweiganstalt Versicherten innerhalb der Wartezeit auf Krankenpflege beschränkt sei; es seien daher entsprechend wie im § 1042 Abs. 2 dem Verletzten die gesetzlichen Schadensersatzansprüche für die ersten 13 Wochen nach dem Unfall vorzubehalten. Durch die Reichstagskommission ist die dem Verletzten während der Wartezeit zu gewährende Krankenpflege auf Krankenhilfe (§ 1087 Abs. 2) erweitert worden. — Damit ist der Anlaß für die Vorschrift des Abs. 3 fortgefallen, diese selbst aber wohl infolge eines Versehens doch in das Gesetz aufgenommen worden (vgl. Anm. zu § 1042 Abs. 2).

Da von der Gemeinde den bei der Zweiganstalt Versicherten nunmehr den Leistungen der Krankenkassen gleichwertige Leistungen gewährt werden, sind Ersatzansprüche der bei der Zweiganstalt Versicherten während der ersten 13 Wochen auch dann auszuschließen, wenn die Gemeinde gemäß § 1087 Abs. 2 Krankenhilfe zu gewähren hat (vgl. Anm. zu § 1042 Abs. 2).

Über die im Abs. 4 bezeichnete Fürsorgepflicht des Reeders vgl. Anm. zu § 1083.

Zwölfter Abschnitt.

Strafvorschriften.

§ 1220. Der Genossenschaftsvorstand kann gegen Unternehmer, Mitreeder, Reedereileiter, Bevollmächtigte und Schiffsführer Geldstrafen bis zu fünfhundert Mark verhängen, wenn

1. Nachweise der nicht im § 1581 bezeichneten Art, die sie nach Gesetz oder Satzung eingereicht haben,

2. eine Auskunft, die nach Gesetz oder Satzung von ihnen erfordert ist,
3. Erklärungen, die den zuständigen Genossenschaftsorganen für das Veranlagen zu den Gefahrklassen abgegeben sind,

tatsächliche Angaben enthalten, deren Unrichtigkeit sie kannten oder den Umständen nach kennen mußten.

Vgl. § 143 SUVG.

Durch die §§ 1220, 1221 sind nicht bloß die Unternehmer, sondern ausdrücklich Unternehmer, Mitreeder, Reedereileiter, Bevollmächtigte und Schiffsführer unter Strafe gestellt. Hierdurch wurde die Aufnahme einer dem § 913 der gewerbl. UV. entsprechenden Bestimmung betr. die Übertragung der dem Unternehmer kraft Gesetzes obliegenden Pflichten auf Betriebsleiter oder andere Angestellte des Betriebs entbehrlich (Begr. S. 354).

Zu Nr. 1 vgl. §§ 1166, 1167.
Zu Nr. 2 vgl. §§ 1151, 1156.
Zu Nr. 3 vgl. § 1141.

§ 1221. Der Genossenschaftsvorstand kann ferner gegen die im § 1220 bezeicheten Personen Geldstrafen bis zu dreihundert Mark verhängen, wenn sie ihren gesetzlichen oder satzungsmäßigen Pflichten,

1. Bevollmächtigte zu ernennen oder deren Namen oder Wechsel dem Genossenschaftsvorstande mitzuteilen,
2. Betriebsänderungen anzumelden,
3. Nachweise einzureichen,
4. Auskunft zu erteilen,
5. die Bestimmungen der Satzung über Betriebseinstellungen zu erfüllen,

nicht rechtzeitig nachkommen.

Vgl. § 144 Abs. 1 SUVG.

Zu Nr. 1 vgl. § 1128 flg.
Zu Nr. 2 vgl. §§ 1136, 1138, 1141.
Zu Nr. 3 vgl. §§ 1166, 1167.
Zu Nr. 4 vgl. § 1151, 1156.

Den Unternehmern oder Mitreedern gleichgestellte Personen.

§ 1222. Soweit auf Grund dieses Gesetzes Unternehmer oder Mitreeder mit Strafen bedroht sind, stehen ihnen gleich

1. wenn eine Aktiengesellschaft, ein Versicherungsverein auf Gegenseitigkeit, eine eingetragene Genossenschaft, eine Innung oder andere juristische Person Unternehmer oder Mitreeder ist, alle Mitglieder des Vorstandes,
2. wenn eine Gesellschaft mit beschränkter Haftung Unternehmer oder Mitreeder ist, die Geschäftsführer,
3. wenn eine andere Handelsgesellschaft Unternehmer oder Mitreeder ist, alle persönlich haftenden Gesellschafter, soweit sie von der Vertretung nicht ausgeschlossen sind,
4. die gesetzlichen Vertreter geschäftsunfähiger und beschränkt geschäftsfähiger Unternehmer sowie die Liquidatoren einer Handelsgesellschaft, eines Versicherungsvereins auf Gegenseitigkeit, einer eingetragenen Genossenschaft, einer Innung oder einer anderen juristischen Person.

Vgl. § 145 SUVG.

Vgl. § 912 der gewerbl. UV.

Haftung des Reeders für die Strafen.

§ 1223. Der Reeder haftet für die Strafen, die ihm oder dem Schiffsführer auf Grund der §§ 1220 bis 1222 auferlegt sind, nach § 1183.

Vgl. § 146 SUVG.

Der Reeder haftet für die Strafen nach § 1183 nicht nur mit Schiff und Fracht, sondern auch persönlich.

Geltung von Vorschriften der gewerbl. UV.

§ 1224. Aus der gewerblichen Unfallversicherung gelten entsprechend die Vorschriften

des § 910 über Beschwerden gegen Straffestsetzungen,

des § 911 über Anrechnen von Beiträgen auf den Entgelt, und zwar auch für Mitreeder, Schiffsführer und ihre Angestellten,

des § 914 über die Kassen, denen die Strafgelder zufließen, jedoch tritt an Stelle der Krankenkasse ihres Beschäftigungsorts die Krankenkasse, in deren Bezirk der Betrieb seinen Sitz hat.

Vgl. § 147, § 139 Abs. 3 SUVG.

Verbot der Beschränkung der Versicherten in ihren Rechten.

§ 1225. Auch für Mitreeder, Schiffsführer und ihre Angestellten gilt das Verbot, die Versicherten in ihren Rechten aus diesem Gesetze zu beschränken (§ 139), und die Strafvorschrift wegen Zuwiderhandlung (§ 140).

Vgl. § 139 Abs. 1, 2 SUVG.

Alphabetisches Sachregister.

Die Ziffern bedeuten die Seiten.

In diesem Register ist: G = Gewerbe-Unfallversicherung, L = Landwirtschaftliche Unfallversicherung, S = See-Unfallversicherung.

Rudolf Vierthaler, Wernigerode.

FSC
www.fsc.org
MIX
Papier | Fördert gute Waldnutzung
FSC® C083411

Kolibri 360 GmbH
Ferdinand-Jühlke-Straße 7
99095 Erfurt, Deutschland
produktsicherheit@kolibri360.de